上世日本の仏教文化と政治

上世日本の仏教文化と政治

導入・展開・形式化

辻善之助 著

書肆心水

目次

上世日本の仏教文化と政治

凡例

一、本書は辻善之助著『日本仏教史　第一巻　上世篇』（一九三四年、岩波書店刊行）の抄録版である。書名は内容の具体的表現を意図して本書刊行所が付したものである。

一、本書では、読本的な親しみやすさを意図して、左記のように部分的に省略し、表記を現代的に調整した。

一、よく知られた人物に関する章節、文化史的色合いの薄い章節を省き、省いた個所を※印を付して示した（四か所）。

一、本文中の随所に割り込んで記された、記述の根拠となる史料名の呈示は省いた。

一、漢文のものなど、読みにくい史料類は省いた。省略個所には〈　〉でその旨説明を添えた。

一、原文では元号に添えて皇紀が併記されているだけであるが、本書では西暦年を〔　〕で補った。その処置に伴って原文の〔　〕は［　］に置き換えた。その他の〔　〕による補注も本書刊行所によるものである。

一、新漢字、新仮名遣いに置き換えて表記した。詩歌及びそれに属する文言を除く引用文も、新仮名遣いに置き換えて表記した。また、踊り字（繰り返し記号）は「々」のみを使用し、二の字点は「々」に置き換え、くの字点は仮名に戻して表記した。「廿」「卅」「卌」は旧漢字ではないが、便宜的に「二十」「三十」「四十」に置き換えて表記した。同じ漢字が地の文において標準字体と別字体の両方が見られる場合、標準字体に統一して表記した。

一、現今一般に漢字表記が避けられる傾向にあるものは平仮名で表記した。引用文についても同様に処理した。「幷に」を「ならびに」と表記したこととの統一感から「並に」を「ならびに」と表記する類の置き換えもおこなった。

一、送り仮名を適宜現代的に加減し、読み仮名ルビを適宜補った。

一、「ママ」のルビは丸括弧りのものが元の本にあるもので、そうでないものが本書刊行所によるものである。

一、地の文において見られる鑒真／鑑真のような表記の混在は統一的に処理した。

一、読点を適宜現代的に補った（にさんと読む二三など）。

例言

一、本書の目的は、日本文化の一要素としての仏教の沿革変遷を究めんとするにあり。これがためには、仏教が日本の文化に及ぼせる影響を観察し、一般社会及び思想界ならびに政治における交渉を説くと共に、一方には、仏教が如何に日本文化に融合したかを考えんとするのである。教理教学の方面の歴史に至っては、世自らその人あり、もとよりまた予の能くする所にあらず。予の期する所は、要するに、日本文化史の一部としての仏教史を叙述せんとするものである。

一、予がこの方面の研究に志したのは、或いは家庭の薫習に因る所あるやも知れぬ。他力念仏の信心に深く浸っていた亡父の感化が、自ら予をして国史における仏教事項に興味を有せしめたのであろう。明治二十九年東京帝国大学文科大学の国史科に入ってより、常にこの方面の研究に志していた。三十一年に国史科第二年の業を了るに当り、演習論文として提出した国分寺考の一篇は、予の仏教史に関する処女作であった。爾来若干の論文を草してこれを発表したが、後にそれ等を輯めたのが、日本仏教史之研究正続二編である。説く所未熟のもの多きは、殊に慚愧の至りである。顧みるに、予がこの方面の研究を始めるに当っては、国史学の専門家は多く仏教を知らず、寺院僧侶の事項はこれを軽視した。仏教家もまた国史に疎く、その説く所の日本仏教史なるものも、全く一般社会の歴史と離れて仏教が孤立して存在し来ったものの如くであった。この間に在って、独り三上先生は国史家の立場において恆に仏教の方面に注意を怠らず、その発表せられた仏教史論文も二、三にして止まらないのである。予はすなわち先生の指導に依り、自ら揣《はか》らず、敢えてこれを以て専門とし、明治三十二年大学院に入学するに及んで、「政治の方面より観察したる日本仏教史」を以て専攻題目とした。三十五年史料編纂掛に入りてよりも、特に仏教に関する史料の蒐集に意を用いた。大正二年始めて大学に日本仏教史を講じ、爾来昭和十三年に至るまでおよそ二十五年に亙ってこれを続けた。今この稿はすなわちその講録に多少の修訂を加えたものである。近頃新進学徒の研究踵《きびす》を接して出で、名論卓説相継いで現る。今この稿においては、それ等新説の直に採るべきものはこれに従うたが、なお検討を経たらん後、或いは愚説の改竄を要するものも少なくないことと思わる。但、今や日暮れて道遠し、しばらく旧稿を整理してこれを公にするのみ。

一、本書は四冊を以て成る。上世篇一冊、仏教渡来より平安時代末に至る。中世篇之上一冊、鎌倉時代。同下一冊、吉野時代より室町時代に至る。近世篇一冊、安土桃山時代より江戸時代に至る。しかして明治以後はしばらくこれを措く。〔のちに十冊構成に変更された。〕

一、本書原稿作成について、その一部分は教壇において豊田武・玉村竹二両文学士の筆記を煩わしたものもある。又印刷校正については、岡山泰四君を煩わした。ここに特記して感謝の意を表す。

昭和十九年一月　　辻　善之助

序説

仏教の我が邦に伝来してよりおよそ千四百年、この間における政教関係ならびに文化関係については、もとより消長あるを免れず。政治の方面においては、その弊害時に甚しきものあり、ついに大日本史仏事志をして「仏法盛にして王法衰う」と歎ぜしむるに至ったのである。仏事志は、特にその弊害を指摘することに努め、「民を誣い世を惑わし」「世法滅裂皇化陵夷」「中原これがために彫弊し国勢これがために衰弱す」と口を極めて仏教を排撃した。その一篇の趣旨として、教法の得失僧徒の才否のごときはもとより論ずるにいとまあらず、しかして世道これに由って陵遅し、人心これに由って迷謬する者は、これ記さざるべからざるなりと特筆してあるに依っても、またその記述が、初めより弊害の一面に偏して居ることが知られる。しかしながら、公平の見地よりこれを観れば、その利弊相半ばすというを以て穏当とすべき歟《か》。さて文化の方面においては、或いは直接に或いは間接に、我が邦の文化が仏教の影響を受けて居ることは今更いうまでもないことであるが、その仏教の影響というは、多くは仏教に伴う大陸文化の影響であり、大陸文化はほとんど総べて仏教の媒介に依って我が邦に入り来たって、国民生活と融合し新文化を興隆したのである。思想においても、学問においても、芸術においても、経済においても、風俗においても、その他社会万般の方面において、仏教が及ぼした勢力は、広くかつ深いものがある。これと共に仏教そのものも、また日本民族性の特質を受けて、いわゆる日本仏教を成立したのである。

いわゆる日本仏教の特色の一は、その国家的なることである。そもそも仏教伝来の当初より、その揺籃時代において、これを保護しその発育を助けられたのは、実に皇室にましましたのである。すなわち蘇我・物部両氏の奉仏・排仏の争いに当り、常に仏教を庇護して、物部氏の破仏を制抑し給いしは、池辺皇子（用明天皇）及び豊御食炊屋姫（推古天皇）にましました。その後聖徳太子の出で給うに及び、仏教興隆に一段を劃し、日本文化の水準はために著しく高められた。これに依って、仏教と国民精神との融合が行われ、仏教は早く日本文化に消化せられた。これは日本文化の向上のために利する所多かったと同時に、仏教の日本化のためにもまた幸いな事であった。太子が早く御自ら仏教を研究し、よくこれを咀嚼し給い、これを御自分のものとして宣伝せられたために、仏教は早く国民精神と同化することができたのである。これを後世におけるキリスト教伝来当時の事情と較べてみれば、思い半ばに過ぎるものがある。キリスト教伝来の当初には、聖徳太子の如く、よくこれを理解する人が出なかった。その宣伝は主として外国宣教師の手に依ってせられ、日本人がこれを自分のものとするまでには至らなかったのである。それが尠からずキリスト教の日本化の上に妨げをなしたことであろうと思う。仏教は初めから日本人自らがよくこれを扱うことができた。そのために国民精神との融合に向って容易に進むことができたのである。

聖徳太子の後、仏教は皇室御歴代の厚き御保護によって、ますます興隆の域に向って進んだ。宗教は素より帝王の外護によって弘まるものではあるが、我が邦の如く、皇室と仏教の関係の密接なるは他に比類なきものである。欽明天皇以後九十六代の中、御薙髪なされた天皇は、実に四十代の多きを数え奉り、その中御法諱の明らかに知られたるは三十代に及ぶ。すなわち、

第四十三代元明天皇　第四十五代聖武天皇（法諱勝満）　第四十六代孝謙天皇（法諱法基）　第五十一代平城天皇　第五十三代淳和天皇　第五十四代仁明天皇　第五十六代清和天皇（法諱素実）　第五十七代陽成天皇　第五十九代宇多天皇（法諱金剛覚）　第六十代醍醐天皇（法諱金剛宝）　第六十一代朱雀天皇（法諱仏陀寿）　第六十二代村上天皇（法諱覚貞）　第六十四代円融天皇（法諱金剛法）　第六十五代花山天皇（法諱入覚）　第六十六代一条天皇（法諱精進覚）　第六十七代三条天皇（法諱金剛浄）　第六十八代後一条天皇　第六十九代後朱雀天皇　第七十一代後三条天皇（法諱金剛行）　第七十二代白河天皇（法諱融観）　第七十四代鳥羽天皇（法諱空覚）　第七十五代崇徳天皇　第七十七代後白河天皇（法諱行真）　第八十二代後鳥羽天皇（法諱良然）　第八十三代土御門天皇　第八十八代後嵯峨天皇（法諱素覚）　第八十九代後深草天皇　第九十代亀山天皇（法諱金剛源）　第九十一代後宇多天皇（法諱金剛性）　第九十二代伏見天皇

（法諱覚理）第九十三代後伏見天皇（法諱理覚）第九十五代花園天皇（法諱遍行）第九十八代長慶天皇（法諱素融）第九十九代後亀山天皇（法諱金剛心）第百代後小松天皇（法諱素行智）第百一代称光天皇（法諱大宝寿）第百二代後花園天皇（法諱円満智）第百三代後土御門天皇（法諱正等観）第百八代後水尾天皇（法諱円浄）第百十二代霊元天皇（法諱素浄）

外に

光厳院（法諱勝光智）光明院（法諱真常恵）崇光院（法諱勝円心）後光厳院（法諱光融）後円融院（法諱光浄）

この中において、御信仰の程度にはもとより厚薄深浅はあるが、なべて健全なる御信仰を持たせ給い、造寺・造像・写経・仏経講説・法会・祈禱等に依って、国民を善導して、精神的救済を図り、人民の幸福を進め、国家の安寧を祈り給い、又御自ら聖徳涵養に資し給いしことが多いのであって、これやがて日本仏教をして国家的ならしめた大なる原因であるといわなければならぬ。

さて聖徳太子の仏法興隆は、新日本の樹立と日本文化の向上とを以て目的とせられたのであるが、その御理想は大化の改新において実行せられ、国家組織の統一に向って、着々とその歩を進めた。この主義この理想は、奈良時代に入って、聖武天皇に依って更に強調せられ、仏教に依って中央及び地方統治の連絡が図られ、中央集権の実、大いに挙がり、国勢の発展著しいものがあった。この勢いは平安時代に入ってなお顕著になり、天台真言の両宗は鎮護国家を以てその標幟とした。鎌倉時代に興起した新仏教も、また何れも国家主義を強調したのである。かくて仏教は護国仏教として、いよいよ日本化した。いわゆる日本化とは、元来世界的なるものとして民族又は国家の差別を離れ、平等観を以て立せる仏教を受容して、これに濃厚なる国家的色彩を帯ばしめたのをいうのであって、国家仏教としての発達これがすなわち日本仏教の特質である。

仏教は又日本固有の祖先崇拝の思想と融合して、いよいよ日本的なるものを生じた。これ又仏教の国家的なることの一面を現わすものであろう。

祖先崇拝の思想との融合を示すものとしてはまず氏寺がある。推古天皇二年（一二五四〔西暦五九四〕）に、諸臣連等が各君親の恩のために競うて仏舎を作る、これを寺という。これが恐らく氏寺の濫觴であろう。この後氏寺の実例の中、夙く現われたものを挙ぐれば、

一、山階寺　すなわち後の奈良の興福寺である。これは鎌足・不比等などの中臣氏の氏寺である。

一、中臣寺というものがある。一名藤原寺、なお又一名法光寺。これは同じく中臣氏の一族で国足及びその子意美麻呂の氏寺である。

一、巨勢寺　これは巨勢氏の氏寺である。日本紀の朱鳥元年の条に、巨勢寺に封二百戸を施すということがある。

一、山田寺　これは蘇我倉山田石川麻呂の寺である。

一、檀林寺　橘氏の氏寺で、檀林皇后の建てられた寺である。

一、西琳寺　文氏の寺である。

一、額安寺　宗岡氏の氏寺である。宗岡氏の一族が代々別当職を相伝した。

この外、平安時代には、藤原氏の一族がそれぞれその家の寺を建てたことは、後に本文において述べる。

次には国忌、これも仏教と祖先崇拝の思想の融合に依って起ったと見るべきものである。持統天皇の元年（一三四七〔西暦六八七〕）九月九日に、天武天皇の御一周忌に当って、国忌の斎を京師の諸寺に設けられたのが始まりである。翌年二月十六日に、詔して自今以後国忌の日に必ず斎を設けしめられた。文武天皇の大宝二年〔西暦七〇二〕（一三六二）十二月二日に至り、天智天皇崩御の日十二月三日と天武天皇崩御の日九月九日とを国忌として、政務を廃せられ、淳仁天皇の御代に、母后の国忌を設けられてより、代々国忌の数が多くなった。延暦十年〔西暦七九一〕（一四五一）に至り、国忌には親を加え疎を除くこととなり、延喜式には天智・光仁・桓武・仁明・文徳・光孝、この六代の崩御の日と三大后の忌日とを載せてある。この後、文徳天皇と三大后とを除き、醍醐天皇を加え、すなわち、天智・光仁・桓武・仁明・光孝・醍醐、以上六代の崩御の日のみは、歴世不変の国忌と定められた。

次には国民一般の先祖の年忌法会、これもまた祖先崇拝の精神が仏教の中に融合せられたものに外ならぬのであって、正に仏教が日本化した一つの現象である。年忌法会のことは、古くは見えない。本朝文粋の中には四十九日の願

文があり、本朝続文粋には一周忌の願文がある。しかしながら数の多い年忌のことは見えない。これに就いては、昔から色々説があるが、江戸時代に元禄より享保の頃、妙心寺に居た学僧無著道忠が禅林象器箋という禅宗の辞書の中に、鎌倉時代の学僧虎関師錬の語を引用して、四十九日の追善ということは経文に見えるが、百箇日・一周忌・三周忌ということは支那の俗礼である。しかしながら十三年忌・三十三年忌というものは日本に始まるのである。少納言入道信西が死んだ時に、その子の中に一人の才人があって、それが始めて十三年・三十三年の追善を行い、爾来日本にこの仏事ありと記して居る。ここに謂う所の入道信西はすなわち平治の乱に大立物であった少納言藤原通憲であって、当時天下の才子を以て称せられた人であるが、その子に有名な明遍僧都というのがある。元亨釈書所載の明遍の伝に依ると、通憲が死んでから十三年目に、その一流の者が相会して法華八講を行わんとした。けだし日本の風俗において、亡者の十三年忌の年に逢った時追善を営むというのは、十二支を終って始めて先支を迎えて追慕の意を寓するのである。今この入道信西の十三年になった時に、その子供等が相寄って法事を営まんとして、当時高野山に居った明遍の許へ使を立てて迎えにやった。しかるに明遍は、自分は遁世したのであるから、再び京都に出て行くことはできないといって断ったということが見える。この文に拠れば、信西の十三年忌すなわち高倉天皇の御代承安の初頃において、すでに十三年忌ということが行われて居ったので、すなわちこの風は少なくとも平安時代の末頃から行われて居ったということがわかる。二十五年忌の法事のことは、室町時代足利将軍義政の頃に居た学僧周鳳の日記臥雲日件録の寛正五年〔西暦一四六四〕（二一二四）四月二十八日の条に、一色泰雲居士という人の二十五年忌の法会を営んだ時の法語がある。その中に、二十五年忌というものは近頃行われ始めたものであるということが載せてある。これに由って観れば、二十五年忌は室町時代の初頃にはすでに弘く行われていたものであろう。三十三年忌ということは、鎌倉末に来朝した元の禅僧清拙正澄の語録に見えるのであって、その頃にすでに行われて居った。これ等の事実を綜合して見ると、この年忌すなわち七年忌・十三年忌・二十五年忌・三十三年忌というのは、平安時代の末頃から始まり、鎌倉時代に入っていよいよ数多くの年忌が営まれるようになったのであって、これは正に古来日本に伝わった祖先崇拝の美風と仏教との結合と見るべきものである。

平安時代に入って仏教の日本化したことの著しい例は、神仏の習合思想すなわち本地垂迹の思想である。この思想は、奈良時代より萌し、平安時代に入って発達するのであるが、我が固有の神祇との調和を図るということは、これまた仏教の国家的になったことを示す一例というべきである。この問題については、本編において詳説する。

次にいわゆる日本仏教の特色の二はその現実的であり、実際的であることである。この事は、仏教にのみしかるに非ずして、あらゆる事物に亙り、あらゆる時代に通じて見られる日本国民の特性であって、すべての思想も空理空論でなく、実用的に化し実際的にするのが、日本国民の長所でもあり短所でもある。その特性を仏教が受け容れて、出世間的なるべき仏教が世間的になった。かくて仏教渡来の当初より、造寺にも造仏にも写経にも読経にも、また祈禱にも、常に現世的色彩が濃厚である。これを大にしては国利民福を計り、小にしては個人の息災延命を願う。仏法によって祈願すれば、現世の事も万事意の如くになると考えた。仏は冥々の裡に人の禍福を左右し、病苦を医すると信じた。その実例としては、

一、法隆寺釈迦仏光背銘に、甲寅歳三月二十六日、弟子王延孫、為㆓現存父母㆒敬奉㆑造㆓金銅釈迦像㆒とある。すなわち父母のために現世の福を祈るために仏像を造った。甲寅歳は推古天皇二年（一二五四〔西暦五九四〕）に当る。

一、用明天皇及び馬子が疾病平癒を仏に祈願のこと。

一、皇極天皇元年（一三〇二〔西暦六四二〕）雨を祈らんがために経を読ましめられたこと。

かくの如きの例は奈良時代より平安時代になれば、ほとんど常例の事であるが、それが渡来後間もなく夙くより行われて居たのである。日本仏教は当初より現世的現実的色彩に富んで居たのである。

平安時代において発達し、永く国民信仰の中心を成した浄土教は、仏教が国民生活に融合し、日本的特色を帯びたことを示す最も著しい例であり、更にその芸術美において、当時一般の趣味生活と相照応し、その点において殊に日本的なるものを有するのであるが、その信仰は厭離穢土欣求浄土とはいいながら、なおその信仰表現の相において、形像の美観を重んずることの多きは、それが現世的なるを示すものであると同時に、また日本的なることを現わすものといわなければならぬ。

平安時代の仏教は、当時社会一般の通弊たる形式文化の余風を受け、かつは密教全盛の影響に由って、著しく形式化したのであるが、その現世的であり現実的であることにおいても、また甚しき堕落の相を示したのである。かくてその時代の末から改革の機運がようやく熟して、鎌倉時代の前後において新仏教の興隆を促し、仏教復興の曙光を認めるようになり、空疎なる形式仏教より離れて、実践的になり実際的になり実力を尊ぶようになり、信と行とが重んぜられた。鎌倉時代の新宗教が特に日本的だといわるる所以はまたここに存するのである。

以上は日本仏教の特質、すなわち仏教の日本的なるものとして、一には国家的なること、二には実際的なることについて略説した。

次には仏教が国民生活における融合について概観してみよう。

一、思想と文学　仏教の渡来に依って、思想が豊富になり、潤沢になったことは当然考えられる。従来天然崇拝・物体崇拝・動物崇拝などの幼稚なる雑信仰に支配せられていたものも、仏教の渡来に依って、深遠幽玄なる思想に接し、その精神的眼界が広まり、哲学的思索の方面にも刺戟を受けるようになった。又元来純朴なる現世的・現実的・自然主義的であった思想が、複雑なる過去・現在・未来の三世に亙る思想を加え、輪廻転生の説を知り、或いはまた浄土思想に依って来世の観念を養い、自然と深味を増した。その影響は著しく文学の上に現われて居る。歌の中に無常を歎じ、人生を水泡と観、この世を穢土と見るというような思想が多く現われた。万葉集を見ても甚しく仏教の影響を受けた歌が見える。若干の例を挙ぐれば、

1　博通法師の紀伊国に往き三穂の石室《いはや》を見て作れる歌

常磐なす石室は今もありけれど住みける人ぞ常なかりける（巻三。三〇八）

2　沙弥満誓の歌に

世のなかをなにたとへむあさびらきこぎいにしふねのあとなきごとし（巻三。三五一）

3　作者未詳、膳部王を悲傷める歌

世の中は空しきものとあらむとぞこの照る月はみちかけしける（巻三。四四二）

4　大伴家持の歌に

うつ蝉の代は常なしと知るものを秋風さむみしぬびつるかも（巻三。四六五）

5　同じく大伴家持が病に臥して作れる歌

世の中は数なきものか春花の散りのまがひに死ぬべき思へば（巻十七。三九六三）

6　同じく大伴家持の世間の無常を悲しむ歌

天地の遠き始よ、俗中《よのなか》は常無きものと語り続《つ》ぎながらへ来れ、天《あま》の原ふり放《さ》け見れば、照る月も盈昃《みちかけ》しけり、あしひきの山の木末《こぬれ》も、春されば花咲き匂ひ、秋づけば露霜負ひて風交《まじ》り紅葉《もみち》散りけり、現身《うつせみ》もかくのみならし、紅《くれなゐ》の色もうつろひ、ぬばたまの黒髪変《かは》り、朝の咲暮変《ゑみゆふべかは》らひ、吹く風の見えぬが如く、逝《ゆ》く水の止《とま》らぬ如く、常も無く移ろふ見れば、行潦《にはたづみ》流るる涙止《とど》みかねつも、

反　歌

言問《こと と》はぬ木すら春咲き秋づけばもみぢ散《ち》らくは常を無みこそ

現身《うつせみ》の常無き見れば世のなかに情《こころ》つけずて念ふ日ぞ多き（巻十九。四一六〇、四一六一、四一六二）

同じく大伴家持の病に臥して無常を悲しみ修道を欲して作れる歌

現身は数なき身なり山河の清けき見つつ道を尋ねな（巻二十。四四六八）

第三、四の句は本性清浄の理にたとえたので、本性清浄とは、仏説に悉有仏性とて、人身はもとより清浄の本性に生まれ得て居ることをいうと、古義に記してある。

10　高田女王の歌に

この世には人言しげし来む世にもあはむわがせこ今ならずとも（巻四。五四一）

11　大伴旅人の歌に

世の中は空しきものと知る時しいよよますます悲しかりけり（巻五。七九三）

12　作者審ならず　寧楽京の荒墟を傷み惜しみて作れる歌

よのなかを常なきものと今ぞ知る平城のみやこのうつろふ見れば（巻六。一〇四五）

13　柿本人麿の歌に

まきむくの山辺とよみて行く水の水泡のごとし世の人吾は（巻七。三六九）

14　作者未詳　世間の常なきを厭う歌二首（河原寺の仏堂の内倭琴の面に記せるもの）に

生死の二つの海を厭はしみ潮干の山をしぬびつるかも（巻十六。三八四九）

世の中の繁き借りいほにすみすみていたらむ国のたづきしらずも（巻十六。三八五〇）

かようにして、仏教は国民の思想に厭世的気分を持たしめ、元来天真であり、開豁であり、明朗であり、楽天的であったものが、憂鬱暗憺になったということは事実であろう。平安時代末に至っては、更に末法思想のために、世が末になり、この世の果てが今にも来るかと思わしめた。その弊また著しいものがある。平安時代において、一般に国民の意気が萎縮して、進取の気象が乏しくなり、何事にも引込思案になったのは、またこの影響であろう。しかしながら、かかる思想界の傾向も、次の鎌倉時代に入って多少とも革正することを得た。それは一方には浄土教に依る安心立命と、又一方においては禅宗に依る精神鍛錬の力に由ることであろう。

さて文学については、万葉集の後、各時代における歌集・物語類・戦記類又は謡曲・狂言・草子等の中に仏教に関するものの多いことは、特に言うを要せぬことであるが、それ等はただに仏教によってその思想又は用語を豊富にし、潤沢にしたのみならず、中には全く仏教に依って、その構想を成したものも少なくないことは、また多言を須《もち》いざる所である。

二、文字・言語　国字すなわち仮名については、その最初は僧侶が用い始めたもので、すなわち経典の傍訓などに用いたものから起ったものであって、これまた仏教に伴って創められたものである。またその五十音図は悉曇より出たものであって、天台宗の人の手によって作られたものらしい。いろは歌もまたその作者は定め難いが、僧侶の手に成ったものであることは疑いない。仮名の事についてはなお本編空海の節において説明する。〔本書省略部分〕

言語においては仏教に根拠を有するものは甚だ多い。今日我等が知らず識らず用うる言語の中で、その解釈を尋ねて見れば、案外に仏教または梵語より出て居るものが少なからずある。左にその若干の例を挙げてみよう。
挨拶　門下の僧に推問答してその悟道智見の深浅を試むをいうより転じて、うけ答え答礼返礼をいう。
有頂天　仏説に最上の天をいう。好む所に趣いて他事にはうわのそらなるをいう。
ガタピシ　我他彼此の意。我と他、彼と此と対立して葛藤の絶えぬこと。
玄関　禅学に入る手始め、転じて禅寺の門の意より普通民家にも用う。
実際　真如と同意。維摩経の中などによく用いられる。
上﨟　年功を経た老僧をいう語より転じて高位な人をいい、又貴い婦人をいい、更に年功を経た売女より普通の売女にまで及ぶ。
息災　仏力にて衆生の災を息む。
啖呵を切る　弾呵の転訛か。維摩居士が十六羅漢や四大菩薩を閉口せしめたことをいう。
兎角　涅槃経に亀毛と相並んで、無いものの例として挙げてある。
普請　禅林において大衆を集めて作務すること。
藪医　野巫医より出づ。摩訶止観にある語で、野巫唯解一術云々とあり。
油断　涅槃経にある譬えで、皿に油を盛りこれを持たせて前に歩ませ、後より抜刀を以てこれに随い、もし一滴でも零せば斬るぞという場合の事をいう。これには異説もあり、日本の古語「ゆたに」（寛）より出たという。今はしばらくこれを存す。
老婆心　くだくだしき心切、老婆心切、臨済録に出づ。
この他特に解釈を要せざるもので仏教語より出たもの若干を左に例示する。
意地っぱり　因果な事　因業　縁起でもない　往生する　我慢する　この餓鬼　功徳になる　愚痴っぽい　化生もの　根機がよい　根性がわるい　後生だから　護摩かす　業がわく　業腹　獄道もの　金輪際　四苦八苦　邪見　邪魔になる　出世　修羅をもやす　随分　世間　殺生な事　絶体絶命　多生の縁（他生は誤）　この畜生　彼岸　不思議

分別盛り　うそも方便　子煩悩　無我夢中　無尽講　迷惑

三、印刷　印刷もまた仏教に伴うて発達した。これは仏教が日本文化の発達の上に遺した足跡の最も大なるものの一である。称徳天皇が天平宝字八年〔西暦七六四〕（一四二四）の御発願に由って作られた百万塔陀羅尼が世界に現存せる最古の印刷物なる事は、世にも著しい事である。この後平安時代より鎌倉時代に亙って、幾多の経典が印刷せられ、吉野時代に至り、正平年間始めて儒書が印刷せられた。けだし我が邦においても、また西洋諸国と同じく、印刷物は先ず宗教上の必要より起り、その発達もまた宗教に依るのであって、世間的の印刷は後になって創まったのである。

四、学問・教育　仏教に伴い漢文学の発達したことはいうまでもない。漢訳経典の読誦講説と、その註疏の研究等は、自然に漢文学における一般水準を高めたに相違ない。空海の如きは、特に漢文学に秀で、性霊集始め多くの著作を遺して居る。

宋学の伝来については、古来諸説区々であるが、泉湧寺の俊芿《しゅんじょう》が将来したに始まるというが穏健の説であろう。その後入宋した僧侶又は来朝帰化した禅僧によって、宋学が講ぜられたことは、著明の事である。江戸時代を通じて、官学の根幹をなし、三百年間文教の維持に努め、またこれを前にしては吉野時代における北畠親房の大義名分の主張の淵源となり、これを後にしては幕末勤皇思想を涵養した朱子学の濫觴は、実に僧侶によって始められたのであった。室町時代に及び、文筆の業は多く禅宗、殊に五山学僧の手に移った。教育もまた同じく寺院僧侶の手に委ねられたのである。その詳細は本編において説明するであろう。

五、医学　医学の如きも、夙くより仏教の背景の下に発達した。天武天皇・持統天皇・文武天皇の御代には、沙門が医術関係の事に利用せられたことがしばしば見える。かくて大宝令の規定にも、僧侶が医療に従事することを許された。聖武天皇御病気の時、禅師法栄が能く病を看るによって、天皇の御医薬に侍せしめられた。また同じ時に看病の禅師百二十六人を屈請すということがある。天平勝宝年間に来朝した唐僧鑑真は医を善くして、本草に精しく、盲目ながら鼻を以て薬草の真偽をかぎ別けた。光明皇后が御病気の時に、鑑真の進むる所の医薬験あり、それによって大僧正を授けられた。正倉院文書の中に「奉盧舎那仏種々薬帳」という文書がある。これは種々の薬を東大寺に納められ、必要に応じてその薬を病者に頒ち与え、大仏の慈悲によってこれを救済せんとの御願をのべられたものである。その薬種は今になお多く正倉院に保存せられてある。当時仏教によって医療の進んだ様子を見るに足るものである。

後の代になっても、僧侶は祈禱によって病を治する外に、医療を行ったこともしばしば見え、僧侶の医薬兼業は各時代を通じて行われて居る。左にその二、三の例を示そう。

堀河天皇寛治六年（西暦一〇九二）に、白河上皇が金峯山へ御参詣の途に、山中において御病あり、僧正隆明が加持し奉り、御薬を上って平復ましました。藤原兼実の「玉葉」には安元・治承の頃に仏厳聖人・鎮西医師法師・或いは筑紫医師法師大善房などの名が見える。安元三年（西暦一一七七）（一八三七）四月十二日の条に、仏厳聖人が来た。兼実はこれに風病の療治の事を問うた。「此聖人能得二医術一之人也」とある。この僧は念仏の聖人で、後白河法皇の詔旨に依り、十念極楽易往集六巻を撰した。「広才之書也」とある。治承五年（西暦一一八一）（一八四一）五月二日の条には、仏厳聖人を請じて大将（兼実の長子良経）の所労を診せしめた。養和二年（西暦一一八二）（一八四二）二月二十六日にも仏厳聖人が来て疾を問い、兼実は臥しながら対面したが、更に命厄の慮なき由を申した。また大将（良経）が所悩あるに由りてこれを見せた所が、少しく邪気あるが、恐れるに及ばぬ、邪気が起った後に、少しく灸治を加うべしと申した。安元三年正月二十六日の条に、鎮西医師法師を頼輔朝臣の家に召し寄せ、人をして脚病風疾等の仔細を問わしめたが、「申旨不詳」とある。この鎮西法師は筑紫医僧ともあり、字を大善房と称した。安元三年六月十日の条に、源中納言（雅頼）が筑紫医僧字大善房をつれて来た。これは兼実の灸治のためであった。年来諸医が種々療治を加えたけれども、或いは減、或いは増、遂にようやく重くなったが、この医僧は別に験ありというので、源中納言の勧めにより、この医僧に灸治せしむることとした。治承五年閏二月十六日には、大納言入道（藤原邦綱）が所労危篤であったが、筑紫医師法師が療治を加えて針の穴より膿を取り、これによって心神すこぶる落居し、辛苦も減じたとある。翌十七日には藤原邦綱入道の病を筑紫医師法師が療治を加えたけれども、験がなかったとあり、十八日の条にも、去る十五日に筑紫医師法師が膿汁を出してその後苦痛が減じたとあり、十九日の条には「邦綱入道必死也」「筑紫医師療治於レ今者無レ益歟」とある。藤原定家の明月記に嘉禄・安貞・寛喜の前後に亘り、心寂房という者がしばしば伺候して、医療の事に当って居る。これもまた僧医兼帯の一例であろう。

宮内省図書寮に魏氏家蔵方（十巻内巻三欠）十一冊を蔵せられてある。これは宋の宝慶三年〔西暦一二二七〕（一八八七）の槧本《ざんぼん》にかかる。屋代弘賢の考証に依ると、この書はもと東福寺の普門院に蔵したもので、けだし聖一国師が宋よりもたらし来たものであろうと云う。（その巻の一の末に記したる歌が、聖一国師の筆蹟と同じであるによって、その本が国師の手沢本なることが知られるという。）広智国師語録（乾峯士曇の語録）に聖一国師かつて宋に遊び、仏鑑禅師（無準師範《ぶしゅんしばん》）に参じて薬病対治の方を得、本邦に帰来して、大いに換骨頤神の妙術を施し、死中にして活、活中にして死す、その幾何なるを知らずとある。又弘安年中に東福寺に功徳院を設けて、無縁者の疲を療したことがある。これまた開山聖一国師間接の遺薫によるものではあるまいか。予の家蔵本に東福寺相伝古療法と私称する一冊がある。血留薬之次第以下主として軍陣療法を記す。その奥書によれば、本書はもと東福寺の蔵にあり、その後三条家に伝わり、転々して美濃斎藤氏に伝わったもので、永正元年〔西暦一五〇四〕（二一六四）六月祐唐在判、文禄三年〔西暦一五九四〕（二二五四）五月佐合紋右衛門尉の署名あり、次に慶長十七年〔西暦一六一二〕（二二七二）五月日《ママ》の日付があるが、その時のものではなく、今少し年代の降ったものであろう。しかしもと東福寺の蔵であったというより考うれば、本書もまた魏氏家蔵方の亜流であって、仏教に伴う医療発達の一資料とも見るべきものであろう。

伏見宮貞成親王すなわち後崇光院太上天皇の看聞御記嘉吉元年〔西暦一四四一〕（二一〇一）三月十六日・二十七日等の条には針僧が参って治療申し上げたことを記されてある。一休和尚の自戒集には、常福寺といえる「クスシ僧」の話が出て居る。天正文禄の頃、相国寺の鹿苑院の住持有節瑞保の日記鹿苑日録にも医薬に関する事がしばしば見える。その二、三を示せば、天正十九年〔西暦一五九一〕（二二五一）六月八日には、僧徒俗僧に命じて「香薷散」を調合し、同八月三日には腹痛について「富春良薬」を用うということがある。富春というのは、同じ相国寺中の富春軒雋英西堂である。これは雋英が調合した良薬ということであろう。又同九月十一日には「平胃散」を調合し、文禄三年〔西暦一五九四〕（二二五四）十月二十五日には「西大寺薬」というのを調合して居る。

栄西の喫茶養生記の如きも、一面にはこれを以て医方に用いんとしたものである。茶は古くより日本にあったものですなわち奈良時代にもすでに存していた。これは正倉院文書に写経生の飲食に関するものの中に、「茶」というものがある。その前後の関係より見るに、飲物に相違なく、恐らく茶のことであろうと思われる。近頃矢野博士の研究する所によれば、昔は茶の字が無く、皆茶の字を用いて居たという。「正倉院文書」の茶の字もやはり茶で、すなわち奈良時代頃より茶は行われて居たものである。けれども広く日本全国に及ばなかったに過ぎぬ。嵯峨天皇弘仁六年〔西暦八一五〕（一四七五）四月、近江国崇福寺に幸し給う。その時崇福寺の大僧都永忠が茶を煎って奉るという事があり、又同年六月に畿内・近江・丹波・播磨の諸国をして茶を植えてこれを献ぜしめるという事がある。その頃の文集なる凌雲集を見るに、その中に茶烟という事が記され、文華秀麗集・性霊集・都氏文集・菅家文草等の中にも、茶の事が見える。また藤原行成の権記（長徳元年（一六五五）十月十日の条）にも造茶所・御茶料などいうことが見える。西宮記に依れば主殿寮の東に茶園があったという。かくの如く早くより茶の事は行われて居たものであるが、未だ広く一般には弘まらなかったものらしい。

鎌倉時代の初め栄西が宋に入って茶の種を持ち帰り、初めは筑前脊振山に植え、又種子を明恵上人に分かち与え、京都栂尾に移し植えたと伝う。栄西が鎌倉に居った時、建保二年〔西暦一二一四〕（一八七四）二月、将軍実朝病気の時茶を献じ、同時にその著作喫茶養生記を添えて奉った。その結果効験あって、一般武人もようやくこれを飲むようになった。それまでは方外の徒もしくは卿相の一部に行わるるのみであったが、ここに至って大いに弘まったのである。

弘長二年〔西暦一二六二〕（一九二二）北条時頼に招かれて鎌倉に下向した西大寺叡尊は、その途中、近江守山・同国愛智川宿・柏原・相模逆尾宿（酒匂カ）懐島などで「茶を儲く」とある。「儲く」とは茶の用意をしたという語で、単に喫するというだけの意味であろう。この時代の末には、各種の茶を飲みわけてその同異を知り、勝負をつけて賭物をする会さえも起った。異制庭訓往来には「我朝名山者以㆓栂尾㆒為㆓第一㆒也、仁和寺・醍醐寺・宇治・葉室・般若寺・神尾寺是為㆓補佐㆒、此外大和宝《（室カ）》尾・伊賀八島・伊勢河居・駿河清見・武蔵河越茶皆是天下所㆓指言㆒也、仁和寺及大和伊賀之名所、比二処々園一、如下以二瑪瑙一比上瓦礫一、又以二栂尾一比二仁和寺醍醐一、如下以二黄金一対上鉛鉄一」云々とあり。その諸国に遍くなった様子が察せられる。

六、暦道　次に暦道と僧侶に就いては、大宝三年〔西暦七〇三〕（一三六三）に僧の隆観が算暦を能くしたので、その才を用いんがために、還俗を許されたということがある。この後平安時代の初め頃まで、僧侶の暦算に関係したことは、文献には明らかに見えないが、僧侶が入唐又は入宋に依って、その知識を伝えたであろうことは想像するに難くないのである。果たして平安時代の中頃から、その事実が現われて居る。

そもそも暦学のことは、平安時代に入っては、賀茂家の掌るところであった。しかるに陰陽道が流行したに由って、陰陽五行説が行われて、気運の吉凶をトし方位の禍福を占うものが多くなり、暦学そのものはようやく衰えた。清和天皇の貞観三年〔西暦八六一〕（一五二一）に支那の宣明暦を用いて以来、一度も暦を改めることがなく、その後およそ八百二十年ばかりの間、宣明暦を用いて居たのである。しかして江戸時代の貞享二年〔西暦一六八五〕（二三四五）に初めて日本で暦を制定した。それがために、その八百年間は、暦と実際の天の時と違うことが多く、暦には日食が書いてあっても、実際には日が違って日食が見えなかったり、或いは暦をみると三日月が出るべきであるのに、実際の月は一日であったり晦日であったり月の出ないことなどがしばしばあった。斯様にして朝廷における暦法は次第に退歩する傾きがあった。一条天皇の頃から、僧侶が暦に参与することの例が開かれた。これを宿曜《すくよう》師と言い、これを掌る道を宿曜道と称した。僧侶の暦学すなわち宿曜師の暦道は、賀茂家の暦博士の家道よりは進歩して居た。その実例としてこういうことがある。後朱雀天皇の長暦二年〔西暦一〇三八〕（一六九八）賀茂道平と僧証照と暦の計算に就いて意見の相違があった。結局各公卿衆達の評議にかけ、その結果多数決で賀茂家の暦を用いることになり、一先ず暦博士道平の勝利に帰した。しかるに天の時は誣うること能わず、やがて賀茂道平の誤りが現われた。その誤りとは、どういうことかというに、小野宮資房の春記に拠ってみるに、賀茂の暦の十月一日という日には、暁に月が出て来なかった。その日は証照の暦では九月晦日になって居った。すなわち証照の方が勝ったのである。それから更に二日を経て、賀茂の暦では十月三日になると、三日月が出て来る筈であったが、「日没の後しばらくして微月天にあり、鈎よりも細し、三日月に非ず、今日始めて出づるに似たり」とある。この日は証照の暦では二日になって居った。翌日になって始めて本当の三日月が出た。すなわち証照の方が正しかったのである。ついで後冷泉天皇の康平二年〔西暦一〇五九〕（一七一九）正月に賀茂道平は日食がないと申したところが、証照の弟子に藤原長経という人があって、これはかねてから日食があるという計算であったが、果たして日食があった。また堀河天皇の嘉承元年〔西暦一一〇六〕（一七六六）十二月一日賀茂家の計算では未の刻に日食あるべしというので、御祈さえ行われた。しかるに宿曜師の僧明算・深算二人は月食なしと申した。事実はやはり宿曜師の言った通り日食はなかった。かくの如く、僧侶の方が専門の暦博士より進歩して居ったというのも、彼等が直接間接に支那からの新しい文化に接して居ったからであると思う。これまた仏教の影響によるものである。

七、芸術　絵画彫刻における仏教の影響は、特に述べるの必要もないことであって、上古より室町時代に至るまでは、何れも仏教の畑において育ったものである。特に平安時代以前においては、仏教に関係の無い絵画彫刻は、ほとんど稀である。画師といえばほとんど仏画師であり、彫刻も仏教に関する彫刻のみである。

なおここに注意すべきものに油絵がある。油絵は我が邦にあっては、推古天皇の御代にすでに相当発達していた。これを西洋の油絵と比較すると、七百年ばかりも古いのである。この日本における油絵も、やはり仏教文化に伴って輸入されたので、これは密陀僧《みつだそう》という絵具を以て描いたものである。密陀僧というのは、もとペルシャ語で「ミュルダーセン」（Murdhāseng）という語から出たもので、それにこの漢字をあてたものだという。この絵具はすなわち酸化鉛を荏の油に溶かして用いるので、後の西洋の油絵と方法は同じである。この絵具を以て描いた絵を密陀絵《みつだえ》という。その実物は法隆寺に現在する所の玉虫厨子の壁及び台座などに描かれたものによって見ることが出来る。この絵は仏本生譚すなわち釈迦の前生の物語を描いたもので、釈迦が出世前にかつてある国の王子であった時、餓えた虎を救わんがために、自ら崖の上より身を投じて、その身を虎に食わせたといういわゆる「餓虎投身」の物語などを描いたものである。

建築もまた仏教に伴って大なる発達を遂げた。崇峻天皇の時に、百済の寺工や瓦工が来朝して、法興寺を造ったということがある。この後四天王寺とか法隆寺とか多くの寺院が建てられた。神護景雲二年〔西暦七六八〕（一四二八）に創立せられた春日神社には、新たに肘木を用い、更に垂木・破風・千木に反りをつけ、屋根の流れ及び軒にも反りをつけるようになり、外部の木材はことごとく丹を塗った。これ等の曲線又は色彩の応用は、皆大陸建築の感化に依るのであって、すなわち仏教の影響とみるべきものである。

室町時代における邸宅は、禅寺の影響を受けて一種の形式を造った。すなわちいわゆる書院造である。また一般住宅の玄関も禅寺の風を受けたものである。

音楽について見るも、我が国には古くから固有の音楽はあったが、その発達したのは、やはり仏教に依ったのである。聖徳太子の時に初めて蕃楽すなわち外国の楽を以て法会に用いようということを奏請せられたという事が太子伝暦に見える。この太子伝暦の作られたのは、平安時代延喜の頃で、聖徳太子の時代から見ると非常に年が隔って居る。それで一般にこの書の記事の中には附会のことが多いのであるが、しかしながらその中に書いてあることはことごとく捨ててしまわなければならぬということはない、その中には当時古い材料が残って居って、主としてそれに依って書いたものもあろうと思う。この蕃楽の事の如きもその一つであろう。天武天皇の御代には、蕃人饗応のために寺の楽を奏したことがしばしばある。

万葉集（巻八、一五九四）に

仏前の唱歌一首

時雨の雨間なくなふりそ紅ににほへる山の散らまく惜しも

というのがあり、その左註に、

右冬、十月皇后宮の維摩講に、終日大唐高麗等の種々の音楽を供養す。すなはちこの歌詞を唱う。弾琴《ことひき》は市原王・忍坂王・歌子《うたびと》は田口朝臣家守・河原朝臣東人・置始連長谷等十数人なり。

とある。この歌の前後には、天平十一年〔西暦七三九〕（一三九九）の歌と天平十五年の歌とを載せてあるから、恐らくはその頃のものであろう。これによって維摩会に唐・高麗の音楽を奏したことが知られる。

天平八年に林邑の僧仏哲が来朝した。林邑は今の安南である。この僧はよく天竺の音楽に通じて居ったので、楽生をしてその楽を受けしめ、ここにインドの楽が初めて我が国に伝わり、従来の支那楽と合せて諸寺においてこれを奏せしめることになった。その音楽の名は菩薩・迦陵頻・蘭陵王・抜頭《ばとう》・倍臚破陣楽《ばいろはじんらく》・案摩と二の舞・胡飲酒《こんじゅ》・万秋楽《まんしゅうらく》一名慈尊楽、これを林邑八楽という。迦陵頻というのは、釈迦の祇園精舎供養の日に、この鳥が来て空中に鳴き舞うたので、妙音天女がその状を取って舞曲を作り、これを阿難尊者に伝えたといわれるもので、仏供養の法会には、菩薩が胡蝶の舞人と共に花を仏前に供し了り、菩薩まず舞い次に鳥舞い次に蝶舞うという順序に演ずるものだという。これ等は仏教に伴う音楽の最も顕著なる一例である。抜頭は西方の胡人その父の猛獣に噛殺されたるを憤り、山に入り遂にその獣を格殺し、父の復讐したのを悦び、山路八折を喜躍して下り来るに象った曲だという。倍臚破陣楽の倍臚は梵語バイラップで自在天をいうという。胡飲酒は胡国王が酒を飲んで酔舞するさまを示すもの。万秋楽は釈迦如来菩提樹下で正覚を遂げた時に、天衆菩薩、この楽を奏した。しかるに如来滅後、その伝が絶えたのを弥勒菩薩これを惜しみ、人界に示現してこの曲を授け、五天の人々その音声を聴き、悪趣を離れ善処に生じ無辺の利益を蒙ったという伝説のあるものである。

この後平安時代の末には日本音楽も独自の発達を示して、今様或いは和讃などを創作したのであるが、これ等は何れもインドの声明すなわち仏教音楽を採り入れたものである。ついで鎌倉時代には講式の類が発達し、室町時代に入って謡曲が盛んになったが、これまたその形式に声明の分子を多く含んで居る。

なお又室町時代における演劇は、寺院に依って養われたもので、寺院が演劇の完成に重要な役割をしたのである。奈良の田楽は、興福寺に依って保護せられて発達した。春日の若宮祭の田楽は元来神事の一つであるが、その発達に貢献したのは興福寺の僧徒である。

能楽は田楽に猿楽を加味し、それに新曲を案出して、鎌倉時代にあった郢曲と平家とを合せ、更に元時代の雑劇に依って一種の曲節を定めたものであるが、名称はやはり旧のまま猿楽と称して居った。しかして能楽は観阿弥清次とその子世阿弥元清の二人に依って大成せられたのである。観阿弥は吉野時代の末、至徳元年に歿し、世阿弥は吉野時代から応永の頃に亙って活動した人である。（昭和十八年はその歿後五百年に当る。）近年世阿弥の著作十六部集が発見せられてから、謡曲の多くは彼の手に依って作成せられたものであるということが確かめられ、世阿弥の文学者としての位置が非常に高められた。謡曲の文章は色々の出典から集めたもので、作者の創作した文句は比較的に少いようである。世阿弥の作と伝えられる謡曲の句には禅林句集が引用せられて居る。十六部集の中にも禅語が多く引用せられ、臨済録とか碧巌集とか証道歌・伝灯録などの句が散見して居る。又伝説に依れば、山姥その他一、二の曲は、一休の作と伝えられて居る。その外兼平・高砂は正徹の手になったものと言われて居る。それは、どこまで確かであるかわからないが、とにかく、謡曲の作者の中には禅の趣味が少からずあったということは争えない事実である。この外、謡曲には法華経、なかんずく、普門品すなわち観音経に依って観音の利生を説くことが多くある。又浄土思想も深く沁み込んで居るようである。これ等は何れも当時一般信仰界の古くからの伝統を現わしたものであると思う。

八、経済　経済の発達についても、仏教の力が与って大なるものがある。寺院が地方における所領の開拓によって自然地方文化の進展を促し、全体として国家経済の発達に資するもののあったことは考えられる。また鎌倉時代より室町時代にかけて、座・市場・門前町・問屋・為替・頼母子・無尽・質屋などは、何れも寺院の背景に依るか、もしくは寺院自らの経営に依るものが多い。

九、国民の日常生活ならびに風俗　仏教が国民の日常生活の中に深く滲みわたった事については、殊に平安時代において、その顕著なるを見るのである。日常の礼式作法の如きも、その本づく所は禅宗にあり、また挿花の如きも、仏教寺院の力によって発達した。これ等は何れも本編において述べる。

この他卑近なる例を採っていえば、日常食物の如き、また仏教に伴って伝えられたものがある。

その一　饅頭　饅頭は支那からの輸入であって支那においては、蒸餅の中に獣肉又は野菜などを入れるものである。日本では肉を用いた事が無いらしいが、野菜を包んだことはあるらしい。七十一番職人歌合に（享禄の頃）「さたふまんぢゆ」「楽まんぢゆ」とある。饅頭は観応元年〔西暦一三五〇〕（正平五年、二〇一〇）に竜山徳見の元より帰朝するに随って元人林浄因というものが来朝して、奈良に留って、名を塩瀬と改め、初めてその法を伝えたのである。

その二　豆腐　この製法は支那から伝えられたものであるが、その創製の年月は詳かでない。最も古くは海人藻芥（応永二十七年〔西暦一四二〇〕（二〇八〇）著）の中に、禁中においては豆腐を「かべ」と称することが見えて居る。七十一番職人歌合の中にも、豆腐の名が見える。要するに禅僧のもたらして来たものと思われる。豆腐に味噌をつけて焼いたものを田楽という。これは田楽の曲芸に、鷺足と称して、竹馬の如きものを一本立ててこれに乗ることがある。その形に似ているからの名である。この芸もまたかの国より伝えられたものであろう。随って田楽豆腐もまた豆腐と同じくかの国より伝来したものであろう。田楽豆腐の名の、ものに見えたのは、宗長手記に大永六年〔西暦一五二六〕（二一八六）十二月「夜もふけ灯辺に膝をならべ田楽豆腐の度かさなり」とあるのがその早いものの一つである。

一〇、社会事業　江戸時代以前に在っては、社会事業は政府において行ったことも多少はあるが、多くは寺院僧侶によって行われた。一般慈善救済はもとよりのこと、浴室の発達、動物愛護より、交通の発達、道路の開通、橋梁の架設、港湾の築造等の土木事業に至るまで、幾多の事蹟が遺って居る。それ等はもとより仏教に由る信仰よりした事であって、これによって民衆と接触して、その福利増進を図り、直接間接に国民文化の向上に資する所が多い。これまた本編において概説するであろう。

一一、地方文化の発達　各時代を通じて、地方文化の発達は仏教の力に依る所が多い。奈良時代より平安時代の初期に亙って、地方の著しい発達が、寺院僧侶に依って促された。次いで又平安時代末より鎌倉時代に及び、寺院僧侶に依る地方文化の発達の迹《あと》が見られる。室町時代に至っては、地方大名と寺院の結合に依り、各地方に文化の小中心が作られ、地方都市発達の緒を開き後の江戸時代封建制度の基礎を固め、延いて今日国家富強の一原因を成した。これまた本編において述べんとする所である。

以上述ぶるが如く、およそ千四百年の間において、仏教は日本国民の精神ならびに物質生活の中に全く消化せられ、その肉となり血となって、国民は日常生活の中に、知らず識らず仏教文化に浸って居るのである。日本歴史の中から仏教を除いては、その大部分を失うということを言うが、それはただ言葉のあやであって、事実は仏教を除いて日本の歴史を考えるということは全く不可能というべきである。

第一章　飛鳥時代

仏教渡来の年代

日本書紀欽明天皇十三年壬申（一二一二〔西暦五五二〕）の条に、冬十月百済聖明王が西部《せいほう》姫氏達率怒唎斯致契《ぬりしちけい》等を遣し、釈迦仏金銅像一軀・幡蓋若干・経論若干巻を献じ、別に表を上って流通礼拝の功徳を讃して曰く、

是《ノ》法《ハ》於二諸《ノ》法《ノ》中《ニ》一最為《イマス》二殊《ニ》勝《レテ》一難《シ》レ解《シリ》難レ入。周公孔子《モ》尚不レ能レ知。此法能生《ナシテ》二無量無辺福徳果報一。乃《スナワチ》至成二弁無上菩提《ヲ》一。譬如下人懐二随意宝一、逐《シタガイテ》レ所《ニ》レ須《キ》用《ウ》尽依《ママナルガ》上レ情《ノ》。此妙法《ノ》宝《モ》亦復然《ナリ》。祈願《モトメネガウコトシタガイ》　依レ情無レ所レ乏。且夫遠自二天竺一、爰泊《イタルニ》二三《ノ》韓《ニ》一。依レ教《ママニ》　奉持《ミノリノウケタモチ》　無レ不二尊敬一。由レ是百済王臣明《コキシヤツガレ》　謹遣二陪臣《ハヘノマチキミ》　怒唎斯致契一奉レ伝二帝国《ミカド》一。流二　通《アマネクカヨワスコトウチツクニニ》　畿　内一果《ハタスナリ》二　仏所記《ノタマウ》我法東流《ニツタエムト云ウコトヲ》一。

と申し上げた。

この上表文が後世の偽作であるということは、夙く飯田武郷翁が日本書紀通釈において述べた所である。すなわち「是法於諸法中」云々以下四十二字は、金光明最勝王経如来寿量品の語「於諸経中、最為殊勝、難解難入、声聞独覚、所不能知、此経生無量無辺福徳果報、乃至成弁無上菩提」の句をほとんどそのまま採ったものである。最勝王経は唐の代に翻訳したもので、欽明天皇の十三年は梁元帝の承聖元年に当り、唐の初代より数えても六十五六年前であるから、この上表というものが偽作であることが知られる。恐らくは推古天皇以後に追作したものが、攙入《ざんにゅう》したのであろ

うと、書紀通釈にある。藤井顕孝氏は史学雑誌において更に詳かにこれを説いて、右の四十二字の外「譬如人懐随意宝」以下の四句二十八字も、最勝王経四天王護国品の「如人宝有妙宝篋、随所受用悉従心、最勝王経亦復然、福徳随心無所乏」の長行頌より採ったものである。最勝王経は義浄によって、唐の則天武后の長安三年に訳せられたものであり、欽明天皇十三年よりは約百五十年後、文武天皇大宝三年〔西暦七〇三〕（一三六三）に当る。故にこの上表文は恐らく最勝王経が訳せられた後、間もなく我が邦にもたらされて、それが直ちに日本書紀編纂の時に採用せられて、ここに上表文として入れられたものであろうといわれて居る。この説けだし従うべきものであろう。しかしこれは日本書紀の潤飾によるものであって、欽明天皇の御代に仏教が伝来したという事、その事は事実と認めて何等疑うべき事はないのである。

天皇は右の上奏を聞し召して、大いに歓び給い、その使者に「朕は古よりかくの如き微妙の法を聞かず、しかれども朕自らこれを決すること能わず」と仰せあって、すなわち群臣を集めてこれを諮問し給い、これを礼すべきや否やを問わせられた。この時大臣蘇我稲目はこれを拝すべしといい、物部大連尾輿・中臣連鎌子はこれを斥くべしと白した。天皇すなわちこれを稲目に賜うて、試みに礼拝せしめられたとある。これが日本書紀に伝うる所の仏教伝来の記事で、この欽明天皇の十三年という年は、古来一般に仏教伝来の年として知られて居る。

しかるにその伝来の年について異説がある。それは、

第一　上宮聖徳法王帝説に、志癸島天皇（欽明）御世戊午年（一一九八〔西暦五三八〕）十月十二日、百済国主明王始奉レ度《ワタシ》二仏像経教并僧等一とある。これによると欽明天皇の十三年（一二一二〔西暦五五二〕）の壬申とは、その間に十四年の差があるのみならず、戊午は日本書紀の年紀では、宣化天皇の三年に当って居て、欽明天皇の御代ではない。上宮聖徳法王帝説は、奈良時代の作で、古事記・日本書紀とは別の伝説を伝えて、すこぶる貴重すべき史料であるから、その説は重要なる価値を有するものである。

第二　凝然の三国仏法伝通縁起に、華厳宗の条に、大安寺審祥大徳記を引いて「檜隈盧入野宮御宇宣化天皇即位三年歳次戊午年十二月十二日従百済国仏法伝来」とある。これは戊午の干支に拠って、これを日本紀の紀年に合せて、

宣化天皇の御代に係けたので、戊午の年渡来の説の古くより奈良に伝えられてあったことが知られる。

第三　弘仁〔西暦八一〇—八二四〕年間に、最澄が叡山に大乗戒壇を建てん事を奏請したに対して、奈良の護命僧正が上表してこれに反対したが、その中に志貴島御宇天皇（欽明）歳次戊午百済王奉三渡二来仏法一とある。これに対して、最澄の駁論した顕戒論の中に、「天皇即位元年庚申、御宇正経三十二歳、謹案歳次暦都無二戊午年一、元興縁起取二戊午歳一已乖二実録一」とある。この実録というのは日本書紀をいうのであるが、仏教渡来を欽明天皇戊午の年とする説の、奈良の方に古くから伝わって居たことが知られる。

第四　最澄の云う所の元興縁起は、すなわち元興寺伽藍縁起流記資財帳を云うのである。この書は、明治の末頃、その古写本が醍醐三宝院に発見せられた。それによれば、桜井豊浦宮治天下豊御食炊屋姫命すなわち推古天皇の生年一百歳次癸酉（推古天皇二十一年）正月九日に、馬屋戸豊聡耳皇子が勅を受けて、元興寺の本縁及び推古天皇の発願ならびに諸臣の発願を記されたものを本として記したものである。ここに一百歳というはなお若干というが如きものであろうか。これをそのままに百歳と見る時は、仏教渡来の戊午の歳には、推古天皇は二十五歳にましましたこととなる。さて日本紀によれば、欽明天皇は幼年にして御即位あらせられ、即位後二年に納妃の事あり、しかるにその七年目の戊午に二十五歳の皇女ましましたとは考えられない。もし又その納妃が即位前にあったのを紀がまとめて書いたとすれば、即位の時に御幼年にましましたというに合わない。元来推古天皇の宝算については明らかならぬ点がある。この縁起を書く時には、それが確かでないために、若干ということの代りに、一百と記したものであろう。本書はけだし天平十九年〔西暦七四七〕に、諸大寺に命じて縁起流記資財帳を上らしめられた時の資料となったもので、奈良の古伝を録し、殊に法王帝説と符合する所があり、貴重なる伝説である。またその中に用いた仮字は、当時慣用の重音を用いて居る。それは周代の古音であることは、大矢透氏の仮字源流考に詳かに説いてある。

この縁起の初めに、

斯帰《しき》島宮治《しろしめす》二天下《あめのした》一天国案春岐広庭《あまつくにおしはるきひろにわ》天皇御世、蘇我大臣稲目宿禰仕奉時、治二天下一七年、歳次戊午十二月度来《わたしきたる》、百済国聖明王時、太子像并灌仏之器一具及説仏起書巻一筐

とある。これによると、明らかに欽明天皇の七年で戊午の年となる。

かくの如く仏教渡来の年代については異説があるが、もと日本書紀はその編纂よく整頓せず、所々に錯簡があるから、この渡来説の異同は十分に研究の価値がある。

さて日本紀を精査すると、継体天皇の条に錯簡のあるのを発見するのである。それは継体天皇の六年の条に、四月穂積臣押山を百済に遣し、十二月百済から使を遣し来たって、任那国上哆唎《おこしたり》・下哆唎《あるしたり》・娑陀《さた》・牟婁《むろ》の四県を賜わらん事を請うた。哆唎国守穂積臣押山も大伴大連金村もこれに賛成した。依ってこの四県を百済に賜った事がある。翌七年六月、百済は使を遣して穂積臣押山に副えて奏して曰く、伴跛《はへ》の国、臣の国己汶《こもん》の地を掠奪す、伏して請うらくは、本属に還したまえと。十一月に至り己汶帯沙《たさ》の地を百済に賜うとあり。二十三年に、百済王が下哆唎の国守穂積臣押山に謂って曰く、朝貢使恒に島曲《みさき》を避け、毎に風波に苦しむにより、加羅多沙津を以て朝貢の津路となさんと。押山はこの趣を奏問した。よって物部伊勢連父根等を遣して加羅多沙津を百済に賜うという事がある。

右の三ヶ条を併せ見るに、二十三年の条にある下哆唎は、すでに六年に他の三県と共に百済に与えて、穂積臣押山もその翌年に帰国したのであるから、十六七年を隔てた後において、なおその国守たるべき謂われはない。また二十一年に近江毛野が韓地経営のために任那に行ったことがあるが、これは押山や金村の失政によって、任那の地を百済に与えたに因って、彼は我を怨んで新羅と結び、新羅は南加羅・喙《とく》・己呑《ことん》を侵したためである。かかる失政のあった時に、押山が平然として彼の地に留まっている筈はない。いわんや土地の割譲のことをや。殊に七年の条に見えている帯沙と二十二年の条の多沙とは文字は異なるけれども、同一の地である事は明らかである。更にまた七年の紀を見るに、地を百済に賜わったために、伴跛の国に怨を懐かせ、九年には我が使者物部連を帯沙江に襲い、物部連は身を以て免れたことがある。また二十三年には百済が地を請うた時朝廷これを許し給い、使人物部伊勢連父根等を遣わされた。しかし物部伊勢連は加羅の抗事を恐れて、難を大島に避けて還り、これより加羅は怨を日本に生ずということがある。これは全く同一事実の前後に重複して記されたものと見るべきである。

また三国史記の新羅本紀を見るに「壬寅春三月、加耶国王遣使請婚、王以伊飡比助夫之妹送」とある。これは継体天皇紀の二十三年の条に、加羅の王が帯沙のことより怨を我に生じ、新羅に結ばんと欲して、婚を請うとあるのに当っている。かくの如く二十三年の記事は、同じ継体紀の七年前後の記事の重複であるから、三国史記にある壬寅年はけだし我が継体天皇の七年に相当するものと認めても差支ないであろう。よって今仮りに継体天皇の七年を以て壬寅の年と仮定してみる。

さて継体天皇の崩御の年は、日本紀には二十五年辛亥とある。この年は日本紀自らも疑いを存している不確実の年である。古事記を見ると、その細註に「丁未年四月九日崩也」とある。この細註が古記の断片として貴重すべきものである事は、本居宣長が古事記伝にもいって居る。日本書紀にも「二十五年春二月天皇病甚、丁未天皇崩于磐余玉穂宮」とある。この丁未とあるは日附の如くに見えるが、これは日本紀の普通の文例ではない。日本紀には日を記すには、先ず朔の干支を記して、何年何月干支朔干支と記すこと、例えば二十一年夏六月壬辰朔甲午の如きであるが、ここには朔の干支がない。以上を合せ考えると、継体天皇は丁未の年（一一八七〔西暦五二七〕）の崩御で、壬寅（一一八二〔西暦五二二〕）がその七年に当り、即位はすなわち丙申の年（一一七六〔西暦五一六〕）に当る。次に安閑天皇・宣化天皇の崩御を考うるに、書紀の継体天皇の二十五年の条に、

ここに二十五年歳次辛亥崩ずと言う者、百済本記を取りて文をなすなり。その文に云う、太歳辛亥三月、師進みて安羅に至りて乞毛城《こつとくのさし》を営る。この月に高麗其王安を弑す。又聞く、日本の天皇及び太子皇子倶《とも》に崩薨と。これに由りて言わば、辛亥の歳は二十五年に当れり。後の勘校者《かんがえむひと》これを知らむ。

とある。しかるに継体天皇の時は、太子皇子共に薨ぜられた事実がない。こは宣化天皇の崩御の時、皇后橘皇女及びその孺子《わくご》を合せ葬った事実に当るものであろう。これによって見ると、宣化天皇は辛亥年（一一九一〔西暦五三一〕）に崩御と見るべきか。さすれば「師進みて安羅に至る」とあるは、宣化天皇紀の末年に大伴金村に勅してその子磐と狭手彦を任那に遣わされた事実に符合するのである。

かくの如く定めると、欽明天皇はその後を受け給うて、直ちに辛亥の年（一一九一〔西暦五三一〕）即位ましましたとする。しかして日本紀の紀年の如く辛卯年（一二三一〔西暦五七一〕）四月崩御とすれば、御治世は四十一年となって、日本

紀より九ヶ年延長することとなるが、それは法王帝説の志帰島天皇治天下四十一年とあるに符合するのである。

以上の考定によって、仏教伝来の年代を考えて見ると、戊午の年は即位の翌年壬子（一一九二〔西暦五三二〕）の年から数えて七年に当るので、元興寺縁起資財帳に七年歳次戊午とあるに符合するのである。日本紀は継体天皇の紀に、誤って重複の記事があるために、かかる誤りをなすに至ったのである。

仏法渡来の年が欽明天皇七年戊午である事は前述の通りであるが、これは公に渡来した年で、その以前に帰化人等によって私に輸入せられてあった事は、自然あり得べき事である。扶桑略記引く所の日吉山薬恒法師法華験記に、延暦寺の僧禅岑記に云う、継体天皇即位十六年壬寅大唐漢人案部《くらつくりの》村主《すぐり》司馬達止《しばだっと》、この年春二月入朝、すなわち草堂を大和国高市郡坂田原に結び、本尊を安置して帰依礼拝すとある。この文は古来有名なもので、仏法渡来の事を説くについては、常に引き合いに出されるが、その細目においては、必ずしも信ずべからざるものである。それは応神天皇の朝に阿智《ノ》使主《おみ》の引率した部民の中に鞍作村主と言う者があり、司馬達止はその子孫であるらしいから、継体天皇の時に始めて来朝したらしく見える所の右の記事は必ずしも正確でない。又即位十六年壬寅の年は、前述の渡来年代の考証によれば、継体天皇の御代にはない事になるのであるから、かたがたこの記事は正確とはいえない。しかしながら司馬達止に限らず、欽明天皇以前において、帰化人が仏教を私に信奉して居た事は事実であったに相違ない。

薬恒という人は叡山の僧で、恐らく朱雀天皇の御代の頃の人であろうといわれて居る。それは高山寺と東寺金剛蔵とに蔵せられる尊勝真言異本勘定持誦功能唐朝日域興隆流布縁起という書があり、これは天台比叡山延暦寺隠者釈薬恒集とある。この薬恒と扶桑略記に引く所の薬恒とは、種々の点より考えて同一人であることが知られる。しかして右の尊勝真言流布縁起に記載の事実は、天安貞観延喜延長の頃に亙って居り、朱雀天皇の時より後の記事は見えない。これによって見れば薬恒は恐らく朱雀天皇の頃の人であろう。

近頃この扶桑略記の記事を以て、干支一巡の誤りで敏達天皇の十一年の事であろうとする説がある。これまた一説として参考すべきものである。

仏教渡来の事情と蘇我物部二氏の争い

さて百済聖明王が表を上って仏像経論を献じその功徳を讃嘆して信奉を勧めたのは、単に仏教そのものの宣伝のためではなく、実に当時日韓の外交政策に関聯する所が多かったのである。すなわち仏法渡来は、単なる文化関係のみの事件ではなかった。当時韓国においては、百済は日本の勢力範囲にあって、高麗・新羅に対抗して居た。仏教渡来の前年に、欽明天皇の六年（一二〇五〔西暦五四五〕）九月、百済では聖明王の発願で、丈六の仏像を造り、願文を作り、日本領地の太平と天皇の祝福とを祈ったことがある。この事は仏法渡来の年を欽明天皇七年としてこそ、事実の聯絡が都合よくなるのである。この仏像経論の貢進は、百済の我に対する親善の意を表したもので、日本紀の文に、天皇百済の表を聞し召し歓喜踊躍とあるのは、この対韓関係の局面展開を悦び給うたものと見られる。しかるに、当時朝廷の中には、外交政策の上から二派に分れていたらしい。一は百済に結ぶ所のもの、二は新羅に結ぼうとするもので、いわば親済党と親羅党とであった。大伴・蘇我の二氏は親済党で、中臣・物部二氏は親羅党である。これより先き、継体天皇の六年から七年にかけて哆唎以下四郡を百済に与えたのは、大伴金村の処置によるのである。当時金村は百済から賄賂を納めたとの非難さえあった。これから後は新羅は漸次に任那の界を侵して、喙《とく》・己呑《ことん》を略し南加羅を取ったので、我が邦は近江毛野を遣して新羅を討たしめた。しかるに毛野は任那の民心を失うて帰国したので、新羅は益々勢いを伸ばして、卓淳《とくしゅ》国をも滅ぼした。宣化天皇の時、大伴金村に勅して、その長子磐をして筑紫を鎮めしめ、その次子狭手彦をして任那を治めしめ、以て興復を計らしめた。欽明天皇の即位元年（一一九九〔西暦五三九〕）に大伴金村・物部尾輿等を随えて難波に行幸あり、対韓政策を議せしめられたが、二人の間に激論があったらしい。その時幾許の兵あらば新羅を討つを得べきやと諸臣に問わせられた。物部尾輿これに答えて、少数の軍にては容易に討つことができぬ。さきに継体天皇の時大伴金村が任那の四県を割いて百済に与えたから、新羅は我を怨むことが久しい。故に軽々しく討つことはできぬと奏した。ここにおいて、金村は住吉の宅に閉居し病と称して出なかった。天皇使を遣してこれを慰諭せられた。この事件は、朝廷に両党の軋轢のあった事を示しているもので、金村はその外交政策失敗の責を負うて隠退したのである。その後百済に勅して任那の復興を計らしめられたが、当時百済には聖明王位にあり、大伴狭手彦と議し、使を遣して任那の宰《みこともち》吉備弟君等が新羅に通ずるの疑いがあるから、これを黜《しりぞ》けなければ興復のこと成就すべからずと申した。この後使節は往復したが、その功、挙らなかった。当時の国際関係がかような様子であったので、仏法を日本に入れる事は、外交政策上都合のよい事であったらしい。それはあたかも明治の初めに、外交の上から耶蘇教を大いに奨励しようとした政策を考えた人のあったと同じであろう。蘇我氏はすなわちその政策からこれを入れようとしたのである。渡来後紛争のあった時に、稲目の語に大陸諸国皆これを奉ずるに、日本独りこれに背かんやとあるのは、すなわちその意のある処を示すものである。かくて百済王は仏像経論を献じ、親済党たる蘇我氏・大伴氏はこれを奉じようとした。しかるに親羅党たる物部・中臣両氏はこれに反抗した。両党はここに仏法渡来を機として、更に軋轢を重ねた。

　両党の軋轢は単に外交政策の異同のみがその原因ではなくして、なお外の意味もあったのである。すなわち固有文化と新文化との衝突である。蘇我氏は進歩思想で新文化を採用しようとし、物部・中臣氏は保守主義で、新文化を悦ばない。この外に外戚関係の事情がある。蘇我氏は武内宿禰の後裔である。武内宿禰は熊襲征伐・三韓征伐及び応神天皇の即位に与って力がある。その子孫に及び一時物部氏の勢力に圧せられて振わなくなり、大臣の職をも保つことができなかった。しかし欽明天皇が蘇我稲目の女を納れて皇后とせられてから、稲目は外戚の権を以て、祖先の位に復し、大臣となり、物部氏の上に居るようになった。両氏はこれより大いに反目した。かかる所に仏法が伝来したから、両氏の軋轢は更に激しくなったのである。

　さて百済が仏像経論を献じた時に、天皇はこれを奉ずべきや否やを群臣に問わせられた。蘇我稲目は西蕃諸国一に皆礼《いやま》う、豊秋日本《とよあきつやまと》あに独り背かんやと奏し、物部尾輿・中臣鎌子は我国家《みかど》の天下に王《きみ》と坐すは、恒に天地社稷《あまつやしろくにつやしろ》百八十神《ももあまりやそかみ》を以て春夏秋冬祭拝を事《わざ》となす、まさに今改めて蕃神《となりのくにのかみ》を拝む事、恐は国神の怒りを致し玉わむ事をと申した。そこで天皇は仏像を稲目に賜い、試みに礼拝させられた。稲目は自分の小墾田《おわりた》の家に安置して礼拝し、ついで皇女豊御食炊屋姫（推古天皇）の宮殿向原《むくはら》の宮と小墾田の家とを交換し、すなわち向原の宮殿を以て寺とした。これすなわち後のいわゆる向原寺である。この後一年を隔てて、疫病が流行した。尾輿・鎌子等曰く、これ他国の神を礼拝する罪であると。稲目はこれと争うた。天皇は稲目を諭し給い、稲目も遂に外面には余臣等に従うとも、内心には仏法を捨てずと答えて、この時は事なく済んだ。

この後三十余年を経て、稲目が病を獲てその篤きに臨んで、池辺皇子（用明天皇）豊御食炊屋姫（推古天皇）に遺言し奉って曰く、小臣仏法を修行すべしと白すによって、天皇もまた修行せられたのに、余臣等これを滅し捨てんとす。今後たとえ向原寺は亡びんとも、天皇と我とは同心、又皇子等も同心であらせらるべし、必ず仏法を捨て給うなと申した。豊御食炊屋姫は日並他田皇子（敏達天皇）の嫡后にましまし、池辺皇子は他田皇子の次に在したによって、かく遺言し奉ったのである。己丑の年（日本紀では欽明天皇の三十年、前述の説によりて訂正すれば三十九年）稲目が薨ずると、その翌年庚寅の年には、はや堂舎仏像を焼いて難波の堀江に流した。この時に向原寺は豊御食炊屋姫命の宮殿なるによって焼かしめず、仏像はやむを得ずして出したけれども、灌仏の器は匿して出さなかった。日本紀には、この事を仏法伝来の記事に直ちに続けて記してあるけれども、元興寺流記縁起資財帳によればその間に三十余年の隔りがあったのである。

その後敏達天皇の十一年壬寅の年（一二四二〔西暦五八二〕）に、豊御食炊屋姫は池辺皇子と議し、向原寺を桜井に移しこれを桜井道場と云い、按師首達《くらつくりのおびだっと》等（すなわち司馬達止）の女島女《しまめ》等三人は出家して尼となった。十四年乙巳二月十五日に、止由良佐岐（豊浦崎）に刹柱を立てて大会を起された。この時に当って、敏達天皇は仏法を厭い、これを破せんとし給い、二月晦日には刹柱を伐り、蘇我大臣馬子等仏法に帰依せるものの家と仏像殿堂を破り焼き、三人の尼の法衣を脱がせて、これを逐い出した。この時も桜井道場は炊屋姫の後宮であるからとて焼かしめられなかった。（この時の破仏は、日本紀敏達天皇の十四年の条に、物部弓削守屋大連自ら寺に詣りて胡床《あぐら》に踞坐《しりうたけお》り、その塔を斫《き》り倒して、火を縦《つ》けてこれを燔《や》く。あわせて仏像と仏殿を焼く。すでにして焼く所の余りの仏像を取りて、難波堀江に棄つとあるに当って居る。）

敏達天皇崩じ給い、用明天皇（池辺皇子）位に即かせ給う。用明天皇はかねてより仏法を好ませらるる御方であったが、蘇我馬子は厩戸皇子と相謀り、勅許を得て、更に三尼を聘し、桜井道場で供養した。かつ今まではただ尼寺のみであったが、馬子は又更に僧寺を建てんとして、厩戸皇子と相謀って、その寺の位置を定め、百済に向って造寺工を送らんことを求めた。崇峻天皇の戊申の年すなわち元年（一二四八〔西暦五八八〕）になって、百済から六人の僧及び四人の工人を送って来た。壬子の年になって、豊御食炊屋姫命は豊浦宮に位に即かせられた。この豊浦宮はさきに向原寺を置かれた所である。その向原寺は桜井に移って尼寺となって居たが、その後位に即かせられてから、癸丑の年詔して再び豊浦宮を寺とし、急ぎ小墾田に宮殿を造って、そこに遷御せられた。新しく造られた寺を豊浦寺と名付け、ここに桜井から尼を移して住ましめられた。この時詔して寺名を元興寺と賜わった。かくの如くにして、我が邦の仏教は、その揺籃時代においてしばしば迫害を受けつつも、用明天皇・推古天皇ならびに聖徳太子の保護によって、その難を免れ、ようやく生長することを得たのである。

蘇我・物部二氏は仏法渡来によって軋轢を生じたが、その後、皇位継承問題に関して更に甚しく争うた。用明天皇の崩御の後、馬子は諸皇子及び群臣と謀って物部守屋を滅さんと謀り、泊瀬部皇子・竹田皇子・厩戸皇子等諸将と共に兵を率いて守屋を討ってこれを滅した。泊瀬部皇子は炊屋姫皇后ならびに群臣の勧めによって天位に即かせられた。これを崇峻天皇と申す。蘇我馬子は故の如く大臣となり、厩戸皇子と謀って仏法興隆に向ってその歩を進めるのである。

※

第二章　大化改新ならびに律令制定時代

大化改新と仏教

大化の改新は聖徳太子の改革の後を承けたものであって、太子の精神が形式においても実質においても完成したものである。この改新は、従来の氏族制度の弊を矯め、皇室中心の体制を整えると共に、大陸文化を吸収して、新日本を樹立せんとするにあった。氏族制度の弊に就いては、すでに前の聖徳太子の条〔本書省略部分〕において述べたところであるが、その後においても、なおその弊害は甚しいものがあった。推古天皇及び舒明天皇崩後における皇位継承問題の如きはその最も著しいものである。蘇我蝦夷・入鹿父子はこの間に乗じて専横を極め、遂に聖徳太子の王子山背大兄王を滅ぼさんとし、皇極天皇二年（一三〇三〔西暦六四三〕）十一月兵を遣わし斑鳩宮を攻めた。山背王等逃れ出でて生駒山に匿れ、山間を淹留して飲食せざること数日、三輪文屋君勧めて曰く「これより東国に逃れ、乳部《みぶ》を以て本となし、兵を起し戦わば、勝たんこと必せり」と。王曰く「我一身のために万民を労することを欲せず、又後世人民が我がためにその父母を失えりと云うを欲せず」と。遂に斑鳩宮に入って一族二十余人自経して薨ぜられた。これ等の事実は、いずれも当時氏族の弊を語らざるものはない。ここに中大兄皇子が現われ出でたまい、中臣鎌足と謀って遂に蘇我氏を滅ぼされた。蝦夷の誅に伏した翌日、皇極天皇は中大兄皇子に位を譲らせられたが、中大兄皇子はこれを辞して、軽皇子を推挙せられ、やがて軽皇子が位に即かれた。すなわち孝徳天皇にまします。孝徳天皇即位元年（一三〇五〔西暦六四五〕始めて年号を立てて大化と称し、これより改新の準備に著手し、翌二年改新の詔を発し、中央の官制改定・地方制度の改革を初め、社会の各般に亙って未曾有の改革が行われた。これによって国史の上に新紀元を劃し、政治の上にも文化の上にも深くかつ長きに亙る影響を遺したのである。

大化の改新に参与した功臣の中、高向玄理・僧旻等が最も与って力があった。南淵請安もまた裏面にあって参加したが、この中僧旻は推古天皇の十六年（一二六八〔西暦六〇八〕）小野妹子が二度目に隋へ行った時に随行した留学僧の一人である。舒明天皇の四年（一二九二〔西暦六三二〕）に帰朝した。群公子これについて学ぶものが多かった。大化元年六月に玄理と共に国博士に任ぜられ、後に十師の列に入り、大化五年正月、詔を奉じて玄理と共に八省百官の制を定めた。南淵請安も推古天皇の十六年に遣された留学僧の一人で、いわゆる学問僧南淵漢人請安がそれである。舒明天皇十二年（一三〇〇〔西暦六四〇〕）玄理等と共に帰朝の後、中大兄皇子・中臣鎌足等がついて学んだ。皇子は鎌足と共に請安の所に通う往還の間に、肩を並べて密かに蘇我氏誅伐の事を謀られたのである。

大化の改新に僧侶の関係したことは前述の通りであるが、当時の僧侶は儒者を兼ねたものが多く、旻法師の如きは国博士となり、請安の如きもまた先生と呼ばれていた。これ等の人は、支那文化吸収の急先鋒となってその輸入に努めた。当時支那文化の移植は必ず仏法に依らねばならなかった。これがこの時代における仏法興隆の由って起る所以である。日本紀に天皇は仏法を尊び神道を軽んずとある。この軽神道の三字は、後の攙入《ざんにゅう》であろうという説がある。しかしながらこれは強ち攙入とも決すべからざるものである。なるほどそれ等の説の如く、孝徳天皇大化元年及び二年の詔の中に神祇を崇敬せられた事は見えるが、これはただ形式に見えた文であって、これを仏法尊崇の事蹟に比すれば大なる径庭がある。日本紀の文は、その比較をいって居るので、事実上、仏法を尊まれたに比しては、神祇は軽んぜられたといっても不可ないのである。当時の思想界は一般に民心が仏法に嚮《むか》って居たのである。皇極天皇元年、百済大寺の南庭に雨を祈ったことがある。旧来の祈雨では験がなく、仏法の祈りによって雨が降ったというのは、当時の思想界の傾向を窺うに足るものである。この仏法尊崇はこれを政治に資し、支那文化を吸収せんがためである。されば中臣鎌足の如きも、その家代々神祇を掌ったにも拘らず、前には皇極天皇の三年に神祇伯を辞し、又その先祖は仏法排斥の家であったにも拘らず、自ら熱心なる仏法信奉家となった。これは鎌足の時勢を見るに敏なる所以である。その奉仏事蹟の一般をあげてみると左の如くである。

一、入鹿誅伐の発願のために、丈六の釈迦仏ならびに脇侍および四天王の像を作った。その仏像は山科寺の金堂に安置した。この寺は後に奈良へ移して興福寺と称した。

一、鎌足の子定慧は僧となって、白雉四年（一三一三〔西暦六五三〕）に入唐した。

一、常に兜率上生を願った。薨ずるに臨んで、天智天皇は純金の香炉を賜うて、汝の誓願の如く観音菩薩の後に従って、兜率天の上に到り、日々夜々弥勒の妙説をきいて、朝々暮々真如の法輪を転ぜんと仰せられた。

一、斉明天皇二年（一三一六〔西暦六五六〕）鎌足病に臥し、天皇これを憂え給い、百済禅尼法明の勧めにより、問疾発教の法たる維摩経を誦せしめられた。句未だ終らざるに、鎌足の疾は癒えた。鎌足感伏して更に転読せしめた。

一、斉明天皇四年、鎌足は山科の陶原の家に呉僧元興寺の福亮法師を屈請して、その講匠とし、維摩経を演ぜしめ、この後、海内の碩学を請じて講ぜしむること十有二年に及んだ。これが維摩会の起りで、この後平安時代・鎌倉時代を通じて朝廷の重要なる法会となった。

かようにして大化元年八月八日、使を百済大寺に遣して僧尼を集め、仏法興隆の詔を下され、正教《みのり》を崇め大猷《おおいなるのり》を光《てら》し啓かんことを思うと宣り給い、沙門狛大注師及び福亮・恵雲・常安・霊雲・恵至・寺主僧旻・道登・恵隣・恵妙等十人を以て十師とし、衆僧を教導し釈教を修行すること法の如くならしめ、また群臣に勧めて寺を造らしめ、自ら造ること能わざるものは朕助け造らんと仰せられ、寺司と寺主とを置いて諸寺を巡行し、僧尼・奴婢・田畝の実を験してこれを奏請せしめられた。別に法頭を置き俗人を以てこれに任じ、すなわち来目臣・三輪色夫君《しこふのきみ》・額田部連甥をその職に補した。これは恐らく寺院財産の取締りに任ずるものであろう。

日本紀には狛大法師と福亮を以て一人として居るが、これは恐らく誤りである。福亮は呉の人で、高麗の人ではない。平子鐸嶺氏の考（学鐙十三年六号所載艸堂史談）によれば、狛大法師は推古天皇三十三年（一二八五〔西暦六二五〕）に高麗より来朝した恵灌であろう。尊敬して名を呼ばなかったのであろうかという。

十師は元亨釈書の封職志に、北斉の時に置いた昭元上統の例に倣うたものかといい、平子鐸嶺氏は、唐の太宗武徳の頃綱維法務を領せしむるために置いた十大徳の制を採ったものかと云われている（学鐙十三年六号艸堂史談）。ついで二年三月の有名なる改新の詔の中において、籍に漏れたる寺に、田と山とを施入せしめられた。かようにして仏法は益々興隆の運に向った。

ついでまた留学僧が発遣せられた。白雉四年〔西暦六五三〕（一三一三）五月十二日、大使小山上吉士《きし》長丹《ながに》等を唐に遣した。（小山上は冠位の称。）時に学問僧道厳・道通・道光・恵施・覚勝・弁正・恵照・僧忍・知聡・道昭・定恵・安達・道観、その外学生二人共に留学した。学問僧知弁・義徳も共に到るとも云う。副使小乙上掃守連《かにもりの》小麻呂の船には、学問僧道福・義向が同船した。この外になお恵妙・智国・智宗・義通・妙位・法勝等も留学僧として渡唐した事が、明年伊吉博得の上奏の中に見える。されば留学僧はまだこの外にもあったであろう。斉明天皇の四年（一三一八〔西暦六五八〕）七月には沙門智通・智達が新羅の船に乗って入唐し、玄奘の所において法相宗を受けて帰った。これ等の留学僧の中には途中で死んだのもあり、又彼地において歿したのもあるけれども、帰朝の後は、皆その名を著わした。その一、二について云えば、弁正は養老元年に少僧都になり、詩を善くして懐風藻にその伝がある。道昭は彼地において玄奘三蔵に逢うて業を受け、初めて法相宗を伝えた。帰朝の後元興寺に禅院を建てて居り、文武天皇四年（一三六〇〔西暦七〇〇〕）に寂した。弟子等が遺言によって火葬した。日本における火葬はここに初まるといわれる。

火葬のことに就いては異説がある。柿本人麻呂がその妻の死んだ時詠んだ長歌の終の句に、「宇《ウ》都《ツ》曾《ソ》臣念之《ミトオモイシ》妹我《イモガ》灰而座者《ハイニテマセバ》」とある。灰にてませばというは、火葬して灰になった事を云うのである。この歌は人麻呂のまだ若い時のことであろうから、道昭の火葬よりは前であろう。続紀に道昭を以て火葬の初めとしたのは、道昭は有名な僧であるが故に、そのように書いたので、実はそれより以前に火葬の事はあったのであろう。持統天皇崩御の時すなわち大宝三年〔西暦七〇三〕（一三六三）十二月に火葬し奉った。文武天皇四年より大宝三年まではわずかに四年間である。その間に天皇をさえ火葬し奉る様になったのを見ても、もっと早くからこの事のあった事が知られる。

定恵は又貞慧と書く。遣唐使に従って長安に到り、神泰に従学して、唐に在ること十有四年、天智天皇四年（一三二五〔西暦六六五〕）帰朝しすこぶる詩文を善くした。多武峯《とうのみね》の開祖である。

天智天皇・天武天皇時代前後の仏教

大化改新の後、斉明・天智・天武・持統・文武各天皇の御代にかけて、仏法の興隆がいよいよ盛んになって、㈠造仏・造寺、㈡仏事法会、㈢祈禱などが頻りに行われ、㈣僧侶及び仏寺は外交のために用いられ、㈤僧尼の才芸が利用せられた。㈥地方への弘通も著しくなり、㈦辺境の拓植にも仏教が利用せられた。今左にこれ等事蹟の主なるものを掲げる。

一、造仏造寺　白雉元年〔西暦六五〇〕（一三一〇）に漢山口直大口《あやのやまぐちのあたいおおくち》が詔を奉《うけたまわ》り千仏像を刻した。法隆寺の二天像の光背の銘に見える山口大口費《あたい》はすなわちこの人である。二年三月には丈六の繡像ができた。

天智天皇七年（一三二八〔西暦六六八〕）に崇福寺が近江に建てられた。この時地を平げる際に、奇異の宝鐸一口高さ五尺五寸なるものを掘り出した。これが世にも著しい銅鐸出土の初見である。

同年百済大寺（十市郡）を修造した。この寺は天武天皇二年（一三三四〔西暦六七四〕）に高市に移して、小紫美濃王・小錦下紀臣訶多麻呂を造高市大寺司とし、同六年九月七日、高市大寺を改めて大官大寺と称した。文武天皇の時大官大寺内に九重の塔を建て、金堂を造り、ならびに丈六の像を造った。ついで大安寺と改称せられた。大宝元年（一三六一〔西暦七〇一〕）六月僧尼令を大安寺内に講ぜしむることがある。七月二十七日に造大安寺の官は寮に准ず。二年八月四日、高橋朝臣笠間を以て造大安司とした。

天武天皇八年（一三四〇〔西暦六八〇〕）十一月、皇后不予に在します時、御祈禱のために薬師寺建立の事を始められた。持統天皇十一年（一三五七〔西暦六九七〕）六月二十六日、公卿等が天皇の御病気のために、誓願せる仏像を造り始めた。これは天武天皇早く崩じ給うたによって、皇后すなわち持統天皇が後にその御願を果すために造立せられたのである。七月二十九日に開仏眼会を薬師寺に設けた。この仏像は今の薬師寺の金堂の本尊である。文武天皇二年（一三五八〔西暦六九八〕）十月薬師寺の構作ほぼ了るを以て、衆僧をしてこれに住ましめた。大宝元年〔西暦七〇一〕（一三六一）六月十一日、波多朝臣牟胡閇・許曾倍朝臣陽麻呂を造薬師寺司に任じた。同年七月二十七日、造薬師寺の官は寮に准ぜられた。（薬師寺造立については、東塔檫銘の解釈によりて、異説区々たり。今諸説を参酌して右の如く定めた。）

二、仏事法会　白雉二年〔西暦六五一〕（一三一一）十二月、味経《あじふ》宮において、二千一百余の僧尼を請じて、一切経を読ましめた。この夕、二千七百余灯を宮殿内に燃して、安宅土側等の経を読ましめた。何れも地鎮の経である。

三年四月十五日、沙門恵隠を内裏に請じて、無量寿経を講ぜしめた。沙門恵資を論義者となし、一千人の沙門を作聴衆となす。二十日に講が終った。これは後のいわゆる内論義の初めである。同十二月晦、天下の僧尼を内裏に請じて、設斎・大捨・燃灯した。これ等は皆後世における宮中仏事の起源である。

斉明天皇三年（一三一七〔西暦六五七〕）七月覩貨羅国の男二人女四人が筑紫に漂着した。都に召しよせ、飛鳥寺の西に須弥山の像を作り、盂蘭盆会を設けてこれを饗した。同五年群臣に詔して、京内諸寺において盂蘭盆経を講じて、七世の父母に報ぜしめた。これが後世の盂蘭盆会の起りである。六年五月、一百の高座一百の衲袈裟を作って、仁王般若会を設けた。これは後の仁王会の起りである。

天武天皇元年（一三三三〔西暦六七三〕）三月、書生を集め、川原寺において一切経を写した。沙門智蔵がこの役を督した。由って僧正に任ぜられた。川原寺は高市郡にあり、一名を弘福寺という。この時一切経未だ全く備らず。よって四年十月に使を四方に遣して、一切経を求めしめた。これが一切経書写初めである。

五年八月大いに飛鳥寺に設斎し以て一切経を読ましめた。天皇は寺の南門に御して、三宝を礼せられた。この時親王及び群臣に詔して、人毎に出家一人を賜わった。その出家は男女長幼を問わず、皆願に随ってこれを度せしめた。

四年十一月、近畿諸国に詔して放生せしめた。これが放生の初見である。この後、文武天皇元年（一三五七〔西暦六九七〕）八月朔日、詔して毎年放生せしめ、以後例となった。

八年（一三四〇〔西暦六八〇〕）五月朔、始めて金光明経を宮中に説かしめた。最勝会すなわち大極殿斎会はここに始まる。

十一年夏、初めて僧尼を請じて宮中に安居せしめた。よって浄行者三十人を簡《えら》んで出家せしめた。これが安居の初めである。

天武天皇の時、初めて毎月六斎を行う。六斎は「むよりのいみ」とよむ。むよりは六度である。この日には殺生を禁断せしめる。六斎日とは八日・十四日・十五日・二十三日・二十九日・三十日である。

持統天皇朱鳥元年〔西暦六八六〕（一三四六）十二月十九日大行天皇（天武）の御為に無遮大会《かぎりなきおがみ》を大官・飛鳥・川原・豊浦・坂田の五寺に設けた。（無遮大会とは、あまねく施を行うという意味で、何人といえども、これを遮絶しないということである。）持統天皇二年（一三四八〔西暦六八八〕）正月八日、又薬師寺に無遮大会を設けた。七年五月十五日、又これを宮中に開き、九月十日には天武天皇の奉為《おおんため》に宮中に設け、同十一年三月八日には、又これを東宮に設けた。

持統天皇元年九月九日、国忌斎を京都の諸寺に設けた。翌年二月十六日には、詔して自今以後国忌日に当る毎に必ず斎を設けしめた。

同十一年六月十六日には、官僚をして京の寺を掃き灑めしめた。その寺院を重んぜられたことが知られる。

三、祈禱　天武天皇四年（一三三六〔西暦六七六〕）夏、大いに旱《ひでり》した。使を四方に遣して幣帛を捧げ、もろもろの神祇に祈らしめ、又もろもろの僧尼を請じて三宝に祈らしめた。同十一年七月より八月に至るまで旱した。百済の僧道蔵雩《あまごい》して雨を得た。

持統天皇二年（一三四八〔西暦六八八〕）七月二十日大いに旱した。百済の沙門道蔵雨を祈ってたちまちにして遍く雨降った。五年六月京畿霖雨あり、詔して公卿百寮の人等をして酒宍を禁断して摂心悔過《げか》せしめ、諸寺の僧侶をして五日間経を誦せしめた。悔過とは薬師如来・阿弥陀如来等の本尊に向って、罪過を懺悔して、罪報を免れ、災禍を除かんことを求むることをいう。

文武天皇慶雲二年〔西暦七〇五〕（一三六五）六月二十八日、京畿の浄行の僧等をして雨を祈らしめた。

祈病の最も著しい例としては、大阪府南河内郡埴生村野中寺の弥勒菩薩像台座框縁に刻まれたる銘がある。その文は、

丙寅年四月大旧八日癸卯開記、橘寺知識之等詣、中宮天皇大御身労坐之時、誓願之奉弥勒御像也、友等人数百十八、是依六道四生人等此教可相之也、

この銘文の中には意の通じないものがあるが、試みに読んで見れば、丙寅の年四月、大旧の八日開に記す、橘寺の知識等（「之」は付けた文字であろうか）詣づ、中宮天皇大御身労《いたわ》り坐す時誓願し奉る、弥勒の御像なり、友等人数百十八、これに依って六道四生の人等この教に相うべきなり。造像銘記を参照してこの文句を解釈すれば、丙寅の年は天智天皇五年（一三二六〔西暦六六六〕）であろう。四月大は四月が大の月に当ることを示す。旧八日癸卯開の旧は、当時暦に新旧あり、その旧暦によることをいうのであろう。開とは暦の用語で、これに当る日には舎宅を造りないし治病に宜しとある。すなわちこの月卯の日開に当る八日の日を卜して、弥勒の像を造り、その造像の知識（知識とは同朋又は仲間というが如し。すなわちその財物を寄進した同朋という義）が橘寺に詣でて、中宮天皇の御病気にましました時に、御平癒の祈願を籠めたものである。これに与る人数百十八人。この功徳に依って、六道すなわち地獄・餓鬼・畜生・修羅・人間・天上の衆生、胎生・卵生・湿生・化生の四生の者どもが、仏の教に相うて救われるようにという意であろう。中宮天皇とはかかる用例は外には見当らないが、恐らく天智天皇を申すのであろう。

次に薬師寺の建立もまた祈病の例として注意すべきものである。これはすでに前に述べた所であるからここには略する。

天武天皇八年（一三四〇〔西暦六八〇〕）十一月二十六日、天皇御病あり、一百の僧を度して俄に癒えさせられた。十年八月晦日、日高皇女（元正天皇）御病あり、百四十人の出家を大官大寺に度した。十三年九月二十四日、天皇不予、三日間大官大寺・川原寺・飛鳥寺に誦経し、よって稲を三寺に納めた。大安寺縁起流記資財帳によれば、この時東宮草壁太子・親王・諸王・諸臣・百官等を率いて、誓願を立てて大寺を造営するによって、今三年天皇の御寿を延ばさん事を祈られた。それによって天皇御病癒え給うとある。朱鳥元年〔西暦六八六〕（一三四六）五月二十四日天皇不予にましますによって、川原寺において薬師経を説き、宮中に安居した。又勅して左右の大舎人等を遣して、諸寺の堂塔を掃い清めた。六月十六月伊勢王及び官人等を飛鳥寺に遣して祈禱せしめ、三綱律師及び四寺和上等に、御衣御被一

具を施した。十九日勅して百官を川原寺に遣し、燃灯供養し大斎悔過す。七月僧正僧都等宮中に参って悔過す。諸王諸臣等天皇の奉為《おおんため》に観音像を造り、観音経を大官大寺に説かしめた。八月朔日天皇の奉為に八十の僧を度した。翌日僧尼あわせて一百を度し、百の菩薩を宮中に坐えて、観音経二百巻を読ましめた。九月四日、親王以下諸臣等ことごとく川原寺に集り、天皇の奉為に誓願す。九日天皇遂に崩御遊ばされた。有名なる大和長谷寺の千仏多宝仏塔もまたこの年に作られたものである。すなわちその銘に、

奉二為天皇陛下一、敬二造千仏多宝仏塔一……歳次降婁漆菟上旬、道明率二引捌拾許人一奉二為飛鳥清御原大宮治天下天皇《あすかきよみはらのおおみやにあめのしたしろしめす》一敬造

とある。歳次降婁は戌の年をいい、漆菟は七月をいう。戌の年飛鳥清御原大宮治天下天皇すなわち天武天皇の朱鳥元年で、歳は丙戌に当る。この年天皇不予にましましたので、これを祈り奉るために僧道明が八十余人を引率してこれを造り奉るということを銘に刻したのである。

文武天皇大宝二年〔西暦七〇二〕（一三六二）十二月十三日、太上天皇（持統）不予にましますによって百人を度し、四畿内をして金光明経を講ぜしめた。同二十二日、太上天皇崩御まします。同慶雲四年〔西暦七〇七〕（一三六七）四月二十九日、天下疫飢により、京畿及び諸国の寺をして読経せしめた。

四、僧侶及び仏寺は多く外交に利用せられた。その例としては、前にも述べた通り、斉明天皇三年（一三一七〔西暦六五七〕）七月覩貨羅国人が筑紫に漂着した。すなわち京に召し寄せて、飛鳥寺の西に須弥山の像を作り、孟蘭盆会を設けてこれを饗した。同五年三月十七日、甘檮丘《あまかし》東之川上《かわら》に須弥山を作って、陸奥と越蝦夷を饗した。

天智天皇三年（一三二四〔西暦六六四〕）五月十七日、唐より百済に遣したる鎮将劉仁願から、朝散大夫郭務悰等を遣して、表函と献物を奉った。十月、郭務悰等をかえすについて、沙門智祥を遣して、物を郭務僚に賜わった。同七年九月二十六日、中臣鎌足が沙門法弁秦筆を遣して、新羅の使臣大角于金庾信に船一双を贈った。（大角于は官名である。庾信姓は金、日本紀に大角于庚信とあるは、大織冠伝及び東国通鑑によれば大角于金庚信の誤りである。）

天武天皇の五年（一三三七〔西暦六七七〕）二月多禰島人等を飛鳥寺の西の槻の下に饗した。同九年九月十四日多禰島人

等を飛鳥寺の西の河辺に饗して、種々の楽を奏した。同十年七月二十二日隼人等を飛鳥寺の西に饗し種々の楽を奏す。朱鳥元年〔西暦六八六〕（一三四六）四月十三日、新羅の客を饗せんがために、川原寺の伎《くれ》楽を筑紫に運んだ。新羅の客は調を進めんがために来たのである。これ等は何れも仏教に伴うて発達した文化を示さんがためであった。

五、僧尼の才芸が各方面において利用せられた。天武天皇十三年（一三四五〔西暦六八五〕）十月八日百済僧法蔵と優婆塞益田金鍾を美濃に遣して白朮《おけら》を煎《ね》らしむ。持統天皇六年（一三五二〔西暦六九二〕）二月十一日陰陽博士沙門法蔵・道基におのおの銀二十両を賜う。これによって仏法に伴うて陰陽道の発達したことが知られる。同年閏五月四日、沙門観成に絁十五疋・綿三十屯・布五十反を賜わった。それはその造る所の鉛粉を賞してである。和名抄によれば、従来顔につけるのは米の粉であったが、この頃から鉛を用うるようになったのである。七年十一月十四日、沙門法員・善往・真義等を遣して、近江国益須《やす》郡都賀山に湧き出した醴泉を飲み試ましめた。もろもろの疾病の者益須寺に宿って療養する者が多かったためである。八年三月に水田及び布を施入して、益須郡の今年の調役雑徭を免じ、国司等に位一階を進め、その発見者に絁布等を賜わった。

文武天皇四年（一三六〇〔西暦七〇〇〕）八月に僧通徳・恵俊を還俗せしめ、おのおの姓を賜わって官位に叙した。これはその芸を用いんがためである。大宝元年〔西暦七〇一〕（一三六一）三月十九日、僧弁紀を還俗せしめた。同八月、僧恵耀・信成・東楼を還俗せしめた。同三年九月二十五日僧法蓮の医術を褒めて豊前国の野四十町を賜わった。元正天皇養老五年〔西暦七二一〕（一三八一）六月三日詔して法蓮が心禅枝に住して行法梁に居り、尤も医術に精しく民苦を済い治むるを褒賞し、その三等以上の親に宇佐君の姓を賜わった。大宝三年十月僧隆観が還俗した。この人はすこぶる芸術に渡り兼ねて算暦を知っていた。かくの如く僧侶はその才芸を用いんがために、俗に還る者が少なくなかった。元は僧侶そのままの姿で才芸を朝廷に用いられたのであろうが、この頃になって、僧俗の別が明らかになり、各方面に渉って制度が定められたためであろう。

六、金石文・寺院阯・遺瓦・文献に現わるる所によって見るに、この時代における仏教の地方への弘通は、案外広く及んでいた事が知られる。

1、上野山名村碑に放光寺というのが見える。碑は上野国緑野郡山名村山上にあり。辛巳歳の銘記がある。辛巳はすなわち天武天皇九年（一三四一〔西暦六八一〕）に当る。この碑文を記した僧長利は、放光寺という寺の僧であって、この地にはもと観音堂があった。それがすなわち放光寺であろうという。

2、出雲風土記意宇郡の舎人郷に教昊寺という寺あり。五層の塔があった、教昊の造る所である。教昊は天平五年〔西暦七三三〕（一三九三）出雲風土記を勧進した時に居た散位大初位下上腹首神猪之祖父なりとある。すなわち天平五年より五六十年前の人であって、あたかも天武天皇の頃にあたる。これに続いて、同意宇郡には新造院三ヶ所あり。その中一所は置君自烈の造る所で、これも天武天皇の頃の人である。この外楯縫郡に新造院一所あり。出雲郡に新造院一所。これは旧大領置部臣布禰の造る所、これも年代は天武天皇前後に当る。神門郡に新造院二ヶ所、大原郡に新造院三ヶ所あり。これ等の新造の院は右に特に注した外は、何時頃造られたものか明らかでないが、とにかく天平以前において、出雲には相当多数の寺のあった事が知られる。

3、出雲鰐淵寺観音像、壬辰年五月、出雲国若倭部臣徳大里が父母のために造る所で、壬辰年は持統天皇六年（一三五二〔西暦六九二〕）に当る。

4、京都妙心寺鐘の銘に、戊戌年四月十五日壬寅収糟屋評造舂米連広国鋳鐘とある。戊戌は文武天皇二年（一三五八〔西暦六九八〕）に当る。収は暦の語で、壬寅に当り、評は郡の意で、評造は郡領というが如し。すなわちこの鐘は、文武天皇二年に筑前の糟屋郡領舂米連広国の造ったもので、寺の名は明らかでないが、その辺に寺の在った事が知られる。

5、鎌谷木三次氏著「播磨上代寺院阯の研究」に拠れば、この地方における奈良時代以前の寺院阯の存するものは、意外に多く、昭和十一年〔西暦一九三六〕までに発見せられたものはおよそ三十四を数える。その中、いわゆる白鳳時代（天武持統前後）に属するものは、左の十七である。

一、溝口廃寺　　神崎郡中寺村大字溝口
二、多田廃寺　　神崎郡山田村大字多田

三、見野廃寺　飾磨郡四郷村大字見野
四、辻井廃寺　飾磨郡安室村大字辻井
五、太寺廃寺　明石市太寺二丁目
六、野口廃寺　加古郡野口村大字野口
七、西条廃寺　加古郡神野村大字西条
八、中西廃寺　印南郡西神吉村大字中西
九、土橋廃寺　加東郡大部村大字土橋
一〇、繁昌廃寺　加西郡九会村大字繁昌
一一、殿原廃寺　加西郡在田村大字殿原
一二、吸谷廃寺　加西郡富田村大字吸谷
一三、下太田廃寺　揖保郡勝原村大字下太田
一四、金剛山廃寺　揖保郡河内村大字金剛山
一五、中垣内廃寺　揖保郡揖西村大字中垣内
一六、与井廃寺　赤穂郡高田村大字与井
一七、長尾廃寺　佐用郡佐用町大字長尾

次に地方への弘通について注意すべき事は、この時代に金光明経が重んぜられた事である。これは後世国分寺の濫觴をなすものである。その事実を列挙して見れば、
天武天皇四年（一三三六〔西暦六七六〕）十一月二十日、使を四方の国に遣して、金光明経・仁王経を説かしめた。
同八年五月朔日、始めて金光明経を宮中及び諸寺に説かしめた。後世の大極殿の御斎会（最勝会）はここに始まるという。
持統天皇六年（一三五二〔西暦六九二〕）閏五月三日、詔して京都及び四畿内をして金光明経を説かしめた。同七年十

月二十三日、始めて仁王経を百国《くにぐに》に講ぜしめた。この頃から宮中においては、仁王最勝二経を講ずることになった。同八年五月十一日、金光明経一百部を諸国に賜うて、毎年正月上玄の日にこれを読ましめた。上玄は毎月初の八日をいう。和名を「ゆみはり」という。御斎会が正月に行われる事になったのは、これがその始めである。

天武天皇十三年（一三四五〔西暦六八五〕）三月二十七日には、詔して諸国毎家に仏舎を造り、仏像及び経を置いて礼拝供養せしめられた。ここにいう所の毎家とは郡家などという家の意で、国衙の府の官舎をいうのであるという豊前志の説、従うべきである。この事は仏法弘通にはよほど効果のあった事と思われる。かくて文武天皇大宝二年〔西暦七〇二〕（一三六二）二月二十日には、諸国に国師を置かれた。これは国司と相並んで、俗界と教界を支配せしめるためであった。

七、地方の拓植に仏教が利用せられる事になったのも、この頃である。

天武天皇十二年（一三四四〔西暦六八四〕）五月十四日、帰化せる百済の僧尼及び俗男女あわせて二十三人を武蔵に置いた。

持統天皇元年（一三四七〔西暦六八七〕）四月十日、太宰府から帰化した新羅の僧尼及び百姓男女二十二人を送ってきたので、これもまた武蔵国に居らしめた。

この後天平宝字二年〔西暦七五八〕（一四一八）八月、帰化せる新羅の僧三十二人・尼二人・百姓男女あわせて四十人を武蔵国に移した。ここにおいて始めて新羅郡を設けた。東北地方の拓植と共に、仏法の流布を図った事が知られる。

持統天皇三年正月三日、陸奥の蝦夷脂利古男麻呂《しりこおまろ》と鉄折《かなおり》の二人が頭を剃って沙門とならん事を請うた。詔して曰く、麻呂等少なくして閑雅寡欲、遂にここに至って蔬食して戒を持す。請う所の随《まま》に出家修道せしむべしと。同九日越蝦夷沙門道信に、仏像一軀・灌頂の幡鍾鉢各一口・五色綵《ゆみのきぬ》各五尺・綿五屯・布一十端・鍬一十枚・鞍一具を賜った。七月朔日、陸奥蝦夷沙門自得に請う所の金銅薬師仏像観世音菩薩の像各一軀・鍾・娑羅（銅羅カ）・宝帳・香炉・幡等の物を賜った。六年閏五月十五日、筑紫太宰率河内王等に詔して、沙門を大隅と阿多とに遣して仏教を伝えしめた。かようにして地方文化の発展のために、仏教の利用せられた有様が見える。

寺院僧尼の統制

仏法の遍くなるに随って、仏寺も多くなり、僧侶の数も多くなった。推古天皇の三十二年（一二八四〔西暦六二四〕）に、寺四十六・僧八百十六・尼五百六十九であったものが、持統天皇の四年（一三五〇〔西暦六九〇〕）には、京の七ヶ寺の安居の沙門三千三百六十三に及び、同六年には寺の数五百四十五箇寺を数えた。（この数は扶桑略記に見える所であるが、やや多きに過ぐるの感がある。考古学雑誌第十六巻の一所載石田茂作氏「奈良時代の文化圏に就いて」に拠れば、文献に見ゆる寺としては、日本書紀・続日本紀・資財帳・風土記・懐風藻・万葉集・正倉院文書等によって知られるものは、一百三箇寺あり。瓦によって寺址と考えられるものが二百九十三箇寺あり。合せて三百九十六箇寺となる。この中重複せるもの二十七箇寺を引いて、計三百六十九箇寺となるとある。この数は奈良時代において近畿・九州・関東・中国に亙っての事をいうのであるから、天武天皇・持統天皇頃には、これよりもずっと少かったことと思われる。）大安寺には僧八百八十七人、法隆寺には二百六十三人が住して居た。（大安寺縁起流記資財帳・法隆寺縁起流記資財帳に拠る。この数は天平十九年〔西暦七四七〕の数であるが、その以前天武天皇・持統天皇頃にも多数あったことであろう。）

かくの如く寺院僧侶の数の増加したことによって、これに対する取締りの必要が起った。天武天皇から文武天皇にかけて、経済上・風俗上及び官制の上から、統制が着々と行われた。すなわち天武天皇三年（一三三五〔西暦六七五〕）二月十五日、親王・諸王及び諸臣ならびに諸寺に賜う所の山沢島浦林野陂地は前後ならびに除く。これは田地以外のものは皆収公せられたわけである。同七年四月五日、もろもろの食封ある寺の由来を考えて、加うべきは加え除くべきは除いた。この日もろもろの寺の名を定めた。寺の名を定めるというのは、特別待遇を受くる、ある一定の数の寺の名を定めるという意味である。同八年四月勅して、自今以後国の大寺たるもの、二、三の外は官司治むることなかれ。唯その食封あるものは前後三十年を限る。三十年に満つればこれを除く。飛鳥寺は元大寺として官より恆にこれを治めた。又かつて功有り、故に元来は官治に関るべからざるものであるけれども、殊に官治の例に入れる。ここに功有りというは、壬申の年、大伴連の弟吹負《ふけい》が高坂王の飛鳥寺の西の槻の下の営を抜いた。この時飛鳥寺がこれを助けた事をいうのである。この食封三十年を限るという勅令によって、この後朱鳥元年〔西暦六八六〕（一三四六）八月、檜隈寺・軽寺・大窪寺におのおの封百戸を施した時にも三十年を限りとせられ、文武天皇三年（一三五九〔西暦六九九〕）六月十五日、山田寺に封三百戸を施された時にも、三十年を限りとせられた。大宝元年〔西暦七〇一〕（一三六一）八月四日本政官の処分を以て近江志我山寺（すなわち崇福寺）の封は庚午の年（天智天皇九年、一三三〇〔西暦六七〇〕）より数えて三十年に満ち、観世音寺・筑紫尼寺の封は大宝元年より起って五歳に満つるを以てこれを停止せられた。（続紀本文に、大宝元年より起ってとあるは誤りであろう。文武天皇即位元年とあるべきであろう。）以上の例を以て見ても、経済上の取締りが相当厳重であったことが知られる。

風俗の取締　天武天皇七年（一三三九〔西暦六七九〕）十月十三日、僧尼等の威儀法服の色ならびに馬従者の巷閭に往来するの状を制した。法服の色のことは僧尼令にその規定がある。これは後に述べる。馬従者のことは、玄蕃式にその規定があって、僧正・律師・威儀師・沙弥によってその数に差がある。同十月勅しておよそ諸の僧尼は常に寺の内に住んで以て三宝を護る。しかるに或いは老に及び或いは病を患え、その永く陝房《せわきむろ》に臥して、久しく老病に苦しむものは、進止便ならず、浄地もまた穢る。これによって自今以後、おのおの親族及び篤信者について、一、二の舎屋を閑処にたてて、老者は身を養い病者は薬を服せよと令せられた。

僧官の制　天武天皇元年（一三三三〔西暦六七三〕）十二月二十七日佐官二僧を加う。ここに至って四佐官となる。これは大官大寺に限って置かれたもので、僧綱の録事である。同日に僧義成を小僧都となし、道光を律師とし、同年三月智蔵を僧正に任じた。かようにして僧官は事実において早くから置かれてあったが、十一年になって始めて制度となって現れた。すなわち同年三月二日、僧正・僧都・律師を置き、勅して僧尼を統領せしめた。文武天皇二年（一三五八〔西暦六九八〕）十一月、始めて大僧都を置いて道昭をこれに任じた。慶雲元年〔西暦七〇四〕（一三六四）三月僧都に大小を分った。

以上述ぶるが如く、経済・風俗・官製等の上において、それぞれ僧尼に対する取締りを定められた。やがて文武天皇の大宝令の制定せらるるに至って、その中に僧尼令を定められた。これによって寺院制度の形式が備わり、国家の僧侶寺院に対する統制が完全に行われた。

天智天皇七年（一三二八〔西暦六六八〕）に定められた令二十二巻は我が邦法令の権輿である。すなわちいわゆる近江朝廷の令がそれである。天武天皇は更にこれを修正して、律をも編纂せられ、持統天皇三年（一三四九〔西暦六八九〕）に至ってこれを諸司に頒たれた。いわゆる浄御原朝廷の令がそれである。文武天皇の大宝元年〔西暦七〇一〕（一三六一）に至って専らこの令によって、更に十一巻の令を制定せられた。これを大宝令という。これ等は総て今伝わっていない。今世に大宝令として伝える所のものは、実は元正天皇の養老二年〔西暦七一八〕（一三七八）に修正して十巻とせられた養老令をいうのである。僧尼令はその中の第二に収められてあり、総て二十七条ある。僧尼令ということの見えたのは、大宝元年六月朔、道君首名をして僧尼令を大安寺に講ぜしむという事がある。それが初見である。唐の開元令の篇目中には僧尼令はなく、永徽令にもなかったらしい。我が僧尼令は唐の道僧格に基いて制定したのであろうといわれる。当時我が法家は唐令の事を本令と云った如く、僧尼令に対して道僧格を本格といった。道僧格は今存して居ないけれども、唐の六典などにはこれを引拠せるものあり、又令集解・令義解にもこれを引用している。大宝令制定の時には、この本格を採用するに当って多少斟酌する所あり。養老の改修に当ってもまたこれを刪正し、前後立法精神の異る所も多少ある。〈漢文史料僧尼令第七省略〉

第一条、およそ僧尼上玄象を観て、仮《いつわ》って灾祥を説き、語《こと》国家に及び、百姓を妖惑し、あわせて兵書を習い読み、人を殺し、奸盗し、及び詐《いつわ》って聖道を得たりと称せらば、ならびに法律に依りて、官司に付けて罪を科せよ。

この条は、僧尼を普通の俗の刑法によって処分すべきものを列してある。玄象とは天文をいう。天の時に反するを灾といい、吉凶先ず見《あらわ》るるを祥という。国家とは天皇のことを申す。すなわち天文を観て災害吉凶を説き至尊に及ぼし、人心を惑わし、又兵書を講じ、人を殺し、男女密通し、盗し及び詐って聖道を得たりと称する者は罪せらる。聖道とは四果の聖人の道をいう。四果とは小乗の四果で、すなわち声聞の段階であって、一、預流果、二、一来果、三、不還果、四、羅漢果をいい、羅漢果が小乗の極致である。「ならびに法律によって官司に付けて罪を科す」とは、罪の軽重を論ぜず、皆先ず還俗せしめる。義解引く所の道僧格によれば、詐って聖道を得たりと称する等の罪を犯して、獄成らば、赦に遇うといえども、なお還俗せしむ。故に必ず先ず還俗せしむ。罪軽きものは還俗せしめて更に本罪を論ぜず。罪もし重きものは、告牒を以てこれに当つ。告牒とは僧侶の度縁の牒をいう。その牒を取上げて還俗せしめ、以て一年の刑に当つるをいう。その還俗すべきものは、具に本貫・姓名・年紀・臈数を注して、治部・民部等の省に移送して帳籍を除く。

第二条、およそ僧尼吉凶を卜《うらな》い相《はか》り、及び小道巫術して病を療せらば、皆還俗せしめよ。それ仏法に依りて、呪を持して、疾を救えらば禁《いさ》むる限りにあらず。

僧尼が吉凶を卜相し、小道巫術によって療病するものは還俗せしむ。但し仏法によって療病するはこの限りにあらず。亀を灼くを卜といい、地を視るを相という。小道とは厭符の類をいう。賊盗律におよそ憎悪する所あって、魘魅《えんみ》を造り及び符書を造って呪詛し、以て人を殺さんとするものは、謀殺を以て論じ、二等を減ずとある。すなわち厭符は魘魅と符書とをいう。

集解の文と続日本紀の文とを参《まじ》え考うる所によれば、大宝の古令には、道術・符禁・湯薬によって病を救うは禁ずる限りにあらずとせられたものの様である。しかるに、これには弊が起ったので、養老元年に詔してこれを矯制せられた。すなわち続日本紀養老元年四月二十三日の条によれば、僧尼は仏道によって、神呪を持して病徒を救い、湯薬を施して病病を療するは、令においてこれを聴《ゆる》す。方今僧尼輙《たやす》く病人の家に向い、詐って幻恠の情を禱り、戻りて巫術を執り、逆に吉凶を占い、耄穉を恐脅してやや求むるある事を致す。道俗別無く、遂に奸乱を生ず。これによって今後は重病の者あってこれを救わんがために病家に赴かんとするものは、僧綱に告げて、三綱連署して、その主司すなわち京都においては玄蕃寮、地方においては国郡司に願い出でて、その許可を得て後、一定の期日を定めて往診せしめ、逗留延期を許さざることとした。その後遂に養老令の改修によって、湯薬の二字を削ることになったのである。

第三条、およそ僧尼自ら還俗せらば、三綱その貫属を録せ。京は僧綱に経れよ。自余は国司に経れよ。ならびに省に申して除き附けよ。もし三綱及び師主隠して申さざること三十日以上ならば、五十日苦使せよ。六十日以上ならば百日苦使せよ。

この条は、僧尼の自ら任意的にする還俗に必要なる届出の手続きと、その手続きを怠った師主及び三綱の処分についての規定である。僧尼の出家及び還俗の手続きは極めて厳重であった。これ僧尼は当然課役に応ずる義務がなかったので、もしこの取締りを緩めた時には、遊民が増加して国家経済に大なる影響を起すからである。そこで律令においては、職員令・雑令・戸婚律等において、その規定を設けてある。すなわち諸寺に三綱あり。三綱とは上座・寺主《てらじゅ》・都維那《ついな》をいう。中央政府には僧綱あり。僧綱とは僧正・僧都・律師である。これ等が僧務を統べる。又治部省には玄蕃寮があって、全国の仏寺及び僧尼の名籍を掌り、もし私に入道し及びこれを度するものあらば、僧尼の外三綱・僧綱及び国郡司の罪をも糺すのである。この名籍は六年毎に三通を作って、僧尼出家の年月・夏臈《げろう》及び徳業を記す。(夏とは僧尼が毎年四月十五日より七月十五日まで夏《げ》の九十日間、安居《あんご》して、これによって一臈を得る。臈は臘とも書き、年の最終をいう。一臈はすなわち一年というに同じ。夏の安居なるによって夏臈という。徳は得なり。なお得業といわんが如し。仮えば華厳・三論の類である。)一通は国に止め、二通は太政官に送る。その中の一通は中務に送り、一通は治部に送る。還俗したものは、三綱からその本貫と親属を録して、京都においては僧綱へ、地方においては国司へ届出でる。僧綱及び国司は更にこれを治部省に届出で、同省においては僧尼の名籍を削除して、太政官に申告し、官はこれを民部省に下す。民部省は課役の事を掌るにより、諸国の戸口名籍を掌り、その中に僧尼の名籍をも備えてある。この還俗の手続きを、三綱及びその僧尼の師匠が、届出を怠って隠して申さざること三十日以上に及べば、五十日苦使し、六十日以上に及べば百日苦使す。苦使に関する規定は、後の第十五条に定めてある。なおこの条と参照すべきものに、第二十条僧尼死亡届の手続きと、第二十四条家人奴婢出家の手続きとがある。

第四条、およそ僧尼三宝の物をもて官人に餉《おく》り遺り、もしくは朋党を合せ構え、徒衆を擾乱し、及び三綱を罵辱しめ、長宿を陵突せらば、百日苦使せよ。もし集て事を論ずるに、辞状正直にして、理を以て陳べ諫めむはこの例にあらず。

この条は、三宝の物を官人に餉り、徒党擾乱を起し、長老三綱を陵辱するものの処罰を規定してある。三宝とはすなわち仏・法・僧である。三宝の物とあるは仏物・法物・僧物の三をいい、おのおのその別があった。その物を餉るには、それによって何か嘱請する所なくして与うるをいう。もし私の物を餉って嘱請する場合にも、同じ制裁をうける。官人とは内外百官主典以上をいう。三綱を罵辱するというは、罵とは悪言なり、辱とは恥辱なりと義解にある。長宿を陵突すとは、陵は慢易なり、突は猝欺なりとあり。（猝は暴疾の意。）この場合において、罵辱は重く、陵突は軽く、長老宿徳は尊くして、三綱はやや卑し。これによって三綱は陵突すとも苦使せられないのである。この箇条については、なお第八条僧尼の事を論ずるの条を参照するを要す。

第五条、およそ僧尼寺院に在《おい》てするに非ずして、別に道場を立て、衆を聚めて教化し、あわせて妄りに罪福を説き、及び長宿を毆（殴）ち撃たらば皆還俗せしめよ。国郡の官司知りて禁止せずば、律に依りて罪を科せよ。その乞食する者《ひと》有らば、三綱連署して、国郡司に経れよ。精進練行なりと勘《かんが》え知りなば、判して許せ。京内は仍《よ》りて玄蕃に経れて知らしめよ。ならびに午より以前に鉢を捧げて告げ乞うべし。これに因りて更に余物を乞う事を得ざれ。

この条は、僧尼が寺院以外において道場を建てる事の禁及び長宿を撃ちたる僧尼と、これを止めざる国郡司の処分、及び乞食を許すべき僧尼の資格・手続・制限等に関しての規定である。この箇条の初めの段には、三のことが規定せられてある。その一は、寺院以外に道場を建てて教化することの禁、その二は、寺院にあって濫りに罪福を説くことの禁、第三には長老尊宿を撃つことの禁、これ等の禁を犯せば皆還俗せしめる。その第一に就いては、道場教化の二つが相よって還俗せしめる事となる。道場を建てても、教化せざるものは還俗せしめない。その場合には、唯違令の罪によって道場を毀ち去るのである。違令というは、令に禁制あって、律に罪名のなきをいう。この道場を建つることの禁に就いては、この後延暦元年六月に、勅して更にこれを厲行せしめられたことがある。長老を撃つ事の禁に就いては、唯長老宿徳の場合においてのみ規定が応用せられるので、卑者すなわち三綱を撃つ場合においては、還俗せしめられない。その場合には唯毆傷の軽重によって処分せられるので、それは格律の条によって論ぜられる。但格律の条目は、皆俗人のために設けたもので、僧尼に就いてはその規定がない。俗人の場合においては、その傷の軽重によって、重きものは流死に当り、軽きものは杖笞に止る。俗人の杖笞は僧尼の場合には苦使に当る。故に杖笞に相当する罪ならば、還俗などには至らない。

国郡の官司が僧尼の右の三事を犯すを知りながら、これを糺さず、もしくはこれを禁止せざるものは、共に同罪になす。但長老尊宿を殴撃して、その罪徒以上に至るを知りながら、糺さざるものは所部の者が法を犯す有るを知って挙劾せざるの罪を科す。すなわち罪人より罪三等を減ずる。

次に僧尼の乞食せんと欲するものは、三綱の連署によって、地方においては国郡司を経、京都にあっては玄蕃寮を経て、省へ伺い出で、その精鋭にして、道を求め進んで退かず、情性を陶練して以て解脱を求める事の確かなる者は、これを許す。その乞食は午前を限り、鉢を捧げて食を請わしむ。余物すなわち衣服の類などを請う事は許されない。午前というは、仏制に依りて、僧尼は午時一度の食を摂るを定めとす。午時を過ぐればこれを非時或いは畜生食と云い、仏戒を犯し食を取る事を得ざるものと定めてある。この箇条に参照すべきものに、第二十三条に、僧尼が俗人に経像を授けて教化する事に就いての処分の規定がある。又養老元年〔西暦七一七〕四月、僧行基の不法を戒められた詔の中に、歴門仮託強乞余物云々とあるは、この条に該当するものである。

第六条、およそ僧は、近親郷里に信心の童子を取りて供侍することを聴《ゆる》せ。年十七に至らば、おのおの本色に還せ。その尼は婦女の情に願わむ者《ひと》を取れ。

この条は、僧尼侍者の規定である。すなわち三等以上の近親の本貫郷里に居る者の中から、未成人の信心の童子を取って侍者とする事を許される。未成人とは十六歳以下のものを云う。これは戸令の規定によって、十六歳以下は不課である。故に侍者となる事を許されるので、十七歳以上は課役あるによって用うる事を許されない。そこで十七歳以上にならば、それぞれ元の郷里に返すのである。尼は年の長幼に限らず、近親郷里の者から取る。これは課役に関係がないからである。この条に参照すべきものに、養老元年五月の詔に、依レ令僧尼年十六已下不レ輸二庸調一者、聴レ為二童子一、而非レ経二国郡一、不レ得二輙取一、又少丁已上不レ須レ聴レ之という事がある。

第七条、およそ僧尼酒を飲み、宍を食い、五辛を服せば、三十日苦使せよ。もし疾病の薬分のために須いむ所は、三綱その日限を給え。もし酒を飲みて酔乱し、及び人と闘打せらばおのおの還俗せしめよ。

この箇条は、僧尼の飲酒・食肉・五辛及び酔乱に関する規定である。本文に云う飲酒とは、酒を飲みても酔乱に至らざるを云う。宍とは広く含生の肉をいう。含生とは含識或いは含霊ともいう。有情の衆生である。すなわち猪・鹿・小魚皆その中に含まれる。五辛とは一には大蒜《おおびる》、二には慈葱《ねぎ》、三には角葱《あさつき》、四には蘭葱《めびる》、五には興蕖《くれのおも》をいい、何れも辛薫之物、生食増レ恚、熟食発レ婬、有レ損レ性、故絶レ之という。これ等のものを食えば、三十日苦使の役を課せられる。但薬用に服する場合には、三綱がその日限を定めてこれを給する。もし酒を飲んで酔乱に及び、もしくは俗人と闘打し、及び僧尼互に闘打する場合には、俗人の法律すなわち闘訟律の規定によって処分せられる。

第八条、およそ僧尼事有りて論ず須からむ、所司に縁らずして、輙《たやす》く表啓を上り、あわせて官家を擾乱し、妄りに相嘱請せらば、五十日苦使せよ。再び犯せらば、百日苦使せよ。もし官司及び僧綱断決不平にして、理屈滞すること有りて、申し論ず須《べ》きこと有らば、この例にあらず。

この条は、僧尼が寺のことを論ずるに当っての心得ならびにその制裁を規定したものである。事有ってというは、寺家の事で、すなわち寺家の事を論ずる場合には、京都は治部・玄蕃を経、畿外は国司を経なければならぬ。それ等の所司を経ずして、表啓を奉る場合には、その制裁がある。又官家を擾し、妄りに嘱請して、その主司の許すと許さざるとに拘らずこれを請うものは、同じく制裁がある。その制裁は五十日の苦使。再犯するものは百日の苦使である。この場合に、所司を経ずして表啓を奉ることと、官家を乱して妄りに嘱請することとは、二の事柄になって居て、この両事を一時に行えば五十日苦使し、この両事を再び犯すのが再犯である。再犯の場合には、名例律に、罪を犯すことすでに発し更に罪をなすものはおのおのその事を重ぬとあるによって、その刑を重ねる事になるので、すなわち百日苦使せられるのである。又初めに表啓を奉って、後に妄りに嘱請した場合には、同じく再犯に処せられる。三度犯した場合には、更に五十日苦使し、四度犯した場合には百日苦使する。但もし官司及び僧綱の処分が不公平であり、又不合理であった場合に、更に論を重ねんとする者は、この限りに非ず。この箇条と併せ見るべきものは、第十七条の僧尼の一身の私事に関する訴訟の規定である。

第九条、およそ僧尼音楽を作し、及び博戯せらば、百日苦使せよ。碁琴は制する限りにあらず。

この条は、僧尼の音楽博戯をなすの禁を規定したものである。梵網経に、仏子は吹貝・鼓角・琴瑟ないし伎楽の声を聞くことを得ず。樗蒲《ちょぼ》（采を以て勝負を決する博奕の一種）囲碁を聴《ゆる》さず云々とある。令の規定においては、その中音楽及び博戯すなわち双六・樗蒲の類を禁じた。これを犯せば百日苦使す。碁及び琴はこれを禁ぜす。

第十条、およそ僧尼は木蘭・青《しょう》・碧《ひゃく》・皂《そう》・黄及び壊色《えしき》等の衣を著ることを聴《ゆる》せ。余の色及び綾羅錦綺はならびに服用することを得ざれ。違えらばおのおの十日苦使せよ。輙《たやす》く俗衣を著たらば、百日苦使せよ。

この条は、僧尼服制の規定である。僧尼は木蘭（赤黒色）青（紺色）碧（緑色）皂（黒色）黄及び壊色（常色を失いたるものにて、例えば蘇芳紫などの漫壊して全からざるものを云い、赤濁色を普通とす）等の衣を著ることを聴《ゆる》す。その他の色及び綾錦等は聴されない。これを犯す者は十日苦使す。もし俗衣すなわち衣冠を著け又は衣もしくは冠をつくれば百日苦使す。

第十一条、およそ寺の僧房に婦女を停め、尼房に男夫を停めて、一宿以上を経たらば、その所由の人十日苦使せよ。五日以上は三十日苦使せよ。十日以上ならば百日苦使せよ。三綱知りて聴せらば、所由の人の罪に同じ。

この条は、僧尼が婦女男夫をその房内に停むる事の禁を規定したものである。僧房に婦女を停め、尼房に男夫を停むる場合、その男女は年の多少によらず。但し臨時これを斟酌することになって居る。古令によれば、男年十五以上、女年十三以上は婚嫁を聴《ゆる》すことになっているけれども、僧尼の房に男女を停むる場合においては、年の制限がないのである。これを停むること一宿以上を経たるものはその所由の人、すなわち俗人を停めた所の僧尼が制裁をうける。停められたる男女は首従の律による。首従の律とは、唐の名例律に、共に罪を犯したる者は造意を以て首となす。随従は一等を減ずとある。すなわち停められたる男女は一等を減ぜられる事になる。但し僧尼は随従であっても、罪は減ぜられない。その制裁は本文の通りである。三綱がこれを知って聴した場合には、僧尼と同じ制裁をうける。

第十二条、およそ僧は輙《たやす》く尼寺に入ることを得ざれ。尼は輙く僧寺に入ることを得ざれ。その師主を覲省し、及び死病するを看問らい、斎戒功徳聴学すること有らば聴《ゆる》せ。

この条は、僧尼が互にその寺に入ることの禁を規定したものである。僧は尼寺に入るを得ず。尼は僧寺に入るを得ず。但し師匠の訪問又は死者病者（師主に限らず）の見舞、斎会修善（仏経を作るの類）学問のためには互にその寺に入ることを聴《ゆる》される。この箇条の規定は、唯その出入に関するの規定で、密通については第一条にその規定がある。

第十三条、およそ僧尼禅行修道有りて、意に寂静を楽《ねが》い、俗に交らず、山居を求めて服餌せんと欲《ねが》わば、三組連署せ。在京は僧綱、玄蕃に経れよ。在外は三綱、国郡に経れよ。実を勘《かんが》えて、並録して、官に申せ。判《ことわ》って山居の隷《つ》ける所の国郡に下せ。毎に山に在ることを知れ。別に他処に向うことを得ざれ。

この条は、僧尼の山居禅行を願う者についての規定である。およそ僧尼が禅行修道のために、寂静を願って、山に入って、穀を避けて薬を服し、静居して気を行ぜんと欲するものは、三綱連署して、京都においては僧綱が玄蕃を経、畿外では三綱が国郡司を経て、それぞれその実を検べて、太政官に申告し、太政官よりこれを山居の地の属する所の国郡に下す。例えば山居が金峯山ならば吉野郡へ下すの類である。その国郡では、僧尼が常に山にあって他処へ向わざるよう監督をする。

第十四条、およそ僧綱を任ぜんことは、必ず徳行ありて能く徒衆を伏せむ、道俗欽仰《ねがい》いで法務に綱維たらん者を用う須《べ》し。挙せん所の徒衆皆連署して、官に牒せよ。もし阿党朋扇して、浪に無徳の者を挙ぐること有らば、百日苦使せよ。一任の以後は輙《たやす》く換る事を得ざれ。もし過罰有らむ、及び老病にして任えざる者は、すなわち上の法に依りて簡《えら》び換えよ。

この条は、僧綱任命の手続きを規定したものである。僧綱とは僧正・僧都・律師である。これを任命する場合には、その徳行（心に在るを徳と云い、事を施すを行と云う）能く衆を伏し、僧俗等これを仰ぎ法務に綱維たらん者を用うべし。これを張るを綱といい、これを持するを維という。すなわち法務を張持するに堪える者を撰んで、これを推挙する所の徒衆連署して、太政官に申し立てよ。もし阿曲朋党相扇し妄りに無徳の者を推挙すれば、百日苦使する。一度任命した後には輙《たやす》く換ることを許さない。もし過罰すなわち十日苦使以上の罪に触れた者、（僧綱この罪を犯せば、唯その任を解くのみで、更に苦使せしめず。）又老（六十歳以上）病（日限を限らず唯事情を斟酌する）によって、その任にたえざるものはこれを撰び換える。僧綱の在所は続紀養老六年〔西暦七二二〕七月の条によれば、薬師寺であった。

第十五条、およそ僧尼苦使を犯せること有らば、功徳を修営し、仏殿を料理し、及び灑掃等に使え、功程有る須《べ》し。もし三綱顔面して使わずば、すなわち縦《ゆる》す所の日に准じて、苦使を罰せよ。その事故有りて聴許すべくは、ならびにその事情を審かにし、実を知りてしかる後に請に依るべし。如《も》し意故有りて、状無くして輙《たやす》く許せらば、輙く許せるの人は、妄りに請える人と同罪。

この条は、僧尼の苦使刑の方法を規定したものである。僧尼が苦使の刑を犯す者あらば、功徳を修営す。功徳とは経典を書写し、仏像を荘厳するの類をいう。道僧格によれば、苦使には三綱案を立てて、門を鎖して一空院内に放ちて、その経を写さしめ、一日に五紙を課し、紙数満足なるを検して放ち出すとあり。もし書を解せざる者は、土木事業に従事せしめる。すなわち仏殿を料理し、塔廟を塗る等の事をせしめる。又水を散いて堂宇を掃除せしむ。但斲斧舂耘の役はこれを課せず。この苦使には、功程を立てて、もし三綱がこれを面柔阿容し、おもねって僧の請求なきに縦《ゆる》して使わざるものは、その縦す所の日の数だけ三綱に苦使を課す。例えば十日の苦使の中、五日縦せば、残る五日は三綱に課する。この場合において、縦されたる僧は陪使すべからず。すなわち残りの日を更にその僧に課して、十日の苦使を満たしめないのである。その事故あって縦《ゆる》すべきもの、すなわち身の病・父母の喪等に遇うたような場合には、その事情を審かにし、その実を知って、その請による。この場合には、更に追役しない。もしその苦使の僧が許すべきの状なくして、賄賂を行い嘱請して、三綱又これを受けて輙《たやす》く許す場合には、許した人も許された人も共に同罪である。

第十六条、およそ僧尼詐りて方便をなし、名を他に移せらば、還俗せしめ、律に依って罪を科せよ。その所由の人は与《とも》に同罪。

この条は、僧尼がその名を他の俗人に与えた者、及びこれに依って偽って僧尼となった者の処分を規定したものである。僧尼が自己の公験すなわち度牒を他の俗人に与えて、その人をして偽って僧尼たらしめたものは還俗せしめる。しかして律によって罪を課す。戸婚律によれば、私に入道し、及びこれを度する者は杖一百、すでに貫を除きて戸籍より除名せられてある者は徒一年、これを度する者は同罪である。その所由の人も共に同罪。すなわち俗人が公験を受けて僧尼となったものは、同罪を課せられるので、すなわち僧尼に対する還俗の罪に准じて、徒一年である。これに参照すべきものは第二十二条の規定である。

第十七条、およそ僧尼私の事の訴訟有りて、官司に来たり詣《いた》らば、権《かり》に俗の形に依りて事に参《まじ》われ。その佐官以上及び三綱、衆の事もしくは功徳のために、官司に詣るべくは、ならびに床席《ゆかむしろ》を設けよ。

この箇条は、寺の事以外の訴訟に関する規定である。すなわち僧尼が私の事を訴えんがために、官司に来た時には、権《かり》に俗の形を以て、その事を申し論ず。この場合には俗の姓名を称する。佐官すなわち僧綱の録事以上及び三綱が、衆僧の諸事もしくは功徳すなわち写経造仏等のために官司に詣らば、ならびに床席を設ける。この条は第八条の参照を要する。

第十八条、およそ僧尼は私に園宅財物を畜え、及び興販《へん》出息することを得ざれ。

この箇条は、僧尼が家財を畜え、生産を事とするの禁を規定したものである。すなわち僧尼は私に園宅財物を畜えてはならぬ。但しその普通に用うる所のもの、身のまわりの品物の類は禁ずる限りではない。又園宅財物を安く買いて高く売り、又これを借して利子を取る事は出来ない。これを犯す者はその財物を官に没する。集解によれば、古令では、その財物は三宝の物とし、牛馬・奴婢・家人はならびに寺のものとすとある。この箇条に参照すべきものに第二十六条の規定がある。又田令に、およそ官人百姓はならびに田宅園地を将《もち》て捨施し、及び売り易えて寺に与うることを得ざれという規定がある。

第十九条　およそ僧尼道路において三位以上に遇わば隠れよ。五位以上には馬を斂めて、相揖して過ぎよ。もし歩《かちより》せば隠れよ。

この箇条は、僧尼が途上で五位以上の人に遇った時の敬礼法を規定したものである。すなわち三位以上の人に遇えば隠れる。もし隠れる場所のなかった時には、馬を駐めて傍に立つ。集解に斂は駐なりとある。五位以上の人に遇えば、馬を駐めて互に礼して過ぎる。もし歩行している時には隠れる。これに参照すべきものに、類聚三代格（政事要略同じ）に神亀三年三月二十八日の官奏に、外五位の者が歩行の僧に逢えば、馬を下りてすぎ去るという事がある。

第二十条、およそ僧尼等身死なば、三綱月別に国司に経れよ。国司年毎に朝集使に附けて官に申せ。その京内は僧綱季別に玄蕃に経れよ。また年の終に官に申せ。

この条は、僧尼の死亡届の手続きを記したもので、僧尼が死亡せる場合には、三綱が月毎に国司に届ける。国司は毎年朝集使に附して、太政官に申す。その京内の者は僧綱が四季毎に玄蕃寮に届け出で、又年の終りに太政官に申告する。この箇条に就いては第三条の参照を要す。

第二十一条、およそ僧尼犯す有らむ、格律に准ずるに、徒年以上なる合《べ》くは還俗せしめよ。告牒を以て徒一年に当つることを許せ。もし余罪有らば、律に依りて科断せよ。もし百杖以下を犯せらば、杖十毎に苦使十日せしむ。もし罪還俗に至らざらむ、及び還俗せしむべしといえども未だ判り訖《ことわ》らざらむ《おわ》は、ならびに散禁せよ。もし苦使の条制の外に、復罪を犯して還俗に至らすば、三綱をして仏法に依りて事を量りて科罰せしめよ。その還俗しならびに罰せらるるの人は、本寺の三綱及び衆の事を告することを得ざれ。もし大逆を謀り、謀叛及び妖言して衆を惑わせらば、この例にあらず。

この条は、僧尼の法たる内律と、俗人の法たる格律の法との関係を明らかにしたものである。僧尼が罪を犯した場合、俗人の法たる格律に准じて、徒一年以上に相当する場合には還俗せしめる。その場合において、告牒すなわち得度の公験を以て徒一年の代りにすることが出来る。というのは、例えば流罪になった場合には、流罪は徒四年に相当する。その四年の中、還俗して度牒を取り上げられたので、その度牒を以て一年に当てて、残りの三年だけの刑を受ける。但加役流と称して、流罪の中においても最も重き罪に処せられた場合には、この度牒を以て徒一年の代りに当てることを許されない。加役流は髠髪《こんぱつ》して配役する。名例律によれば、流を犯して配すべきものは三流倶《とも》に一年を役す。加役流の場合には遠処に配流して、三年の役を課する。次にもし余罪ある者は、律によって科断す。例えば徒二年を犯した者は、告牒を以て一年の徒に当て、その残りの一年は律によってその身を役す。還俗の後なお余罪あらば、父祖の蔭によって減贖を得べきことは、俗人の法と同じである。すなわち名例律の規定によって、七位勲六等以上の祖父母・父母・妻・子・孫で、流罪以下を犯した者は、その位勲の蔭によって、おのおの罪一等を減ずる。又八位勲十二等以上の父母・妻子、流罪以下を犯したものは贖を許す。すなわち銭を収めてその罪を贖う。次にもし俗人の法において杖百以下に相当する罪を犯した場合には、杖十毎の代りに苦使せしむること十日、もし罪還俗せしむるまでに至らず、又還俗せしむべき者でも未だ断じ訖《おわ》らざる場合には、散禁すなわち枷梏を用いずして、一室に籠居せしむる。もし苦使の規定以外に、又罪を犯して、その罪が還俗せしむるまでに至らない者は、三綱をしてその事の軽重を量って、仏法によって罰を科せしむ。例えば殺生をなし、又斎食せず、六時に行ぜず、網を作って人に売る等の罪を云う。次に還俗しならびに罰せられるの人は、その寺の三綱及び衆の事を告げ訴うることが出来ない。還俗の人は、その生涯の間告言することを得ず。罰せられた人は苦使の間告言する資格がない。但大逆を謀り、謀叛及び妖言して衆を惑わすものはこの限りにあらず。これを告言することを得るのである。衆を惑わすとは三人以上を云う。妖言しても衆を惑わさなければ告言することは出来ない。

第二十二条、およそ私度し及び冒名して相代れること有らむ、ならびにすでに還俗を判《ことわ》られるを、なお法服を被たらば、律に依りて科断せよ。師主・三綱及び同房の人、情を知れる者はおのおの還俗せしめよ。同房に非ずといえども、情を知って容れ止め、一宿以上を経たらば、皆百日苦使せよ。すなわち僧尼情を知りて浮逃の人を居き止めて、一宿以上を経たらば、また百日苦使せよ。本罪重くば律に依りて論ぜよ。

この条は、私度及び詐って僧尼となった者が、還俗の後なお法服を著ける者に関する制裁、ならびに僧尼が浮逃人を停めた場合の規定である。すなわち私に得度した僧尼及び他人の名を冒して、官司が覚えず度牒を与え、或いはすでに死せる僧尼の名を詐り受けて代って僧尼となった者が、すでに第十六条の規定によって還俗せしめられて、その後もなお法服を著ている者は、律によって断ぜられる。すなわち私度の科によって杖一百を課せられる。その師主三綱及び同房の人が情を知りながら、これをそのまま許しておいた者は、おのおの還俗せしめられる。同房でなくても、その情を知りながら、これを許して一宿以上を経た者は、百日苦使せられる。もし僧尼が情を知りながら、浮浪人と逃亡人を停めて、一宿以上を経た者は百日苦使せしめる。その本人の本罪重き者は律によって科断せられる。すなわち捕亡律におよそ情を知りて罪人を蔵隠し、もしくは過って資給を約して隠避を得しめば、各罪人の罪一等を減ずる。

第二十三条、およそ僧尼等俗人をして、その経像を付け門を歴《へ》て教化せしめば、百日苦使せよ。その俗人は律に依りて論ぜよ。

この条は、俗人をして教化せしめたる僧尼、ならびにその俗人に関する制裁を規定したものである。この場合においては、僧尼がその犯罪の造意者であって、俗人はこれに随従する者である。故に律に依りて罪一等を減ぜられて、杖九十を課せられる。この箇条に参照すべきものに第五条の規定がある。

第二十四条、およそ家人奴婢等もし出家すること有りて後に還俗を犯せらむ及び自ら還俗せらば、ならびに追して旧主に帰し各本色に依れ。その私度の人はたとえ業を経ること有るとも、度の限りにあらず。

この箇条は家人奴婢の出家したものが還俗に関する規定である。官戸の奴婢もまた同じくこの規定によって支配せられる。仏法の規定の四分律行事抄資持記によって、自来の奴は出家を許す、その他の奴、すなわち家に生まれたる者、買い得たる者、抄《かすめ》得たる者は度することを得ない制度であった。その出家し得る家人奴婢達は賤民たることを免じて、これに度牒を与える。それ等の者が還俗の罪を犯し、自ら還俗する者は、皆本の主人に還して、それぞれ本の籍に入れる。その私に得度した者は、たとえ僧侶としての修業を積んで居ても、得度を許さない。この箇条に参照すべきものに、第三条の規定がある。

第二十五条、およそ僧尼百日の苦使を犯せること有らむ、三度を経て改めて外国の寺に配せよ。よりて畿内に配して入ることを得ざれ。

僧尼が罪を犯して百日の苦使を課せられること三度に及ぶ時は、その三度目の百日の苦使の代りに、畿外の国へ配する。そのためにその三度目の苦使は、その国において更に課せられることはない。もし前の第一度第二度目の苦使の役が、未だ終らない時には、残りは配所において役する。もし外国の僧尼にこの三犯ある場合には、更に他の国に移し配することはない。外国に配せられた僧尼は、再び畿内に配入せられることはできない。

第二十六条、およそ斎会に奴婢・牛馬及び兵器を以て布施に充つることを得ざれ。その僧尼も輙《たやす》く受くることを得ざれ。

この箇条は斎会における布施の品物に関する規定であって、奴婢・牛馬・兵器等を布施に用うることはできない。もし法に違うてこれを布施に充て、又はこれを受くる人は、皆違令の罪に当てる。すなわち雑令に依って、違令は笞五十、僧尼の違令は俗人に准じて苦使五十日。なお第十八条の規定に依って、その財物は官に没収せられる。

第二十七条、およそ僧尼身を焚き身を捨つることを得ざれ。もし違えらむ、及び所由の者《ひと》は、ならびに律に依りて罪を科せよ。

この箇条は、僧尼が自ら焚傷致命することの禁を規定してある。焚身とは指に灯し、身を灯し尽すをいう。捨身とは身の皮を剥ぎ経を写し、ならびに畜生布施と称して、山野に自尽するをいう。僧尼がこれ等の禁を犯し、又はこれを許した三綱の人は、ならびに律に依りて罪を科せられる。養老元年〔西暦七一七〕四月、行基の不法を戒められた詔の中に、焚剥指臂と見え、又同六年七月太政官奏にも、遂に人の妻子をして髪を剃り膚に刻せしむとあるのは、この箇条に相当するものである。

第三章　奈良時代

僧侶寺院の統制

奈良時代の仏教界は、これをその大勢より見れば、前後二期に分つことができる。すなわち元明天皇・元正天皇の御代を前期とし、聖武天皇より称徳天皇までを後期とする。大体において、前期は僧侶寺院の統制がよく行われ、後期は外観の美、大いに具わって、しかも僧侶の腐敗の加わった時である。

前章に述べた僧尼令は、いわゆる大宝令の一部であるが、その刊修は養老年間においてせられたのであって、すなわちこの時代に属することである。この一事によって、すでに僧侶の取締りのよく行われたことが知られる。なおこれを実際の例に就いて見るに、その統制の厳重であったことが知られる。

第一、寺院財産の整理　和銅六年〔西暦七一三〕（一三七三）四月十七日、諸寺の田記錯誤するに因りて、更に改正をなし、一通を所司に蔵し、一通を諸国に頒たしめた。同十月八日、諸寺多くの田野を占め、その数限り無し、自今以後その数の格に過ぐる者は皆これを還収せしめた。けだし当時檀越豪族の兼併が多かったのであろう。そもそも大化改新において班田収授の法を設けられて以来、年を経てようやく行われず、又田地以外の空閑地の共有地となって居ったのが、追々豪族に占有せられ、又出挙によって借し出して居ったものを払うことができないで、その結果、遂に豪族が土地を兼併することとなった。豪族の兼併の結果は、その住民の逋逃となり、それ等の一は浮浪となり、又一は僧侶となり、偽坊主が多くできる。ここにこの取締りの必要のある所以である。

第二、寺院の併合　元正天皇霊亀二年〔西暦七一六〕（一三七六）五月十五日、寺院併合の令を発せられた。この日詔して曰く、

法蔵を崇餝するは粛敬を本となし、仏廟を営修するは清浄を先とす。今聞く諸国の寺家多く法の如くならず。或いは草堂始めて闢けて、額題を争い求め、幢幡わずかに施してすなわち田畝を訴え、或いは房舎修めず、馬牛群聚し、門庭荒廃、荊棘いよいよ生じ、遂に無上の尊像をして永く塵穢を蒙り、甚深の法蔵をして風雨を免れざらしめ、多く年代を歴《へ》て絶えて構成すること無しと。事において斟量するに、極めて崇敬に乖《そむ》けり。今故に数寺を併せ兼ねて一区に合成す。庶幾《こいねがわ》くは力を同じくして共に造り、更に頽法を興さむ。諸国司等宜しく明らかに国師・衆僧及び檀越等に告げ、部内の寺家を条録し、財物を合併し、使に附して奏聞すべし。又聞く、諸国の寺家堂塔成れりといえども、僧尼住する莫く、礼仏聞こゆること無し。檀越の子孫田畝を惣べ摂め、専ら妻子を養うて、衆僧を供せず。因りて諍訟を作して、国郡を諠擾すと。自今以後厳かに禁断を加え、その有する所の財物田園、ならびに須らく国師・衆僧及び国司・檀越等相対して検校し、分明に案記して、充用の日共に判して出し付《さず》くべし。旧に依りて檀越等専制することを得ざれ。（原漢文）

と。時に近江国守藤原武智麻呂の言上に曰く、部内の諸寺多く疆区を割きて、造修せず。虚しく名籍を上る。そのかくの如くなるを観るに、更に異量無し。有する所の田園自ら利を専にせむと欲す。もし匡正せざれば、恐らくは滅法を致さん。臣等商量するに、人能く道を弘むとは先哲の格言なり。仏法を闡揚するは聖朝の上願なり。まさに今人情やや薄く、釈教陵遅せり。独り近江のみに非ず、余国もまたしかり。望むらくは遍く諸国に下して、弊を革め淳に還し、更に弛綱を張りて、仰ぎて聖願に称えんと。依りてその請に随う。武智麻呂伝によれば、この寺院併合令は武智麻呂の建言が基になって発せられたものである。伝に曰く、公少時より三宝を貴重し、妙法を貪聴し仏果を願求す。終食の間も敢えて忘るることあらず。公務有りといえども常に精舎を礼す。たちまち一寺に入るに、寺内荒涼、堂宇頽落、房廊室静たり。顧みて国人に問う。国人答えて曰く、寺の檀越等、寺家の財物田園を統領し、僧尼をして勾当

せしめず、自由を得ず。この損壊有る所以なり。独りこの寺のみに非ず、余もまたしかりと。公おもえらく、如来出世し、諸法を演説し、衆生を教化し、善葉を樹てしむ。その教え深妙、天竺国より震檀に流転し、延いてこの地に及ぶ。その門を得る者は盖纏を出離し、その路を失う者は生死を輪廻す。何ぞ肯《あ》えて白衣の檀越、輙《たやす》く僧物を統べて法侶に供えず、精舎を損壊するや。これ国家の福田を益する所以に非ず、衆生の要業を損ずるなり。よりて奏して曰く、臣幸に大化に浴し、一国に宰守たり。公事に因りて民間を巡り、余隙に就いて精舎を礼す。部内の人民因果を知らず、檀越の子孫罪業を懼れず。僧物を統領して専ら妻子を養う。僧尼空しく名を寺籍に載せ、分散して村里に餬口す。未だかつて寺家の破壊を修理せず。但能く牛馬の蹋損すること有るを致す。これ国家の僧尼を度し仏化を演ぶる所以に非ざるなり。もし糺挙するに非ずんば恐らくは正法を滅せん。伏して明裁を請うと。この結果として、前の詔が出たのである。これに由って看ても、当時檀越が寺の財産を横領するものの多かったことが知られる。養老五年〔西暦七二一〕（一三八一）五月五日、七道の按察使及び太宰府をして、諸寺を巡省して、便に随って併合せしめた。

右の寺院併合の令は、けだし唐の玄宗の時に発せられた併合令の影響を受けたものであろう。玄宗の先天元年、勅して名額なき寺院を毀撤し、銅鉄仏像を近寺に収入せしめた。翌開元元年、僧尼の偽濫者を淘汰して、一万二千人を還俗せしめたことがある。これは我が和銅六年〔西暦七一三〕（一三七三）に当る。この後三年を経て我が邦の寺院併合令が出たのである。この事は明文はないが、恐らく彼国の影響を受けたものであろうと思われる。しかし、また実際その必要に迫られたことであろう。

第三、僧尼行儀の取締り　養老元年〔西暦七一七〕（一三七七）四月二十三日詔して偽僧の取締りを命ぜられた。

職を置き能を任ずるは、愚民を教え導く所以、法を設け制を立つるは、その奸非を禁断するに由れり。頃者、百姓法律に乖き違いて、ほしいままにその情に任せ、髪を剪り鬢を髡《そ》り、輙《たやす》く道服を著る。貌は桑門に似て、情は奸盗を挟み、詐偽生《な》る所以、姦究斯自り起る。一なり。（原漢文）

と。この事は僧尼令第十六条・第二十二条にもその規定が設けられてある。

同日僧尼妄りに乞食して歴門仮説する事を禁ぜられた。右の詔につづけて曰く、およそ僧尼は寺家に寂居して、教えを受け道を伝う。令に准ずるに云わく、その乞食の者有らば、三綱連署して、午より前に鉢を捧げて告げ乞え。ここに因りて更に余物を乞うを得ざれと。方今、小僧行基ならびに弟子等街衢に零畳して、妄りに罪福を説き、朋党を合構し、指臂を焚剥して、歴門仮説し、強いて余物を乞い、詐りて聖道を称し、百姓を妖惑す。道俗擾乱して四民業を棄つ。進んでは釈教に違い、退いては法令を犯す。二なり。(原漢文)

と。これに関しては、僧尼令第五条及び第一条にその規定がある。

同日病人の家に向って巫術を用い吉凶を占うことを禁ぜられた。右の詔につづけて曰く、

僧尼は仏道に依り神咒を持して、以て病徒を救い、湯薬を施して痼病を療すること、令においてこれを聴《ゆる》す。方今僧尼輒《たやす》く病人の家に向い、詐りて幻恠の情を禱り、戻りて巫術を執り、逆《あらかじ》め吉凶を占い、耄穉を恐脅し、稍《ようやく》に求むる有らむことを致す。道俗別無く終に姧乱を生ず。三なり。もし重病まさに救うべき有らば、浄行の者を請じ、僧綱を経告し、三綱連署して、期日に赴かしめよ。これに因りて逗留して日を延ぶることを得ざれ。(原漢文)

とある。

これに関しては僧尼令第二条にその規定がある。

同年五月十七日、詔して浮浪得度のこと、ならびに僧尼侍者のことを制せられた。詔に曰く、

率土の百姓四方に浮浪して課役を規避し、遂に王臣に仕え、或いは資人を望み、或いは得度を求む。王臣、本属を経ず、私に自ら駆使す。国郡に嘱請して遂にその志を成す。これに由りて天下に流宕して郷里に帰らず。もしかくの輩有りて、輒《たやす》く私に容止せる者は、状を揆《はか》りて罪を科すること、ならびに律令の如くせよ。又令に依るに、僧尼年十六已下庸調を輸せざる者を取りて童子とすることを聴《ゆる》す。しかれども国郡を経るに非ずば、輒《たやす》く取ることを得ざれ。又少丁已上は須らくこれを聴《ゆる》すべからず。(原漢文)

と。これに関しては、僧尼令第六条にその規定がある。

同二年十月十日、太政官より僧綱に牒して、僧尼の学徳秀でたる者を挙用すること、各宗において宗義に秀でたる者を録出せしめること、徳業を分って修業せしむること、ならびに任意に山に入るを禁ずることを定めた。その文に

曰く、

太政官僧綱に告げて曰く、智鑒時に冠し、衆の推し譲る所、法門の師範たるべき者は、宜しくその人を挙げて高徳を顕表すべし。又益を請うて倦むこと無く、踵を師に継ぎ、材後進の領袖たるに堪うる者有らば、また名薦を録し、挙げてこれを牒せよ。五宗の学、三蔵の教、論討異なること有りて、弁談同じからず、自ら能く宗義を該達し、最も宗師と称して、宗毎に挙する人は、ならびに録せ。次に徳根性分有り、業また麁細ならば、宜しく性分に随いて、皆学を就《な》さしむべし。およそもろもろの僧徒は浮遊せしむることなかれ。或いは衆理を講論して諸義を学習し、或いは経文を唱論して禅行を修道し、おのおの業を分けて皆その道を得、智徳を表章し、顕かに行能を紀《しる》さしむ。所以《このゆえ》に燕石楚璞おのおの明輝を分かち、虞韶鄭音声曲を雑えず。将に象徳の定水、瀾波法襟に澄み、竜智恵燭、芳照朝聴に聞こゆべし。加以《しかのみならず》、法師法を非《そし》りて還りて仏教を墜すことは、これ金口の深く誡むる所。道人道に違いて、輙《たやす》く皇憲を軽んずることは、また玉条の重く禁ずる所。僧綱宜しく静鑒を廻して、能く清議に叶うべし。その居精舎に非ず、行練行に乖き、意に任せて山に入り、輙く菴窟を造ることは、山河の清を混濁して、煙霧の彩を雑燻す。又経に曰く、是色（ママ）告市里に穢雑す、情和光を逐うといえども、形窮乞に別なること無しと。かくの如きの輩は、慎みて禁喩を加えよ。（原漢文）

養老四年十二月二十五日に転経唱礼の音の取締りの令を発した。詔に曰く、

釈典の道、教え甚深に在り。経を転じ礼を唱えて先ず恆規を伝う。理遵承す合《べ》くして輙《たやす》く改むべからず。此者《このごろ》或いは僧尼自ら方法を出して妄りに別音を作し、遂に後生の輩をして、積習俗を成さしむ。肯《あえ》て正に変ぜざれば、恐らくは法門を汙《けが》すことこれより始らむ乎。宜しく漢の沙門道栄・学問僧勝暁等に依り、転経唱礼して余音ならびにこれを停むべし。（原漢文）

養老六年〔西暦七二二〕（一三八二）七月十日、太政官奏して、僧綱の居所を定め、薬師寺を以て常の住居となす。又僧尼の妄りに禍福を説き、人民妻子を濫に剃髪することを禁じた。この事は僧尼令第一条・第五条・第二十二条・第二十三条にその規定がある。官奏に曰く、

内典外教道趣異なりといえども、才を量り職を揆《はか》ること理致帰を同じくす。比来僧綱等すでに都座に罕《まれ》に、縦恣横行し、すでに平理し難し。彼此往還して空しく時日を延ぶ。尺牘の案文未だ決断を経ず、一曹の細務極めて壅滞多し。それ僧綱は、智徳具足して、真俗の棟梁なり。理義該通し、戒業精勤なり。緇侶これを以て推し譲り、素衆これに由りて帰仰す。しかるに居処一に非ず、法務備わらざるを以て、雑事荐《しきり》に臻《いた》り、終に令条に違えり。宜しく薬師寺を以て、常の住居となすべし。（原漢文）

又奏言すらく、

化を垂れ数を設くることは、章程に資《はか》りて以て方《まさ》に通ず。俗を導き人を訓ることは、彝典に違いてすなわち妨ぐ。近在《このごろ》京の僧尼、浅識軽智を以て罪福の因果を巧説し、戒律を練せずして、都裏の衆庶を詐り誘《あざむ》く。内聖教を黷《けが》し、外皇猷を虧《か》けり。遂に人の妻子をして剃髪刻膚せしめ、動《やや》もすれば仏法を称して、輙《たやす》く室家を離れしむ。綱紀を懲《いまし》むる無く、親夫を顧みず、或いは経を負い鉢を捧じて、食を街衢の間に乞い、或いは偽りて邪説を誦し、村邑の中に寄身し、聚宿を常となし、妖訛群を成せり。初めは修道に似て、終には奸乱を挟む。永くその弊を言《おも》うに、特に須らく禁断すべし。（原漢文）

と。これに依りて、京城及び諸国々毎に、判官一人を遣し、その事を監当し、厳に捉搦を加え、もしこの色有らば、所由の官司はすなわち見任を解き、その僧尼は一に詐りて聖道と称し百姓を妖惑するに同じく、律に依りて罪を科し、その犯す者はすなわち百杖を決し、勒して郷族に還し、主人隣保及び坊令里長はならびに杖八十に決し、官当蔭贖を得ざることと定められた。

第四、度牒の制　得度の取締りに就いては、すでに前に述べた如く、養老元年〔西暦七一七〕（一三七七）五月の詔に、その事に言及してある。その後養老四年正月四日、初めて僧尼に公験を授くということがある。すなわち度牒である。ついで同年八月三日、治部省の奏によって、公験を授くる僧尼、多く濫吹あるによって、唯学業を成せる者十五人に公験を授く。自余はこれを停むることにした。この度牒の制度は、支那においては天宝六年（我が天平十九年〔西暦七四七〕一四〇七）初めてこれを設けたのであるが、我が邦の方が支那より早く制定せられたのである。

聖武天皇・光明皇后厚く仏教を信じ給い、高僧輩出して、諸大寺の造営相踵《つ》ぎ、六宗はその芳を競うた。奈良時代以前には特に宗派を立てるものはなく皆通仏教であったが、この頃に至って特に教義教相を具えた宗旨を主張する者が出たのである。いわゆる奈良の六宗というものは、天平十九年〔西暦七四七〕（一四〇七）以後、天平勝宝三年〔西暦七五一〕（一四一一）以前の間に成立したもので、それ以前は各寺々に、三論衆・律衆・唯識衆などという衆があった。すなわちそれ等の専門研究の団体ともいうべきものがあった。それが一つの宗団となったのは、天平末か天平勝宝の初めであるということは、奈良時代の写経に関する文書の研究によって知られた所である。

一、三論宗附成実宗　推古天皇の十年（一二六二〔西暦六〇二〕）に百済の僧観勒が来朝した。この僧は三論の学者であった。聖徳太子の師恵慈もまた三論の学者であった。同じく三十三年に、高麗の僧恵灌が来朝して、初めて三論の講席を張り、特にこの一宗を宣揚した。これを三論宗の第一祖と名づける。三論とは竜樹の中観論・十二門論及び提婆の百論を云い、この三論に依って宗を立つるに依り三論宗という。次に成実宗も早くから三論宗に附属して渡来して居たのであって、慧観・慧聡・観勒等の三論の学匠は、皆成実に通じ、聖徳太子もまた三経の疏を製するにこれを用いられた。しかしながら特に、取立てて之を宣揚するものがなかった。天武天皇の頃、百済の僧道蔵が初めて成実論を講演してこれを唱導した。この時に別に一宗として立った訳ではないけれども、先ずしばらく道蔵を推して成実宗の第一祖とする。この三論及び成実は共に鳩摩羅什《くまらじゅう》によって、支那仏教の初期に起った宗派であるが、二百余年を経て、遂に朝鮮を経由して我が邦に渡来したのである。この後、三論は法隆寺の智蔵再びこれを伝え、道慈三度これを伝え、奈良時代を通じて盛んに宣伝せられた。

道慈は天平の頃に出で、学徳衆に秀で、性格高邁、最も三論に委《くわ》しかった。俗姓は額田氏で、大和添下郡に生まれ、三論を智蔵に受け、法相宗を竜門の義淵にうけた。大宝元年〔西暦七〇一〕（一三六一）入唐し、留学十八年、養老二年

〔西暦七一八〕（一三七八）帰朝した。在唐中、唐の天子が国中の義学高僧一百人を選んで請じて宮中に入れ、仁王般若を講ぜしめた時、道慈は学業穎秀を以てその選に中った。唐帝その遠く学ぶを憐んで特に優賞を加えた。養老三年十一月朔日元正天皇詔して、能を優し智を崇び善を勧め奨むるの主意を以て封戸を賜い、その学徳を褒せられた。その文に曰く、

道慈法師は遠く蒼波を渉りて、異聞を絶境に覈《もと》め、遐《はるか》に赤県に遊びて、妙機を秘記に研く。跡を象竜に参じ、英を秦漢に振う。ならびに以えらく（ならびにというは、この時同じく褒賞せられた神叡を併せいうのである）、戒珠満月を懐くが如く、慧水滄溟に写すがごとし。儻《も》し天下桑門をして智行かくの如くならしめば、あに善根を殖うるの福田、苦海を渡るの宝筏たらざらむ。朕毎に嘉歎してやむこと能わず。宜しく食封各五十戸を施し、ならびに標揚優賞し、用いて有徳を彰《あらわ》すべし。（原漢文）

と。道慈は詩を能くし、在唐の日、本国皇太子に上る詩があり、帰朝後間もなく長屋王に上った詩がある。共に懐風藻に収められてある。長屋王が詩酒の会を開かるるに当って、その招請をうけたが、辞して出なかった。これによってもその強硬の性、当時の僧侶と異なる所のあったことが知られる。大安寺を平城に移すや、道慈をしてこれを監督せしめた。道慈すなわち将来せる長安西明寺の図様によって設計した。尤も三論宗に委しく、大安寺に居てこれを講じた。天平元年〔西暦七二九〕（一三八九）に律師となり、同八年二月、玄昉と同じく扶翼童子八人を賜った。その朝廷に重んぜられたことが知られる。天平九年四月八日、奏して大安寺攘災のため大般若経を転読し、以て寺を護り国を鎮め聖朝を平安にせんことを祈り、永く恆例とした。同年十月二十六日大極殿最勝会の講師となった。同十六年十月二日寂した。寿七十余。かつて愚志一巻を作って、当時の仏教界を諷した。

二、法相宗附倶舎宗　法相宗という名は、古文書などによれば、奈良時代の末までは用いられないで、法性宗と記されて居る。これは恐らく音通より用いたのであろう。平安時代に入って初めて法相宗の名が用いられるようになった。孝徳天皇白雉四年〔西暦六五三〕（一三一三）に入唐した学問僧道昭が初めてもたらし帰った。倶舎宗も恐らくこの時共に伝えられたらしい。法相宗は有名なる唐の玄奘三蔵が太宗の貞観十九年〔西暦六四五〕（我が大化元年、一三〇五）に

初めてインドより伝えた新しい宗旨である。道昭は直に玄奘に就いて新宗旨を学び、これを伝えて帰朝した。白雉四年は唐の高宗永徽四年に当るから、玄奘が法相宗を伝え帰ってからわずかに八年を経るのみで、早くも法相宗は日本に輸入せられたのである。道昭帰朝後は元興寺に住し、本宗を弘めた。これを第一伝とする。法を道賀・行基等に授けた。道賀は法隆寺に、行基は薬師寺に在って法を弘めた。この後、斉明天皇四年（一三一八〔西暦六五八〕）に智通・智達が入唐して玄奘について本宗を受けた。これを第二伝とする。次いで大宝三年〔西暦七〇三〕（一三六三）に智鳳・智鸞・智雄が入唐して撲揚の智周より法を伝えた。これを第三伝とする。三師は法を興福寺の義淵に伝えた。義淵はこれを玄昉に伝えた。玄昉は養老元年〔西暦七一七〕（一三七七）に支那に往いて智周について本宗を究め、天平七年〔西暦七三五〕（一三九五）に帰朝し、興福寺においてこれを弘めた。これを第四伝とする。元興寺に伝ぅる所を南寺伝といい、興福寺に伝ぅる所を北寺伝という。倶舎宗は奈良時代の古文書には薩婆多宗とも書かれる。法相宗の附宗といわれて居る。これは法相宗の祖師玄奘が阿毘達磨倶舎論を翻訳してより、その研究が盛んになり、日本においても倶舎宗の学者が同時に法相宗の学者であることが多かった所から、倶舎は法相の附宗であるといわれて来たのである。しかし法相宗の学者に限らず、諸宗の学者皆倶舎を学んだのである。

三、律　宗　戒律は我が邦に仏教が初めて渡来した時からすでに伝来していたのである。崇峻天皇の元年（一二四八〔西暦五八八〕）尼善信が百済に赴いて戒を受け、帰朝して後、桜井寺に住して居たということがある。これが邦人の戒法を学んだ初めである。その後天武天皇の時に道光律師を支那に遣して律宗を学ばしめた。これが律宗伝来の第一祖である。ついで聖武天皇の天平八年〔西暦七三六〕（一三九六）に至って唐の道璿《どうせん》が来朝して律を講じた。これが律宗伝来の第二祖である。これは天平五年に栄叡・普照の二人が入唐して、当時洛陽大福寺に居た道璿に勧めて渡来せしめたのである。道璿の来朝後十九年にして、孝謙天皇の天平勝宝六年〔西暦七五四〕（一四一四）に唐の鑑真が来朝した。これが律宗伝来の第三祖となった。従来は律を伝えたとは云ぅものの、なおその戒法を具えて行ぅことはできないで、唯これを講ずるのみであったが、ここに至って初めて戒壇を築き、戒法が具わったのである。すなわち鑑真を以て我が邦における一つの宗旨としての律宗の第一祖と仰ぐのである。

鑑真の来朝もまた栄叡・普照二人の勧めに由るものであって、二人は当時揚州において盛んに律を伝えて居た鑑真に説いて東遊を勧めた。鑑真すなわちこれに応じて来朝の意を決したが、ある時は風のために、ある時は人のために阻まれ、前後六回にして、ようやく我が邦に着いたのである。鑑真は唐の揚州江陽県の人で（揚州は揚子江の辺、南京より少しく下流にあり）、中宗の嗣聖五年（我が持統天皇二年（一三四八（西暦六八八）））に生まれ、歳十四にして出家し、十八歳の時、時の名僧道岸律師に謁した。当時戒律盛んに行われ、道宣律師最も名あり。道岸はその嗣である。鑑真は道岸より菩薩戒を受け、ついで恒景について具足戒を受け、それより諸大徳を歴問して帰郷した。時に道岸遷化して、義威が嗣いでいた。開元二十一年（我が天平五年（西暦七三三）一三九三）義威寂す。鑑真すなわちこれに嗣ぐ。時に齢四十六。道俗帰服し律を講ずること七十遍、人を度すること四万有余に及んだ。天宝元年（我が天平十四年（西暦七四二））揚州の大明寺にあり。時に我が邦より入唐していた栄叡・普照の二人が、これを日本に迎えようとした。天宝二歳、従者二十一人と共に発足したが、賊起って道通ぜず。又随行の中に内訌があって、新羅の僧如海の密告によって、遂に州長に止められ、船は官没せられた。これが第一回である。同年十二月、同行合せて百八十五人再び発足したが、逆風に遭うて果さなかった。これが第二回である。次いで船を修理して天宝三歳一月出発したが、又風に遭い船破れて岸に上った。これが第三回である。ついで又弟子の法進を福州に遣して、更に船を購い粮を弁じて出発せんとした。弟子の霊祐等これを留めんとして、官に告げ、ために押えられて護送せられた。これが第四回である。第五回目は天宝七載、揚州崇福寺にあって、栄叡・普照等と計って船を造り、六月二十七日随行三十五人と共に発したが、途中難風に遭うて停まること二ヶ月余、飲料水欠乏し、米を噛んでも咽乾いて、咽めども入らず吐けども出でず。鹹水を飲めば腹脹れ、非常な辛苦を嘗めた。十月十六日に発して、第三日船蛇海を過ぎ南へ流され、第十二日某地に着陸した。この地花蕋開け樹実って筍あり。人、人を喰う。晩に一人髪を被り帯刀せるを見る。諸人大いに恐れた。これはけだし海南島の一部であろうと言われる。第十五日振州江口に船を泊した。今の海南島海口港であろう。翌天宝八歳陸路万安州（今の万州）を経て岸州（今の崖州）に至る。栄叡・普照は海路四十余日を経て岸州に着いた。（万安は海南島の東岸に、岸州はその南岸にあり。）次いで澄邁県（海南島の西北角）より船に乗り、三日間にして雷州（広州湾半島）に達した。これより羅州（広東廉江県北）象州（広西省象県）白州（広西省博白県）藤州（広西省藤県）梧州（広西省蒼梧県）桂州（広東省順徳県）を経て、始安府（広西省桂林）に至り留ること一年、翌天宝九歳、広州太守の迎えによって桂江を下り、梧州を経て端州（広東省高要県）竜興寺に至った。時に初めより鑑真の渡航について大いに努めて来た栄叡はここで死んだ。それより広州（広東省広州市）に至って、大雲寺に入り留ること一年。次いで韶州（今の広東省曲江県）に至り、ここで普照は別れて独り明州に至る。この間に鑑真は眼を患い、明を失った。これより遂に揚州に帰った。第六回目は天宝十二載（我が天平勝宝五年〔西暦七五三〕一四一三）止むる者あるに拘らず、密かに弟子二十四人を率いて揚州を出発した。この時の出発は、日本の大使藤原清河・副使大伴古麻呂・吉備真備・阿倍仲麻呂等の請によるものであった。清河等は鑑真に申して曰く、我等和上の五度日本に渡らんとせられしを聞く。今親しく顔色を拝して歓喜甚し。我等先に和上等の尊名を記して唐の皇帝に奏聞し、日本に戒を伝えんことを請うた。しかるに皇帝は道士を将いて去らんことを望む。日本の君王は道士の法を崇ばず。依って別に春桃原等を止めて道士の法を学ばしめ、道士を日本に致すことはこれを辞した。ために和上を請うこともまたこれを退けた。和上願わくは自ら方便を計れと。ここにおいて鑑真は密かに日本に渡ろうと企てたのである。かくて遣唐使の船に便乗し、この度は航海も無事で、同年十二月二十日、薩摩の秋妻屋浦に着した。（秋妻は秋目であろう。坊津及び加世田から各五里ばかりを隔つる所にある。）翌六年正月、鑑真・法進等八人、入唐副使大伴古麻呂に従って京に入った。時に鑑真年六十七。日本への来朝を企ててより前後十二ヶ年に及んだ。道俗の歓迎甚だ盛んであった。勅して東大寺に安置し、戒壇建立のこと戒律伝授のことを任ぜられた。同年四月初めて戒壇を造り、天皇初めて登壇して菩薩戒を受け給い、次に皇后・皇太子また登壇授戒し給い、沙弥四百四十余人また授戒した。同年五月朔日、戒壇院建立の宣旨を下し、同七年九月に造り終った。天平勝宝八歳六月九日、太上天皇の供御米塩の類を以て鑑真等に充てられた。天平宝字元年〔西暦七五七〕（一四一七）正月五日、勅して国毎に梵網経を講ぜしめ、四月十五日より五月二日に及んだ。布薩の法がここに始まった。同年閏八月二十一日、官大寺に戒本師田十町を置いてこれを布薩に用いしめた。同年十一月二十一日、備前の墾田一百町を永く東大寺の唐禅院の十方の衆僧供養料に施した。唐禅院は鑑真の居る所である。翌二年八月朔日詔して鑑真和上戒行転《うた》た潔く、白頭変ぜず、遠く滄波を渉って、我が聖朝に帰せしを賞し、号して大和上と云う。その政事によって老を煩すを慮って、僧綱の任を停め、諸寺の僧尼を集めて、戒律を学ばしめた。次いで新田部親王の旧宅を施して、戒院とした。今の唐招提寺がそれである。天平宝字七年五月六日寂した。年七十六。

四、華厳宗　天平八年〔西暦七三六〕（一三九六）に来朝した道璿は、又華厳宗の章疏をもたらした。これを華厳宗の第一祖と称する。しかしながら道璿はわずかに典籍をもたらし来たったのみで、未だこれを講じたのではなかった。その後初めて華厳の講演を開いたものは良弁《ろうべん》である。良弁は早くからこの宗を弘むることに志があった。時に厳智というものが奈良の元興寺に居たのでこれに就いて華厳の教えを受けんことを請うた。厳智は時に来朝した所の新羅の僧審祥を勧めた。良弁すなわち大安寺に赴いて、審祥の教えを請うて、その再三辞したにも拘らず、ついに奏上して勅命を以てこれを請い、天平十二年、奈良の金鐘寺（すなわち東大寺法華堂）において、華厳経の講演を開いた。すなわち我が邦の華厳宗は良弁によって初めて興起せられ、審祥によってその講演の基を開いたのである。審祥は新羅人で、唐に入って賢首大師に従って、華厳を伝え、我が邦に来朝し、ここに華厳宗としての第一祖となったのである。

東大寺の造営

元明天皇和銅元年〔西暦七〇八〕（一三六八）奈良の都が奠《さだ》められると共に、多くの寺がここに移された。興福寺は春日山麓に、大官大寺は左京の六条七条に移されて、大安寺と改称せられ、養老四年〔西暦七二〇〕（一三八〇）には奈良四十八ヶ寺と称するに至った。聖武天皇の御代には、元興・興福・大安・薬師を四大寺と称し、東大寺が建てられるに及んでこれを併せて五大寺と称した。孝謙天皇の時に七大寺の称あり。これは恐らく右の五大寺に法隆寺・弘福寺（川原寺）を加えたものであろう。（平安時代に至って、奈良七大寺の称あり。これは元興・法隆・大安・興福・薬師・及び東西の二大寺をいう。）

右の如く諸大寺が建立せられた中において、東大寺の造営は、国富を傾け、朝野の力を尽し、最も荘大を極めたものであった。そもそも東大寺の造営は天平十二年〔西暦七四〇〕（一四〇〇）聖武天皇が河内大県郡の智識寺に幸して、毘盧舎那仏を拝し給いしより思い立たせられたことである。しかしながら、その一つの動機は、支那における大仏に対抗の考えより出でたことであろうと思う。その頃、支那には竜門の奉先寺に十丈の大日如来が造られてあり、開元十八年（我が天平二年〔西暦七三〇〕）には海通嘉州大江の浜に弥勒の石像三百六十尺のものを造ったことがある。これ等が天皇の御心を動かし奉ったことであろう。当時種々の方面において、支那に対抗の考えが進み、日本文化独立の萌しが現れた。その例を挙げてみれば、

その一は奈良奠都である。奈良奠都は国内における事情がその必要を促したという事もあるが、主として支那の制度を採ったものであることは争えない。しかれどもその間、自ら彼に対抗して、日本にもかくの如き都城のある事を示したいという意向が根柢に横たわっていたものと思われる。ここにこの時代の理想が窺われる。故に我が平城京は隋唐の制を参酌したものには相違ないが、濫りに彼の制度を踏襲せず新生面を開き、ある点においては彼を凌駕するものがあったのである。すなわち我が宮城及び朱雀門・朱雀大路等の位置名称は彼に倣うたものであるけれども、我はまた我の宜しきに随うて、宮城と皇城の別を設けず。また大小路及び区劃の制度は、彼にあっては多少整斉を欠いているが、我には整然として碁盤の目の如く正しく区劃せられて居る。この点においては遥かに彼を超越している。又彼にあっては、縦横大路の区劃には、一々固有の名称を有し、不整頓なる嫌いがあるけれども、我に在っては横の区劃を条といい、縦の区劃を坊といい、数字を以てこれをあらわし、何条何坊の称を以てし、条里整斉にしてかつ便宜である。この他朝堂の規模制度においても、多少の範を彼に採ったけれども、一層これを整備し新機軸を出しているのである。

その二は古事記の編纂である。これは聖徳太子以来の計画をついだものである。太子はその理想実行の一手段として、国史の編纂に着手せられたことは前にも述べた通りであるが、まもなく薨じ給い、ついで蘇我氏滅亡の時に、その稿案が焼失した。その業をついだのが古事記である。すなわちこの編纂には、初めより支那に対抗して、我が肇国の由来遠きものあるを示そうという考えがあったのである。古事記は古来の神話伝説を、ある一種の理想の下に統一

し編纂したものであるが、その中には肇国の精神が表わされていて、ここにも奈良時代の理想を窺うことができる。

その三は風土記の編纂である。風土記は元明天皇の和銅六年〔西暦七一三〕（一三七三）に諸国に令してこれを編し上らしめられたもので、諸国の山川・原野・村名の源由・古老相伝の旧聞異事ならびに産物等を記したものである。それぞれその国の由来するところ久しいものがあるということを示したものである。

その四は日本書紀の編纂である。その編纂の趣旨は古事記と同じであるが、特に漢文を以て記されたところに、その理想の顕著なるものがあるを認め得るのである。

その五は万葉集である。万葉集は上は雄略・舒明・斉明・天智・天武・持統・元明・元正の御歴代より、下は庶民に至るまでの詠歌を集め、実に日本固有思想の華であるといわれる。鎌倉時代に冷泉為家の歌に「これのみぞひとの国より伝わらで神代をうけし敷島の道」というのがある。その神代をうけた敷島の道の中でも、殊に純真であり、その道の精華を発揮している筈であるが、これにも早く外国思想の影響があると云われる。すなわち命題の上、取材の上に、漢文学より暗示を得たものが少からず。思想の上に儒仏の影響は著しいものがある。詩経の句を訳したものもあり、絶・賦・和詩・乱などの用語は、皆漢詩の模倣である。かくの如く、支那思想の影響を受けこれを模しつつも、なおあらゆる国民の階級の人々が、国語を使用して思想感情を表わした詠歌四千五百余首を集めたこの大歌集が、千二百年前に編せられたということは、実に世界に稀なることである。かくの如き国文学編纂の業が起されたのは、当時国民の自主観念の勃興した象徴と認めなければならぬ。

その六は御歴代の謚号である。御歴代の謚号を定められたのも、この時代のことである。昔は御先代を称し奉るには、皆宮号を以て何宮御宇天皇《にあめのしたしろしめすすめらみこと》と申していた。例せば後に申す欽明天皇を斯帰島宮《しきしまのみや》御宇天皇《にあめのしたしろしめすすめらみこと》と申すの類である。しかるに皇居が一定するようになってからは、宮号を称することができなくなったので、専ら謚号を称えるようになった。しかしながら始めは皆国風の号を称え奉った。例せば後に申す持統天皇を高天原広野姫天皇《たかまのはらひろぬひめのすめらみこと》と申すの類である。しかるに奈良時代になっては、一般に唐風の謚号を奉ることとなった。この謚号は天平宝字六年〔西暦七六二〕（一四二二）の頃に当時の学者淡海三船がこれを撰し奉ったものであろうという説が従うべきようである。この謚号を定められたということは、もとより唐風の採用に出たことには相違ないが、それと同時にまた支那対抗の観念が根柢に横たわっていることが察せられるのである。

その七は日本の国号である。日本の国号もまたこの時代に定められたものであろうと思う。日本の国号については古くよりさまざまの説がある。然し我が邦を古くはヤマトと称していたことは疑いないことである。それは日本書紀神代巻に、諾冊両尊が大日本豊秋津洲を生み給う条に、大日本ここに耶麻騰というとあるによって明らかである。日本という文字は日本書紀に始めて見えている。これを「ニホン」と読んだという説と「ヒノモト」とよむという説とあるけれども、古くは「ヤマト」と読んだものらしい。「ヤマト」に日本の文字をあてたのは、旧唐書に、その国日辺にあたるを以てと云い、また新唐書に使者自ら云う、国日の出る所に近し、以て名となすとあるが如く、日の出る所に近いという理由から来たものであろう。すなわち「ヤマト」の国は日の本であるが故に、従来の「倭」の字を捨てて好字を充て、「日本」の字を採ったのであろう。我が邦が日の本であるという思想は、推古天皇の時聖徳太子が隋に遣られた国書に「日出処天子致二書日没処天子一」とあるによっても察せられる。さてこの日本の文字を公認した時代は何時であるかというに、古事記の編成せられた和銅五年〔西暦七一二〕（一三七二）には未だ用いられず、それよりは後で、日本紀のできた養老四年〔西暦七二〇〕（一三八〇）にはすでに用いられて居るから、それよりは前であろうと思う。この国号の公認にも、またこの時代の支那対抗観念の盛んなるを見ることが出来る。

その八は氏族志の撰修である。すなわち淳仁天皇の時、学者を集めて氏族志を撰修しようとして果さなかった。この事は続日本紀には見えないけれども、新撰姓氏録に宝字之末とあり、中臣本系帳には宝字五年〔西暦七六一〕（一四二一）とある。これは唐の太宗の撰修した氏族志の影響によることであろうけれども、我が邦の氏族の由来古きを示そうとするところに、彼の向うを張ろうとする意気の存するものあるを認めるのである。

以上列挙した八の事例によって見るに、当時奈良時代において、国民の自覚がようやく発達しつつあったことが認められる。そもそも奈良時代の文化は一般には支那唐代の文化が移植せられたものとして、その採用が多いといわれる。それも一面より見て事実に相違ないのであるが、しかしながらそれはただ唐の文物をそのままそっくり移し植えたものではなくして、その中において自ら選択せられたのである。それは当時国民の精神生活にも物質生活にも適応したものが選択せられたのであって、必ずしも盲目的に鵜呑みにしたものではない。その間に一種の理想を以てこれを輸入し移植したのである。その理想とは何であるかといえばすなわち日本文化の独立であり支那との対抗である。東大寺建立の動機もまたここに存するのであろうと思う。すなわち三国一の大伽藍・三国一の大仏を造って日本の威光を示そう、支那に負けまいという観念から出たものであろう。事実においても、東大寺の伽藍は木造建築としては世界最大のもので、今日存する所の元禄時代の再建にかかるものでも、なお世界一の誇りを有《も》っている。いわんや天平時代の伽藍の規模はなお遥かに巨大なものであったのである。天平勝宝四年〔西暦七五二〕（一四一二）六月新羅の王子金泰廉等をして東大寺の大仏を礼拝せしめたことがある。これすなわち国の誇りを示すつもりであったのであろう。かくの如く支那対抗の観念が、偶々河内智識寺の大仏を拝せらるるに及んで、終に発して東大寺造営を思い立たせられたのであろう。

　これはしかしながらもとより東大寺造立の動機のすべてではない。聖武天皇は東宮に在しし時より、その傅藤原武智麿の輔導によって仏教に入らせられ、慈悲を行じ猟を廃せられた。御即位の後、仏法を崇重せられたのは、実にこれに基くのである。奈良時代の僧延慶の編した武智麿伝に

　霊亀三年正月正四位下に叙す。ここに儲君（後の聖武天皇）始めて元服を加う。血気ようやく壮んなり。師傅の重き、その人を善となす。故にその七月拝して東宮の傅となす。公、春宮に出入して、副君を賛衛し、これに勧むるに文学を以てし、これを匡すに淳風を以てす。太子ここに田獵の遊を廃し、終に文教の善に赴く。これに由りて即位已後、常に善政を施し百姓を矜愍し仏法を崇重するなり。（原漢文）

とある。この誘導による御道心こそ、また東大寺造立の一の因子であるといわなければならぬ。

　さて東大寺建立の根本原理を成すものは華厳の教理である。聖武天皇は華厳経を重んぜられた。天平感宝元年〔西暦七四九〕（一四〇九）閏五月二十日大安・薬師・元興・興福・東大・法隆・弘福・四天王・崇福・香山薬師・建興・法華の十二ヶ寺に絁・綿・布・稲及び墾田を施入せられた時の願文の中に、華厳経を以て本となすということがある。そ

の華厳の教理によって、日本の国土を以て蓮華蔵世界とし、東大寺を以てその中心道場とす。華厳の説においては、その宗の本尊たる報身仏は万徳円満の毘盧遮那仏であって、この仏は一大蓮華の台に安座し、その蓮華には弁が一千葉あり、一葉毎に一釈迦あり、これを葉上の千釈迦という。この一葉に百億国あり、一国に一釈迦あって、各菩提樹下に座して成道す。すなわち葉上の千釈迦が、百億の三千大千世界に現れて華厳経を説くのである。これを百億小釈迦という。すなわち応身仏である。この教理より出でて東大寺の毘盧遮那仏を中心として、日本全国に百億の小釈迦を配して衆生を済度せしむるという意味から、東大寺が建立せられたのである。しかしてその東大寺の大仏の蓮弁に対する千葉に当るものは、諸国の国分寺であって、国分寺に百億の小釈迦あって法を弘める。東大寺と国分寺とはかような関係を以て作られたのであろうといわれる。

世に東大寺を称して総国分寺という。その意味は、政治上には中央に朝廷があり、地方に国司があるように、教界にもまた東大寺は中央総国分寺として地方国分寺の上に立っているというのである。この事は、制度の上にはもとより確かな証跡を見ない。総国分寺の名はまたいつの頃から称え始めたか詳かでないが、鎌倉時代の有名なる学僧凝然の三国仏法伝通縁起に見える所より考うれば、相当古くより称したことであろう。しかしながら、制度上、東大寺が総国分寺の地位に立ち、地方国分寺に対して本末関係を有して居ったようなことはなかったのである。すなわち形式的には東大寺と国分寺とは本末関係はないのであるけれども、その意味を有していたというのであって、地方の国司が俗界において支配権を持って居るが如く、国分寺は地方における祈願所として、精神界において民衆を支配し、これに対して中央には東大寺があって、俗界教界相俟って中央及び地方の統治の聯絡を図ったのである。

東大寺建立の企画は光明皇后の御勧めに依るという。その実行に当っては、恐らく玄昉が中心で、行基・良弁がこれを助けて、聖武天皇の御企を翼賛し奉ったのであろう。玄昉は義淵の弟子として法相を学び、霊亀二年〔西暦七一六〕（一三七六）八月入唐の命を拝し、養老元年〔西暦七一七〕（一三七七）に入唐し撲揚の智周に随って法相を究めた。唐帝玄昉を尊んで三品に准じ紫袈裟を着せしめた。これによっても在唐中才名を博したことが知られる。天平六年〔西暦七三四〕（一三九四）十一月多褹島に帰着した。在唐十八年、経論五千余巻及び諸仏像をもたらし来たった。帰朝の後興福寺において法相宗を伝えた。天平八年二月封戸一百・田一十町・扶翼の童子八人を賜い、同九年八月二十六日僧正となり紫袈裟を賜った。これは支那の例によったのであるが、本邦における賜紫はここに始まるという。この後内道場にあり。続紀には、この頃皇大夫人（宮子）憂鬱に沈んで久しく人事を廃し給う。自レ誕二天皇一未三曾相二見法師一、一看恵然開晤、天平九年十二月二十七日、皇后宮において天皇と相看給い、天下慶賀せざるものなしとある。皇大夫人が御誕生後、この年に至るまでかつて玄昉に逢われたことがなかったが、この時になって初めて玄昉を見られた。それで従来の憂鬱が散じたという風に解釈して居ったのであった。しかるに佐藤誠実博士が一度この訓点の誤れるを弁じ、これを正して、自レ誕二天皇一、未二曾相見一、法師一看、恵然開晤とし、一看の看は看病の看で、従来御病気で、天皇御誕生後、天皇に御会いなされなかったのを、玄昉が看病申し上げて病気がお治りになったのである。僧侶の病を看ることは、僧尼令の中にもその規定ありと論じてから、従来国々の論が解決したのである。この文の解釈は、如何にも右の通りに相違ない。しかしながら玄昉の栄寵日に盛んに稍《ようやく》沙門の行に乖き時人これを悪む（続紀天平十八年六月十八日玄昉死の条）とある如く、沙門にあるまじき非行あって、専横の行動があったことは事実であろう。続紀の書き方は婉曲であるが、その裏面には相当に深い意味を含ませてある。天平十二年八月藤原広嗣が兵を起したのも、玄昉を伐つを以て名とした。天平十七年〔西暦七四五〕（一四〇五）十一月、玄昉は筑紫へ遣され観世音寺を造らしめられた。これは筑紫へ流されたのであって、後に道鏡が造下野薬師寺別当となったのと同じ意味である。十八年六月十八日暴《にわ》かに死んだ。世に伝えて藤原広嗣の霊に害せられるという。けだし広嗣党の刺客に遭うたのであろう。かくの如く玄昉は世の非難を受けた人であるが、とにかく一代の傑物であって、当時の仏教に関する施設は玄昉の考えから出たものが多いと思われる。唯その事が明らかにものに見えないのは、彼が終を全うしなかったがために録せられないのであって、東大寺建立の如きも、彼の方寸から出たことが多いのであろうと思う。

行基は天智天皇七年（一三二八〔西暦六六八〕）に生まれ、十五歳にして出家し、薬師寺に居り、義淵僧正等について法相を学んだ。常に山林に処して禅定を修した。母歿して三年の忌服を終って後、諸国を遊化した。追従するものややもすれば千を以て数う。その行く所巷に居人無く、争い来たって礼拝した。又自ら弟子等を率いて、要害の所に橋を造り、堤を築いた。これを見聞する者皆来たって工を助け、不日して成る。摂津山崎の橋・瀬戸内海の五の泊の如きはその例である。又摂津国に惸独田百五十町を置いた。孤独を矜《あわれ》むがためであった。この後、嵯峨天皇弘仁三年〔西暦八一二〕（一四七二）八月二十八日勅して国司をして耕種せしめ、その穫る所の苗は毎年官に申して処分を俟たしめた。行基には種々の霊験が伝えられている。霊異記に、智光・礼光が行基を誹って地獄に堕ち閻魔の庁に行ったという話、説法聴聞の衆の中に一人の女が髪に猪の脂を塗っていたのを、天眼を放ってこれを見たという話、その他幾つかの霊験が伝えられている。時の人号して行基菩薩といい、その留まる所皆道場を建てた。その畿内にあるもの四十九に及んだ。いわゆる四十九院がそれである。養老元年〔西暦七一七〕（一三七七）四月詔して、行基ならびにその弟子等が街衢に零畳して妄りに罪福を説き、朋党を合せ構え、指臂を焚き剥し、歴門に仮説し、強いて余物を乞い、詐って聖道を称し、百姓を妖惑し、道俗擾乱して、四民業を棄つるを以てこれを禁ぜられた事がある。これによっても行基の民間における勢力の大なることが知られる。天平三年〔西暦七三一〕（一三九一）八月になって、比年行基に随逐する所の優婆塞優婆夷等如法に修行する者、男は年六十一已上、女は年五十已上は皆入道することを許した。自余の鉢を行路に捧ぐる者は厳にこれを禁ぜられた。この時になって行基の擯斥が赦されたのである。天平十五年〔西暦七四三〕（一四〇三）十月十六日になって行基は大いに朝廷に用いられることになり、大仏造営のために弟子等を率いて衆庶を勧誘した。これけだし大仏造営の勧化に当って、行基が前々より民間に有していた勢力を利用せられたのであろう。十七年正月二十一日大僧正となり、二十一年正月十四日天皇・中宮、行基を戒師として菩薩戒を受け給うた。同年二月二日寂した。年八十。

良弁は持統天皇三年（一三四九〔西暦六八九〕）に生まれた。義淵の下に居ること四十余年。天平五年〔西暦七三三〕（一三九三）四十五歳の時に羂索院を建てるまでは聞こえなかった人である。羂索院はすなわちいわゆる三月堂で又法華堂とも云い、金鐘《こんしゅ》寺とも云う。良弁はここに居て執金剛神像を安置して修行して居たので、金鐘行者・全鷲菩薩・金粛菩薩などの名があった。すなわち一つの行者であった。この執金剛神像は今も三月堂の背後に安置してあるものがそれである。天平十二年〔西暦七四〇〕（一四〇〇）始めて華厳宗を起して、十月八日金鐘寺の道場において、大いに名僧大徳を集め、大安寺の審祥を師宗として華厳経を講宣し、天皇・皇后及び諸卿等が衣などを施入せられた。東大寺の建立は良弁の奏上によるという説もある。造営の始まるに及んで、良弁は造東大寺司となってその経営に任じた。天平勝宝三年〔西暦七五一〕（一四一一）に少僧都となり、八年に大僧都となり、宝亀四年〔西暦七七三〕（一四三三）僧正となり、同年閏十一月十六日入滅した。年八十五。

さて前に述べた如く、大仏の建立は、天平十二年〔西暦七四〇〕（一四〇〇）聖武天皇が河内の智識寺に幸して盧遮那仏を拝せられたより思い立たれたことであったが、その頃に恭仁遷都のことが始まった。十月車駕京を発し、伊勢・伊賀・美濃を経て近江に至り、十二月十三日に志賀山寺に仏を拝し、翌日山城相楽郡玉井頓宮に至り、又翌日恭仁宮に幸して、ここに遷都の業を起された。翌十三年、大いに工を起して新京を営み、明年恭仁京の東北の道を拓いて、近江甲賀郡に通ぜしめ、紫香楽村に離宮を造った。十五年に至って、恭仁宮の造営を停め、紫香楽宮を造って、ここに遷都の計画を起され、同年十月辛巳（十六日）大仏造営の詔を発して、普ねく臣民の助成を促し給うた。その文に曰く、

朕薄徳を以て、恭しく大位を承く。志兼済を存して勤めて人物を撫す。率土の浜、すでに仁恕に霑《うるお》うといえども、しかも普天の下、未だ法恩に洽《あまね》からず。誠に三宝の威霊に頼りて、乾坤相泰らかに、万代の福業を修めて、動植咸《ことごと》に栄えむことを欲す。粤《ここ》に天平十五年歳癸未に次る十月十五日を以て、菩薩の大願を発して、盧舎那仏金銅像一軀を造り奉る。国銅を尽して象を鎔し、大山を削りて以て堂を構え、広く法界に及ぼして、朕が知識となし、遂に同じく利益を蒙りて共に菩提を致さしめん。それ天下の富を有《も》つ者は朕なり、天下の勢を有つ者は朕なり。この富勢を以てこの尊像を造る。事や成り易くして、心や至り難し。但恐らくは徒に人を労すること有りて、能く聖を感ずること無く、或いは誹謗を生じて、反りて罪辜に堕せんことを。この故に知識に預る者は、懇ろに至誠を発して、おのおの介《おおいなる》福を招き、宜しく日毎に盧舎那仏を三拝して、自らまさに念を存し、おのおの盧舎那仏を造るべし。もし更に人の一枝の草一把の土を持ちて、像を助け造らむことを請願する者有らば、ほしいままにこれを聴《ゆる》せ。国郡等の司、この事に因り百姓を侵し擾して、強いて収斂せしむることなかれ。遐邇《かじ》に布き告げて、朕が意を知らしめよ。（原漢文）

この時に当って朝廷の権威は正に隆盛の頂点に上らんとした。大化改新以後およそ一百年、この間中央集権の実大いに興り、国家統一の事業は着々進捗した。国勢は大いに発展して、東北拓植の業もまた著しく進み、斉明天皇の御代に、阿倍比羅夫が蝦夷を征伐して渡島《わたりしま》（今の北海道地方）に至り、更に粛慎《みしはせ》を伐ち、奈良時代に入って、秋田・多賀・桃生・雄勝等の城柵を造って、その鎮定につとめ、奥羽の経営に一段落を劃し、王化はいよいよ洽《あまね》く、皇威は益々宣揚せられた。右の詔に「天下の富を有《も》つものは朕なり、天下の勢を有つ者は朕なり」と仰せられた、その御意気の壮大にましますことは、ただに天皇の豪華な御気質よりのみ仰せられたのではなくして、実に当代の雄大なる時代精神の発露であって、正に国民自覚の盛んなる国家意識の強きを表わす所以であろう。同月二十日紫香楽宮に幸して大仏の地を作らんがために初めて寺地を拓いた。行基は登用せられて弟子達を率いて勧化に従事した。

この時天皇は行基を伊勢大神宮に遣されて、天皇の御願によって大仏建立について祈らしめられたが、その時大神宮の託宣があり、ついで左大臣橘諸兄を遣された。諸兄が帰った後に、天皇の御夢に大神宮が現れまして託宣があったので、天皇の道心いよいよ堅固となり、遂に造営のことを初められたという。これは東大寺要録・大神宮諸雑事記・元亨釈書・東大寺縁起・壒嚢抄等に見えるものであって、何れも後世に現れ出た書で確かな根拠のないものである。

紫香楽の大仏はすなわち甲賀寺に造られたもので、天平十六年十一月十三日に、初めて大仏の像体骨柱を建てた。天皇親臨して手ずからその縄を引き給い、楽を奏し、四大寺の衆僧ことごとく集まり、これより工事を進められたのであるが、まもなくこの紫香楽宮遷都に対する不平が起った。この頃甲賀宮の辺に山火が起って久しく消えなかったのは、その不平の現れたものであろう。かくてこの大仏の造営は遂に成就しなかった。翌天平十七年には再び遷都の議が起り、五月二日諸司の官人を召して何処を以て京とせんかと問う。皆平城に還るべしと申した。四日使を奈良の薬師寺に遣し、四大寺の衆僧を集めて何処を以て京とせんかと問う。皆平城を以て京となし給うべしと答えた。ここにおいて遂に再び京を平城に遷すことになった。五日車駕紫香楽を発して恭仁京に還り給うた。百姓遥かに車駕を望み、道の傍に拝謁して共に万歳を称した。恭仁京の市人は平城に徙り、暁夜争い行き相接して絶えず、諸司百官もそれぞれ旧に還り、九月二十六日平城宮に還幸あらせられた。その頃よりまた奈良に大仏を営み、天皇親しく御袖に土を容れて持ち運び給い、諸氏人もまたこれに倣って土を運んで、大仏の座を固めた。もと甲賀寺にあった材料は漸次平城に廻附して造営の用に供した。十九年九月二十九日平城東山において大仏の鋳造に着手し、これより三ヶ年間に、八度の改鋳を経て、天平勝宝元年〔西暦七四九〕（一四〇九）七月二十四日に成就したのである。

大仏の大きさ

結跏趺坐　高五丈三尺五寸　面長一丈七尺　広九尺五寸
頤長一尺六寸　耳長八尺五寸　頸長二尺六寸五分　肩径二丈八尺七寸
胸長一丈八尺　腹長一丈三尺　臂長一丈九尺　肘より腕に至る長一丈五尺
掌長五尺六寸　中指長五尺　脛長二丈三尺八寸五分
膝前径三丈九尺　膝厚七尺　足下一丈二尺　螺形九百六十箇　高各一尺径各六寸
銅座高一尺　径六丈八尺　上周二十一丈四尺　基周二十三丈九尺
石座高八尺　上周三十丈七尺　基周三十九丈五尺
円光一基高十一丈四尺　広九丈六尺
挟侍菩薩二体並高各三丈

大仏鋳造に用いた材料

熟銅七十三万九千五百六十斤　白銀一万二千六百十八斤　錬金一万四百四十六両　水銀五万八千六百二十両
炭一万八千六百五十六石

この工事に与った者は、大仏師従四位下国中連公麻呂で、元百済の人であったが、天智天皇の時その祖父が帰化した。大仏造営の事起るに及んで、当時の鋳工敢えて手を加うる者がなかったが、公麻呂巧思あり、遂にその工を成就した。

大仏の銅像はできたがそれに塗るべき黄金がない。これがために遣唐使を発したという説もあり、或いは又宇佐神宮の託宣によって、遣唐使の議を停めて、良弁をして江州志賀に赴いて如意輪観音の像を安置してこれを祈念せしめたという説もある。遣唐使派遣の説は如何かと思われるが、神仏に祈願したことは事実であろう。しかるに天平二十一年正月四日、陸奥国守従五位上百済王《こんきし》敬福が、その管内の小田郡より出す所の黄金九百両を進めた。これは本邦において初めて出す所の黄金であった。（正月四日は扶桑略記に拠る。続紀には四月二十二日に係けてあるが、すでにその以前に、諸社に奉幣して黄金産出の事を報じ、また大仏の前に御して宣命をのべしめられた事は、次に記す通り〈漢文史料省略〉であるから、続紀のこの日付には誤りがあるであろう。）二月二十二日畿内七道の諸社に奉幣して黄金産出の事を告げ、宇佐神宮には黄金を頒ち、諸大寺へは墾田を寄附した。四月朔日天皇盧遮那仏の前殿に御して、北面して像に対い、皇后・太子ならびにこれに侍し、群臣百僚以下殿後に列し、左大臣橘諸兄をして大仏に宣命をのべしめられた。その文に、有名なる三宝奴の語がある。〈当該漢文史料省略〉

また中務卿石上乙麻呂をして、改元の事を群臣に宣せしめた。その大旨は、朕の代に当りて、東方陸奥国の小田郡に黄金出たりと奏す。これに由りて念うに、種々の法の中において、仏法は国家を護るがためには勝れたりと聞きて、さきに天下諸国に最勝王経を置かしめ、又盧舎那仏に仕え奉るがために、天神地祇に祈り、遠祖歴代の皇験を拝し、衆人を率いて禍を息め危きを平がむと念いしが、衆人は大仏造営の成否を疑い、朕は黄金の少なきを憂えてありしに、三宝の霊験を蒙りしこと歓喜の至りにたえず。よりて御代の年号に文字を加えんとす。なお大神宮を始めもろもろの神たちに御戸代を奉り、寺々に墾田を寄せ、新造の寺の官寺となすべきは官寺となし、世々の功臣の墓に施して清掃せしめたまう。天日嗣高御座の業として天下を治めたまうことは、御父文武天皇御母皇太夫人宮子媛の天下を撫でたまい恵みたまい、これに仕うる親王大臣等の朝廷に仕えまつるに依る。又天智天皇の大命として、元正天皇に至るまで、御世を重ねて伝えたまう御遺訓に、大臣等が明き浄き心もて仕え奉るによりて、天日嗣は平らけく安らけくましますと。この辞を忘れ給うな棄て給うなと、仰せ給いし大命を承り恐まり、汝等を恵みたまうと宣りたまうというのである。

かくて三国真人・石川朝臣・鴨朝臣・県犬養橘夫人等の功を賞し、又大伴佐伯宿禰は常に朝廷を守り、その祖先の遺訓として、海ゆかば水づく屍、山ゆかば草むす屍、王《おおきみ》のへにこそ死なめ、のどには死なじといい伝え来て、子孫等も明き浄き心もて仕え奉るを賞したまう。又五位已上の子等を賞し、六位以下は冠位一階を上せ、東大寺造る人等には二階を加え、この他賞賜差あり。又高年・困乏・孝義の人に恵賜あり。罪人を赦し、又黄金を見出したる者及び陸奥国司郡司百姓等に至るまで恵み賜う。同月十四日天平二十一年を改めて天平感宝元年とし、百済敬福は五位より躍進して従三位となり、以下それぞれ関係した者は位を上せられた。

この時、この貢金を慶しかつは官位を進められたるを喜びて、大伴家持の詠んだ歌がある。「海ゆかば」の句を以て有名なる歌である。

陸奥国より金《くがね》を出せるを賀《ことほ》ぎたまふ詔書の歌一首ならびに短歌

葦原の瑞穂の国を天降りしらしめしける天皇《すめらぎ》の神の命《みこと》の御代重ね天の日嗣としらし来《く》る君の御代御代敷きませる四方の国には山河を広み淳《あつ》みと奉る御調宝《みつぎたから》は数へ得ず尽しも兼ねつ然れども吾大王《おほきみ》の諸人を誘《いざな》ひ給ひ善き事を始め給ひて金《くがね》かも楽しけくあらむと思ほして下《した》悩ますに鶏が鳴く東《あづま》の国の陸奥《みちのく》の小田なる山に金《くがね》ありと奏《まう》し賜へれ御心を明らめ給ひ天地の神相納受《あひうづな》ひ皇御祖《すめろぎ》の御霊《みたま》助けて遠き代にかかりし事を朕《あ》が御世に顕してあれば食国《をすくに》は栄えむものと神ながら思ほし召してもののふの八十伴の雄をまつろへのむけのまにまに老人も女童児《をみなわらは》も其《し》が願ふ心足《たら》ひに撫で給ひ治め給へば此《ここ》をしもあやに貴み嬉しけく愈《いよよ》思ひて大伴の遠つ神祖《かむおや》のその名をば大来目主《おほくめぬし》と負ひ持ちて仕へし官《つかさ》海《み》行かば水漬《づ》く屍山行かば草生《む》す屍大皇の辺にこそ死なめ顧みは為《せ》じと言立《ことだ》て丈夫の清き彼《そ》の名を古よ今の現《をつつ》に流さへる祖《おや》の子等《ども》ぞ大伴と佐伯の氏は人の祖《おや》の立つる言立人の子は祖の名絶たず大君に奉仕《まつろ》ふものと言ひ継げる言《こと》の職《つかさ》ぞ梓弓手に取り持ちて剣大刀腰に取り佩《は》き朝守り夕の守りに大王《おほきみ》の御門《みかど》の守護《まもり》我をおきてまた人はあらじと弥立《いやた》て思ひし増《まさ》る大皇《おほきみ》の御言の幸《さき》の聞けば貴み

反歌三首

丈夫《ますらを》の心思ほゆ大君の御言《みこと》の幸《さき》を聞けば貴み

大伴の遠つ神祖《かむおや》の奥津城《おくつき》は著《しる》く標《しめ》立て人の知るべく

天皇《すめろぎ》の御代栄えむと東なるみちのく山に金花《くがね》咲く（万葉集巻十八）

この後駿河国からもまた金を産した。天平勝宝二年三月十日、駿河国守楢原造東人等が、部内廬原郡多胡浦浜（日本鉱業誌に今の蒲原郡字小金とあり）において、黄金（錬金一分沙金一分）を獲てこれを献じた。東人等には勤臣《いそしのおみ》の姓を賜った。次いで東人に従五位上、金を獲た人无位の三使《みつかい》連浄足に従六位下を授け、又絁・綿等を賜い、金を出した郡には今年の田租を免じ、郡司主帳已下も位を進められた。

百済王敬福の貢金のことに就いては、或いは詐略に出たことではないかという疑いがある。今まで出なかった黄金が遽かに多量に出て来たのは実に不思議である。敬福は名の如く、その先祖は百済出身の人である。大陸から密かに金を輸入して、これを陸奥より産出したと称して上ったのではあるまいか。その詐略は果たして敬福一人の考えより出で、その栄誉を貪らんためにした事か、はた当局との間に聯絡があったことかどうかという点までは、今論ずるにも及ばぬが、とにかく疑わしい事であると思う。尤もこの後、天平勝宝四年（西暦七五二）二月十八日に、陸奥国の調庸は多賀以北の諸郡は黄金を輸さしめ、その法は正丁四人に一両の割を以てせしめた。又延喜式にも、陸奥国には沙金を課せられている所よりみれば、天平当時、敬福の時にも多少は出たのかも知れないが、それを元にして、敬福が詐略を行ったのではなかろうかと思う。敬福はその後、天平勝宝二年五月宮内卿に任じ、次いで河内守を加えられ、四年には常陸守となり、右大弁に遷り、出雲・讃岐・伊予等の国守を経て、天平神護の初めに刑部卿に任ぜられ、同二年六月二十八日薨じた。その昇進の速かなるによって見ても、この人はただの人ではなかったと思われる。

予夙くよりこの事に就いて疑いを懐いて居った。しかるにいつの頃であったか、ある新聞に、故曾禰荒助子の事を載せて、（同子薨去の頃）日露戦争当時莫大の軍費を如何せんかと上下挙って憂えていた時に当り、突如として岩手県気仙郡に大金山が発見せられた。農商務省から技師が出張した。その報によれば、この大金山は殆ど無尽蔵ともいうべき世界稀有のものであるという。ここにおいて、日本は戦争が何年続こうとも軍費に困ることはないという。景気はだんだんよくなって、公債は内外とも都合よく応募せられた。やがて戦争は済んだが、この大金山の噂はそれきりに消えてしまった。人あって曾禰蔵相に、岩手の金山はどうなったかと問うた。蔵相呵々大笑して曰く、「もう戦争は済んだからねえ」と。聞く者啞然たることこれを久しうしたという。場所が同じ方位にあるだけに古今同轍の感がいかにも深いのである。まさか曾禰蔵相が聖武天皇時代の故智を学んだでもあるまい。

奈良時代の前後には、一般に詐略がよく行われた。その例を挙げれば、

一、大宝改元の時、対馬貢金の事。文武天皇五年（一三六一〔西暦七〇一〕）三月二十一日、対馬より黄金を貢す。すなわち元を建てて大宝という。ついで三田首五瀬を対馬に遣して黄金を冶《きた》えしむ。五瀬、黄金を獲て復命し、封五十戸田十町ならびに絁・綿・布・鍬を賜わる。実は五瀬、韓地においてこれを取り来たって欺いたのであった。

二、宇佐八幡託宣の事。（次に述べる。）

三、天平神護二年脇寺毘沙門像舎利出現の事。（次の道鏡の条において述べる。）

四、道鏡の非望一件について習宜阿曾麻呂の詐略。

かように当時は種々の詐略が行われたのであって、陸奥の貢金も恐らくこの類であろうと思う。

天平感宝元年〔西暦七四九〕（一四〇九）七月二日、天皇位を皇太子に譲り給う。新帝はすなわち孝謙天皇にまします。この日天平感宝元年を改めて天平勝宝元年となす。この年宇佐八幡託宣あり、天神地祇を率いて、必ず大仏鋳造の勅願を成し遂げ奉らむと告げ給う。十一月一日、八幡大神弥宜外従五位下大神杜女・主神司従八位下大神田麻呂に大神朝臣の姓を賜った。同月十九日、大神は京に向い、二十四日参議石川朝臣年足・侍従藤原朝臣魚名等を迎神使とし、路次の諸国には兵士一百人以上を差して前後駆除せしめ、又歴る所の国には殺生を禁断し、その従人の供給には酒宍を用いず、道路を清め掃うて汚穢せしめず。その奉迎の準備まことに盛んなることであった。十二月十八日、大神入京。五位十人散位二十人六衛府の舎人各二十人を遣してこれを迎えしめ、宮南の梨原宮に新殿を造って神宮とし、僧四十口を請じて、七日間悔過を行わしめられた。二十七日、大神禰宜杜女東大寺に参詣し、孝謙天皇・太上天皇（聖武天皇）・太后（光明皇后）同じく行幸あらせられ、百官及びもろもろの氏人咸《ことごと》く寺に会し、僧五千を請じて礼仏読経せしめ、大神には位一品、比咩《ひめ》神には二品を奉り、杜女には従四位下、田麻呂には外従五位下を授けられた。

この八幡大神を京に迎えたということは、畢竟ずるに、八幡大神が大仏鋳造を賛しこれを助けるという事を、広く

天下に知らしめるためであった。けだし当時仏教はようやく盛んにはなったというものの、まだ民間には普くゆきわたらず、さきに詔して国分寺の創立を企てられたのも、またこれを普及しようとするための策に外ならなかったのである。当時一般人民の間には、なお仏教を嫌うているものも少なくない。殊に大仏の造営は、その大工事によって財を靡することも夥しく、人民怨嗟の声もまた低くはなかったようである。橘奈良麻呂が叛した時、勅使との問答にも、「造二東大寺一人民苦辛、氏々人等是為レ憂云々」とあり。また佐伯今毛人《いまえみし》の伝にも、聖武天皇願を発して始めて東大寺を建て、百姓を徴発してまさに営作を事とす。今毛人ために催検を領し、すこぶる方便を以て役民を勸め使うとある。これによってもまた民情を察することができる。大仏鋳造の困難はただに黄金の産出欠乏のためばかりでなく、人民不平のために由ること大なるものがあったであろうと思われる。これを以て、一般には仏法の普及に便を計り、殊には大仏造営のため、人民を奨励するに、神の力を仮るの必要があったのであろう。八幡大神の上京はかくの如き事情からして起ったのである。

さて八幡大神は、右の功によって、天平勝宝二年二月十九日、封戸位田を加増せられ、大神には封八百戸・位田八十町、比咩《ひめ》神には封六百戸・位田六十町を充てられた。しかるにこの後、天平勝宝六年十一月に至り、薬師寺行信・八幡神宮主神大神田麻呂等意を同じくして、厭魅の事を行うにより、行信を下野国薬師寺に配し、杜女及び田麻呂を除名して本姓に従い、杜女は日向国に、田麻呂は多褹島に配せられた。翌年三月二十八日には、八幡大神託宣あって、偽りて神命を託するを願わずとて、さきに充てたる封戸・位田は徒に用うる所無く山野に捨つるが如し、宜しく朝廷に返すべしと宣わせられた。すなわちその神宣の如くこれを行うということがある。（続日本紀には、ただ依二神宣一行之とあるが、八幡宇佐託宣集には、大神の分のみを辞し、この比咩神の分はこれを留むとある。）今当時の事情について考うるに、杜女・田麻呂等は神領を貪らんがために、託宣を偽って、当時勢力のあった僧行信（天平勝宝の初めころの文書には、行信は藤原豊成・橘諸兄等と共に署名しているものが少なくない。平田寺文書・正倉院文書にあり）と結託してこの事を行ったが、ついに露顕したのである。

さて黄金が出たので、大仏に金を塗ったが、天平勝宝四年四月九日塗金のこと未だ終らぬ中に、開眼供養が行われた。この日、天皇東大寺に幸し給い、文武百官を率いて、斎を設け大会を行う。その儀一に元日に同じ。五位已上は礼服を着け、六位已下は当色（すなわち位階相当の色の朝服）を着け、僧一万を請じ、雅楽寮及び諸寺より種々の音楽ならびに咸《ことごと》く来たり集まる。又王臣諸氏の五節・久米儛・楯伏・踏歌《あらればしり》・袍袴等の歌儛あり。東西声を発し、庭を分って奏す。作す所の奇偉勝て記すべからず。仏法渡来より以来、斎会の儀未だかつてかくの如きの盛んなるはあらずという。菩提僊那が開眼導師となった。

　僊那はすなわち婆羅門僧正である。南天竺の人で、入唐大使多治比広成に随い林邑（又臨邑、今の占城《ちゃんぱ》）の僧仏徹（一に哲に作る）及び唐僧道璿《どうせん》と共に来朝した。天平八年〔西暦七三六〕五月十八日、大宰府に着き、同八月八日摂津国に到る。行基出でてこれを迎え京に入る。勅して大安寺に居らしめた。十月二日時服を賜う。天平勝宝三年〔西暦七五一〕四月、勅して大僧正となす。天平宝字二年〔西暦七五八〕八月朔日、僧綱等と共に表を上って、先帝を宝字称徳孝謙皇帝と称し、皇太后を天平応真仁正皇太后と称し奉らんことを請う。同四年四月二十五日寂す。

　天平勝宝五年三月二十九日、大仁王会を行い、六年正月五日東大寺に幸して二万灯を燃した。この頃に大仏殿の工事が大概落成したものであろうと思われる。天平勝宝八歳六月二十二日、歩廊の工事を促して、明年の国忌の御斎会に会せしめた。すなわち翌天平宝字元年〔西暦七五七〕（一四一七）聖武天皇の御忌五月二日には、工事総て落成したのであろう。

大仏殿の大きさ

仏殿一宇二重十一間　高十五丈六尺　東西二十九丈　広十七丈

基砌高七尺　東西長三十二丈七尺　南北砌長二十丈六尺

柱八十四支　戸十六

塔二基並皆七重　東塔高三十三丈八寸　西塔高三十三丈六尺七寸　露盤高各八丈八尺二寸

これに要した錬金一千五百十両二分、熟銅七万五千五百二斤五両、白銀四百九十斤十両。

大工は従五位下猪名部百世・従五位下益田縄手の名が伝えられてある。

大仏殿は二層の建築で、堊壁丹楹、鴟尾は黄金を以て塗り、大仏殿の左右には東西の軒廓あり、四面の歩廊これを囲繞し、各面に中門を開く。内部には柱より天井まで仏菩薩の像を描き、左右には金色菩薩の像あり。彩色せる四天王像が四隅に立って居る。今はその中わずかに大仏及び蓮座を遺して居るのみである。今天平当時の大仏殿と現存せる元禄再建の大仏殿の広袤《こうぼう》の比較を左に掲ぐ。

	天平当初大仏殿	現在大仏殿
建物桁行	二八四・二尺（天平尺にて二十九丈）	一八八・四尺
梁間	一六六・六尺（天平尺にて十七丈）	一六六・六尺
内陣桁行	一九四・〇四尺（天平尺にて十九丈八尺）	八六・二四尺
梁間	七〇・五六尺（天平尺にて七十二尺）	七〇・五六尺
基砌長	三一九・四八尺（天平尺にて三十二丈六尺）	二二三・三尺
広	二〇一・八八尺（天平尺にて二十丈六尺）	二〇二・四尺
建物面積	四七、三四七・七二方尺（一、三一五・二一坪）	三一、三八七・四四方尺（八七一・八七坪）
同比	一〇〇	六六
基砌面積	六四、四九六・六二方尺（一、七九一・五七坪）	四五、一九五・九二方尺（一、二五五・四四坪）
同比	一〇〇	七一
内陣面積	一三、六九一・四六方尺（三八〇・三二坪）	六、〇八五・〇九方尺（一六九・〇三坪）
同比	一〇〇	四四

これを概括すれば、基砌は現今のものは天平当時の七割一分となり、建物は六割六分となり、内陣は四割四分すなわち二分の一にも足らぬものとなって居る。

東大寺造営のために材木ならびに金品を奉納したものに就いては東大寺要録に左の記事がある。

造寺材木知識記

材木知識五万一千五百九十人
役夫一百六十六万五千七十一人
金知識人三十七万二千七十五人
役夫五十一万四千九百二人
奉加財物人
利波志留志　米五千斛
河俣人麻呂　銭一千貫
揚部子島　銭一千貫・車十二両・牛六頭
甲賀真東　銭一千貫
少田根成　銭一千貫・車一両・鍬二百柄
陽俣真身　銭一千貫・牛一頭
田辺広浜　銭一千貫
板茷真釣　銭一千貫
漆部伊波　布二百端
夜国麻呂　稲十万束・屋十間・倉五十三間・栗林二町・家地三町
自余少財不録之

知識とは当時の通用語で、すなわち同朋同行の意に用い、大仏造営のために協力して、その工事を助成するものをいう。役夫とあるのはその工役に預って労力を寄進したもの、金知識とは金銅の類を寄進したものである。米の相場は当時一升が六文ないし七文である故に、五千石は銭三千貫ないし三千五百貫に当る。

東大寺の経済としては、天平勝宝元年〔西暦七四九〕七月十三日、大倭国国分金光明寺に墾田四千町を施入せられた。大倭国分寺はすなわち東大寺である。天平勝宝元年十二月二十七日には、封四千戸奴百人碑百人を施入せられた。この奴脾のことは、正倉院文書に、天平勝宝二年二月二十六日の太政官符を以て、官の奴婢一百十七人〔奴六十六人婢五十一人〕・嶋宮奴婢八十三人〔奴三十四人婢四十九人〕を以て充てたことがみえる。その他なお正倉院文書には丹後・但馬・美濃等の諸国から奴婢を東大寺へ献上したことが見える。この算用は詳かでない。前の四千戸を通ずれば七千五百戸となる。この所続紀に誤りがあるのであろう。天平勝宝二年二月二十三日、大倭金光明寺に封三千五百戸を増す。天平宝字四年〔西暦七六〇〕七月二十三日の勅書に、東大寺封五千戸は、去る天平勝宝二年二月二十三日、天皇・皇太后自ら東大寺に参向して寺家に入れ訖《おわん》ぬ。しかるに造寺了りて後、種々の用事未だ分明ならず。因りて今議定すること左の如しとて、造営修理塔寺精舎分一千戸、供養三宝ならびに常住僧分二千戸、官家修行諸仏事分二千戸と定められた。（この勅書と勝宝二年二月二十三日の続紀の記事とを合せ考えて、大倭金光明寺すなわち東大寺なることは明らかである。）

世に有名な聖武天皇銅板勅書というものがある。これは天平感宝元年〔西暦七四九〕を以て、封五千戸水田一万町を寄進せられて、その主意を述べられた勅書である。原物は正倉院に納められてあるが、疑わしいもので、その字体は鎌倉時代か、或いは少なくとも平安時代末のものである。これと同様の文が山槐記にも載せてあるけれども、その内容が疑わしいもので、封五千戸というは正しいが、水田一万町は事実なかったことである。東大寺には前に述べた如く、墾田四千町を充てられたのみである。東大寺要録所載長徳四年の算勘によっても、総計凡四千三百余町に過ぎないのを以てみれば、四千町というが正しいであろう。

和銅租法によれば、一町三千六百歩、穫稲五百束、舂米二十五斛、租稲十五束、舂米七斗五升になる。東大寺寺田の中には、寺自ら開墾してその全部の所得権を有するものもあるであろう。又中にはその土地の所有者があって、それから租稲をとりたてるものもあろう。今これを少なく見積って、租稲ばかりとして算用すれば、四千町に七斗五升をかけて三千斛となる。封戸五千戸からの収入については、天平十九年五月太政官奏により、封戸の租に定率を設けた。すなわち封戸の課口の多少によって起る不公平を除くために、正丁五、六人中男一人を一戸とし、田租は一戸毎に四十束を以て定率とした。すなわち五千戸の所得は二十万束となり、一束五升の割で舂米一万石となる。この外になお調庸の収入がある。

東大寺要録の中に、封戸から寺に収むべき租庸調の高の記載がある。調庸の中には、調糸・調絹・調布・調塩・調綿・調織・調鍪・庸米・油・紙等あり。それ等は皆、銭或いは米を以て代納せられた。今租米と調庸の代米の高を合計すれば、二十ヶ国（伊賀・近江・美濃・駿河・下野・若狭・越中・越後・丹後・播磨・紀伊・阿波・讃岐・伊予・土佐・丹波・美作・周防・上野・上総）二千七百戸よりの収納総計七千二百余斛となる。その外の四ヶ国（甲斐・武蔵・佐渡・陸奥）の封戸は何程になるか記載がないが、大体それによって収納を察することができる。

国分寺の創設

国分寺は、普通には聖武天皇の天平十三年〔西暦七四一〕（一四〇一）に創建せられたと云われている。すなわち天平十三年三月二十四日、詔して天下諸国をして、おのおの七重塔一区を造り、ならびに金光明最勝王経・妙法蓮華経各十部をなし、天皇別に親しく金字金光明最勝王経を写して、塔毎に一部を安置せしめられた。ついで条例を出して、毎国僧寺尼寺を造り、各水田十町を施し、僧寺には二十僧を置き、これを金光明四天王護国之寺となし、尼寺には十尼を置き、これを法華滅罪之寺とせられた。その詔に曰く、

朕薄徳を以て忝《かたじけな》くも重任を承けたり。未だ政化を弘めず、寤寐に慚《はづ》ること多し。古の明主は皆先業を能くして、国泰らかに、人楽しみ、災除き福至る。何の政化を修して、能くこの道を臻《いた》さむ。頃者《このごろ》年穀豊《みの》らず、疫癘頻りに至る。慙懼交々集まりて、唯《ひとり》労して己を罪す。これを以て広く蒼生のために、遍ねく景福を求む。故に前年駅を馳せて、天下の神宮を増飾し、去歳普く天下をして、釈迦牟尼仏の尊像高さ一丈六尺なる者各一鋪を造り、ならびに大般若経各一部をなさしむ。今春より已来《このかた》、秋稼に至り、風雨序に順うて、五穀豊かに穣《みの》れり。これすなわち誠を徴《あらわ》し願を啓《ひら》くこと、霊貺《れいし》答うるが如し。載《すなわ》ち惶《おそ》れ載ち懼れて、以て自ら寧《やすん》ずること無し。経を案ずるに云う、もし国土有りて、この経王を講宣読誦恭敬供養し流通せば、我等四王常に来たり、擁護して、一切の灾障《さいしょう》皆消殄《しょうてん》せしめ、憂愁疾疫もまた

除き差《い》えしめん。祈願心に遂《したが》いて、恆に歓喜を生ぜん者《てえ》り。宜しく天下の諸国をして、各々七重の塔一区を敬い造り、ならびに金光明最勝王経・妙法蓮華経各十部を写し、朕又別に金字金光明最勝王経を写して、塔毎に各一部を置かしめんと擬す。冀《こいねが》う所は、聖法の盛んなること、天地と与《とも》にして、永く流《つた》え、擁護の恩、幽明に被りて恆に満たんことを。それ造塔の寺は、兼ねて国華となり、必ず好処を択んで、実に長久なるべし。近人はすなわち薫臭《くんしゅう》の及ぶ所を欲せず、遠人はすなわち衆を労して帰集することを欲せず、国司等おのおの宜しく務めて厳飾に存して、兼ねて潔清を尽すべし。近くは諸天を感じて、庶幾《こいねがわ》くば臨護せしめんことを。遐邇《かじ》に布告して、朕が意を知らしめよ。

この詔は続紀には天平十三年三月乙巳（二十四日）にかけてあるが、これについては疑問がある。それは、

一、文中に、今春以来秋稼に至り、風雨順序五穀豊穣云々とあるが、この言葉は秋に言うべき言葉で、三月もしくは二月に云うべきことではない。

二、前年駅を馳せて天下の神宮を増飾すと云うは、続紀天平九年十一月に、使を畿内及び七道に遣して諸社を造らしむるという事実を指し、又去歳普く天下をして、釈迦牟尼仏尊像高一丈六尺なる者各一鋪を造り、ならびに大般若経各一部を写さしむとあるは、続紀天平九年三月の詔に見えることであるから、十三年から九年を指して、前年といい去歳というは当らない。

三、続紀天平十三年正月十五日、故太政大臣藤原朝臣の食封五千戸を返上したによって、その中三千戸を諸国国分寺に施入して、以て丈六仏像を造るの料に充つということがある。ここに二月もしくは三月、国分寺創立の詔の下る以前に、すでに国分寺の名を用いているのは疑うべきことである。

以上三の理由によってこの詔を天平十三年とするは誤りであって、十三年以前九年以後にあることは明らかである。その中間の三ヶ年について適当なる年を求むれば、すでに前に述べた如く、九年の造社造仏・写経を指して前年去歳とあるによって、十年を適当とすべきである。又詔の中に頃者年穀豊ならず疫癘頻りに至る云々とあるは、天平八、九年続けて飢饉があり、天平九年瘡疫頻りに発して、藤原氏の大官等を始めて公卿以下死する者相次ぐことを指すのであって、すなわち国分寺の詔は天平十年に発せられたとするを以て正しとする。

類聚三代格には、右の詔につづけて、国分寺創設に関する施行細則とでも云うべきもの凡そ八条が記されてある。

〈当該漢文史料省略〉

続日本紀には、詔の本文につづけて、この条例の文の大意を記して、天平十三年三月二十四日に係けてあるが、その天平十三年の誤りなることは、前にのべた通りであり、三月二十四日というのも誤りで、類聚三代格の二月十四日とあるが正しい。それは、この後、延暦二年四月二十八日の太政官符所引天平十四年五月二十八日の官符に、天平十三年二月十四日の勅とあり、又弘仁十二年十二月二十六日の太政官符所引には、天平十三年二月十四日の格とあるによって知られる。しかもこの天平十三年二月十四日には、ただその施行の条例を太政官符を以て出したのみであって、詔ではない。

正倉院文書所収天平十一年伊豆国正税帳に、依太政官天平十一年三月二十四日符、講説最勝王経調度、価稲壱千肆百玖拾伍束（内訳布施物一千四百四十束、供養料五十五束）とある。続日本紀の十三年三月二十四日の詔とあるは、この十一年の官符を誤って、十三年としたものであろうか。すなわち詔は先ず十年の秋に発せられ、十一年三月二十四日にこれに関する太政官符を出し、ついで十三年二月十四日に施行条例を出したのであって、それを続日本紀は混雑したものであろう。

詔の中に七重塔一区を造るとあるは、これを金光明寺すなわち僧寺に造られたものであることは、天平十九年十一月七日にその造営を督促せられた詔の中に見える。また金光明最勝王経・妙法蓮華経各十部を写さしむることが見えるのは、けだし金光明寺すなわち国分僧寺には、金光明最勝王経を、法華滅罪寺すなわち国分尼寺には法華経を安置せしむるという趣意であろう。この法華経を特に尼寺に安置せしむるは、その第十二提婆品に、女人成仏を説いて、八歳の竜女が変じて遂に男子となり、成仏説法することを示し、第十三勧持品に、六千の比丘尼に将来成仏の記を授けたことを説く等のことがあるによるのであろうか。法華経は、夙くより我が邦に伝わり、聖徳太子には有名なる義疏の撰述あり、聖武天皇の神亀三年には、太上天皇（元正天皇）の奉為《おおんため》に釈迦像ならびに法華経を造写せらるることあり、天平六年十一月には、太政官の奏によりて、僧尼の学業を奨めんがために、得度に当って、法華経一部或いは最勝王経一部を暗誦し、浄行三年以上ならんものを取ることとせられた。十二年六月天下諸国をして、国毎に法華経十部を写し、ならびに七重塔を建てしめられたことがある。

国分寺の創立は、金光明最勝王経の信仰に基くものなることは、詔の中にも明らかに示されてある。すなわちその文に、経を案ずるに云わく、もし国土有ってこの経王を講宣読誦し、恭敬供養し流通せば、我等四王常に来たりて擁護し、一切の災障《さいしょう》皆消殄《しょうてん》せしめ、憂愁疾疫また除き差《い》えしめん、祈願心に遂《したが》いて、恆に歓喜を生ぜん者《てえ》りとある。その典拠は金光明最勝王経巻三滅業障品及び巻六四天王護国品にある。何れも仏教護国の趣意を述べたものであって、この経を根拠とし、原理として、国分寺を創立せられたのは、すなわち当時における国民自主の観念の発達を証するもので、国家意識が仏教の上にも現れたことを示すものである。

奈良時代において、一般に国民自主の観念が発達したことは、さきに東大寺建立の条において述べた如く、支那対抗の念の盛んであったことを示す八ヶ条の事例によっても知られるのであるが、更にまたこの時代における祈禱が、国家のためにするものの多いのを見ても、当時の国民思想の傾向を窺うに足るものがある。そもそも仏法渡来の初めに当っては、これを奉ずるものは、恐らくは唯外国から新たに渡来したものとして、一つには外国の事物に対する珍しさから、これを奉じたものと思われる。又外国崇拝から、これを奉じたものもあり、なお又外国と交際の上から、これを礼拝したものもあろうと思う。「西蕃の諸国皆これを礼す、我が国ひとり背かんや」ということは、蘇我氏の主張したところである。これに依っても、外国との交際の上から、仏教を奉じなければならぬという者があったことが解る。すでにして、経文を習い、ようやくその義に通ずるに至っては、現世の利益を祈ることが盛んに行われた。中にも病気に対する祈禱が、最も著しく現れて居る。寺を建て、仏像を造り、経文を書写することは、多くは病気に対する祈禱のためであった。しかるに奈良時代前後からは、その祈禱に国家的のものが多い。これに依っても、この時代の趨勢が察せられる。

また奈良時代に悔過《げか》という修法がしばしば行われた。すなわち薬師悔過・吉祥《きちじょう》悔過・阿弥陀悔過などがそれである。悔過というのは、罪障を懺悔し、その応報を免れ、災禍を除かんことを、それ等の本尊に祈願するの謂いである。

る。天武天皇朱鳥元年〔西暦六八六〕（一三四六）七月、天武天皇の御悩平癒の祈願のために宮中に悔過を修し、天平十一年〔西暦七三九〕（一三九九）七月には、五穀成熟を祈りて、天下の諸寺に経を転読せしめ、併せて七日七夜の悔過を行う。これ等はその本尊が何であったか伝わっていない。ついで天平十六年十二月には、天下諸国をして、一七日間薬師悔過を修せしむ。天平宝字の頃には恒例の儀式となったらしい。天平宝字三年〔西暦七五九〕（一四一九）六月、参議従三位出雲守文室真人智努及び少僧都慈訓の奏状に、天下諸寺毎年正月の吉祥悔過ということが見える。ここにいう所の悔過は、何れの悔過か明らかに示してはないけれども、その護国修行云々とあるより考うれば、けだし吉祥悔過であろう。天平神護三年〔西暦七六七〕（神護景雲元年、一四二七）春正月己未（八日）の勅に、

畿内七道諸国、一七日の間、各国分金光明寺において、吉祥天悔過の法を行え。この功徳に因りて、天下太平に、風雨時に順い、五穀成熟し、兆民快楽にして、十方の有情同じくこの福に霑《うるお》わむ。

とある。

吉祥悔過は、吉祥天を請して、犯した罪悪を懺悔し、攘災招福を祈願する所の行法であって、その依る所は、金光明最勝王経にある。すなわち同経第十六大吉祥天女品及び第十七大吉祥天女増長財物品に見える所によれば、大吉祥天女は、およそ最勝王経を説く法師を恭敬供養し、それをして衣食臥具医薬一切の資具に闕乏を感ぜざらしめ、又もし財物に闕乏を感じてこれを欲求する者あらば、仏名を称し、神呪を誦する時は、たちまちその所求を満足せしむというのである。

東大寺文書に、阿弥陀悔過料資財帳というものがある。神護景雲元年八月三十日、別当僧聞崇ならびに事知大法師平栄の連署せるもので、阿弥陀悔過のための宝殿・阿弥陀仏像以下諸仏菩薩の像・阿弥陀経・観無量寿経・法華経・華厳経以下経疏の類・灌頂具・堂幡・錫杖・鉢・磬以下道具・琵琶・新羅琴・和琴・笙等の楽器・衣類・布類等、すべて悔過に必要なる品目およそ百八十件を列ねて、それ等が天平十三年三月、天平宝字六年三月に納められたるものなることを注してある。なおこれと聯関するかと思われるものが、正倉院文書の中にある。それは年紀未詳ではあるが、その悔過に列すべき知識すなわち悔過料の同朋仲間の寄進者の名を列ねたものである。安都雄足《あとのおたり》が米五斗代稲十

斤・銭五十文、上馬養《かみうまかい》が銭五十文を出したのを初めとして、或いは三十文、或いは十文、或いは五文、四文、三文、二文、一文を志納し、都合七十八人の名を列ね、その銭の小計は七百四文になるが、これはその断簡であって、総計は十八貫四百五十八文と注してある。これを七十八人分の小計七百四文の平均一人十文弱として、この総高に充てれば、千八百余人の知識が居たこととなる。尤もこれは、一人で多額の銭を出したものもあろうから、この人数の推算は中《あた》らぬかも知れないが、とにかく当時悔過の盛んであった様が察せられる。

かくの如く国家のための悔過、天下の安寧を祈るための悔過を修するという所に、この時代の仏教の特質が見えるのであって、ここにもまた国民自覚の閃きを認める。

かようにして奈良時代には、経文にも、護国の趣意をのべた経が多く用いられた。すなわち金光明経又は金光明最勝王経及び仁王経の如き、国を護って安穏ならしめ、災厄を払い、人民の平安を祈り、五穀の豊熟を願うというような経文が多く用いられた。これは国家意識の発揚せらるると共に、自ら、経文にもこれに適応したものを選んだがためであろうと思う。金光明経は、北涼（南北朝）曇無讖《どんむしん》が訳したもので、四巻十八品あり、これは旧訳であって、その後、唐の義浄三蔵が訳したものは、金光明最勝王経と題し、十巻三十一品ある。両者を比較すれば、金光明最勝王経（略して最勝王経という）の方が、よく具備して居るのである。その要旨は、国家を統治するは、一に正法の興隆に依るということを説いたものである。最勝王経の中において護国経世の要道を説いたものは、四天王護国品・王法正論品・善生王品・諸天薬叉護持品等である。四天王護国品は、四天王(1)の護国を説いたもので、正法の行わるる所には、四天王を始め諸天善神来てこれを守り、その国家は長く栄ゆることを説き、王法正論品には、国王は正法を以て国を治め、民を安んずべきことを述べて、過去の王「力尊幢」がその王子「妙幢」に王法正論を示したことが説いてある。善生王品には、善生王の故事を仮りて、善生王が正法を以て国を治めた由来を説き、諸天薬叉護持品には、天界の諸神夜叉鬼神の名を列挙し、これ等の諸神が、この経を奉持する正法の国と民とを擁護することを説いてある。

（1）須弥山の中腹にある四王天の主にして持国天は東方、増長天は南方、広目天は西方、多聞天は北方にあり、おのおのその下に八将あって、四天下を守護す。

王法正論品の一節は、神護景雲三年十月朔孝謙天皇が諸臣に忠誠を以て仕え奉るべき旨を諭された詔の中にも引かれてある。すなわち、

朕が尊び拝み読誦し奉る最勝王経の王法正論品に命《の》りたまわく、もし善悪の業を造らば、現在の中において、諸天共に護持し、その善悪の報を示さしむ。国人悪業を造らんに、王者禁制せざるは、これ順正の理に非ず、治擯まさに法の如くすべしと命《の》りたまいて在り。これを以て、汝等を教え導く、今の世には世間の栄福を蒙り、忠《ただ》しく浄き名を顕わし、後の世には人天の勝楽を受けて、終に仏と成れと所念《おもおし》てなも、諸にこの事を教え給うと詔《の》りたまう御命《おおみこと》を、衆《もろもろ》聞こし食《お》さえと宣りたまう。

これ等諸品の中、奈良時代前後において最も強く思想界を支配したものは、四天王護国品を推すべきであろう。〈経文読み下し文史料等省略〉

さて、この金光明経は、夙くより我が邦にもたらされたもののようである。法隆寺金堂の玉虫厨子の台座には、この経の中の捨身品の所説の故事が図に描かれてある。これによって見れば、この経は、すでに推古時代より存して居たかと思われる。この後、天武天皇・持統天皇の御代にこの経の重く用いられたことはすでに前章に説いた所である。

聖武天皇神亀二年〔西暦七二五〕（一三八五）七月十七日には、七道諸国に詔して、僧尼をして、金光明経を読ましめ、もしこの経無くば、最勝王経を転じて、国家の平安を祈らしめた。最勝王経の名が国史に見えるのは、これが初めのようである。すなわちこの頃より、旧訳金光明経に代うるに、新訳金光明最勝王経を以てしたものであろう。

ついで神亀五年十二月二十八日に、金光明経六十四帙六百四十巻を、諸国に、国別十巻ずつ頒ち送った。これより先き、諸国有する所の金光明経、或る国には八巻、或る国には四巻であった。ここに至って、写し備えて頒ち下した。経の到るに随ってすなわち転読せしめ、国家の平安を祈らしめた。ここに八巻といい、四巻というは、すなわち旧訳金光明経四巻本を二部或いは一部を備えて居たという意味で、今改めて新訳の十巻本を一般に備えしめたのである。正倉院文書には、天平五年越前国郡稲帳に、読誦金光明経八巻、金光明最勝王経十巻の料稲のことあり、天平六年尾

張国正税帳には、読金光明経ならびに最勝王経供養料稲三十束八把六分、講説最勝王経斎会三宝ならびに衆僧二十三口供養料三百五十三束及び別に講説最勝王経布施料二千五百二十束が計上せられてある。天平八年の薩摩正税帳には、正月十四日読八巻金光明経ならびに十巻金光明最勝王経仏聖僧及び読僧合せて十三人の供養料稲二十束五把十分把之四とあり、天平九年但馬国正税帳には、正月十四日読経供養料充稲五十二束九把読経二部金光明経八巻最勝王経十巻読僧十八口仏聖僧二座合二十軀供養料とあり、天平十年の和泉監正税帳にも、正月十四日二寺読金光明経八巻最勝王経十巻合十八巻仏聖僧四ならびに読僧十八口合二十二人の供養料稲五十束一把六分とあり、同年淡路国正税帳には正月十四日読経二部金光明経四巻最勝王経十巻供養雑用料充稲三十四束九把八分とあり、同年駿河国正税帳には転読金光明経ならびに最勝王経十八巻仏聖僧ならびに僧合せて二十口の供養料稲七十八束七把とあり、天平十一年伊豆国正税帳にも、正月十四日読金光明経四巻又金光明最勝王経十巻合十四巻供養料稲四十九束とあり、これ等によって諸国において金光明経と最勝王経を併せ読誦して居た様子が知られる。

要するに或る地方にあっては早くから金光明最勝王経読誦の例が開かれていたのを、天平十年に至り詔を以て一律に十部を写して遍ねくこれを具備せしめられたのである。

金光明経及び金光明最勝王経と共に奈良時代において弘く読誦せられたものは仁王経である。仁王経は具さには仁王般若波羅蜜経といい、二巻八品あり、後秦（南北朝）の鳩摩羅什の訳にかかる。仁王とは、釈迦在世の時、仏教を信じて、その外護の任に当った波斯匿《はしのく》王その他十六大国の国王をいい、これ等の王に般若波羅蜜多を付嘱し、これに説くに法の滅尽せんとする時、一切の有情は悪業を造るによって災難競い起り、日月星は変じ、水火雨雹賊盗疾疫兵戈鬼神等の種々の災異が現れる。これ等の厄難を免るるには、ただ般若を受持読誦するにありという趣意を述べてある。この事は、特に護国品受持品において明らかにせられてある。我が邦においては、斉明天皇六年（一三二〇〔西暦六六〇〕）五月に、有司が勅を奉って、一百の高座・一百の衲袈裟を造って、仁王般若会を設くというを始めとし、天武天皇四年（一三三六〔西暦六七六〕）十一月二十日、使を四方の国に遣して、金光明経と共にこの経を説かしめ、持統天皇七年（一三五三〔西暦六九三〕）十月二十三日、この経を百国に講ぜしめ、四日にして畢《おわ》るということあり、聖武天皇神亀六年〔西暦七二九〕（天平元年、一三八九）六月朔、この経を朝堂及び畿内七道の諸国に講ぜしめられ、この後、しばしば宮中及び諸大寺においてこれを講ぜしめられた。天平十八年三月十五日の勅には、三宝を興隆するは国家の福田、万民を撫育するは先王の茂典なり、これを以て、皇基をして永く固く、宝胤をして長《とこしなえ》に承けしめ、天下安寧に、黎元をして利益せしめんがために、よりて仁王般若経を講ぜしむ云々とある。この仁王経講説の法会を仁王会といい、清和天皇の時に至って、一代一度の制を立てられ、これを大仁王会といい、即位の初めに行わせられる。また臨時の仁王会あり、春秋二季及び特別に修せられる。鎌倉時代、後深草天皇の御代まで行わせられた。その後は明らかでない。地方の諸国においても、これを行うたが、平安時代の末ころから行われなくなったらしい。

以上護国の経典、金光明最勝王経及び仁王経について述べた。これ等の経典が、特に選まれて読誦せられたのは、畢竟国民の自主観念が、これ等経典の護国思想と結びついたがために外ならぬのである。

国家隆昌人民福利の基は仏教にありとは、当時の信条である。されば、天平六年、治部卿門部王に勅して一切経を写さしめられた時の詔には、

朕万機の暇を以て、典籍を披覧するに、身を全うし命を延べ、民を安んじ業を存するは、経史の中、釈教最上たり。これに由って、三宝を仰ぎ憑《たの》み、一乗に帰依し、一切経を敬写し、巻軸すでに訖《おわ》ぬ。これを読む者は、至誠心を以てし、上は国家のため、下は生類に及び、百年を乞い索め、万福を祈禱し、これを聞く者は、無量劫の間、悪趣に堕せず、遠くこの網を離れて、倶《とも》に彼岸に登らん。

とあり、天平十五年〔西暦七四三〕正月十三日、衆僧を大和金光明寺（当時恭仁京にあり）に請じて、金光明最勝王経を転読せしめられた時の詔にも、

仰ぎ願わくは、梵宇威を増して、皇家慶を累ね、国土厳浄にして、人民康楽にし、広く群方に及ぼして、綿《なが》く庶類を該《か》ね、同じく菩薩の乗に乗じて、ならびに如来の座に坐せんことを。

と仰せられた。また前に仁王経の条にも引いた如く、天平十八年三月丁卯（十五日）の勅には三宝を興隆するは国家の福田なり、仏法を興隆するは、すなわち福徳の生ずる基にして、田に物の生ずるが如く、国家の康福大いに生ずべ

しと仰せられた。

また前に東大寺造立の原理の条にも引いた天平感宝元年（西暦七四九）閏五月二十日大安寺外十一ヶ寺へ下された施入願文には、

冀《こいねが》う所は、太上天皇沙弥勝満(1)、諸仏擁護し、法薬薫質し、万病消除して、寿命延長に、一切の祈願皆満足せしめて、令法久住、群生を抜済し、天下太平兆民快楽、法界の有情共に仏道を成ぜんことを。

とあり。

（1）聖武天皇御法名

なおまた前に悔過の条に引いた天平宝字三年（西暦七五九）六月丙辰（二十二日）出雲守文室真人智努《ふみやのまひとちぬ》及び少僧都慈訓の奏状の中にある「護国を修行するは僧尼の道」というは、正にこの時代仏教の目ざす所の正しき指針であったのである。この護国仏教の精神を事実の上に最も明らかに具現したものがすなわち国分寺の創立である。

国分寺の創立は地方政治における政教の一致を企てたものである。詔の中にも、国司等各宜下務存二厳飾一、兼尽上潔清一、近感二諸天一、庶幾臨護、布二告遐邇一、令レ知二朕意一とある。国分寺の創立とその保護は、すべては国司の責任にあった。また国分寺の制度について見るも、政教一致の観念が遺憾なく表わされているのを知ることができる。国司が俗界における支配を掌ると共に、国分寺は国郡における祈願所として、精神界に民衆を支配せしめ、相俟って地方政治の成績を挙げようとしたのである。

この時代における地方文化はなお未開の所も多かったのであるが、国分寺の創立は、その発達に与って力あったことであろうと思う。

国分寺には、国司の監督の下に寺務を執る三綱があり、尼寺には鎮がある。別に諸国には国師があり、国司と共に国分寺監督の任にも当った。延暦十四年（西暦七九五）（一四五五）以後、国司を改めて講師とし、専ら講説の任に当り、他事に関することなからしめた。また別に読師があって、読経の任に当った。講師及び読師は国分寺の中に住して居たようである。国分寺に永住して、その勤行に任ずるものは、僧寺には僧二十人、尼寺には尼十人があった。天平神護二年〔西暦七六六〕（一四二六）に尼の数を増して二十人とした。これ等の国分寺に住する者が、地方の文教の上に少からぬ効果を及ぼしたものと思われる。

右述ぶる如く国分寺の趣意は地方における政教関係の一致を計るにあったのであるが、その天平十年にこれを起した動機については、すでに前にも述べた如く、飢饉疫癘のためであることは、詔の文面にも明らかに見えることである。続紀について見るに、天平九年四月以来、疫瘡大いに流行して、藤原氏の一族大官前後四人相ついで薨れた。同年四月辛酉（十七日）には、不比等の第二子参議民部卿正三位藤原房前が、七月乙酉（十三日）には、不比等の第四子参議兵部卿従三位藤原麻呂が、同月丁酉（二十五日）には不比等の第一子右大臣正一位藤原朝臣武智麿《むちまろ》が、八月丙午（五日）には、不比等の第三子参議式部卿正三位藤原朝臣宇合《うまかい》が薨じた。かくの如く、半年を経ない間に、兄弟四人相ついで薨じた。光明皇后はこれ等四人の御妹にましました。宮中の驚愕は想像するに余りある。光明皇后の御心中また拝察することができる。この前後、藤氏四人と同じ運命に遭遇した大官貴人は甚だ多い。試みにその主なるものを挙げると、

六月癸丑（十日）　散位従四位下大宅朝臣大国卒
同　甲寅（十一日）　太宰大弐従四位下小野朝臣老卒
同　辛酉（十八日）　散位正四位下長田王卒
同　丙寅（二十三日）　中納言正二位多治比真人県守薨
七月丁丑（五日）　散位従四位下大野王卒
同　己丑（十七日）　散位従四位下百済王郎虞卒
八月壬寅（朔日）　中宮大夫兼右兵衛率正四位下橘宿禰佐為卒
同　辛酉（二十日）　三品水主内親王薨

これ等はその死因を記してないから、必ずしもすべてが流行病のためであったとは断ずることはできないが、その多

数は疫疾のためであったことと思われる。朝廷はあらん限りの方法を尽して、疫疾攘除につとめられた。

五月壬辰（十九日）には詔して天下に大赦し、賑給を加えた。

六月甲辰（朔日）には百官の官人疫を患うるを以て廃朝あり。

七月丁丑（五日）大倭・伊豆・若狭三国の飢疫の百姓を賑給す。

同月壬午（十日）伊賀・駿河・長門三国の疫飢の民に賑給す。

同　乙未（二十三日）また天下に大赦して、右大臣武智麿の病を祈ったが、その効もなく武智麿は薨じた。

八月癸卯（二日）四畿内二監（和泉芳野）及び七道諸国をして、僧尼は清浄沐浴して、一月の内二、三度最勝王経を読ましめた。また月の六斎日には殺生を禁断せしめた。

同　甲寅（十三日）百姓の今年の租賦、及び宿負せる公私の稲を免じた。また験ある神で未だ幣帛に預からざるものに幣を供せしめた。

同　丙辰（十五日）天下太平国土安寧のために宮中十五処において僧七百人を請じて、大般若経最勝王経を転ぜしめ、四百人を度し、四畿内七道の諸国には五百七十八人を度した。

およそこれ等の事実を併せ考うれば、かの詔の出たのもまた偶然でないことが判る。金光明最勝王経を講宣流布せば、四天王常に来たってこの国を護らんという。この時に当っては、これは真に救急の策である。何を措いても先ずこれを創めなければならない。ここにおいてかの詔が出たのである。

次に国分寺創立の理由として考うべきことは、唐の制度採用のことである。これについては青木昆陽が草廬雑談に、唐の開元寺の制度に倣ったものであろうと云っている。しかしながら開元寺の制度は、開元二十六年に定められたもので、その年はすなわち我が天平十年〔西暦七三八〕に当り、我が国分寺の創立の詔勅の出た年である。その年にその制度が直に我が邦に採用せられたとは考えられない。これによって考うるに、唐の天授元年に諸州に大雲寺を置くという事がある。天授元年は則天武后の治世で、我が持統天皇四年（一三五〇〔西暦六九〇〕）に当る。国分寺の制度は恐らくこれに倣ったのであろう。

国分寺の創設者は、詔勅によれば、聖武天皇にましますことはもとよりである。続紀によれば、国分寺の創設は、光明皇后のお勧めによるものであるという。けだし表面においては、皇后のお勧めによって、天皇がこれを嘉納せられたに相違ない。但その裏面においては、行基の如きが必ずその計画に参与したことであろう。諸国の地誌を見ても、行基の開基にかかるというものが多い。これは古くからその伝説が残って居るものであろう。又愚管抄にも、行基菩薩、諸国の国分寺を造るとある。行基はその行歴から考えても、必ずこの事あったことと想われる。行基と共に国分寺創設のことに参与したのは玄昉であろう。玄昉については、前の東大寺の条において述べた通りであって、国分寺が唐の制度に倣うたとするならば、或いは玄昉が帰朝の土産としてもたらしたものかも知れない。

国分寺は天平十三年の施行条例によってその設備に関する規定を定められた。しかしながら当時は飢饉の後を承けて、民力疲弊して居ったから、国分寺の造営も捗らなかったらしい。朝廷においても、或いは国司を督責し、或いは種々の方法を設けて、これを奨励した。国分寺に米その他の物資を寄附する者があれば、これに位を授けた。天平勝宝八歳〔西暦七五六〕（一四一六）諸国に命じて、来年の聖武天皇の御忌日までに必ず仏像及び仏殿を造り終えしめた。天平宝字三年〔西暦七五九〕（一四一九）に国分二寺の図を天下諸国に頒つということがあるのは、それによって完備を期したのであろう。かようにして国分寺が遍く建設せられたのは、何時頃かもとより明らかにし難いけれども、恐らく宝亀の初め頃までには全く建設せられたのであろう。それは、続紀にその以後は建立奨励に関する記事の見えなくなったのによって察せられる。

国分寺の位置は国府に近きことを以て普通とする。それは建設の主旨から考えてもしかるべきことであり、また事実左に掲ぐる位置表〈表省略〉について見ても、多くは国府に接近したことが知られる。天平十三年の詔にも、近人はすなわち薫臭《くんしゅう》の及ぶ所を欲せず、遠人はすなわち衆を労して帰集するを欲せずとあり、以て国府と国分寺の位置の関係如何を知ることができよう。

僧寺と尼寺との位置の関係については、大宝令の規定にも、一般に、およそ僧は輙《たやす》く尼寺に入ることを得ざれ、尼は輙《たやす》く僧寺に入ることを得ざれとあり、相近づくことのならぬものであるから、国分寺においても、原則としては相遠ざかって居たようである。両寺の間には、国府が挟まって居て、国府を中に置いて、互に反対の方向にあったもののようである。しかし必ずしもさようでないものもあった。

国分寺の経済としては、三代格に見える条例によれば、僧寺尼寺各水田十町ずつである。天平十九年〔西暦七四七〕十一月七日に、この外に僧寺には九十町、尼寺には四十町を寄附した。すなわち併せて百町と五十町とになった。これは造営の功を速かならしめんがためである。天平勝宝元年〔西暦七四九〕七月十三日、諸国国分僧寺に寺別に墾田一千町、尼寺に四百町を寄附した。続紀に載せた条例には、僧寺には封五十戸あるようにみえるが、これは疑わしい。その封戸というのは、十三年正月に故藤原不比等の返上した封戸の内三千戸を諸国国分寺に頒って丈六仏像を造る料に充てたので、寺毎におよそ五十戸を給せられることになったので、編者が加えたものであろう。

天平十六年七月二十三日の詔によって諸国国分二寺に各正税二万束を割いて、これを出挙して、その利息によって長く造寺の用に供えしめた。延喜式の規定においては、諸国に各国分寺料が定められている。この外に国分寺における安吾などの布施供養料として、絁・綿・布等、それぞれその規定が、延喜式主税式に定められてある。なおこの外灯油及び奴婢の数もそれぞれ規定がある。

かくの如く国分寺に関する諸般の制度完備し朝廷は厚くこれに保護を加えられたが、もともとこれは地方の政治に伴い、車の両輪、鳥の両翼の如く、相俟って地方文化の発展に資したものであるが故に、平安時代の末に及び、地方政治の廃弛と共にようやく国分寺としての特権を失い、鎌倉時代に入っては、間々国分寺修理を命ずることがあったけれども、創立当時の昔の盛況は復び見ることができなかった。室町時代に入っては、漸次衰頽に傾き、国分寺はただその名のみを遺すに至った。

寺院僧侶の腐敗堕落

奈良時代の後期に及んで、仏教の隆盛その頂点に達すると共に、勢いの極まる所、ついに悪弊を醸すに至った。それでも、天平の初め頃までは、なお多少統制が行われて居たが、半ば以後に至っては、統制ようやく弛むと共に、寺院僧侶の堕落腐敗は甚しくなった。

神亀元年〔西暦七二四〕（一三八四）十月朔、治部省の奏に、京及び諸国僧尼の名籍を勘検するに、或いは入道の原由披陳明らかならず、或いは名は綱帳に存すれども、還って官籍に落ち、或いは形貌黶を誌せども、すでに相当らず、惣て一千一百二十二人、格式に准量して公験を給うべけれども、処分を知らず。伏して天裁を聴かんと。詔報して曰く白鳳より以来朱雀以前、年代玄遠にして尋問明らめ難し。また所司の注多く粗略あり、一に見名を定め、よって公験を給えと。これによって見るに、僧尼得度の名籍が不整備であったことが知られるが、なおこれを正そうとする治部省の奏聞に、統制の考えのあったことが見られる。

天平六年〔西暦七三四〕（一三九四）十一月二十一日太政官の奏に、仏教の流伝は必ず僧尼に在り、人の才行を度りて簡《えら》める所司を実にせん。比来の出家は学業を審かにせず、多く嘱請に由ること、甚だ法意に乖けり。自今以後道俗を論ぜず、挙する所の度人は唯法華経一部或いは最勝王経一部を闇誦し、兼ねて礼仏を解し浄行三年以上ならん者を取って得度せしめば、学問弥《いよいよ》長じ嘱請自ら休まん。それ僧尼の児を取り、詐りて男女となし出家することを得しめば、法に准じて罪を科せん。所司知って正さざれば与《とも》に同罪とし、得度の者をば還俗せんと。これを奏可すということがある。すなわち得度の資格を定めて、法華・最勝王経の暗誦等の条件を附けられたのである。これの実例と見るべきものに、天平四年三月二十五日僧智首解に次のような記事がある。

秦公豊足 年廿九 美濃国当嗜（多芸）郡垂穂郷三宅里戸頭秦公麿之戸口
読経　法華経一部、㝡勝王経一部、方広経一部、弥勒経一部、涅槃経一部、雑経十五巻
読誦　薬師経一巻、観世音品、多心経
誦咒　大波若咒、羂索咒、仏頂咒、大宝積咒、方広咒、十一面咒、金勝咒、虚空蔵咒、支波誦咒、七仏薬師咒、水咒、結界文、唱礼具
浄行八年

天平四年三月二十五日僧智首

これは秦公豊足の得度に関する解であろうと思われる。右の太政官奏より二年前であるが、その頃に、この事がはやく実行せられて居たと見るべきものである。かように得度に関する統制は天平の初め頃には相当行われて居たかの如く見えるが、それは間もなく紊れてきた。

天平宝字三年〔西暦七五九〕（一四一九）六月二十二日、乾政官符を以て私度の僧禁断のことを令した。その文に曰く、右元興寺教玄僧都の奏状に偁《いわ》く、窃《ひそか》に惟《おもんみ》るに、私度の僧は深く仏教に乖き、更に亡命を作《な》す。伏して請うらくは、天下に住するなく、国内に彼此共に検して勤めて本色に還らしむべし。者《て》えれば、勅を奉《うけたまわ》るに、奏に依れ。と。

神亀二年〔西暦七二五〕（一三八五）七月十七日、寺社の掃浄を命じた。すなわち七道の諸国に詔すらく、灾《わざわい》を除き祥を祈ること、必ず幽冥に憑《よ》り、神を敬い仏を尊ぶことは、清浄を先とす。今聞く、諸国神祇の社内、多く穢臭《しゅう》有り、及び雑畜を放てり。敬神の礼あにかくの如くならむや。宜しく国司長官自ら幣帛を執り、慎みて清掃を致して、常に歳事となすべし。又諸寺院の限は、勤めて掃浄を加え、よりて僧尼をして金光明経を読ましむ。もしこの経無くば、すなわち最勝王経を転じて、国家をして平安ならしめよと。

天平元年〔西暦七二九〕（一三八九）四月三日、異端邪法の禁を発した。勅に曰く、内外文武の百官及び天下の百姓、異端を学習し、幻術を蓄積し、厭魅呪詛して、百物を害い傷つくる者有らば、首は斬し従は流せむ。如《も》し山林に停住し、詐り仏法を道《い》うまねして、自ら教化を作して、習を伝え業を授け、書符を封印し、薬を合し毒を造りて、万方恠を作し、勅禁を違犯する者有らば、罪またかくの如けむ。その妖訛の書をば、勅出でてより以後五十日の内に首し訖《もうおわ》れ。もし限の内に首さず、後に糺し告げられたる者有らば、首従を問わず、皆咸に配流せむ。その糺し告げたる人には、絹三十疋を賞《たま》わむ。すなわち罪せる家に徴さむ。

天平六年十月十四日、太政官符を以て、諸寺仏像経巻を穢所に安置し、風雨に露すを禁じて、これを取り集めて浄寺に安置し、施香礼拝供養せしめた。

経済の方面においても前代の遺制なお行われて、天平六年三月十五日四天王寺に食封二百戸を施した時には、限るに三年を以てした。同十年三月二十八日、観世音寺に食封一百戸を施した時には五年を以て限とした。しかしながらこの制度もしばらくにして行われなくなって、経済方面における統制も乱れてくるのである。

統制の弛んだことの一つの兆候は、寺院併合令の廃止に現れて居る。天平七年六月五日、勅して寺院併合令を廃した。その勅に曰く、先に令して寺を幷《あわ》す者えり。自今以後更に幷すべからず。宜しく寺々をして務めて修造を加えしむべし。もし懈怠して肯《あ》えて造成せざる者有らば、前に准じてこれを幷せ。そのすでに幷造り訖《おわ》らば分析を煩わさざれと。これが寺院濫造のもととなった。

この頃律師道慈は、殊に徳行を以て名ある人であった。かつて愚志一巻を著して、僧尼のことを論じた。その略に曰く、今、日本の素緇仏法を行うことの軌模を察するに、全く大唐道俗、聖教を伝うるの法則に異なり。もし経典に順うときは、能く国土を護せむ。如《も》し憲章に違うときは人民に利あらず。一国の仏法万家善を修せよ。何ぞ虚設を用いむ。あに慎しまざらむやと。

かくて寺院僧侶の腐敗堕落は殊に著しいものがあった。僧侶にして布施の二重取りをする者があった。すなわち前に吉祥悔過の条にも述べた天平宝字三年〔西暦七五九〕六月二十二日参議文屋真人智努及び少僧都慈訓の奏によれば、かつて寺に入らずして、毎年正月悔過の官供を貪り、或いは空名を両処につけて兼ね得ることを計るものがあった。

寺田を買い蓄めるものも多かったとみえて、しばしばその禁令が見える。すなわち天平十八年三月十六日、太政官の処分に曰く、およそ寺家地を買うことは、律令に禁ずる所、比年の間占め買うこと繁多なり。理において商量するに、深く憲法に乖けり。宜しく京及び畿内をして厳に禁制を加えしむべしと。同年五月九日にも、また諸寺百姓の墾田及び園地を競い買いて永く寺地となすことを禁じた。

正倉院文書には月借銭の証文が多く収められてあるが、それは質を入れて銭を貸借する短期の契約であって、貸主は寺院で、借主は写経生が多い。その利は月別百文につき十三文或いは十五文、すなわち一年に十五割六分或いは十八割という高利である。その質物は布帛・衣服・家地・口分田等あり、時には人身を質とするものもある。

俗人に銭を借して妻子を畜養していたという奈良僧某が、その女の聟に銭を貸したが、その聟は数年を経て、元金のみを返済して、利銭を償わず、また数年を経たので、舅の僧某がこれを逼《せま》ったのを、その聟は嫌ってひそかに舅の僧を殺そうとし、外につれ出して、海を渡る時海に陥れたが、僧は常に誦する方広経を至心に読誦して助かったという話も伝わっている。大安寺には修多羅分銭・成実論宗分銭というものがあって、これを借しつけて、その利を計っていた。又薬王寺（勢多寺）には薬分酒というものがあって、それを借してその利を計っていたという話もある。

僧侶の腐敗については、玄昉の如きは先ずその例証として提示せらるべきものであろう。これについてはすでに東大寺の章において述べた通りである。

次に道鏡の如き、最も著しい例である。道鏡を述べるに就いては、先ず藤原仲麻呂について述べねばならぬ。聖武天皇は崩ぜられるに臨んで、国政を光明皇后に委ねられた。故に孝謙天皇は位にましましたが、政治は皇后が親裁せられたのである。時に藤原仲麻呂・藤原豊成の両人が勢盛んであった。豊成は温厚で、仲麻呂は敏慧であった。天平宝字元年〔西暦七五七〕（一四一七）皇太子道祖《ふなど》王、淫縦の故を以って位を廃せられた。ここに皇太子選定の問題が起った。豊成と藤原永手は道祖王の兄塩焼王を薦め、文室珍努・大伴古麻呂は、池田王を推し、仲麻呂はただ大炊王の選び給うものを奉ぜんと奏した。遂に大炊王が皇太子に決定した。これより先、仲麻呂は故長子真従の寡婦諸姉を大炊王に妻わした。ここにおいて仲麻呂は大炊王の義父たるの故を以て、大いに勢力をあげた。終に紫微内相となり、内外の兵事を掌った。紫微は唐の制度を模したもので、皇后宮職を改めて、紫微中台と称したのである。仲麻呂はすなわち光明太后附の官であった。同年七月、橘奈良麻呂が乱を起し、仲麻呂等を排せんと企てたが、事現れて自経して死んだ。豊成の男乙継がこれに連坐して居たので、豊成はために大宰員外帥に左遷せられ、これより仲麻呂一人権を専にした。天平宝字二年八月、大炊王受禅せられた。すなわち淳仁天皇にまします。仲麻呂は奈良麻呂鎮定の功を賞せられて、朝廷無事、海内清平……准古無レ匹、汎恵《ひろきめぐみ》之美、莫レ美二於斯一、自今以後、宜姓中加二恵美二字一、禁レ暴勝レ強、止レ戈静レ乱、故名曰二押勝一云々と勅せられた。次いで太政官を改めて乾政官といい、太政大臣を大師と云い、左大臣を大伝といい、右大臣を大保といい、紫微中台を坤宮官と称した。天平宝字四年押勝は乾政官大臣となった。その六月光明太后が崩ぜられた。聖武天皇崩御よりここに至るまで、政治は光明太后が決せられた。その間は押勝の全盛時代であった。

天平宝字五年十月より六年五月に至るまで、淳仁天皇は孝謙上皇と共に近江保良宮に移り給うた。孝謙上皇御病あり、道鏡が看病申し上げ、これより重用せられた。

押勝は道鏡の威勢盛んなるを見て、自ら安んぜず。天平宝字八年九月二日都督となり、四畿内・三関・近江・丹波・播磨の国に兵事を習わしめた。これは押勝が野心を抱いて、自ら兵権を収めんがためにしたことであった。同十一日押勝の叛謀現れ、上皇使を遣して、中宮院の鈴印（鈴は駅鈴をいう。官使地方へ向う時に、朝廷より賜わり、これを振り鳴して駅馬を徴発する証とする）を収めしめられたが、押勝はこれを奪った。更に詔使を遣した所、押勝はこれを射殺し、その夜近江に走り、官軍これを追討し、十八日、押勝の首を斬って京師に伝えた。十月九日淳仁天皇は淡路に遷りたまい、孝謙上皇は自ら重祚せられた。

押勝の乱平ぐや、孝謙上皇は弘願を発して、三重小塔一百万基を作らしめられた。高さ各四寸五分、基径三寸五分、露盤の下に各根本・慈心・相輪・六度等の陀羅尼の摺本を置く。宝亀元年四月二十六日に至り功を畢《お》え、これを近畿の十大寺すなわち大安・元興・興福・薬師・東大・西大・法隆・弘福・四天王・崇福の諸寺に頒ち置かれた。その中法隆寺の分だけが今日まで存しているのであって、現存の数は四万余基に及ぶと云う。

道鏡はもと河内の人である。略梵文に渉り、禅行を以て聞こゆ。これに由って内道場に入り、禅師となる。孝謙上皇天平宝字五年保良宮に幸せられし時看病に侍してより、御信任を得、同七年九月四日少僧都となる。従来少僧都であった慈訓は、法行理に乖いて綱となすに堪えず、宜しくその任を停むべしとて、官を停められた。慈訓は硬骨の資で、道鏡にとって苦手であったのであろう。翌八年押勝が叛を謀って誅せられた。次いで九月二十日には道鏡は大臣《おおおみ》禅師《ぜんじ》の位を授けられた。その詔の一節に曰く、

この禅師の行を見るに、至りて浄く、仏の御法を継ぎ隆《たか》めむと念行《おもお》しまし、朕をも導き護ります己が師をやたやすく退けまつらむと念いてありつ。さて朕は髪をそりて、仏の御袈裟を服て在れども、国家の政を行わずあることを得

ず。仏も経に勅りたまわく、国王い《ママ》王位に坐す時は、菩薩の浄戒を受けよと勅りて在り。これに依りて念えば、家を出でても政を行うにあに障るべきものにはあらず。故これを以て、帝の家出しています世には家出してある大臣も在るべしと念いて、楽《ねが》います位にはあらねども、この道鏡禅師を大臣禅師と位は授けまつる事を、もろもろ聞こしめさえと宣る。

道鏡は表を上ってこれを辞したけれども許されなかった。天平神護元年〔西暦七六五〕（一四二五）以後は僧尼の度牒は、一切道鏡の印を用いて治部省の印を廃し、以て宝亀二年〔西暦七七一〕（一四三一）に及んだ。天平神護元年閏十月二日には、太政大臣禅師となり、翌二年七月十二日には、中律師円興は大僧都となり、九月十九日には修行進守大禅師基真に正五位上を授けられた。これ等は何れも道鏡の一味のものであった。その年十月二十日、隅寺の毘沙門像より舎利が出現したので、これを法華寺に請じ、氏々の年壮にして容貌よき者を簡点し、五位以上二十三人、六位以下一百七十七人をして、種々の幡蓋を捧げ持ちて、前後に列せしめ、その衣服は金銀朱紫ほしいままにこれを聴《ゆる》し、百官の主典以上をしてこれを拝せしめた。この時詔して曰く、

上無き仏の御法は、至誠の心を以て拝み尊びまつれば、必ず異なる奇《くす》しき験をあらわし授け賜うものにいましけり。しかるに今示現《あらわ》れたまえる如来の尊き大仏舎利《おおみさり》は、常見奉るよりは、大御色も光照りて甚だ美しく、大御形も円満《たらわし》て別《こと》に好く大ましませば、特にくすしく奇事《あやしき》を思い議ること極りて難し。云々

しかしてこの奇瑞は、もろもろの大法師等を率いる太政大臣禅師すなわち道鏡の教導によるなりとして、道鏡に法王の位を授け給い、この舎利を発見したる円興禅師に法臣の位、基真禅師に法参議大律師を授けられた。法王道鏡の月料は供御に准じ、法臣大僧都円興は大納言に、法参議大律師基真は参議に准ぜられた。藤原永手・吉備真備も御相伴で官を進められ、百官皆位を上せられた。

神護景雲元年〔西暦七六七〕（一四二七）三月二十日には、法王宮職を置き、大夫・亮・大進・少進・大属・少属等の職が設けられた。同年八月八日には、参河国に慶雲現れたによって、僧六百口を屈して、西宮の寝殿において設斎した。この日緇侶の進退法門の趣に復することなく、手を拍ちて歓喜すること一に俗人に同じとある。翌二年十二月に

至って、さきの隅寺毘沙門像より現れた舎利の詐偽が現れた。続紀に曰く、神護景雲二年十二月甲辰（四日）、これより先き山階寺の僧基真、心性常無く好んで左道を学ぶ。詐ってその童子を呪縛し、人の陰事を教説す。しかのみならず毘沙門天の像を作って、密かに数粒の珠子をその前に置き、称して仏舎利を現すとなす。道鏡よりて時人を眩耀して、以て己が瑞となさんと欲す。すなわち天皇に諷して、天下に赦し、人ごとに爵を賜い、基真に姓物部浄志朝臣を賜い、法参議に拝して兵八人を随身す。基真の怒りを作す所のものは、卿大夫といえども、皇法を顧みず。道路これを畏れて避くること虎を逃ぐるが如し。ここに至って、その師主法臣円興を凌突して、飛騨国に擯《しりぞ》けらると。道鏡の法王は、すなわちこの詐偽手段によって贏《か》ち得たものであった。

この頃にはかかる詐偽に類し又は迷信的瑞祥が大いに流行した。やや時代は遡るが、皇極天皇の三年（一三〇四〔西暦六四四〕）七月の頃、東国の不尽河の辺の大生部多《おお》というものが、橘樹に生する蚕に似た緑色の虫を祭ることを里人に勧め、これを祭れば富と寿とを致すといいふらし、巫覡の徒がこれを唱えて、都鄙の間に流行した。秦河勝はその民を惑わすを悪《にく》み、大生部多を打ち、巫覡等恐れてその祭をやめたということがある。

天武天皇以後奈良時代にかけて、瑞鳥祥禽の現わるる例が甚だ多い。白雉・朱雀・白雀・三足雀・白雁・赤烏・白烏・白鳩・白燕等一々数えつくすにいとまないほどである。その外の祥瑞は、慶雲・醴泉・霊亀・甘露・白鹿・黒狐・木連理の類の記事も、奈良時代の前からようやく多く見える。これはこの頃支那より陰陽方術の道を伝えて、特に天武天皇は深くこの道を嗜まれたるによって、かかることが例となって流行したのである。聖武天皇・孝謙天皇の両朝に至っては益々甚しく、瑞字を奉ることが四度ある。天平元年〔西暦七二九〕六月に左京職から亀を献じた。その亀の背に「天王貴平和百年」という文字があった。天平勝宝九歳〔西暦七五七〕（一四一七）の三月、宮中寝殿の承塵の裏に、「天下太平」の四字が自らできて居た。同年八月に駿河国益頭《やいづ》郡の人が献じた所の蚕が自然に文字を作って居た。その文に「五月八日開二下帝釋ノ標一知《ラシム》二天皇命百年息《ナルヲ》一」とあった。これを群臣に議せしめた所が、その議には、天平勝宝九歳五月八日は、太上天皇の奉為《おおんため》に斎を設け悔過し給う終りの日なり、帝釋その至誠に感じて、天門を開き通じ、下勝業を鑑み、陛下の御宇を標して、百年の遠期を授く、宇内安息、慈遠俗に風《つた》う、国家全平の験なりと。これによって天平勝宝九歳八月十八日を改めて天平宝字とせられた。二年二月大和国守の奏聞に、同国城下郡大和神山に奇しき藤を生じ、その根を虫が喰って、自ら文字を作っていた。その文字は「王大則幷天下人此内任太平臣守昊命」という十六字であった。この文字を博士に下して議せしめた所が、皆云う「臣天下を守り王大に則幷《あわ》せて内此人を任ぜば昊命太平ならん」。すなわち群臣忠を尽して共に天下を守り、王大いに覆載して兼ね幷せざること無からむ。聖上賢を挙げて内此人を任ぜば、昊天徳を報いて命それ太平ならむと解釈したという。次に白き亀を上る事が四度ある。すなわち天平元年六月・天平勝宝四年〔西暦七五二〕正月・天平勝宝五年十一月・神護景雲二年〔西暦七六八〕七月である。同じく神護景雲二年八月に三河国から白烏を上ったことがある。光仁天皇の時に至っても斯様な事がしばしばあった。先ずその即位の年、神護景雲四年八月には、肥後から再度も白亀を上った。そこで同年十月改元して宝亀とせられた。同二年五月には、右京の人が蚕の字を成すを献じ、又同三年十月には、肥後の国から白亀を献じ、六年四月及び九月にも、近江河内の国々から白亀を献じた。斯様な瑞祥を上る毎に位を授け物を賜わる。そこで士民上を欺き利に趨るものが多かったのである。上総の国から異馬を献った。これは宝亀三年〔西暦七七二〕七月のことで、その馬は前の蹄が二つに割れて牛に似て居たので、それを瑞祥として献ったが、よくよく見れば人工で作ったものであった。ためにその国の介以下それぞれ罰せられたことがある。斯様な香具師までも出る様になったのである。宝亀元年二月の頃に、西大寺の東塔の心柱の礎石、大きさ方一丈余、厚さ九尺なるものを飯盛山に獲て、数千人を以てこれを引き、日にわずかに数歩を動かすのみであった。時にその石が鳴ることがある、そこで人夫を増して九日にして目的の地に達した。すなわちこれを削って基礎を築いた。時に巫覡のものが、ややもすればこの石には祟りがあると言いふらしたので、柴を積んでこれを焼き、三十余斛の酒を灌いで、片々に破却して道路に棄てた。後に天皇不予にましましたので、これを卜した所が、破石の祟りであるという。すなわちまた浄地に捨てて、人馬をして践ましめぬようにした。その後永く寺内の東南の隅に、数十片の破石が残って居たと続日本紀に見える。

信仰の堕落もまた甚だしいものがあった。吉祥天女の像を拝して、これに恋し、夢に天女と交ったという話もある。観音を念じて、南无銅鉄万貫、白米万石、好女多得と慾張った祈願をかけて、遂にその願が叶って、従三位粟田朝臣という位もあり富もある人の女を得て、その財産も譲り受けた御手代東人という者の話もある。

巫覡の流行の甚だしかったことも、またこの時代の信仰の堕落を語るものである。巫覡の弊害については、すでに前に述べた宇佐八幡の巫女大神杜女が神託を奉じて、大神の大仏参詣のために入京した事件においても現れて居る。天平勝宝四年八月十七日には、京都の巫覡十七人を捕えて、伊豆・隠岐・土佐等の遠国に流したことがある。宝亀十一年十二月十四日には、左の如き禁令が発布せられた。〈当該漢文史料省略〉

かくの如く、この時代の僧侶寺院を始めとして、一般の信仰の堕落は甚だしかった。道鏡一件の起るのも偶然ではなかった。

さて道鏡は法王となり、出入天子に擬するに至った。神護景雲三年正月三日には、西宮の前殿に居り、大臣已下賀拝し、道鏡自ら寿詞《よごと》を告す。七日には天皇、法王の宮に御して、五位已上を宴し、道鏡より五位已上に、摺衣人ごとに一領、蝦夷に緋の袍人毎に一領、左右の大臣には綿各一千屯を与う。大納言已下にもまた差あり。この頃大宰の神主習宜阿曾麻呂と云うもの神教を受けたと称して、奏して曰く、道鏡をして位に即かしめば、天下太平なるべしと、道鏡はこれを聞いて深く喜んだ。天皇は和気清麻呂を召して勅して曰く、昨夜夢に八幡の神使来たって云わく、大神事を奏せしめんがため、尼法均を請い給う、汝清麻呂宜しく姉法均に代って、神の命を受けよと仰せられた。清麻呂の発するに臨み、道鏡これに語って曰く、大神使を請う所以は、けだし我の即位の事を告げんがためなり、よって道鏡の意の如くなるを得ば、重く官爵を授けんと。この時に当って路真人豊永は清麻呂にいって曰く、道鏡天位に上らば、我何の面目あってこれに仕えん、我は二、三子と伯夷に従うて遊ばんと。清麻呂死を誓うて、宇佐に至り神教を請うた。大神の託宣に曰く、我が国家開闢より以来、君臣定まりぬ、臣を以て君とすること未だこれ有らざるなり、天之日嗣は必ず皇緒を立てよ、無道の人は宜しく早く掃除すべしと。清麻呂帰り来たって奏すること神教の如くであった。ここにおいて道鏡大いに怒り、清麻呂の本官を解き、因幡員外介となし、ついで姓名を改めて別部穢麻呂《わけべのきたなまろ》となし、大隅国に流し、尼法均は還俗して、別部狭虫《せむし》となし、備後国に流した。法均はもとの俗名は広虫といい、夙くより天皇に仕えて居った。天皇落飾し給いし時、従うて出家し、御弟子となり、法名を法均と号したのである。道鏡は清麻呂を途に殺さんとしたが、偶々雷雨晦瞑であって、未だ行くを果さなかった。時に勅使来たってわずかに免がるることを得た。藤原百川は清麻呂の忠烈を哀みて、備後国の封二十戸を割いてこれに与えた。

翌宝亀元年八月四日、天皇崩じ給い、百川・藤原永手等議して、天智天皇の御孫白壁王を迎え奉った。すなわち光仁天皇にましますす。道鏡は称徳天皇の高野山陵の下に廬して留って居た。坂上苅田麻呂私《ひそ》かに道鏡の奸計を告げた。天皇は道鏡が先帝の厚恩を受けたるに顧み、法に依って刑を加うるに忍びず、特に道鏡を貶して、造下野薬師寺別当となし、その弟浄人及びその男を流した。清麻呂を召し還して、官位を復せられ、習宜阿曾麻呂は多褹島守となされた。

道鏡の奸計は、幸いに和気清麻呂の忠誠と藤原百川・同永手等の計策によって抑えられたのであるが、彼は大臣禅師より、太政大臣禅師となり、遂に法王となり、その一味のものども、或いは法臣或いは法参議となり、遂に覬覦《きゆ》の非望を懐いたのは、けだしこれによって仏教王国建設の野心を蔵して居たのであろう。護国のための仏法は、本末顚倒して、仏教のために国家が犠牲に供せられようとしたのである。仏教政治の弊害、ここに至って極まれりというべきである。

光仁天皇の綱紀振粛

光仁天皇は即位ましましてから、綱紀を振粛して前代の弊風を改め給うた。前に罷められた慈訓等は宝亀元年〔西暦七七〇〕（一四三〇）八月二十六日官を復せられて少僧都となった。同年十月二十八日には、詔して山林の居住を聴《ゆる》された。続紀に曰く、僧綱言す、去る天平宝字八年〔西暦七六四〕の勅を奉《うけたまわっ》て、逆党の徒、山林寺院において、私に一僧以上を聚めて読経悔過する者は、僧綱固く禁制を加う。これに由りて、山林樹下長く禅迹を絶ち、伽藍院中永く梵響を息む。俗士の巣許なお嘉遁《とうと》を尚ぶ。いわんや復《ま》た出家の釈衆むしろ閑居する者無からむや。伏して乞う、長往の徒は修業するを聴《ゆる》さむ。詔してこれを許すと。（巣許は尭の時の隠人巣父と許由。）

同二年正月四日、僧尼の度縁に道鏡の印を用うるを止め、復び治部省の印を用うることとなった。同閏三月十五日、僧綱の請によって威儀師六人をおいた。同三年三月六日十禅師を置き、清行の者を択んでこれに充て、秀南・広達・延秀・延恵・首勇・清浄・法義・尊敬・永興・光信を以てこれに任じた。各童子二人をこれに侍せしめ、十禅師には日に米二升、童子には一升五合を給して、供養に充てた。この十禅師は後世にいわゆる内供奉の起りである。内供奉とは宮中の内道場に供奉して、金光明最勝王経読誦の時に読師となり、又宮中に夜居して、二間（宮中の御仏間）に供奉するものである。

宝亀十年八月二十三日、僧尼の名籍を整理せしめた。これより先、治部省奏して曰く、大宝元年以降僧尼本籍有りといえども未だ存亡を知らず。これを以て諸国の名帳計会するに由無し。望み請うらくは、重ねて所由に仰せて、住処在不の歌を陳べしめむ。しかるときはすなわち官僧すでに明にして、私度自ら止まむと。ここにおいて諸国に下知して、治部の処分を取らしむ。同二十六日国分寺の僧尼の京に住するものを国に帰らしめた。これより先、治部省言す、今僧尼の本籍を検造して、内外諸寺の名帳を計会するに、京に住する者多し。望み請うらくは先の御願に任ずるものは、皆本国に帰さむ。太政官処分す、智行具足し借りに住むことを請願するものは、宜しく願に依って聴《ゆる》すべし。以外はことごとく還せと。同年九月十七日には、私度を取締って、公験を授けた。この日勅すらく、僧尼の名多く死せる者を冒し、心奸偽を挟みて、憲章を犯乱せり。なかんずくすこぶる智行有るの輩、もし頓に改革せば、還って緇侶を辱しめむ。宜しく見数を検して、一に公験を与うべし。自今以後更に然らしむることなかれと。

同十一年正月十四日、新薬師寺西塔・葛城寺塔ならびに金堂等雷火によって焼失した。同月二十日詔して僧尼を戒飭せられた。詔して曰く、朕以《おもん》みるに、仁王は暦を御して、法日恒に澄み、仏子は猷《ゆう》を弘めて、恵風長く扇げり。遂に人天合応して、邦家保安し、幽顕和を致して、鬼神爽《たが》うこと無からしむ。頃者彼蒼、譴を告げて、灾《わざわい》伽藍に集り、ここに眷言し、情深く悚悼しぬ。朕が不徳における、この尤《とが》めに近しといえども、彼桑門において、むしろまた愧《はづ》ること無からむや。聞くならく、緇侶の行事俗と別ならず。上は無上の慈教に違いて、下は有国の通憲を犯せりと。僧綱率してこれを正さば、いずれかそれ正しからざらむや。又諸国の国師、諸寺の鎮三綱、及び講復を受くる者、罪福を顧ずして、専ら請託を事とす。員復《ま》た居多にして、侵損少なからず。かくの如き等の類更にしかるべからず。宜しく護国の正法を修め、以て転禍の勝縁を弘め、およそ厥の梵衆をして、朕が意を知らしむべしと。

同年六月五日、封一百戸を永く秋篠寺に施入した。この時の施入の勅に、永というはこれ一代のみとあり。又この寺に限らず、自余もこれに准ぜよとある。寺領の寄進において、国家経済に注意せられた点を見るに足る。その勅に曰く、封一百戸を永く秋篠寺に施す。それ権《か》りに食封を入るることは、限り令条に立つ。比年行う所甚だ先典に違えり。天は長く地は久しく、帝者代り襲ぐ。物は天下の物にして、一人の用に非ず。しかして念う所有るに縁って、永く件の封を入る。今永と謂うはこれ一代のみ。自今以後立てて恆例となせ。前後施す所一にこれに准ぜよと。

以上、光仁天皇の御代において発布せられ、また施行せられた大小の法令詔勅について見るに、その御在位の年の短かったために、事件はさほど多くもなく、又あまり大事件もないけれども、その寺院行政において、鋭意改革に努め、綱紀振粛を計られた迹《あと》を看るに足るものがある。これは継いで起るべき桓武天皇の寺院統制の先駆であった。

第四章　平安時代初期

桓武天皇の教界革新

桓武天皇即位の後、深く奈良僧侶寺院の弊源を察して、着々改革に従事し給うと共に、大英断を以て平安遷都の業を起された。奈良の文化の頽廃は、ただ少々の改革では到底これを支えることができない。根本よりこれを建て直さなければならぬ。それには人心を新たにするために、思い切って遷都の業を起すの必要もあったのである。遷都の原因は他にも種々あったのであろうが、この僧侶の腐敗を清め、その檀家の勢力を抑え、その弊の蟠っている奈良の地を去って、彼等を振り棄てようとすることが、少なくも一の大きな原因であった。初めは山城長岡に都を遷された。すなわち延暦三年〔西暦七八四〕（一四四四）五月、突然この議を発表して、急速に工事を運び、六ヶ月の後、十一月には早くもこの地に行幸あらせられた。翌四年には宮城すでに成り、なお諸般の工事を進行させている最中に、遷都事業の中心人物たる藤原種継は、その年九月暗殺せられて、この事業は頓挫を来たした。この種継の暗殺は大伴・佐伯等諸氏の遷都を喜ばざる反対党の所為であった。長岡遷都の事業はこの後はかどらず、経営甚だ困難であったが、延暦十年九月には、奈良の旧都より諸門を毀ちて長岡宮に運ばしむるに至った。しかるに翌十一年正月には、和気清麻呂密かに奏して天皇に勧め奉り、行幸して山城葛野郡の地を相し、遂にこの処に都を遷されることとなり、翌十二年正月よりその経営にかかられた。すなわち今の平安京である。莫大の経費を費して経営せられた長岡都をすてて、更に平安京に遷されたるは何故であるかというに、恐らく種継の暗殺より事業進まず、縁起の悪きよりこれを避け、清麻呂の策を納れて新たに地を相せられたのであろう。尤もこの事については、経済上に大なる理由があるのであって、当時この地方に盤踞して富み栄えた秦氏の勢力を利用せんとする考えを以て、ここに所を相せられたのであろうといわれる。ともかくも平安遷都は成就して、ここに一新時期に入ろうとした。

ここにおいて旧来の陋習を破るべく、奈良の僧都に対して厳重なる制裁を加えてこれを抑えられた。およそ桓武天皇の御代ほど、僧侶に対する取締りの厳重なことは、他に類稀である。この御代において発布せられた寺院僧侶の取締りの令は、延暦二年〔西暦七八三〕から二十四年に至る間に、その主なもののみでも三十有余種を数える。この間は国史すなわち日本後紀の完本が存していない時代であるから、なおこの間に洩れたものもあるであろう。以てその取締りの厳なるを見るべきである。しかしてその取締りの相手となるものは奈良の寺々であったのである。

左にこの時代における寺院取締りに関する制令を列挙してみよう。

一、得度の制

延暦二年四月二十八日、国分寺の僧の補闕に、妄りに得度するを停め、京寺の僧の中からこれを補わしめた。

続紀・三代格同日の格によれば、その補闕には当土の僧の中より択ぶべしとあるが、これを三代格等弘仁七年〔西暦八一六〕（一四七六）五月三日の格に引用せる所と合せ考うるに、京寺の僧とするのが正しい。国分寺の僧は、天平の制によるに、二十僧を備うべきものであるが、その死闕せるに当って、国司等試練を経ず妄りに得度せしめたによって、この制があったのである。

同十七年四月十五日、僧尼の戒律を守らず産業を事とするを禁じ、年分度者は年三十五已上、操履すでに定まり、智行崇むべきものに採り、またその簡試の法を定め、毎年十二月以前に、僧綱所司、習う所の経論について大義十条を試み、五已上に通ずるものを取りてこれを官に具状し、その受戒の日更に審試して、八已上に通ずるものは受戒せしむることとした。

同二十年四月十五日、度者簡試の法を改め、自今已後は年二十已上の者を取り、簡試の日二宗の別を弁ぜしめ、受戒の日には審試を加うることとなからしめた。（恐らくは、前年の制は厳に過ぎたため、これを緩和したのであろうか。）

一、僧尼の威儀規律に関するもの

延暦二年十一月六日には、比年僧尼の儭座、妄りに哀音を発し、蕩逸高叫するを禁じた。

同四年五月二十五日、僧侶の私に檀越を定めて市街に出入し、また仏の霊験を誣いて、愚民を惑わすを禁じた。同十四年四月二十三日、更にこの令を申ねた。

同四年七月二十日、僧尼の修行伝灯倦厭なきものを注申せしめた。

同四年十月五日、僧尼等陀羅尼を読んで所怨を報じ、壇法を行うて、呪詛をほしいままにするものあり、自今以後私に山林に入り、寺院に住し、陀羅尼を読み、壇法を行うを禁じた。

同十四年七月七八日、使を七大寺に遣し、常住見僧尼を検校せしめた。

同十七年七月二十八日には、平城旧都元来寺多く、僧尼猥なるもの多く、濫行しばしば聞こゆるにより、大和守藤原園人をして検察を加えしむ。

同十八年六月十二日、諸国国司をして、部内山林精舎ならびに僧等を巡検して、そのほしいまま本寺を去りて、山林に隠遁し、邪法を行うを禁じた。

同十六年八月十一日、諸国講師をして、造寺の事の外、寺内の兼務及び僧尼を糾正し、これを教導せしめた。講師はもと国師と称した。延暦二年十月朔、その定員を改めた。この時治部省の奏聞に、去る宝亀以来、国師の員を増加して、或いは四人或いは三人とす。自今大上国には大国師一人、少国師一人とし、中下国には国師一人を置かんと、これを許す。延暦十四年八月十三日に、国師を改めて講師とし、毎国一人を置き、一任の後改めず、読師は国分寺の僧次により、これを補することとした。

同二十四年十二月二十五日、諸国講師の年限を六年とし、その選任を慎み、年四十五以上心行不易の者を択ましめ、国司と共に部内の諸寺を検校せしめた。

同十七年九月十七日の官符には、僧の子の蔭を仮りて出身するを禁じ、自今子を息せる僧は一切還俗せしめた。

同十七年十月十七日、破戒の僧或いは生産を営む者は、寺に住しならびに供養に充つるを聴《ゆる》さず。尼またこれに准ずることとした。

同十九年八月十五日、薬師寺僧景国の還俗を許した。同年十月十四日、大安寺僧孝聖の還俗を許した。薬師寺景国の言に、前年制あり、子を息せる僧は還俗せしめよ云々と、由りて還俗を請うと。景国は妻子を有していたのである。これを以ても当時僧侶戒行の状態を察することが出来る。

延暦二十三年正月十一日の勅によれば、諸国緇徒戒行を虧《か》く者多く、講師にしてなお妻孥を有するものありと。

一、財産の取締り

延暦二年六月十日、田宅園地を寺に捨与売買することを禁じた。

同十四年四月二十七日、百姓の田宅園地を寺と売買するを禁じた。これは令制にもあることであるが、特にこれを厲行せられたのである。

同三年十二月十三日、王臣の家、及び諸司寺家が、山林を併せて利を専らにするを禁じた。

同十年六月二十五日、右の三年の勅により、使を諸国に遣して、公私の地を勘定せしむ。

同十一年四月二日、摂津島上郡にある菅原寺の野・梶原僧寺の野・尼寺野を本主に還与す。寺家自ら買い、又は家を債して償う所なるを以て、法制に違うに由る。

同十二年二月九日故藤原永手の位田播磨国にあるもの、神護景雲三年、勅により四天王寺に施入したのであったが、位田は身一代を以て限りとするにより、永く寺家に入ることは国憲に違う。この日勅して、先朝の既行にかかるを以て収還せざらしめた。

同十二年七月十五日、葛野郡にある神田、都の中に入るものあり、郡田を以てこれに代り充てしめた。但し寺田はその代を充つることなからしめた。

同十五年三月二十五日諸国定額寺資財を、国司・三綱・檀越をして検校せしめた。

同十七年正月二十日、諸国定額寺の資財帳を官に進むることを停め、遷替国司をして相続いで検校せしめた。

同二十四年正月三日、定額諸寺の、権貴に仮託して、寺を王臣に付け、詐って檀越と称し、田地を売買するを禁じた。

寺の財産の多きはその勢力を増長せしむる所以であり、これに檀越がついてなお勢を増す。故にこれを取締ったのである。しかして大寺といえば多くは奈良にあり、故にこの取締りはすなわち奈良の大寺の驕傲を制する所以である。

この頃、僧侶が高利貸質商を営んで出挙の利を貪るものが多かった。延暦二年十二月六日、勅して京内の諸寺利潤を貪り求め、宅を以て質に取り、利を廻して本となす、ただに綱維法を越ゆるのみに非ず、そもそもまた官司阿容せり。宜しくそれ多歳を経るとも一倍を過ごすことなかれ。もし犯せるものあらば、違勅の罪を科せ。官人はその見任を解き、財貨は没官せよと仰せられた。

同十四年十一月二十二日、諸国出挙にかかる七大寺の稲、施入以来代を経ること遠く、その利極めて多く、百姓困窮す。よって寺家所在見僧支度、年中雑用を計りて、出挙の数を省減し、百姓の愁を息めした。

大同元年〔西暦八〇六〕（一四六六）八月二十二日、王臣勢家が諸寺の本願を顧みず、檀越を追い、自らその田園を占むるを禁じた。

同年八月二十七日、檀越が寺田を占領し、これを佃《か》りて租米を納れず、寺の財物を私用し、山林樹木を伐採し、ほしいままに三綱を改補するを禁じた。

同三年九月十六日の勅に、権に入るの食封は、限り令条に立つ。比年行う所、甚だ先典に違う。それ招提寺封五十戸・荒陵寺封五十戸・妙見寺封一百戸・神通寺封二十戸は宜しく且《しばら》く穀倉院に納むべしとある。

これ等は桓武天皇の御代ではないけれども、この時代における寺院統制の主義の、なお後代に継承せられたことを見るに足るものである。

一、私寺の禁

延暦二年六月十日、私に道場を建て、また田宅薗池を売買するを禁じた。勅に曰く、京畿定額の諸寺その数限り有り、私に自ら営作すること、先にすでに制を立つ。比来所司寛縦にして、かつて糺察せず。如《も》し年代を経ば、地として寺あらずということなからむ。宜しく厳に禁断を加うべし。自今以後私に道場を立て、及び田宅薗地を将て捨施し、ならびに売り易《か》えて寺に与えば、主典已上は見任を解却し、自余は蔭贖を論ぜず、杖を決すること八十、官司知って禁ぜざる者も、また与《とも》に同罪ならむと。私に道場を建つることは、僧尼令第五条において禁ぜられた所である。

延暦十一年十一月二日故入唐大使藤原朝臣清河の家を捨して寺となすことを許され、号して済恩院という。これは特に勅命を以て許されたのである。

同十二年十月六日、和気朝臣清麻呂奏請して、能登国墾田五十八町を神護寺に施入した。この寺は、清麻呂が道鏡一件のあった時に当り、神に誓った立願を果さんがために建てた寺である。その建立の年は明らかでない。この墾田施入の記事を以て初見とする。この寺も、初めは公に認められなかったので、天長元年〔西暦八二四〕（一四八四）に至ってこれに代えるに高雄山寺を以てし、名を神護寺と賜い、定額に列せられた。勅に曰く、正五位下行河内守和気朝臣真綱・従五位下弾正少弼和気朝臣仲世等言す。臣聞く、父構えて子終る、これを大孝と謂う。公を営み可を献ず、これを至忠と謂う。惟忠惟孝、順わざるべからざるなり。昔景雲年中、僧道鏡佞邪の資を以て、玄扈の上に登り、辱《かたじけな》くも法王の号を僭し、遂に窺覦の心を懐き、邪幣を群神に偏し、権譎を佞党に行う。ここに八幡大神、天嗣の傾弱を痛み、狼奴の将に興らんとするを憂え、神兵鋒を尖し、鬼戦年を連ぬ。彼は衆我は寡、邪は強くして正は弱し。大神自威の当り難きを歎じ、仏力の奇護を仰ぐ。すなわち御夢に入り、使者を請う。勅有り、臣等の故考従三位行民部卿清麻呂を追引し、面り御夢のことを宣う。よりて天位を道鏡に譲る事を以て、大神に言わしむ。清麻呂詔旨を奉じ、宇佐神宮に向う。時に大神託宣すらく、夫《それ》神に大小有り、好悪同じからず。善神は淫祀を悪《にく》み、貪神は邪幣を受く。我は皇緒を紹隆し、国家を扶済せんがために、一切経及び仏を写造し、最勝王経万巻を諷誦し、一伽藍を建て、凶逆を一旦に除き、社稷を万代に固む。汝この言を承り、遺失有ることなかれと。清麻呂、大神に対って誓って云わく、国家平定の後、必ず後帝に奏し、神願を果たし奉らむと。粉骨殞命、神言に錯わず。還りてこの言を奏す。時の不遇に遭い、身刑獄に降り、遂に荒隅に配せらる。幸いに神力を蒙り、再び帝都に入る。後、田原天皇宝亀十一年〔西暦七八〇〕（一四四〇）、数々この事を奏す。天皇感嘆し、親《みずか》ら詔書を製す。未だ行わざるの間、譲位の事に遇う。天応二年〔西暦七八二〕（一四四二）又これを奏す。柏原先帝、すなわち前詔を以て、普く天下に告ぐ。延暦年中に至り、私に伽藍を建て、名づけて神願寺と曰う。天皇追いて先功を嘉し、神願寺を以て定額とす。今この寺の地勢汚穢なり、壇場に宜しからず。伏して望むらくは、高雄寺と相替えて、以て定額となさん。名を神護国祚真言寺と曰い、仏像一、大悲胎蔵及び金剛界等に依り、真言を解する僧一七人を簡《えら》び、永く国家のために三密法門を修行す。その僧闕あらば、道行ある僧を択び、これを補う。又貞操の沙弥二七人を簡び、守護国界王経及び調和風雨成熟五穀経等を転読せしめ、昼夜更代その声を断たず。七年の後、得度に預らしむ。一にはすなわち大神の大願を果たし、二にはすなわち国家の災難を除かん者《て》えり。勅す、一代の間毎年一人を度するを聴《ゆる》す。又備前国水田二十町を二世に伝え、功田となす者を賜い、彼寺に入れ充て、神願を果さば更に二世を延べよ。自余は請に依れと。

延暦二十四年〔西暦八〇五〕（一四六五）十月十九日、坂上田村麻呂の造る清水寺に太政官符を下して、その寺地を賜い、また弘仁元年〔西暦八一〇〕（一四七〇）十月五日には勅印を賜った。この頃、官寺を除く外、私建立の寺はことごとく破却して、これを東寺・西寺に移したが、田村麻呂の清水寺は、特に免ぜられた。この清水寺の起りを尋ぬるに、初め大和八多郷子嶋寺の住僧報恩大師という者の門弟に賢心というものがあって、観世音を供養していたが、宝亀九年〔西暦七七八〕（一四三八）四月八日、淀川より遡って東山に到り、滝の水の下に停った。ここに一僧庵あり、中に白衣の老翁があって曰く、我が名を行叡という、汝しばらくここに止って檀越の伽藍を建つるを待てよと云い終って東方を指して飛び行く。その後宝亀十一年になり、坂上田村麻呂が東山に狩し、水を飲まんがために滝の下に到り、賢心に会い、その骨相非凡なるを見て師弟の約を結んだ。時に田村麻呂の室三善高子病あり、賢心をしてこれを祈らしめ、すなわち癒えた。よって私宅を捨てて賢心に与え、山を穿ち谷を埋めて仏宇を造り、観音の像を安置し、賢心の名を改めて延鎮とした。ついで田村麻呂は東夷征伐のために発向し、行くに臨んで延鎮に云って曰く、速かに凶を討って帰洛せば、この寺を荘飾せんと。凱旋の後、延暦十七年七月二日伽藍を建てた。これが清水寺の建立縁起であ

る。〈関連漢文史料省略〉

私寺の禁は厳に厲行せられたらしい。延暦寺の如き、その起りは、延暦七年〔西暦七八八〕に最澄がいわゆる根本中堂すなわち一乗止観院を建てたに始まるけれども、久しく公認せられないで、比叡山寺という名のみで、一の練行修道の場たるに過ぎなかった。故に朝廷では、最澄はただ近江国分寺すなわち国昌寺の僧として扱われていた。これは私寺の建立を認められなかったからである。故に延暦二十四年〔西暦八〇五〕最澄帰朝後、高雄山寺において、伝法灌頂を行った後、朝廷より伝法の公験を賜わった時にも、国昌寺僧最澄とあって、「右住於平安東岳比叡峯精進練行」とある。延暦寺が公認せられたのは、翌二十五年に天台宗の開立を許された以後のことである。しかもなお比叡山寺という名で存していた。弘仁十三年〔西暦八二二〕（一四八二）最澄の寂した翌年十四年二月に、延暦寺の号を賜わったのである。

空海の如きも、高野山を点定し、弘仁七年上表して、ここを入定の地として賜わらんことを請うて許された。それが後に寺になったのである。その外の所では、新しい寺を建てることができなかったので、弘仁元年東大寺の別当となり、弘仁の初めに和気氏の寺高雄山寺を預り、弘仁十四年に東寺を預るのみであった。

鞍馬寺の如きも、その初めは、延暦十五年東寺の造寺長官藤原伊勢人が一私寺として建立したに過ぎなかったので、毘沙門天を以て本尊とし、王城の北方に当って国家鎮護のために建てられたものであった。この後永く公には認められなかったらしい。約百年を経て、根本別当峯延の名が初めて現れる。峯延は宇多天皇の寛平〔西暦八八九―八九八〕年中に鞍馬寺の附属を受けた。この頃から寺基が固まったらしい。

かくの如く桓武天皇の御代には寺の建立は厳に取締られ、その余勢はなおしばらくつづいたが、仁明天皇の頃からこの制が大いに乱れるようになった。

平安奠都に伴う近畿寺院の興隆　桓武天皇は寺院を抑え、これを制御するに力を用いられたけれども、それは主として奈良の旧仏教徒に対してのみのことであって、一方においては、近畿の諸寺を興隆して、以て奈良の旧寺院に対抗せしめられたのである。すなわち延暦十年四月十八日、山城の諸寺の浄図を修理せしめた。これは奠都に伴う事業として、その美観を添えるという意味もあったであろうが、その主なる意味は、奈良の寺院に対抗のためであろう。延暦寺を保護せられたのも、またその意味から出た事である。延暦五年正月二十一日、近江滋賀郡に梵釈寺を造った。同七年六月九日、下総越前二国の封各五十戸を梵釈寺に施し、同十年近江水田一百町を施入し、同十四年九月十五日梵釈寺建立の勅を賜い、十禅師を置き、これに依って勅願寺と定められた。〈当該漢文史料省略〉

同十八年十二月二十一日、等定をして梵釈寺の事を検校せしめた。その後常騰がその別当となった。

延暦十五年に東寺を創め、十九年の頃には東西二寺を造営した。その頃伊賀国において工臣豪民が山林を占めて民利を妨ぐるを禁ぜられた。時に東西二寺のみは、その巨樹直木を採ることを許された。又その頃、私寺を毀して東西二寺に移されたことがある。

僧侶の優遇　桓武天皇は奈良の僧侶に対して圧迫を加えられたが、一方においてこれに代るものを要《もと》めて、教界の刷新を図り、嵯峨天皇また先帝の御志を継ぎたまい、新宗を保護し、その興隆に力を致され、高徳の僧を優遇せられた。玄賓・最澄・空海の如きはその最も著しい例である。最澄及び空海に就いては別に述べる。ここには玄賓の経歴の一斑を記そう。

玄賓は興福寺の僧、常に俗事を厭い、山林に思いを寄せ、伯耆国に隠れた。桓武天皇その高徳を聞し召され、延暦二十四年三月二十三日、特に伯耆に使を遣してこれを講ぜられた。その頃、伝灯大法師位を授けられたと見えて、同年七月十五日伝灯大法師位玄賓に度者を賜うということがある。平城天皇大同元年〔西暦八〇六〕（一四六六）四月二十三日、玄賓を大僧都に任ぜられた。この後隠遁したもののようである。嵯峨天皇の時に至り、大同四年四月二十一日、また書を賜うてこれを召された。〈当該漢文史料省略〉

弘仁二年〔西暦八一一〕（一四七一）五月十六日また書を賜い、法服一具を給せらる。〈当該漢文史料省略〉

同十一月十三日また書を賜うてこれを存問し、綿百屯・布三十端を賜わった。玄賓上表して恩を謝した。同三年五月二十日、使を遣してこれを問わしめ、法服及び布三十端を施された。同十二月四日また御書及び綿布等の物を賜わった。同四年五月十七日、御書及び布を賜い、同五年五月二十三日には、御製の詩を賜い、かねて布三十端を施さ

れた。凌雲集に嵯峨天皇御製「贈賓和尚」の一篇がある。恐らくこの時のものであろう。〈当該漢文史料省略〉

同七年五月五日、また御書を賜うて、起居を問い、白布三十端を給せられた。〈当該漢文史料省略〉

この頃には玄賓は備中に住していたらしい。すなわち同八月二十日、玄賓の苦行を賞して、その存生の間、その住する郡備中国哲多郡の庸米を停めて、代りに鉄を進めしめ、以て民費を省かしめた。同十月十二日、綿百屯を施し、同八年十月九日、又綿百屯を施された。同九年六月十七日寂した。嵯峨天皇は御製の詩を賜わってこれを弔せられた。〈当該漢文史料省略〉

清和天皇貞観七年〔西暦八六五〕（一五二五）八月二十四日の勅に、昔弘仁の末、沙門玄賓、伯耆国会見郡において建立する所の阿弥陀寺の寺田十二町九段四十歩の租を免ずとある。その遺芳はこの頃に至ってもなお高く薫じて居たのである。

嵯峨天皇が仏教における御趣味の豊かにましましたことは、御製の詩の上にも拝することができる。〈当該漢文史料省略〉

凌雲集・経国集・文華秀麗集には、この外にもなお僧侶に賜わった多くの御製が収められてあって、天皇の御文藻と共に御道心のほどを窺うことができる。

淳和天皇にもまた仏教に関する御製が少からず伝えられてある。〈当該漢文等史料省略〉

天長七年〔西暦八三〇〕（一四九〇）天皇は諸宗に勅して、おのおのその宗義の肝要を撰進せしめられた。よって空海は秘密曼荼羅十住心論十巻を著わして上り、尋《つい》でまた秘蔵宝鑰三巻を上った。天台の義真は天台法華宗義集一巻を作り、法相宗の護命は大乗法相研神章五巻を作じ、律宗の豊安は戒律伝来記三巻（具さには戒律伝来宗旨問答という）を作り、華厳の普機は華厳宗一乗開心論六巻を作り、三論の玄叡は三論大義抄四巻を作って、これを上った。義真の天台法華宗義集には、天皇を讃し奉って、「九流通覧すでにその端涯を究め、八教洞察してまたその蘭菊を採る」といい、豊安の戒律伝来記には、「神襟を禅寂に遊ばし、叡思を釈流に分かち、巌廊の辺時に経行の地あり、御窟の下自ら知意の山を作す」と述べている。

※

奈良時代より平安時代初期に至る地方文化の発達と仏教

平安時代初期にあっては、仏教に依る地方文化催進の事蹟がすこぶる著しく現れて居る。しかしてその傾向は、既に奈良時代以前にも有ったことは、前に第二章において述べた通りである。

奈良時代に入って、国分寺の創立が地方文化の発達に与って大いに力あったことは、すでに第三章において述べた所であるが、地方の文化は、これを中心として、たえず京都との聯絡交通によって、その刺戟を受けたに相違ない。国分寺には僧二十人、国分尼寺には尼が十人居た。この外にその国の講師または読師が居て、それ等のものの読経講論は、地方人民の精神界に如何に潤いを与えたことであろうか。

また国分寺に限らず、その外の諸寺もそれぞれその地方の文化催進に大なる貢献したことと思われる。

鎌谷木三次氏著「播磨上代寺院阯の研究」に拠れば、同国に存する寺院阯にして、その礎石又は瓦等に依りて奈良時代と認むべきものは、昭和十一年〔西暦一九三六〕までに発見せられたもの、国分僧寺及び国分尼寺の外、およそ十五を数える。すなわち左の通りである。

一、本郷廃寺　飾磨郡四郷村大字本郷
二、上原田廃寺　飾磨郡花田村大字上原田
三、小川廃寺　飾磨郡花田村大字小川
四、市之郷廃寺　飾磨郡城南村大字市之郷
五、白国廃寺　飾磨郡水上村大字白国
六、平野廃寺　飾磨郡城北村大字平野
七、長坂寺廃寺　明石郡魚住村大字長坂寺大字金ヶ崎
八、古大内廃寺　加古郡野口村大字古大内

九、北宿廃寺　印南郡別所村大字北宿
一〇、新部廃寺　加東郡河合村大字新部
一一、野条廃寺　加西郡下里村大字野条大字東笠原大字西笠原
一二、西脇廃寺　揖保郡太市村大字西脇
一三、中井廃寺　揖保郡小宅郡大字中井
一四、小犬丸廃寺　揖保郡揖西村大字小犬丸
一五、落地廃寺　赤穂郡船坂村大字落地

松田福一郎氏蔵弃に、大智度論巻六十六の一帖がある。その奥書に、

天平六年歳次甲戌十一月二十三日写針間国賀茂郡既多寺
針間直姪貴

とある。この既多寺の所在は、今明らかでないが、かような経典を書写したことから見れば、相当な寺であったことと思われる。

右はただ播磨一国の例であるが、この外の国々にも、その分布の厚薄はあるとしても、なお多くの寺院の存在していたことは、近頃発見せられた遺阯の意外に多き事によって察することができる。

試みに、近年文部省において指定せる史蹟について見るに、その奈良時代の寺院の阯と認むべきものは、大凡左の通りである。（国分寺を除く。またここには主として地方について叙ぶるに由り、奈良県の分は省く。）

新治廃寺阯　茨城県真壁郡新治村大字久地楽字台、大字古郡字池、小森字北原
山王塔阯　群馬県群馬郡総社町
武井廃寺塔阯　同勢多郡新里村
竜角寺境内塔阯　千葉県印播郡安食町大字竜角寺字新房
北野廃寺阯　愛知県碧海郡矢作町大字北野

大山廃寺阯　　同東春日井郡篠岡村大字大山
舞木廃寺塔阯　　同西加茂郡猿投村大字舞木
長楽山廃寺阯　　三重県阿山郡中瀬村（国分尼寺阯かという）
百済寺阯　　大阪府北河内郡枚方町
岩井廃寺塔阯　　鳥取県岩美郡岩井町大字岩井
栃本廃寺塔阯　　同岩美郡大茅村大字栃本字塔ノ垣字下塔垣
土師百井廃寺塔阯　　同八頭郡国中村大字土師百井字慈住寺
大原廃寺塔阯　　同東伯郡西郷村大字大原
斎尾廃寺阯　　同東伯郡伊勢崎村大字槻下字斎尾
下府廃寺塔阯　　島根県那賀郡下府村字上寺イボカワ
幡多廃寺塔阯　　岡山県上道郡幡多村大字赤田
比江広寺塔阯　　高知県長岡郡国府村比江字土居屋敷
塔原塔阯　　福岡県筑紫郡二日市町大字塔原字原口
大分廃寺阯　　大分県嘉穂郡大分村大字大分字塔床

さて、平安時代の初期において、仏教が地方文化の発達に資した事蹟の主なるものを挙げて見るならば、

一、日光中禅寺　勝道上人これを開く。時代は恐らく奈良時代の末であろう。空海の作にかかる勝道上人碑がある。その文句は性霊集にも収められて確かなるものである。（但し神護寺に存する勝道上人碑文は空海の自筆と伝えて居るけれども、真筆ではない。）

二、日光滝尾権現　日光輪王寺所蔵に滝尾権現草創記というものがある。弘仁〔西暦八一〇—八二四〕時代の筆写にかかる。すなわち滝尾権現は少なくも弘仁の頃に創まったものである。中禅寺立木観音もその製作は弘仁時代である。

三、上野国山上多宝石塔　勢多郡新里村大字山上《やまかみ》字相窪《そうがくぼ》にあり、昭和三年〔西暦一九二八〕一月の発見にかかる。

三層の塔で、左の銘がある。

如法経王　奉為朝庭　神祇父母　衆生含霊

小師道輪　延暦廿年　七月十七日　□□無間

受苦衆生　永得安楽　令登彼岸

すなわち延暦二十年〔西暦八〇一〕七月十七日に僧道輪という者が、朝廷神祇父母衆生のために如法経を書写してここに納めたものである。附近に遺る字名によってこの地が昔寺趾であったことが知られる。

四、最澄の六所宝塔　最澄が発願して、日本に六箇の塔を造り、各千部の法華経を書写してこれを安置しようとした。すなわち叡山の東塔・西塔・上野・下野・宇佐弥勒寺・豊前竈門山の六箇所がそれである。この中五箇所は最澄の在世及び滅後に造られたが、宇佐弥勒寺の分のみが、写経半ばにして焼亡したので、承平七年〔西暦九三七〕（一五九七）末葉弟子兼祐といえる者が発願して、宇佐の代りに筥崎宮においてこれを書写造塔せんとし、これを太宰府に願い出で、府はこれを許して筥崎宮に牒したことがある。

五、徳一　徳一は藤原仲麻呂の子で、興福寺の修円に就いて法相を学び、東大寺に住した。後に東国に赴き、会津に在って、その地方の文化の開発につとめた。徳一を開山とする寺がこの地方に多くある。すなわち恵日寺・柳津円蔵寺（虚空蔵）・勝常寺などその有名なるものである。これ等の寺院には、弘仁時代の仏像を安置するものが少からずある。けだし徳一時代のものであろう。筑波山中禅寺（今筑波神社）の如きも、徳一の開いたものである。徳一と最澄の論難は特に有名なるものである。

六、円仁　円仁が開いたと称する寺が上野・下野地方に多い。その何れまでが確かであるか明らかではないけれども、円仁は下野の出身の人であるから、この地方に多少の関係ある寺があったのであろう。

七、霊山《りょうぜん》　岩代伊達郡にあり。山は高さおよそ八百米あり、南と西の二面は、峩々として絶壁を成し、恠巌奇石畳々として屹立して居る。山頂面積やや広く、高低起伏あり。その北部に霊山寺の阯がある。この寺は貞観元年〔西暦八五九〕（一五一九）円仁の開く所と伝える。林中にその礎石あり。相当な大伽藍の存在していたことが知られる。坊阯と覚しきものの礎石が三十二箇所にあるという。仮りに一坊に十人ずつ居たとしても、三百人の僧侶が居たわけである。円仁の独鈷の井と称する湧泉があり、日吉社の阯もある。西の方三里を距つる大鳥居村は、山王の一の鳥居阯、北の方二里なる大門村は霊山寺の大門阯と伝える。要するにこの地方において重きを成した寺であったことが窺われる。後に至り元弘三年〔西暦一三三三〕（一九九三）北畠顕家が義良親王を奉じて奥羽を鎮するや、初めは多賀国府にあり、ついで賊兵の迫るに及びこの山に移った。その恃む所は、この霊山の険と、霊山寺の衆徒の勢力にあったのである。今に国司館阯と称する所がある。やがて顕家は上洛して、近畿諸方に転戦し、ついに和泉石津に陣歿した。霊山寺は顕家上洛の後、足利方より攻めてことごとく堂宇を焼いたと伝えられる。この後再興せられ、ついで幾多の変遷を経て、慶長七年〔西暦一六〇二〕に火あり、それより寺塔廃すという。

八、立石寺《りっしゃく》　羽前東村山郡にあり。俗に山寺《やまでら》という。清和天皇貞観二年〔西暦八六〇〕（一五二〇）に円仁慈覚大師の開創する所と伝えて居る。（山寺状序に拠る。山寺状は延宝〔西暦一六七三―一六八一〕年中松本一笑軒の作、序は享保七年〔西暦一七二二〕一笑軒の弟子四宮梅隠の撰にかかる。吉田東伍氏大日本地名辞書に出羽風土略記を引いて、三代実録に出羽国貞観寺預二之定額一とあるは、立石寺の事にやとあるけれども、この文は三代実録に見えず、何かの誤りであろう。）境内危石佐岩羅列し、中に聳えて高き一石あり、よりて寺名とすという。延喜式に出羽正税の下に五大尊常灯節供料五千三百束とあるは、当山の事であろうという。今も五大尊堂がある。この寺の灯明は、円仁が叡山の根本中堂不断の灯明を分け携えていったものだという。元亀二年〔西暦一五七一〕（二二三一）叡山が織田信長に攻められて根滅した時に、根本中堂の不断灯明が断滅したので、その後再建の時に、立石寺の灯明を以てこれを続いだという。

この時代の初めに及んで、蝦夷征討の業大いに進み、桓武天皇の延暦七年〔西暦七八八〕（一四四八）には紀古佐美、同十三年には大伴弟麻呂、同二十年には坂上田村麻呂等の征伐があり、嵯峨天皇の御代には、弘仁二年〔西暦八一一〕（一四七一）文屋綿麻呂によって、殆んど根柢的に蝦夷の巣窟を平げた。この後陸奥方面においては静平を保つことを得た。出羽方面においては、清和天皇・陽成天皇の御代において、藤原興世・藤原保則・小野春風等によって、殆んど蝦夷を屏息せしめた。この前後、陸奥出羽方面において仏教に依る蝦夷の感化もすこぶる進んで居たようである。陸奥方面では、貞観十五年〔西暦八七三〕（一五三三）十二月に国分寺に五大菩薩の像を安置し、以て蛮夷の心を粛《しず》め、吏民の怖意を安んぜしめ、元慶五年〔西暦八八一〕（一五四一）十一月には安積郡弘隆寺を天台別院とした。淳和天皇の天長七年〔西暦八三〇〕（一四九〇）には秋田に四天王寺の名が見え、同じく十年には出羽の俘囚の得度したものがあり、仁明天皇の承和四年〔西暦八三七〕（一四九七）には最上郡に済苦院が建立せられ、文徳天皇の斉衡三年〔西暦八五六〕（一五一六）には出羽の法隆寺が定額に列せられ、清和天皇の貞観七年〔西暦八六五〕（一五二五）には同国観音寺が定額に預り、八年には同じく出羽の瑜伽寺、同九年には同国長安寺・霊山寺、同十二年には安隆寺が何れも定額寺に列せられた。（定額に預り、或いは定額寺に列するというは、朝廷の僧綱の管理を受けず、自治を許され、特別保護を受ける、或る一定の数の寺に列せられることをいう。）かようにして仏教は東北地方の開拓にも多く利用せられた。

貞観前後の時代

承和の頃（一四九四―一五〇七〔西暦八三四―八四七〕）から思想界に迷信的傾向が強くなり、信仰堕落の傾向が現れて来た。その事例を挙げると、物怪が承和の頃から多く見えかかる。物怪があらわれると、読経してこれを謝す。この事は弘仁・天長の頃（一四七〇―一四九三〔西暦八一〇―八三三〕）にもあるが、承和の頃から殊に著しくなって来た。承和四年〔西暦八三七〕（一四九七）七月三日、内裡物怪あるを以て、十五口の僧を常寧殿に引きて、昼は読経し夜はすなわち悔過せしめた。同八年閏九月十五日には、沙弥二十口を常寧殿に請じて、二日を限り読経せしめ、物怪を謝した。同じく十年五月十四日・八月二十四日・十二年三月六日・十四年三月十一日等にも、この事が見える。十年頃のは特に理由のあった事で、すなわち橘逸勢の乱に坐して、皇太子恒貞親王が廃せられたことに関係して、物怪が現れたのである。十二年には社神道路の鬼の祟りにより、蝱《あぶ》が多く現れて、牛馬を嚙み、そのため牛馬が多く斃れた。鬼の祟りは、承和七年五月、淳和天皇崩御の前、御病篤きに臨んで、遺詔あらせられた時にも、「人没すれば精魂天に帰し、しかして空しく冢墓を存す、鬼物焉《これ》に憑《よ》る、終にすなわち祟りをなす」云々とあって、一般にこの頃に存した迷信であった。

仁明天皇崩御の時の有様によっても、当時の信仰の状況が知られる。すなわち嘉祥三年〔西暦八五〇〕（一五一〇）二月には、天皇不予によって、諸寺に延命法を修し、衆僧禁中に加持し奉り、或いは絹十二疋を績命幡として、十二の大刹に懸け、或いは道士の観善等が加持し奉り、三月になっても、同じく紫宸殿に大般若経を転読し、五日より十九日に至る迄、加持の事あり、二十一日終に崩御あらせられた。

清和天皇の時になりては、祈禱加持はいよいよ盛んになり、祈雨等の修法がしばしば行われた。元慶元年〔西暦八七七〕（一五三七）六月十二日に、近畿の諸寺において読経して雨を祈り、同二十六日には、僧教日が神泉苑で金翅鳥王経の法を修して雨を祈った。翌日には権律師延寿と橘広相とを東大寺に遣わして修法祈雨し、七月七日には祈雨読経三日、九日になり更に二日を延したが験がない。僧中慙愧して潜かに逃るるものあり。十三日になり、内供奉徳寵の申すにより、その弟子の乗縁をして咒誦祈雨せしめ、限るに五日を以てした。その日未の刻に至り暴雨あり、たちまち曇りたちまち霽《は》れ、雨沢洽《あまね》からず、十四日雷雨あり、十五日また雷雨、同十六日雨遍く、激雨降り、士大夫慶を称して歓呼した。この頃から祈雨のことが盛んになり、平安鎌倉時代を通じて盛んに行われた。

清和天皇の頃には、辺海の警にも修法を行うた。この頃新羅の勢甚だ強く、しばしば我が邦に寇せんとするの形勢が見えたので、これを鎮めんがために、仏法の力を仮らんとしたのである。すなわち貞観九年〔西暦八六七〕（一五二七）五月二十六日には、四天王の画像を伯耆・出雲・石見・隠岐・長門等の国に下し、警備のため尊像に帰命し、賊心を調伏し、災変を攘わんがために、地勢の高燥にして、賊境を瞰うに足るの道場を選び、もしこれなくば善地を択んで寺を建てしめ、像前に最勝王軽の四天王護国品を読ましめた。元慶二年〔西暦八七八〕（一五三八）六月二十三日には、因・伯・雲・隠・長の国々をして、四天王の像前に調伏を行わしめ、同六月二十八日には、大元帥法阿闍梨寵寿を出羽に遣わして降賊の法を修せしめた。これ等の事蹟は、軍備が弛み、外交振わず、仏法の力のみに頼らんとするのであって、国民気力の弛緩を示すものである。

清和天皇は仏法に深く入り給い、御在位の間は真雅が聖躬を護持し奉り、真雅遷化の後は、宗叡が常に侍し奉った。

御晩年の御修行は実に尋常に非ず。御譲位の後元慶三年〔西暦八七九〕（一五三九）五月に、清和院から粟田院へ遷御あらせられ、落飾入道し素真と号せられた。粟田院はもと基経の山荘であったのを寺としたものである。それより大和・摂津の名山を巡り、丹波の水尾山に至り給い、ついでそこを出でて嵯峨に遷り、棲霞観に御した。ここはもと源融の別荘で、後に寺となったものである。元慶四年十一月、更に粟田院に帰り給い、ここで修業を始められ、その院を寺とし円覚寺と称した。同年十二月四日、終にこの寺において崩御ましました。宝算三十一歳であらせられた。位を退かれて後は、朝夕の御膳は蔬菜に限り、妍状豊姿を斥け、（大日本史后妃伝に拠れば、当時女御更衣は二十七人ありしという。）山荘に御して六時苦修し、水尾山に入御の後は、酒酢塩豉をも御せず、二、三日を隔てて一たび斎飯を進む。焦毀削るが如く、極位の尊を以てして、修練者の難行とする所をことごとく行い給い、遂に疾を獲て、近侍の僧をして金剛輪陀羅尼を修せしめ、西方に向って結跏趺坐し、手に定印を結んで崩御あらせられた。宸儀動かず、厳然として生き給えるが如く、念珠なお懸り、聖躬坐ら崩じて、遂に頽臥せざるを以て、棺の制を輿に同じくしたという。

さて仁明天皇・清和天皇の頃は、時代の信仰は全体として不健全であったが、それは主として加持祈禱の盛行によるものである。祈禱の流行は密教の隆盛に伴うものである。日本に密教を伝えたのは八人ある。最澄・空海・常暁・円行・円仁・慧運・円珍・宗叡である。最澄と円仁と円珍とは天台宗であり、他の五人は東寺の派であった。そこで東寺の一派を東密といい、天台宗に伝えた密教を台密という。支那に在っては密教は不空三蔵の頃盛んであったが、それは唯経文の翻訳に止まり、教義の組織的説明もなく、未だ一宗を開く迄には至らなかった。しかるに日本にあっては、空海が密教をもたらし帰り、雄大なる思想を以て、華厳の教理を併せて密教を説き、これから日本の密教が発達した。空海より数代を経て、寛平・延喜の頃、益信（延喜六年〔西暦九〇六〕一五六六寂）聖宝（延喜九年寂）が出た。この二人の派が後にいわゆる広沢と小野の二流となり、更に三十余派に分れるのである。一方天台宗に在っては最澄はその四種相承において密教を伝え、その後円仁・円珍相ついで入唐して密教を伝え、ここに我が天台宗は大いに面目を改めた。我が天台の支那のそれと異るのは密教の祈禱である。天台の根本聖典たる法華経に対し、智者大師は五時八教の教判を以て、これを仏法の最上のものとして居るが、日本天台では密教を尊重して、天台の教理を以て密教より劣れるものとなし、法華経の代りに大日経を重んじた。最澄は顕密二教彼此相同とし、天台と密教とに同地位を与えたが、円仁は理同事別と説き、密教を天台よりやや尊重する傾きがあった。円珍に至っては顕劣密勝と説いて、密教を法華円教の上において居る。安然の出るに及んで更にその内容を充実して台密の教義を大成したのである。

かくして密教全盛となり、祈禱万能の相を現わしたのである。祈禱という事は、素より平安時代以前よりあり、殊に奈良時代にも盛んに行われて居るが、しかし奈良時代の祈禱は国家的のものが多く、国家の安危、人民の休戚に関するというような場合に多く行われた。しかるに藤原時代になって、個人的祈禱が多く、殊に仁明大皇・文徳大皇の頃から多くなった。誰か一人のために祈る、又はある一家のために祈るということが多くなった。殊に僧侶が藤原氏と結んで、その一門のための祈禱を修することが多くなった。甚しきに至っては、皇位継承問題に関して、党を分って祈った例もある。かくて仏教は藤原氏のために利用せられ、僧侶と政治家の結託の弊が著しく現れた。この祈禱の傾向は、年を逐うていよいよ激しくなり、醍醐天皇から一条天皇の時に及び益々盛んになる。

かように祈禱が盛んになるにつれて、私寺の建立が益々多くなった。桓武天皇はこれが統制に留意し給い、大いに整理に務められたことは、既に前に述べた通りである。しかるに仁明天皇の前後から、私寺の禁がようやく弛んだ。その実例を左に掲げる。

愛宕の岡本堂　賀茂社の東一里ばかりにあり。賀茂の神戸の百姓が賀茂の大神の奉為《おおんため》に造ったものであるが、天長年中検非違使ことごとくこれを毀廃した。同十年〔西暦八三三〕（一四九三）十二月に至って、特に勅して仏力神威相須《ま》つこと尚《ひさ》し、今本意を尋ぬるに事神力に縁る、宜しく彼の堂宇改建を聴《ゆる》すべしと仰せ出された。

河内観心寺　河内の観心寺は、天長二年の頃から真紹がこの山に住して私に建てたものであった。承和三年〔西暦八三六〕（一四九六）三月十三日、太政官符を以てこの地を寺に賜い、同十年十一月十四日には、当国守を以て寺の別当とし、もし守遥授ならば介を以てこれに充つることとなった。貞観十一年〔西暦八六九〕（一五二九）五月二十七日の官符により、真紹の請を以て、定額に列し僧綱講師の管領を経ず師資相承せしめた。

雲居寺　承和四年二月二十七日、従五位下菅野永岑申す、亡父参議従三位真道が桓武天皇の奉為《おおんため》に建立せる所の道場一宇八坂郷にあり、その疆界が八坂寺に接するによって、道俗これを八坂東院というが、もとより別院である。「伏して望むらくは、限るに四至を以てして、別に一院となし、僧一口を置き、永く護持せしめん」と、すなわちこれを許された。以呂波字類抄に、雲居寺は承和四年菅野真道、桓武天皇の奉為《おおんため》建立とある。これによって見れば、いわゆる八坂の東院はすなわち雲居寺である。平安時代の末に、瞻西が寺の西に別に一堂を建てて、八丈の阿弥陀像を安置し、勝応弥陁院と号した。後にこの堂を雲居寺と称するようになった。

慈恩院　承和十一年〔西暦八四四〕四月三十日、滋野貞主が居宅を捨てて道場とし、これを西寺に入れ、別院として、慈恩院と号した。

海印三昧寺　仁寿元年〔西暦八五一〕（一五一一）三月二十二日、道雄の請により、華厳宗寺山城海印三昧寺を定額とし、別当を置き、年分度者二人を定め、叡山の例に準じて十二年籠山修練せしめた。五月二十一日度者に課すべき論疏を定めた。

伊豆大興寺　斉衡二年〔西暦八五五〕（一五一五）九月二十八日、伊豆の大興寺を定額に列して、海印寺の別院とした。これは孝子丈部富賀満の建つる所である。

泉湧寺　これは斉衡三年、左大臣藤原緒嗣の建つる所である。初めは法輪寺と名づけ、後に仙遊寺と称したが、鎌倉時代建保年中俊芿が改築した時に今の名に改めたのである。

文徳天皇の頃にも私寺の建立は禁ぜられて居たのである。音石山大僧都（明詮）伝を見るに、彼は常に兜率上生の業を修して、元興寺の南に別に一院を建て、工匠に命じて、かつて夢みる所の都率内院の状を説いてこれを作らしめ、弥勒の像を安置した。明詮を悪《にく》む比丘等が、彼を陥れんとして、この院を造るを以てこれを難じ、身元興寺の別当でありながら、私に道場を建てて、ために寺中の僧供飯食を絶つと、使を遣してこれを詰問した事がある。これによって見れば私寺の建立は禁ぜられていたもののようである。

貞観の頃に至って、私寺の禁は更に弛んだ。その例を挙ぐれば、

禅林寺　禅林寺は真紹の建てたものである。真紹は斉衡元年より河内の観心寺に居り、三年の間に仏像を造り、こ

れを京都に運び、藤原朝臣関雄の東山の家を買って寺とし、その仏像を安置した。真紹は律師として僧綱の列に居り、衆僧を統領すべき身であるのに、かえって俗人の家を買って寺とし、私に道場を建て、しかも貞観五年〔西暦八六三〕（一五二三）奏請してこれを定額に列せん事を請い許された。その奏請の文にも、それ僧の俗家を買うは律令の制する所、私に道場を立つるは格式の禁ずる所なり、この禁制を犯し、彼の道場を立つ、これ敢えて法禁に狎《な》れて、ことさらに罪名を招くに非ず、誠に先帝の鴻恩に報じ、区々の至願を果さんことを欲す云々と述べて居る。すなわち先帝の御恩に報ゆるを名として、遂に私立の道場を建つるを許され、禅林寺の号を賜ったのである。

平等寺　平朝臣高棟の建てたもので、もと高棟の別荘であった。山城葛野郡にあり、貞観元年正月十日平等寺の額を賜った。

双丘寺　右大臣清原夏野の山荘を寺とし、後に天安寺と改め、貞観元年定額に列せられた。

神峯寺　僧三澄の建つる所、摂津島下郡にあり。貞観二年九月二十日、この寺を以て真言の一院とし、名を忍頂寺と賜った。

真如院　貞観四年二月十六日、藤原良縄、葛野郡の別荘を捨てて道場となさんことを請う。これを許して、名を真如院と賜った。

報恩寺　同四年十月七日、伴善男、深草にある別荘を捨てて道場とせんことを請う。これを許して名を報恩寺と賜う。この時の奏請文の中にも、毎《つね》に仁祠の舎を建てんことを念い、還って国家の制に違わんことを恐るとあり。斯様に私寺建立の禁はあったが、事実においては、いつも破れたのである。因みにこの寺は山陵の中にあったもののようである。その後、善男は藤原氏との軋轢の結果、応天門に放火の嫌疑を受けて遠流に処せられ、ついで山陵の兆域の中に仏堂を建て死屍を埋めたりとて、これを祓い浄めしめられたことがある。貞観九年十二月十八日、この寺を移却してしまった。

某寺　寺の名は不明であるが、在原善淵（高岳親王すなわち真如親王の御子）が父親王が構えて居られた堂舎の跡に、一寺を建てんことを請い、これを許された。貞観四年十二月二十五日の事である。

近江奥島神宮寺　貞観七年四月二日、僧賢和が近江野洲郡奥島に造れる堂舎を以て神宮寺とせんことを請い、許された。

興隆寺　貞観七年四月十五日、僧延庭、北山に建つる所の興隆寺を以て御願の寺とした。この寺は貞観二年以前に建てたもので、その年詔して木工寮をして堂舎を修造せしめられた。

伯耆阿弥陀寺　弘仁〔西暦八一〇―八二四〕の末頃、沙門玄賓の建てた寺で、貞観七年〔西暦八六五〕八月二十四日、寺田の租を免じた。これも厳密に云えば私建の道場で、その禁を破ったものである、それがかく公に租を免ぜられる迄になったのである。

相応寺　山城乙訓郡にあり。壱演の建てた寺である。貞観七年良房病あり、壱演これを祈って効験あり。同年九月五日、壱演を権僧正に任ぜられたが、壱演はこれを辞したけれども、勅答あってこれを聴《ゆる》さず。重ねてこれを辞したが、優詔してこれを聴さず。八年十月二十日、壱演建つる所の相応寺の四至を定めた。これはもと漁商櫛比の地、往年壱演が水に泛んで橋頭にあり、涼を入れて居た時に、老嫗あって、舎を避けて地を献じた。壱演すなわちその中に居て、いささか壇法を作り、地を平げて旧仏像を得た。良房はために道場を建てんことを奏請し、輪奐備わって、名を相応といい、ここに至って四至を定めた。壱演は翌年寂し、慈済僧正と諡《おくりな》せられた。

妙法寺・最勝寺　貞観九年六月二十一日、近江比良山妙法・最勝両精舎を官寺に列せられた。故律師静安の建てたものである。

大覚寺　大覚寺はもと嵯峨院すなわち嵯峨天皇の山荘である。貞観十八年二月二十五日寺となり、定額に列せられた。

円覚寺　もと粟田院と称し、北白川にある。元慶四年〔西暦八八〇〕（一五四〇）清和天皇不予にましまし、十一月二十五日嵯峨の棲霞観より粟田なる藤原基経の山荘に入らせられた。この処において、落飾入道し給い、遂にこれを道場とせられて、円覚寺と称し、ここに崩御あらせられた。翌年三月特に勅して官寺とし、山城国に下して、国司をしてこれを知らしめた。四月に寺領を賜わり、七月米を送って造仏造寺等の料に充てられた。

雲林院　今の大徳寺の近傍にあり。もとは淳和天皇の離宮で、仁明天皇を経て常康親王に渡った。親王出家して、これを僧正遍照に附属せられ、元慶八年に元慶寺の別院となった。

円成寺　藤原氏宗の居宅で、鹿ヶ谷にあり、その終焉の地である。氏宗の女淑子は宮中に仕えて、尚侍となった。その病に罹った時、益信《やくしん》を請じて験あり、すなわちこれを寺として、益信に附属した。寛平元年〔西暦八八九〕（一五四九）三月二十五日のことである。同年七月二十八日、定額に列せられ、この後寛平九年封戸を施入せられた。そのときの願文が菅家文草に見える。世に益信を円成寺僧正というは、この寺に居たからである。この寺は応仁乱後、大和の忍辱山に移り今に存する。

嵯峨棲霞寺　もと棲霞観と称し、左大臣源融の山荘であった。（嵯峨釈迦堂の東にある。奝然入宋して、栴檀釈迦仏像を持ち帰った時、初め棲霞寺に安置したことがある。）菅家文草所載、道真が融の子湛と昇とに代り、融の周忌法会に当って作った願文の中に、棲霞観を改めて寺となし、一切経を納めて亡父の宿心を果すということがある。その中に、

所天尋常言曰、棲霞観者、嵯峨聖霊久留二叡賞一、仮使暫為二風月優遊之処一、唯願経作二香花供養之地一、是故弟子等新添レ堂、構二於彼観一、全納三経典於二其中一、西方一仏勧請以備二本尊一、東京両家因誓以資二禅定一、皆是所天尊霊之宿心、曾非二弟子遺孤之新意一

とある。これを書いたのが寛平八年〔西暦八九六〕八月十六日であるから、棲霞観が寺になったのはこの頃の事であろう。

かくの如く私寺の禁が弛み、貴族は或いは山荘を捨てて寺とし、或いは居宅を改めて寺とした。その目的は修道のためのものもあったであろうが、多くは一家一門の繁栄を祈るにあった。この後、藤原氏は代々競って寺を建立し、以て現世の栄達子孫の繁昌を願った。

藤原氏の勢いは良房の頃より盛んとなり、他氏との軋轢も劇しく、殊に橘氏との争いが最も甚しかった。池上内親王願経ならびに良房自筆の天請問経は、その間の事情を面白く物語るものである。〈漢文史料池上内親王願経等省略〉

この御願経の趣旨を考えるに、その主要なる点は、宝胤突世、明両重光云々、ならびに内外先親沐於余福云々というにある。内親王は橘氏の出であらせらるるにより、この経を写して、皇室の降昌を祈り、併せて橘氏一門の繁栄を

祈られたものであろう。本文にいう「奉翊聖躬」の聖躬は、仁明天皇を申し、明両は皇太子恒貞親王の御事を申す。仁明天皇は嵯峨天皇の皇子で、御母は橘清友の女嘉智子、すなわち有名なる檀林皇后にまします。恒貞親王は淳和天皇の皇子で、御母は仁明天皇の同母妹正子内親王にまします。恒貞親王は天長十年〔西暦八三三〕（一四九三）皇太子に立てられたが、承和九年〔西暦八四二〕（一五〇二）七月、橘逸勢と伴健岑の乱に坐して位を廃せられた。（後に剃髪して恒寂といい、大覚寺を建てられたのである。）さればこの願経は、恒貞親王の皇太子の位に居られる間、すなわち承和元年〔西暦八三四〕（一四九四）より八年迄の間に、橘氏と藤原氏との軋轢が将に破裂せんとして未だ発せず、暗雲低迷の際において、書写せられたものであろう。これを書写せられた御心中、まことに察するに余りあるものがある。

右の池上内親王願経と同じく、藤原氏との軋轢に就き興味ある材料を提供するものに、良房の書写した天請問経がある。

天請問経奥書

天請問経一部、書写以奉㆑任㆓仏神冥衆之照覧㆒、令㆑円㆓満現世当生之悉地㆒、

承和十二〔西暦八四五〕乙丑 八月四日　大納言良房

この経は短い経ではあるが、全部良房の自筆にかかるものである。良房の筆蹟は未だ他に見出されたものがないので、比較対照することを得ないけれども、この経は、その筆意、普通の写経生と異り、謹厳いやしくもせず、品格の高尚なるが中に、素人らしき所あり、かつ紙質及び書風も、その時代に相当し、良房の自筆と認められる。さてこの経について考うるに、先きに橘逸勢の乱により、恒貞親王は皇太子を廃せられ、良房の外甥道康親王が位に即かれた。すなわち文徳大皇にまします。その事は承和九年八月四日であった。その後宮中しばしば物怪あり、僧を召して読経せしめ、祈禱つとめられたことが、続後紀に見える。十二年二月に、良房は上表して民部卿右近衛大将等の職を辞したが、天皇はこれを聴《ゆる》し給わなかった。同年七月及び八月には、勅して流入を召還したことがある。これも物怪を恐れての事である。しかしてその年の八月四日には、良房がこの経を写して居る。その八月四日は、正に皇太子廃立後満三年にあたるのである。その前後の事情より見、又その月日が皇太子廃立と同じであるより見れば、この写経

の目的が、物怪祈禳のためであったことは明らかである。

恒貞親王の皇太子廃位の後日物語として僧正遍照の事蹟がある。僧正遍照は桓武天皇の御孫にあたる。すなわち桓武天皇の皇子良峰安世の子宗貞である。その系図を示せば、左の通りである。

桓武天皇
├平城天皇
├嵯峨天皇─仁明天皇
│　　　　藤順子（良房の妹）─文徳天皇（通康親王）
├淳和天皇─恒貞親王
└良峰安世─宗貞（遍照）

良峰安世の母は、もと藤原内麻呂の妻で、冬嗣《つぎ》の母であったが、桓武天皇の宮に入って、安世を生んだ。すなわち冬嗣と安世とは異父兄弟である。恒貞親王もまた桓武天皇の御孫であらせられるから親王と宗貞とは父系方の従兄弟に当る。恒貞親王が廃せられた時、その御母淳和天皇の皇后正子内親王もまた尼になられた。この時の状況を三代実録（元慶三年〔西暦八七九〕三月の条）に「承和九年〔西暦八四二〕七月、嵯峨十上天皇崩ず。皇太子欻《にわか》に讒構に遭い廃せらる。太后（正子内親王）震怒悲号して母太后を怨む。皇太子は退いて淳和院に居る。仁明天皇、諱（文徳天皇）親王を立てて皇太子となす。文徳天皇斉衡元年〔西暦八五四〕四月、皇太后を尊んで太皇太后となす。后遂に肯ぜず」とある。嘉祥二年〔西暦八四九〕（一五〇九）になって、恒貞親王は十四歳を以て出家せられ、法名を恒寂と称せられた。その翌三年仁明天皇崩御あらせられた。この時良岑宗貞は悲歎のあまり、御葬喪の場から失踪して出家した。「たらちねはかかれとてしもうばたまのわが黒髪をなでずやありけむ」の歌は、この時のものであろう。宗貞は仁明天皇御在位の間は、頭少将として勢力を持って居たが、今崩御に遭って、遂に世を捨てたのである。今昔物語によれば、宗貞は文徳天皇の春宮にましました時、相善からず、宗貞の威勢ならびなきを以て、これを憎むものあって、春宮に悪し様に告げたからである。しかし宗貞は仁明天皇に懇ろに信任せられたので、これを顧みず、宮仕えして居たが、天皇崩御に遭うて遂に落飾したのである。文徳実録に「先皇崩後、哀慕やむなく、自ら仏理に帰し、以て報恩を求む。時人愍む焉」とある。かくて宗貞は、円仁（慈覚大師）の弟子となって遍照と云い、清和・陽威・光孝の御三代の間、天台宗の大立物となった。宗貞の出家はただ天皇に対する哀慕の如くであるが、これは藤原氏に対する悲観から出たことであろう。円仁の門に入ってからおよそ十三年を経て、貞観五年〔西暦八六三〕（一五二三）円仁より真言の大法を受け、その翌年貞観六年、円仁の将に寂せんとするに臨んで、遍照に遺言して、その稟学の望あるを喜び、かつてことごとくこれに附法せんと欲せしに、今命迫って心事相違す、願わくば附法の弟子安慧に就いて学び、以て我が道を伝えよと深く望みをかけられた。それよりのち位も上り、貞観十一年には法眼和尚位を授けられ、十五年四月には真言伝法阿闍梨位を授けられ、同年九月には、円珍より三種悉地の法を授けられた。元慶元年〔西暦八七七〕（一五三七）には元慶寺を以て定額に列し、年分度者三人を置き、毎年天皇降誕日に得度して、叡山において受戒の上、本寺において修業せしめる事になった。この寺は陽成天皇降誕のとき、母后藤高子の発願によって建てた寺であって、この年に至って堂宇ようやく竣工し、遍照がこれに住したのである。元慶三年には権僧正に任ぜられ、同八年には奏請して故常康親王の旧居雲林院を元慶寺の別院とし、度者三人を賜わった。常康親王は仁明天皇の皇子で、母は紀種子、紀名虎の女である。すなわち親王と惟喬親王とは従母兄弟にまします。雲林院は、もと淳和天皇の離宮であって、仁明天皇を経て常康親王に相続せられたものである。親王出家してこれを遍照に付嘱して寺とせられた。遍照はすなわちこれを元慶寺の別院とした。遍照が常康親王と親しかったのも、紀氏の関係による事であろう。遍照が天台宗に入ったのも、或いは特に意味のあることかと思われる。すなわち藤原氏は真言宗と深く結んで居るので、これに対する関係から出たことであろう。陽成・光孝二代の間、遍照が天台宗の大立物となって勢力をもって居たのも、又藤原氏に対する関係から、特に重用せられたものではあるまいか。遍照は朝野に徳望あり、自ら曰く、余は慈覚之資、安然之師、人品可レ知と、その得意の状以て見るべきである。光孝天皇の時には殊に優遇せられた。元慶八年九月十七日、遍照の請に依り、元慶寺に伝法阿闍梨を置き、惟首・安然をこれに任じ、真言業年分度者を教授せしめ、仁和元年〔西暦八八五〕（一五四五）

三月二十一日、元慶寺年分僧階業畢《おわ》るの後、満位に叙し、年闕講読師の中一人を割きてこれに充てしめ、同年五月二十三日、同寺有労三綱ならびに久住僧等をして、階業に預り、諸国講読師に補せしめ、また同寺年分僧をして、延暦寺及び七大寺に入りて諸宗を兼学せしむ。同年九月四日、近江高島郡荒廃田百五十三町を元慶寺に施捨せられた。同年十月二十二日には僧正となり、十二月十八日には満七十を賀して、遍照を仁寿殿に招じて宴を開かれ、同じく二年三月十四日には、特に食邑百戸を賜い、輦車宮門に入るを聴《ゆる》された。その時の勅書の文言は実に鄭重を極めたものである。〈当該漢文史料省略〉

これによれば、遍照は仏法を以て天皇に仕えて居たのみならず、内々機務にも参じて居たことが知られる。それは天皇が藤原基経と善くなかったので、特に遍照を用いられたものとも思われる。

さて恒貞親王は前にも記した如く、嘉祥二年〔西暦八四九〕に出家せられて、真如親王に従学せられた。真如親王はさきに薬子の乱に坐して、皇太子の位を廃せられた高岳親王である。その境遇は恒貞親王と同じ趣があった。その後貞観十八年二月、淳和の太皇太后正子内親王の請により、嵯峨天皇の旧居嵯峨院を大覚寺として定額に列し、恒貞親王すなわち恒寂親王がその開祖となられた。

安祥寺　仁寿年間に山科の安祥寺が、皇太后すなわち藤順子の御願によって建てられた。すなわち藤原氏のための祈願寺である。斉衡二年〔西暦八五五〕（一五一五）定額に列し、貞観元年〔西暦八五九〕（一五一九）皇太后の願に依り、毎年三人を得度し、太后に代って修道せしめ、真言を以て自宗とし、自余の七宗を兼学せしめ、試度の後、寺家に籠って七年の間、山を出づるを聴《ゆる》さず、毎年夏中三月、法華・最勝・仁王等の経を講演せしめ、法華と最勝とは年々替えて一部を講じ、仁王経は毎年加え講ぜしめ、八月二十一日より二十七日迄七日間、田邑天皇すなわち文徳天皇の奉為《おおんため》に尊勝法を修せしめ、住山の限満つれば、維摩・最勝の竪義の列に入らしめた。この後、安祥寺は朝廷より大いに優遇せられた。貞観七年十月十六日二人の阿闍梨を置き、毎季国家安穏のために孔雀経法を修せしめて、藤原氏の中永く帝皇の鴻基を継ぎ、鎮《とこしな》えに摂家の家風を計らんことを祈らしめた。藤原氏の中永く帝皇の鴻基を継ぎ云々は、藤原氏が外戚の権を握らんことを祈ったもので、実に露骨を極めたものである。

貞観寺　安祥寺と同様の趣意によって建てられたのが貞観寺である。貞観寺はもと嘉祥寺の西院である。嘉祥寺は文徳天皇が仁明天皇の御冥福を祈るために建てられた寺である。清和天皇天安三年〔西暦八五九〕（貞観元年、一五一九）真雅の請によって嘉祥寺に三人の度者を賜い、これをして悉曇を習わしめ、嘉祥寺の西院に住せしめた。貞観四年七月二十七日に、西院を改めて貞観寺と称し、同じく十四年七月に至って、嘉祥寺の年分度者を改めて、貞観寺の年分度者となした。十六年三月貞観寺の道場新たに成るに際し、大斎会を設けてこれを賀した。その時の願文が三代実録にある。その文によれば、先帝仁寿の初め、清和天皇降誕の時、太政大臣良房は、僧正真雅と計って、諸仏の加持を念じ、真言の秘密を修せしめた。すなわち一の道場を設け、貞観の初め、宝塔を作り、灌頂堂を建てた。良房も一堂を建てて、釈迦丈六・梵釈・四王の像を造り、又皇太后は別に西堂を建てて、金剛界曼荼羅を安置し、真雅は又東堂を建て、胎蔵界曼荼羅を安置したのである。貞観十六年〔西暦八七四〕九月には、定額僧十六口を置き、十八年八月には、貞観寺に座主を置いて、天台宗に准じた。仁和寺所蔵文書の中に、貞観十四年三月九日附の僧正真雅及び基経の自署の貞観寺田地目録がある。それによれば、田地合せて七百五十五町あり、その所在は山城・美濃等十一ヶ国に亙ってあり、朝廷で厚く保護せられたことが知られる。前の安祥寺もこの貞観寺も、同じ趣意、すなわち藤原氏が外戚の権を張るための祈禱寺として建てられたものであるが、特に貞観寺は良房と真雅との相談によって建てられたものので、右の願文にも見ゆる如く、惟仁親王（清和天皇）と惟喬親王の儲位の事に関係がある。

良房と真雅との関係については種々の説が行われて居る。元亨釈書伝うる所によれば、文徳天皇に惟喬・惟仁の二皇子ましまし、儲位を争われた。天皇は芸を戦わしめ、勝った方が位を得ることとせられ、競馬と相撲を賭けられ、競馬が終って、力士の相撲となった。惟喬親王は那都羅、惟仁親王は善雄を出されたが、那都羅は膂力善雄に勝れて居たので、惟仁親王は天台の僧正恵亮をして祈らしめ、惟喬親王は真言の僧真済をして祈らしめ、各々法力を求められた。その結果、善雄が勝ちを占め、惟仁親王が皇太子になられたという。これはもとより採るに足らぬ俗説ではあるが、これにも多少の事実を含んで居る。この伝説は、恐らく惟喬・惟仁の儲位の問題に、僧侶が参加して祈禱を凝したという事が紛れ伝えられたのであろう。那都羅というのは紀名虎から出たものであろう。名虎は惟喬親王の外祖父に当る人であるが、この時はすでに死んで、年久しくなって居る。また恵亮が惟仁親王のために祈ったというのも誤りである。江談抄に文徳天皇は惟喬親王に位を譲られんとの御志であったが、良房を憚って仰せ出されず、月日を経るの間、或いは神に祈請し、また秘法を修して、仏力に祈った。真済は惟喬親王のために、真雅は惟仁親王のためにおのおの祈念を専らにしたという事がある。これが事実らしい。真済はその素性を尋ねると紀氏の人である。両親王の儲位の問題は、要するに紀氏と藤原氏との争いで、結局紀氏が敗れたのである。真済は志を失って隠居し、間もなく貞観二年に死んだ。三代実録を見るに、文徳天皇が病に寝せられたとき、真済が看病に侍し、「大漸之夕、時論嗷々、真済失レ志隠居」とあり、看病の悪かった様にも見えるが、前述の事実を曖昧に記したものであろう。それに反し、惟仁親王のために祈った真雅は、清和天皇の御代に勢を得、良房と結んで得意の地位に上った。かくの如くにして、僧侶寺院は藤原氏と相結んで、次第にその弊を長じ、益々廃頽の道を辿っていったのである。この後藤原氏が基経以下代々寺を建てることについては、なお後章に述べる。

第五章　平安時代中期

※

本地垂迹

本地垂迹説は、仏教が日本の国民思想に同化したことを示すものであって、我が国民があらゆる外来の文化を吸収し、これを咀嚼し、これを同化する力に富めることを示す多くの例の中の一つである。

この説は本地すなわち無始無終の絶対的なる仏陀が、人間を利益し衆生を済度せんがために、迹《あと》を諸所に垂れて、神となって種々の形を顕わすというので、我が邦の神祇はその本源をたずぬれば、みな仏菩薩にあり、仏も神も帰する処は一つであるというのである。この語の起りは、法華寿量品にあり。もとは久遠実成の釈迦即絶対的理想的の仏陀を本地とし、始成正覚の釈迦すなわち現実的の歴史上の釈迦を垂迹とするのである。日本の本地垂迹説は、この説を拡張応用したのである。

この説は、その初めにおいては、神といえども衆生の一つで、仏法を悦び、仏法を崇び、仏法によりて救済せられ、仏法によって業苦煩悩を脱するという思想から出たのであって、神と仏とはもとより別物としてならび行われて居たのであるが、その思想が漸次発展して、神仏同体の説となり、仏教の教理を以てこれが解釈を試み、ついに極めて煩雑なる組織を立て、その間にいろいろと附会して、いわゆる山王一実神道及び両部習合神道などというものができて、某の神は某の仏の権化であると、一々その解説をつけるようになったのである。その当初の思想と比べて見れば、その発達の間に、非常なる相違を来たしたのである。

今この説の起りについて考うるに、けだしいわゆる白鳳時代（天武天皇・持統天皇前後）より奈良時代にかけて、わずかに芽を萌して、平安時代中期に入ってから、やや教理的組織を試み、その後時を経て漸次大成せられ、鎌倉時代になって、その教理に関する著述も出るようになったのである。従来は、この神仏同体本地垂迹の説は、すでに奈良時代に形成せられたといい、或いはまた行基が始めたようにいうて居るものもあった。また両部習合及び山王一実の神道の如きも、従来は最澄及び空海が按出したようにいっていたのである。しかるにこれ等の説はみな根拠の薄弱なるものであって、確かなる書には見えないのである。予の考えでは、奈良時代の頃には、垂迹説の如きはもとより未だ起らなかったのみならず、ただの神仏調和の企てさえわずかに萌しかけただけであって、最澄・空海の頃にも、まだ本地垂迹説などは形成せられていなかったのである。その説が起りかけたのは、それよりもなお遥かの後、平安時代中期に入ってからの事である。左にこれを説明してみよう。

まず従来の説について考うるに、奈良時代に本地垂迹説が唱えられたということの見えるものは、第一、東大寺要録、第二、大神宮諸雑事記、第三、元亨釈書、第四、東大寺縁起、第五、壒嚢抄等の書である。この五種の書にあらわれたる伝説はすべて後代の作にかかり、その記事は続日本紀等と合致せざるのみならず、その他確実なる書に、これの傍証とすべきものもなく、全く後代に作られたるものである。扶桑略記にさえ載せざるを以て見れば、その説の始めて現れた時も、大凡推測することができる。すなわち扶桑略記は僧皇円の著、堀河天皇の寛治〔西暦一〇八七―一〇九四〕頃までの事を記し、およそ平安時代末にできたものである。東大寺要録・大神宮諸雑事記の説では、橘諸兄が伊勢参宮して、天皇が御願寺を建てられるについて御祈り申した。その帰京して後に、天皇に、大神宮の本地は盧舎那仏なり云々の託宣があったというのであるが、諸兄が大仏建立のため参宮したなどという事は、確実なものには見えない。次に元亨釈書以下三部の書は、更に一層附け加えて行基が参宮してこれに託宣があったというように書いて居る。これは明らかに右の二書より附会したものである。

かくの如く行基が垂迹説を唱え出したという事の誤りなるは勿論、奈良時代に垂迹説が存在したというのも誤りである。しからば、その垂迹説の起源如何というに、予の考えでは、本地垂迹説が完全に形成せられたのは、遥か後のことで、奈良時代にはまだわずかにその萌芽ともいうべきものだけであった。すなわち神明が仏法を悦び仏法を崇ぶという思想が、事実の上に現れて居るのみで、ようやく神仏習合の端緒を開いたに止まるのである。

以下神仏習合の思想の起りより、本地垂迹説の組織に至るまで、その発達の跡について、史籍に現れたる思想を一々に検討してみよう。

神仏習合に関する現象の史上にあらわれたるを観るに、第一、続紀に、文武天皇二年（一三五八〔西暦六九八〕）十二月乙卯（二十九日）遷多気太神宮于度合郡とあるを以てその初見とする。「太神宮」は国史大系本頭注によれば、豊宮崎文庫本に「太神宮寺」とあり、日本紀略一本にも寺の字があるという。またその後、宝亀三年〔西暦七七二〕（一四三二）八月六日の条に、徒度会郡神宮寺於飯高郡度瀬山房《（旁カ）》とあるより推して見るに、恐らく太神宮寺とあるが正しいであろう。これによって観れば、神仏調和の思想は、いわゆる白鳳時代（天武天皇・持統天皇前後）より起っていたものらしい。

第二には、霊亀の頃（一三七五―一三七六〔西暦七一五―七一六〕）藤原武智麿が、越前気比神のために寺を建てたことがある。すなわち気比神宮寺がそれである。藤原家伝の武智麿伝に、霊亀元年武智麿かつて夢に一奇人に遇う、その人語って曰く、公は仏法を愛慕す。願わくは吾がために寺を造り、吾が願を助け済せ、吾れ宿業に因って神となることもとより久し、今仏道に帰依し、福業を修行せんと欲するに、因縁を得ず、故に来たってこれを告ぐと。武智麿疑うらくこれ気比神かと。答えんと欲して能わず。夢覚む。すなわち祈って曰く、神と人と道別なり、隠顕同じからず、昨夜夢中の奇人は、これ誰ぞ、神もし験を示さば、必ずために寺を建てんと。ここにおいて、神は優婆塞久米勝足を取って、高木の末に置き、これをその験と称す。武智麿すなわち実を知り、遂に一寺を建つ。今越前国にある神宮寺これなりとある。この武智麿伝は、僧延慶の著で、天平宝字の頃に作られた書物である。随って武智麿の生存時代を去ることあまり遠からざる頃のものであるから、その神宮寺建立の事も、恐らく事実であろう。殊にそれより以前に、すでに伊勢太神宮寺が存していたのであるから、時代思想の上からは、気比神宮寺も建てられたとするも何等差支はない。

第三、天平十三年〔西暦七四一〕（一四〇一）閏三月甲戌（二十四日）宇佐八幡宮に、金字最勝王経及び法華経各一部を納め、度者十八人を置き、三重塔一基を造らしむ。宿禱に賽するなりという事がある。この宿禱とは、その前年天平十二年、藤原広嗣の叛した時に、大将軍大野東人に詔して、八幡神に祈禱せしめたことをいう。やがてその乱が平いだので、その宿禱に賽したのである。

第四、天平勝宝元年〔西暦七四九〕（一四〇九）宇佐八幡宮託宣あり、天神地祇を率い誘いて、必ず大仏造営の勅願を成し遂げ奉らむと告げ給い、ついで京に上り給う。十二月十八日、大神入京、二十七日大神禰宜杜女、東大寺に参詣し、孝謙天皇・太上天皇（聖武）・太后（光明皇后）同じく行幸あらせられ、この日百官及びもろもろの氏人咸《ことごと》く寺に会し、僧五千を請じて礼仏読経せしめられた。

さて右の神仏習合に関する四の事件は何を意味するかというに、これ等は、畢竟神が仏法を悦び、その供養を受け、これを護るということにある。一と二の神宮寺は、神に読経し、その法味を神にささげる、神はこれを受け納れ給うがためにあるのである。三はいうまでもなく、経・僧・塔を神に上るので、神に法味を供養するのである。四は神が仏法を悦ぶに依って、これを護り、大仏造営の工を助けるのである。

この後十余年を経て天平神護二年〔西暦七六六〕（一四二六）七月二十三日に至り、使を伊勢太神宮に遣して、丈六仏像を造らしめられた。すなわち伊勢太神宮寺の造仏である。翌神護景雲元年〔西暦七六七〕（一四二七）九月十八日には、宇佐八幡比咩宮寺を造られたが、これより先、すでに八幡大神神宮寺を建立せられてあったから、八幡社には二つの神宮寺を建てられたこととなるのである。この前後、神宮寺の建てられたものが二、三ある。

一、鹿島神宮寺　天平勝宝年中に、僧満願がこれを建てた。

二、伊勢桑名郡多度神宮寺　天平宝字七年〔西暦七六三〕（一四二三）十二月、僧満願が造った。

三、二荒山神宮寺　これは弘仁五年〔西暦八一四〕（一四七四）空海作日光勝道上人碑に見えて居る。その文に曰く、天応二年〔西暦七八二〕（一四四二）三月中、もろもろの神祇の奉為《おおんため》に、経を写し仏を図し、裳を裂いて足を裹《つつ》み、命を棄てて道に殉じ、経像を縕負して、山麓に至り経を読み仏を礼し、一七日夜発願して曰く、もし神明をして知ることあらしめば、願わくは我が心を察し、我が図写する所の経及び像等、まさに山頂に至り、神のために供養し、以て神威を崇め、群生の福を饒《にぎ》わすべしと。延暦三年〔西暦七八四〕（一四四四）四月、この勝地に託して、いささか伽藍を建て、名づけて神宮寺という。

四、熱田神宮寺　弘仁二年〔西暦八一一〕（一四七一）以前に造営せられた。

五、賀茂神宮寺　天長（一四八七—一四九三〔西暦八二七—八三三〕）以前に造られてあった。

かくの如く、神宮寺が次第に造られ、神仏習合の現象も著しくなってきた。さて当時における神仏習合思想については、前にものべた如く、神は仏法を悦び仏法を擁護するというのにあるのであるが、神は何が故に仏法を悦びこれを護るのであるか。これは当時の思想において神も衆生の一なりと考えられたに由るのである。この神は仏教でいう諸天善神すなわちそれであって、その諸天はすなわち人間と同じく、迷界の中の一つであり、なお煩悩を脱せぬものであるが、仏法を尊ぶによりて、これを衛護するのである。天平神護元年〔西暦七六五〕十一月庚辰の詔の中にも、神等をば三宝より離れて触れざる物ぞとなも人の念いて在る、しかれども経を見まつれば、仏の御法を護りまつり尊みまつるは、もろもろの神たちにいましけり云々とあるのも、その謂いである。神が衆生の一つと看做されたということについては、左に掲ぐる例証を看れば、思い半ばに過ぐるものがあるであろう。

一、武智麿伝に見ゆる所の夢中における神の告に、「吾れ宿業に因って神たることもとより久し、今仏道に帰依して福業を修行せんと欲す云々」とある。神となって居るのは、前世の業によるものとせられた。

二、多度神宮寺伽藍縁起資財帳（延暦二十年〔西暦八〇一〕十一月三日附）に天平宝字七年〔西暦七六三〕（一四二三）満願が丈六の弥陀を作ったことを記して、「時に人あり、神に託していう、我は多度神なり、吾れ久劫を経て、重き罪業を作り、神道の報を受く、今冀《こいねがわ》くは永く神身を離れんがために、三宝に帰依せんと欲す云々」とある。

三、霊異記下巻第十四条に、宝亀年中大安寺の僧恵勝が、近江陀我神社の堂において、修行の時、神が猴《さる》となって現れ出で、我れ罪報を受けてこの獼猴の身を受け、この社の神となる。願わくはこの身の苦を脱せしめんために、法華経を読誦せよと請うた話がある。

四、類聚国史巻百八十、天長元年〔西暦八二四〕（一四八四）九月二十七日の条ならびに類聚三代格所載和気清麻呂の神願寺の縁起にも、神が写経・造仏・伽藍建立を願うという趣意が見える（第四章第一節〔桓武天皇の教界革新〕参照）。

五、類聚国史巻百八十、天長六年三月十六日の条に、若狭比古神社の神主和朝臣宅継が辞職の条に、神が仏法に帰して神道を免れたいということの託宣が見える。

これ等の例を以て見れば、神明は衆生の一として、宿業に因りて迷界に流転し、煩悩の羇に縛せらるる故に、仏法によって解脱せんことを求め、仏法を尊び仏法を悦ぶという思想である。

かくの如く、神はまだ悟りの開けざる、解脱せざる衆生である。これが進んで悟りを開けば、菩薩となる。それがもう一つ進めば仏となる。ここにおいて、神仏は始めて同体となる。奈良時代の思想では、神はまだ衆生であって、菩薩にもなって居らぬ。故に神仏同体などという説は勿論存在し得ないのである。すなわち本地垂迹説の思想はまだ成立せず、その萌芽からようようにのびかけている所で、なおその発展の初歩に位するものである。

神に菩薩号をつけることの初見は、延暦二年〔西暦七八三〕（一四四三）五月四日、宇佐の託宣に、八幡大神を名づけて大自在王菩薩ということがある。これについでは延暦十七年十二月二十一日の官符に、八幡大菩薩ということが見える。この頃また伊勢桑名郡多度神社にも多度大菩薩という号があった。それは延暦二十年の多度神宮寺伽藍縁起資財帳に、僧満願が天平宝字七年その神の託宣を受けて、小堂及び神像を作り、多度大菩薩と号すという事が見える。この後菩薩号を神につけたことの例証は、ほとんど枚挙にいとまない。

この頃からまた神前読経ということが行われた。それの初見としては、延暦十三年三月五日、少僧都等定等を豊前宇佐八幡・筑前宗形・肥後阿蘇の三神社に遣して、読経せしむという事がある。神のために僧を度しまた納経するということは、前の代にも見えて居るけれども、神前に読経するという事が明らかにみえて居るのは、これが最も早い。これについでは、大同四年〔西暦八〇九〕（一四六九）正月十八日、天下諸国をして、名神のために大般若経一部を写して、奉読供養して、国分寺に安置せしめ、国分寺のなき国には定額寺においてせしむという事がある。この後神前読経の例は夥しく一々挙ぐるにいとまない。

右の如く神に菩薩号をつける事、ならびに神前読経の事は年を逐うて盛んになったのであるが、その根柢に横たわる思想は、やはり前に説いた如く、神明は悦んで仏法の供養を受けるという考えから、神前読経が起ったのであり、更にまた神明は衆生の一であるが故に、仏法を聞いてその功力によって悟りを開き、進んで菩薩地に上ることができる。神に菩薩号をつけるのは、かくの如き意味から出たものである。すなわち菩薩号はその神を貴ぶための称号であるが、しかしながらまだ仏と同体というまでには至らない。

かくの如き思想は、なお遥かに後までも続いて居るのであって、最澄及び空海の時代には、もとよりなお同じ程度に居たのである。その一、二の例証をあげてみれば、最澄の弟子光定の書いた一心戒文に、弘仁三年〔西暦八一二〕（一四七二）七月十六日、光定金峯山に上り、明神のために法華を説き奉ることあり、又同書に弘仁九年四月二十六日には、神祇の怒りをなだめ、離苦得楽のために読経する事がある。日光勝道上人碑には、勝道が神のために経を写し仏を図し、以て神を供養すという事があり、類聚三代格所収天長七年〔西暦八三〇〕（一四九〇）七月十一日の官符には、神霊を助け威勢を増すは仏徳を以て最一とすという事がある。また続日本後紀承和三年〔西暦八三六〕（一四九六）十一月朔の条に、神道を護持するは一乗の力に如かず、よって五畿七道に僧各一口を遣して、国内の名神の社において、法華経を読ましむという事があり、この後、承和年間には、この種の記事がなお多く見られる。これ等で見ると、承和の頃においても、なお前代と同じ思想が続いて居たのである。

かくの如き有様であるから、最澄及び空海の神道と称して世に伝えらるる処の山王一実神道及び両部習合神道などは、かかる時代においてあり得べき筈はない。この両大師の神道と称するものには、精密なる説が組織せられ、天地開闢より神々の起り、その神々が仏の権化なること、そして何の神は何の仏が現れたものと、一々その本地を定め、天台もしくは真言の教義を以て、詳しく説いてある。世に伝えらるる処の両大師の神道というものは、皆後世において発達したるものを両大師に附会したものである。すなわち後代に至り漸を以て大成せられたる山王一実神道の開祖として最澄を推しあがめ、又後代に完備したる両部習合神道の創立者として空海をまつりあげたのである。

更に両大師の神道に関する著作と称せらるるものが、幾種か世に伝えられて居るが、いずれも後世の作にかかるもので、両大師の真撰と認むべきものは一つもない。最澄の神道に関する著作としては、山家要略及び三宝住持集という書名が伝えられて居るが、その本書なるものを見たことがない。いろいろの書に引用せられてはあるが、その文によって見れば、後人仮託のものと思われる。また神道深秘というものがあるけれども、荒唐無稽の書で、その偽作たることを弁ずるまでもないものである。空海の著作として両部神道を詳しく説ける麗気記というものがあるが、これは鎌倉時代の末にできたものである。また丹生大神宮之儀軌及び太神宮啓白文というものもあるが、何れもばかばかしき偽作で、遥か後世にできたものである。右の如く、最澄ならびに空海の神道に関する著作と称するものには、一も信用するに足るものがない。

次に両大師が神道に関する事蹟について、何か確実なものがあるかを吟味してみよう。まず最澄については、その神道に関する事蹟と伝えらるるものの中において、確実なりと認むべきものは、管見によれば、左の一事に止まる。すなわち最澄が渡唐せんとする時、宇佐八幡宮に詣で神宮寺に於いて法華経を講じたる時に、大神の託宣ありて、吾法音を聞かざること久し、幸いに和上にあうて正教を聞くことを得たりとて、その徳を謝し、法衣を授けられた。最澄はまた香春《かわら》の神宮寺において法華経を講じ、神恩を謝した。その時香春の神の託宣に、伏して乞うらくは、和上幸いに大悲の願海に沐し、早く業道の苦患を救え、我れまさに求法の助けのために昼夜守護せん云々とあった。この事は最澄の伝記の中最も確実といわれる一乗仁忠の叡山大師伝に載する所のものである。この託宣に現れて居る所の思想、すなわち神が仏法によって業道を救われんことを請うという思想は、やはりその時代と適合して居る。要するに最澄といえども、やはりその時代の圏外に出ることはできないのであって、その神道に関する事蹟の如きも、その時代からとび離れて著しく差異ある処の神仏同体論の如きは唱えることはできなかったのである。

世に伝うる所によれば、最澄は延暦寺を創めるとともに、大三輪の神を山に祀り、これを大比叡の神と称し、これに山王という名をおわせた。そして後には、昔からその山に祭ってあった所の小比叡の神すなわち大山咋の神とならびべ称せらるるようになり、ついにはその地主の神なる小比叡の神と主客転倒して、後から祀られたる大比叡の神はすなわち延暦寺の護神の如くなり、従って小比叡の神は延暦寺の附属となるようになったというのである。これ本居宣長を始めとして、伴信友・前田夏蔭、近くは栗田寛博士の如きも、この説を主張せられた。しかしながら、それ等の説は何れも確証のないものである。予輩の観る所では、最澄が大三輪の神を祀ったということも、これを大比叡と名づけたということも、確実なる書類には認められない。これを記せるものは、ことごとく後世の撰にかかるものである。永承二年〔西暦一〇四七〕日吉社禰宜口伝鈔によれば、小比叡の神は地主の神で、大比叡の神は天智天皇七年（一三二八〔西暦六六八〕）に大和大三輪神を迎え祀ったのである。すなわち大比叡・小比叡共に最澄以前から祀られてあったのである。最澄はただ叡山に寺を創めるについて、その守護を仰いだのみの事である。

次に山王の号はすでに最澄の頃から存して居た。その証は、最澄の著長講法華経発願文（弘仁歳次壬辰四月五日求法釈最澄記）長講仁王般若経会式（弘仁四年六月七日願主最澄記）長講光明会式（弘仁四年六月日《ママ》願主最澄記）の中に、大比叡山王・小比叡山王、或いは大小比叡山王などとあるによって知られる。この山王の号は、支那の天台山に倣うてつけたものである。しかしながら、これは本地垂迹思想の上には関係の少い事である。ただ支那の天台に倣うて、日本の大小比叡の神にその名を負わせたというまでの、極めて簡単なる意味である。天台方外志などによれば、支那山王は護法伽藍神だとある。日本でもそれに倣うて、地主の神大小比叡を以て比叡寺院の護りとしたのであろう。その思想は、やはり神は仏法を護るという意味であって、よくその時代思想に符合するのである。しかるに後代になっては、この山王という文字に深い意味をもたせて、一念三千の教理を附会し、煩瑣なる解釈を附けるようになったのである。かくの如きはもとより遥か後代にできた説で、最も早いのが、山家要略記所載三宝輔行記及び二十二社本縁等であるが、三宝輔行記は円仁の著と称するものであるが、すこぶる疑わしく、かつその書はかつて世に存せし事ありや否やも疑わしい。つまりこの説は右の二書のできた時代すなわち鎌倉の末から吉野時代にかけて起ったものと見るが至当と思われる。

次に、空海について見るに、その事蹟の中、神道に関係あるもので確実なりと認むべきものは、左の二件に止まる。

その一　高野山を開く時に当って、丹生明神託宣の事、

その二　稲荷神社を以て、東寺の鎮守の神とした事、

第一の高野山開創と丹生明神の件について見るも、同じくその時代思想によく符合するのである。空海の遺告二十五ヶ条、真済の空海僧都伝・高野大師広伝等によって見るに、弘仁七年〔西暦八一六〕空海が高野山を開くに当って、丹生明神の託宣を得、その衛護を得たという事があり、その託宣の中に丹生津姫神が「妾《わらわ》神道に在って威福を望むこと久し」などとある。これはすなわち明神の仏法擁護ならびに神明の仏法を悦ぶという思想であって、すなわちまたこの時代の思想である。その詞の如きも、彼の多度神宮寺伽藍縁起資財帳、また武智麿伝に見ゆるものなどとほとんど同じである。

第二の稲荷神社を以て東寺の鎮守とするという一件は、二十二社本縁・二十二社注式・稲荷鎮座由来記所載稲荷大明神流記・藤森社縁起ならびに壒嚢抄等に見えて居る事である。それは弘法大師の東寺に住して居た時、弟子の実恵が、東寺の南大門を俳徊せる折、老翁媼の異体なるが、数多の男子眷属を率いて、稲を荷うて休息せるを見て、これを大師に告げ、大師出でて、二の人を中門の下に招請し物語す。何れの処へ向い給うかと尋ねたれば、比叡の阿闍梨（すなわち最澄）が我等を守護せよと招請せらるるのであると答えた。空海は彼にはこの叡神が鎮守としてましますから、当寺に居て仏法を守り給えと請い、承諾あってすなわち東寺の鎮守となったというのである。この伝説については、伴信友が「しるしの杉」の中において詳しく論じて居る如く、後世よりいろいろの説が攙入した点もあるに相違なく、また総じて右の諸書が後代の出にかかるという処から、やや疑わしく思われないでもない。しかしながら、空海の遺告の中に、丹生明神の託宣の事、明神の衛護云々を記せるより見ても、この稲荷の神が現れ出で仏法擁護の誓をのべたという伝説の如きは、また当時にあった事であろう。またこれを天長四年〔西暦八二七〕（一四八七）稲荷神社伐木の祟りの件と思い合せて見るに、右の伝説は大体において確かであって、空海当時からいいふらされたことと思われる。稲荷神社伐木祟りの一件とは、天長四年天皇の玉体健かならずましますによりて、これを占いたるに、東寺の

塔を造るために稲荷神社の木を伐ったための祟りであるという事がわかった。すなわち勅使を遣して御幣を奉り神に祈らしむという事がある。この伐木の事は類聚国史及び性霊集に見える。この祟り一件はすなわち東寺と稲荷との早くより関係のあった事を証明しているのであって、これ等より推してみると、二十二社本縁以下諸書に見ゆる稲荷神社東寺鎮守の由来伝説は、その大綱においては確かなものと認めてよかろうと思う。けだし空海は夙くから東山稲荷の地に目をつけていたものと思われる。その山の木を伐ったことが、天皇に祟りをしたという。すなわちその神社の神主もしくは公卿衆の中に、空海のこの挙に対する反抗の意志を有して居るものがあった事を暗示するものである。それに拘らず空海の企図は成就して、遂に稲荷を以て東寺の鎮守として、当初の目的を達したのである。以上空海の神道に関する事蹟について見るに、すべてその時代の思想すなわち神明が仏法を擁護し悦ぶということで、もとよりしかるべき事である。以上最澄・空海の神道に関する著述ならびにその神仏習合に関する事蹟について述べた所を総括すれば、およそ左の二条に帰する。

一、神道に関する最澄・空海の著作と称せらるるものには、一つも確かなるものは見えない。

二、最澄・空海の神仏習合に関する事蹟の確実なるものについて見るに、やはりその時代思想と同様であって、時代思想より離れて特異の点は認められぬ。本地垂迹説などは勿論組織せられて居らぬ。

最澄及び空海の後、貞観前後の時代における神仏習合の事蹟について観察してみるに、なお前時代と同じく、

神のために僧を度すること、

神のための読経、

神のための写経図仏、

の事項が多い。その例は、文徳実録・三代実録等に夥しく見える。また神の菩薩号・寺の鎮守神に関する事もしばしば見え、神社の中に建てらるる神宮寺もまたようやく多く、朝廷にも重んぜらるるようになった事は、三代実録・類聚三代格などに多くの実例がある。しかしてその根柢における神仏習合思想の発展は如何というに、なお最澄・空海の時代と大差はない。すなわち度者・読経・写経・図仏の事は、前にしばしばのべたる如く、神が仏法を悦ぶという

思想より出でた事で、異とするに足らぬ。神の菩薩号及び神宮寺の事は、これもすでに前々より在り来たりの事、寺の鎮守というも、畢竟神明の仏法擁護より淵源し来たれることで、たまたま神仏習合思想発展の初期の面影を留むるに過ぎないのである。三代実録貞観三年〔西暦八六一〕（一五二一）五月二十一日、さきに墜落したりし東大寺大仏の頭修理の工成りたるによって、まさに无遮の大会を行わんとするにつき、諸国殺生禁断及び斎会開設の詔を下された時に、その文の中に、八幡大菩薩をして解脱を得しめ云々とあり、同十六年三月二十三日、貞観寺における大斎会の願文には、一切の神祇一切の霊鬼をして、この芳縁を摂して、倶《とも》に苦業を脱せしむという詞がある。かような例はなおいくらもある。これ等によって見るに、神が仏法に依って煩悩を脱し、仏法によって助けられ、仏法によって繋縛を免るという思想は、十分に現われて居る。

この間において最も注意すべき事が一つある。それは三代実録に、貞観元年〔西暦八五九〕（一五一九）八月二十八日延暦寺恵亮が、年分度者二人を置いて、一人を賀茂神のために、一人を春日神のためにして経を講ぜしめんことを請う所の表がある。その文の中に、皇覚導物、且実且権、大士垂迹、或王或神ということが見える。神仏習合に関する記録文書類において、垂迹といえる語の見ゆるはこれを以て初とするのである。これで見ると、本地垂迹思想は、この頃すなわち貞観時代よりやや現われかけたかと思われる。しかしながら、右の表中にいわゆる垂迹は後にいわゆる本地垂迹説の如く発達したるものでもなく、また日本の神と仏とを配合して組みたてたるものでもない。ただ極めて漠然たる思想で、いわゆる本地垂迹とは相距ることはなお遠いものである。

さてこの頃に当って叡山においては、円仁（慈覚大師）及び円珍（智証大師）の二偉人現れて、大いにその宗勢を高調したのであるが、これに随って神道に関する事蹟の如きも附会せられたものが少なくない。まず円仁の神道に関する事蹟には、赤山禅院及び赤山明神の創立は顕著なる事件である。これは円仁が唐に留学して、承和六年〔西暦八三九〕（一四九九）帰朝の途中漂流して登州赤山法華院に到って冬を過ごし、その山の神に、聖跡を尋ね大法を求めんとする宿願を果さしめられんことを乞い、本国に帰りたらん上は、禅院を建立せんことを誓うた。この後諸州を巡遊して帰朝したのであるが、その生存中には終に右の誓いを果たすの機がなかったので、その寂するに臨み、遺言してこれを果さしめ、仁和四年〔西暦八八八〕（一五四八）に至ってこれを成就したのである。円仁には三宝輔行記という著書があるように伝えられて居て、山家要略記・九院仏閣抄・山王一実神道記等にしばしば引用せられて居る。しかれどもこの書は前にも述べたる如く、疑わしいものであって、後人仮托の作であろうと思われる。

次に円珍の神道に関する事蹟には二、三の確実なものを認める。

一、承和十三年〔西暦八四六〕（一五〇六）冬十月、松尾明神社において発願し、比叡明神の社頭に講経せんことを誓う。

二、嘉祥三年〔西暦八五〇〕（一五一〇）山王明神の夢の告によりて入唐を勧めらる。

三、仁和二年〔西暦八八六〕（一五四六）天皇不予、召によりて参内し、持念看侍し、御平癒あらせられた。

この功によりて大比叡小比叡両明神のために年分度者を加えられた。

四、寛平二年〔西暦八九〇〕（一五五〇）の頃、大小比叡の神一切経校合の事を告げらる。

円珍が神道に関する事蹟のうち確実なりと認むべきものは、以上の四に止まる。この外、なお智証大師が新羅明神創祀の事は有名なる事ではあるが、これについては、多くの疑問があり、なお後の研究に俟たねばならぬ。

円珍にはまた顕密内証義という著書があったように伝えられ、山家要略記等に引用せられてはあるが、これも円仁の三宝輔行記と同様疑うべきものである。

以上円仁・円珍の神道に関する事蹟の主なるものに就いて叙述した。これ等の事蹟に就いて見るに、すべてこの時代における神仏習合思想の圏套を出でず、未だ本地垂迹説を形成するまでには進んで居ない。仁和三年円珍の表の中に、当寺法主大比叡小比叡両所明神、陰陽不レ測、造化无為、弘誓亜仏、護国為レ心、所レ伝真言灌頂之道、所レ建大乗戒壇之撿、祖師創開、専頼二主神一、若不レ然者、何立二此業一、永鎮二国家一とある。この陰陽不測、造化無為、弘誓亜仏、護国為心の四句は、後の山王一実神道説にはしばしば引かるるものであるが、これを以て本地垂迹説を成せりとはうけとれない。いわゆる本地垂迹説は、なおこれより後に至りて漸次発展してくるのである。

平安中期に入って、朱雀天皇の承平の頃には、神仏習合思想はにわかに著しき発達の跡を示して居る。それは石清水八幡宮所蔵文書承平七年〔西暦九三七〕（一五九七）十月四日本宰府牒の中に、明らかに本地垂迹の思想の現れたのを認める。この文書は太宰府より筥崎宮に牒して、僧兼祐という者が、筥崎宮神宮寺の多宝塔一基を造立せんとするを許したもので、その趣意は、千部寺の僧兼祐の申し状に、伝教大師の発願に、六千部の法花経を書写して、日本国中に六箇処の塔を建て、各塔に千部ずつの法華経を安置せしむるということがある。その建立の場所は、叡山の東塔・西塔・上野国・下野国・筑前竈門山・豊前宇佐弥勒寺の六箇所であった。しかるにその内五ヶ所だけは大師の在世及び滅後において成就したのであるが、宇佐弥勒寺の分だけ未だ成らず、千部の法華経の中二百部だけ写し了えたのを、去る寛平〔西暦八八九—八九八〕年中に焼亡した。そこで兼祐は発願して、弥勒寺の分の代りとして、筥崎神宮寺においてこの事を果さんと欲し、有縁のものに勧進して、承平五年〔西暦九三五〕より始めて、ついに千部の経を写し、かつ宝塔造営のための材木を運んでおいた。「彼宮此宮雖㆓其地異㆒、権現菩薩垂迹猶同、」よって彼の弥勒寺の分の代りに、筥崎神宮寺に塔を建てたいと思うについて、太宰府の決裁を請うと申し出でた。太宰府においてはこれを決判して、請に許らしむることとした。ついては筥崎宮においても、早くこれを造立せしめて、本願を遂げしめよというのである。この文中に彼の宮この宮その地異りといえども権現菩薩の垂迹はなお同じとある。これは実に本邦史籍の中における本地垂迹思想の初見というべきものである。しかしながら、この思想はもとより、この承平の頃に遽かに現れたものではないから、自然それより以前、すなわち延喜〔西暦九〇一—九二三〕の前後において、漸次に発達したるものであろうと思う。しかしてこの考えをば誰が始めていい出したなどということは、もとよりこれを定めることはできないのみならず、自然に時代の進むに随って発達したものであるから、却ってその人の定まらぬが本当であろうと思う。さきに予輩が、この節の初めに、本地垂迹説は平安中期に入ってから現れ始めたとのべておいたのは、すなわちこの謂いである。翻って思うに、かくの如く平安中期に、本地垂迹思想神仏習合思想の発達したのは、すなわち日本の思想界の独立を意味し、やがて文化の独立を証する所以である。

かくの如く本地垂迹思想は、平安中期に入ってから漸次に発達したのである。しかしながら、それの理論上の組織に至っては、未だ形成せらるるまでには進んで居らぬ。まだ極めて幼稚なるもので、一向漠然たる思想である。そして何々の神は何々の仏の垂迹であるというが如き事は、まだ全く考えられて居なかった。

この間において、一般神仏習合思想に関する現象は如何にというに、やはり前と同じく、神前読経・写経・度者等の例は、甚だ夥しくある。寛平九年〔西暦八九七〕（一五五七）六月二十三日、太政官符を以て、近江金勝寺の年分度者一人は飯道名神・山津照名神のため、一人は三上名神・兵主名神のために度せしむることが見える。延長三年〔西暦九二五〕（一五八五）二月十日、諸天神祇のため、千余巻の経を写す事が見え、天慶元年〔西暦九三八〕（一五九八）六月二十二日、五畿七道の高名の神五十四社に各度者一人を奉ることがある。また天慶二年七月八日に、地震の祈のため、十五大寺・延暦寺ならびに京辺の社寺に仁王経を読ましむる事がある。天慶の乱の時に、朱雀上皇は告文を石清水八幡宮に納められた。その中に、御祈のために年分度者を石清水八幡宮に寄せられる事が見える。この後、村上天皇の御代を通じて、神社における読経の例は、日本紀略・天暦御記等に夥しく見える。

この頃よりして、神社に仏舎利奉納のことがしばしば見える。すなわち日本紀略に、天暦二年〔西暦九四八〕（一六〇八）九月二十二日、仏舎利を五十五社に奉納せられ、各僧一人を使として遣わさる。但し宇佐宮と石清水宮とには、各法服一具を副うるを例とすとあるを以てその初見とする。ここに法服一具を副うるを例とすとあるによって見れば、この事はすでに前より行われて居たことと見える。この後舎利奉納のことは、村上天皇の応和年間、円融天皇の天禄年間、一条天皇の永延年間、後一条天皇の寛仁年間にその事が見え、なお遥か年を隔てて近衛天皇の天養元年〔西暦一一四四〕（一八〇四）十月三日に、一代一度仏舎利使を石清水以下五十七社に遣わさるという事がある。これは天暦以降の各御代における例と、その意味を同じうするものであって、何れも一代一度であるが、ここにはただ明らかにその名を示しただけの事であろう。

かくて一条天皇の寛弘元年〔西暦一〇〇四〕（一六六四）に至り、大江匡衡の願文の中に、熱田権現の垂迹ということが見える。それは尾張守の代々の例として、大般若経一部六百巻を書写して、これを熱田神社に奉納することになって居るので、匡衡もその例に従い、尾張守となった時に、これを書写して奉納した。その時の供養の願文に「只恃熱田権現之垂跡」とのべたのである。同四年八月十一日附を以て、藤原道長が吉野金峯山に奉納した経筒銘の内には、南無教主釈迦蔵王権現知見証明という語がある。ここに至っては、権現の思想はよほど普及したらしく見える。

石清水八幡宮文書に永承元年〔西暦一〇四六〕（一七〇六）の源頼信告文というのがある。その中に「脆いて八幡権現三所の法体に白して言さく、大菩薩は……本覚幽玄計り叵《がた》し、尊位もしは三覚の如来か、また十地の薩埵か、利生の道、迹を垂れ、慈悲之門、身を現ず、彼は釈尊の応化歟、これは観音の分身歟」とある（原漢文）。この文によりて察するに、当時においては本地垂迹の思想はやや発達はして居るが、まだその本地を定める程までに進んで居らぬ。

更に少しく時代を進めて、後三条天皇以後に至り、垂迹思想の発展の跡をたずぬるに、やや具体的に垂迹説を形成して居る。すなわち続本朝往生伝に真縁上人の伝を載せて、その中に「生身之仏はすなわちこれ八幡大菩薩なり、その本覚を謂わば、すなわち西方無量寿如来なり」とある。八幡大菩薩の本地は、ここに至って阿弥陀如来と定められたのである。続本朝往生伝は、大江匡房の撰にかかり、その編著の年代は堀河天皇の康和以後、匡房の薨ずる年すなわち鳥羽天皇天永二年〔西暦一一一一〕（一七七一）以前である。さればこの八幡の本地の説は、およそ堀河天皇の頃にできたものと見るを以て穏当とする。

伝説によれば、貞観五年〔西暦八六三〕（一五二三）行教が石清水に八幡を勧請した時に、行教の袈裟に、弥陀三尊の像が影じたので、行教はこれを写して京に上ったということがある。これに因りて、八幡の本地は弥陀三尊であるという説がある。この事は続古事談巻四・朝野群載巻三・大江匡房筥崎宮記等に見える。しかるにこの事は貞観五年の行教の記には、全くあとかたもなく、またその事を推測せしむるに足るような句もない。この伝説はやはり匡房の頃にできたものと思われる。

右の八幡の本地の事の見えたると同じ時代において、熊野の本地もまた同じく匡房の江談抄に記されてある。その文に、熊野三所本縁如何という問に答えて、熊野三所は伊勢太神宮御身であり、太神宮は救世観音の御変身であるとある。これと同じ頃に、東大寺要録（堀河天皇嘉承元年〔西暦一一〇六〕（一七六六）の序あり）には、日輪は大日如来なり、本地者盧舎那仏なり云々と聖武天皇の御夢に見えたという伝説を載せて居る。

これ等は皆この時代における垂迹思想が一大発展を遂げたことを示せるものである。ここに注意すべき事は、この頃になりて「神明は衆生の一なり」ということ、すなわち神明は仏法によりて解脱するという思想の現れたる記事は、全く跡を絶って見えなくなった事である。これ神が仏の化現なりという思想が普及したがために外ならぬ。さてこの神が仏の化現なりという思想は、如何にして起ったかというに、予輩の考うる所では、これはさきに神に向って菩薩号をつけたる思想の更に一転したものであろうと思う。前の時代の思想では、神明は衆生の一であるが故に、仏法の力によりて悟りを開き、進んで菩薩地に上るという考えであった。しかるに今度は、それが更に一歩を進めて、菩薩より仏にまで至るようになったのである。ここにおいて、神明はすなわち仏であり、神仏は元同体であるのであるが、ただ権《か》りに化して神として現れて居る。こういう考えから、本地垂迹の説が起ったものであろうと思う。

以上のべ来たった所を概括してみると、

一、本地垂迹説は平安中期に入ってようやくその説が形成せられ始めた。但し当時にはまだ漠然たる考えであって、ただ神祇は仏の化現なりというに過ぎぬ。

一、平安末期に入るに及んで、何々の神の本地は何々の仏であると、ようやく定められるようになった。

かくて平安末期の記録文書には、本地に関する記事が多くあらわれて居る。その著しきものを左に列挙する。

一、長秋記、長承三年〔西暦一一三四〕（一七九四）二月一日鳥羽院・待賢門院熊野御幸の条

丞相　和名家津王子　法形　阿弥陀仏
両所　西宮　結《むすぶ》ノ宮　女形　本地千手観音
中宮　早玉明神　俗形　本地薬師如来
已上三所
若宮　女形　本地十一面
禅師宮　俗形　本地地蔵菩薩
聖《ひじり》宮　法形　本地竜樹菩薩
児《ちこ》宮　本地如意輪観音
子守　正観音

已上五所王子

二、平清盛が長寛二年〔西暦一一六四〕（一八二四）九月に、厳島へ一族書写の法華経を奉納する時の願文の中に、「相伝えていう、当社はこれ観世音菩薩の化現なり云々、本より迹を垂れ、現れて神となる、これを当社と謂う。本迹異りといえども利益これ同じ」とある。

三、春日社古社記に、承安五年〔西暦一一七五〕（一八三五）三月一日、春日神主大中臣朝臣時盛・若宮神主中臣連延遠から、院宣によって上った春日大明神御礼本地の注進がある。その文に、

一宮　鹿島武雷神　不空羂索観音
二宮　香取斎主命　薬師如来
三宮　平岡天児屋根命　地蔵菩薩
四宮　会殿姫神　十一面観音
若宮　文殊師利菩薩

四、治承二年〔西暦一一七八〕（一八三八）に記した康頼の宝物集に左の記事がみえる。

南海ノ辺ニハ熊野ノ権現、西ノ御前ニハ千手顕現ナリ、北嶺ノ麓ニハ日吉山、八王子ノ観音ノ垂迹ニアラスヤ、

五、三十五文集に、治承三年勧進沙門観海が、祇園三所権現の本地の御体として、薬師如来・文殊師利・十一面観音の金銅の像を鋳んがために、十方の施主に奉加を請うの状がある。

六、梁塵秘抄　後白河法皇の御撰にかかる今様歌の集梁塵秘抄の中に、本地垂迹の思想より出たるものが多く見える。

本体観世音常在ふだらく《補陀落》のせん《仙》ゐとや、衆生生々しけむ大明神、
おほみや《大宮》権現はおも《思》へばけふす《教主》の尺迦ぞかし、いちど《度》もこのち《地》をふむ《踏》人は、霊山かいゑ《界会》のとも《友》とせん、
おほみや霊鷲ひむがし《東》のふもと《麓》とは、菩提樹下とか、両所三所は釈迦やくし、さて王子は観世音、

七、水鏡の中にも本地垂迹の記事が若干ある。水鏡は中山忠親の著かという。忠親は、建久六年〔西暦一一九五〕（一八五五）に薨じた人であるから、この書は平安末のものであろう。その中に、神功皇后の条に、応神天皇を八幡大菩薩

と申すのは、阿弥陀如来が仏果の八聖道支より迹を垂れたる八流の幡によって申すのだとある。

以上列挙する所によって、平安時代末頃になって、諸神の本地が漸次に定められた様子が知られるのである。

鎌倉時代に入って、諸神の本地に関する説はようやく精密を加えてきた。もとより平安時代末といい、鎌倉時代というは、われわれが便宜上区劃した時代のきりめであるから、鎌倉時代に入ったからとて、遽かに本地垂迹説に変化のあったわけではないが、時の移るに随って、ようやく組織的になった様子が見らるるのである。左にその主なる材料を掲げる。

一、大神宮諸雑事記　この書は既に本節の初めにものべた如く、東大寺大仏造立について、日輪は大日如来なり云々の託宣を記して、伊勢大神宮の本地を大日如来と定めて居る。

二、文治二年俊乗房参詣記　この書は、俊乗房重源が、東大寺再建の計画を起こし、その祈願のため、文治二年〔西暦一一八六〕(一八四六)に大神宮に参詣したときの記である。その中に、偏に当所神宮の法楽を荘《かざ》り奉り、本地いよいよ内証之荘を増し、垂迹更に威光の影を添うとある。

三、玉葉　九条兼実の玉葉建久五年〔西暦一一九四〕(一八五四)七月八日の条に、春日社の五所の御本地の像を作って、僧五人をして行法を修せしむることを載せて、第一は鹿島、本地は不空羂索観音、第二は香取、本地は薬師如来、第三は平岡、本地は地蔵菩薩、第四は伊勢内宮、本地は十一面観音、第五は若宮、本地は十一面観音とある。

四、石清水八幡別当宗清法印立願文　建保五年〔西暦一二一七〕(一八七七)正月二十七日付を以て、荘園支配の事、大塔・千手堂・弥勒堂建立、一切経奉納の事等、十五箇条の願を立てたものであるが、その中にのべた言に、

右当所の八幡宮は、本地を拝すれば、すなわち一子平等慈悲の教主、垂迹を仰げば、また百王鎮護霊験の尊神云々、行教和尚上洛の時、大菩薩化現して和尚に告げて曰く、汝我がために経咒を誦念せよ、心に染み思を冷し、汝と共に上洛して、釈迦の教跡を擁護せん云々、武内大神は本地はすなわち西方の教主、垂迹また先廟の祖霊云々とある。

五、古事談　古事談の製作年代は、およそ鎌倉の中頃であろう。その中に、

(一)範兼卿、賀茂の本地を知らんと祈請せしことをしるして、

本地ハ何ニテ御座ゾト申時、等身正観音ノ蓮花令持給タルニ、令変御テ、即火炎ニ令焼御テ、クログロト令成御ト奉見ケリ。依之、等身正観音ヲ奉造立、安置東山堂云々。

（二）六波羅太政入道高野大塔造営の条

日本国中大日如来ハ、伊勢太神宮ト安芸厳島ナリ。

六、続古事談（著作の年代未詳、今仮に古事談の次におく）巻四に「白山ノ西因上人語リケルハ、三所権現ハ阿弥陀・勢至・観音十一面ノ垂跡ナリ」云々とみえる。

七、耀天記　山王耀天記・日吉山王貞応二年十一月二日記・山王麗天記等種々の異名を以て行われて居り、続群書類従にも収められて居る。日吉神社社司生源寺氏所蔵本に、正応の奥書ある山王縁起と題するものがあるが、またこれと同書である。生源寺本は確かに正応頃の写本である。同書の初めに現任社司として貞応二年（西暦一二二三）（一八八三）十一月二日注とあり、また外記師季の状嘉禄元年（西暦一二二五）（一八八五）五月十四日附のものを引いて居る。本書はおよそその頃の著作とみてよかろうと思う。これは山王神道に関するいろいろの説を集めて大成したるものであって、この種の著作の最も古いものである。

八、古今著聞集（建長六年十月十七日の奥書あり）巻一に円仁の住吉神宮寺を建てたという伝説をのせ、住吉の神が現れて、

皇威も法威もめでたかりけるかな。住吉は四所におわします。一御所は高貴徳王大菩薩乗竜、御託宣にいわく、我是兜率天内高貴徳王大菩薩也、為三鎮二護国家一、垂二跡於当朝墨江辺松林下一、久送二風霜一、時有二受苦一、（是脱カ）自当二北方一、有二一勝地一、願奏二達公家一、建二立一伽藍一、転二法輪一云々、という告げがあった。これによりて神宮寺を建立したとある。

九、春日社古社記（原題に天慶三年之記とあるけれども、その裏書にある暦の断片を、その干支によって調べて見ると、正に文暦元年（西暦一二三四）（一八九四）のものである。よってこの記は文暦元年以後に記されたものに相違ない。）

御本地承

一宮　御本地不空羂索、或釈迦如来云々、俗形、老体、六十許、御冠ノオヲカケ纓《エイ》ナシ、笏持タマウ、……

二宮　御本地薬師如来、或弥勒云々、俗形、老体、六十許、ヒケナシ、ツルハミノ袍、帯剣ヒラヲサス、……
三宮　御本地地蔵菩薩、僧形、御服衲袈裟、草鞋、
四宮　伊勢大神御本地、大日如来、或十一面観音、女形吉祥天、

一〇、百因縁集（正嘉二年〔西暦一二五八〕（一九一八）編）巻九に本地垂迹の事が二ケ所に見える。今その一つを左に掲げる。

花園左大臣事

日本国ハ神国ニテ、利生掲焉在、神達不レ知二幾百柱云事一。其中八幡大菩薩尋二本地一、極楽世界阿弥陀如来。……日本国衆生為レ孚《ハコクマンカ》、和光同塵シテ、仲哀天皇第四御子生レ在キ。御母神功皇后、即人王第十六代応神天皇是ナリ。（上下略）

一一、沙石集　伊勢太神宮大日如来説をしるして、

去弘長年中に、太神宮へ詣でて侍りしに、（中略）内宮外宮は両部の大日とこそ習い伝えて侍れ。天の巌戸とは都率天なり。たかまの原とも云えり。（中略）誠に不生不滅の毘盧舎那法身の内証を出で、愚痴顛倒の四生の群類を助けんと、跡を垂れ給う本意。（中略）然るは本地垂迹その形ことなれどもその御意のかわらじかし。

一二、香取神宮本地仏の銅像　今観福寺に蔵せらる。観福寺は千葉県下総国香取郡香西村大字牧野谷津作にあり。所蔵の什宝の中に、元香取神宮本地仏四体がある。その中十一面観世音菩薩・釈迦牟尼如来・地蔵菩薩の三体は、光背に銘が刻せられてある。

十一面観世音菩薩の銘

奉送
香取大神宮御本地四体内
十一面観世音菩薩
右志者、為二天長地久、当社繁昌、異国降伏、心願成就一、造立如レ件、
弘安五年壬午八月一日

仏師（以下欠損）（釈迦牟尼如来の銘文同じ）

地蔵菩薩の銘

敬白下総国香取大明神御宝前
一、奉造立金銅地蔵大菩薩一体
一、奉読誦般若心経万巻并観音経千巻
右志者、為二亡父実政并海雲比丘尼一、所レ奉二建立一如レ件、
延慶弐年（大歳己酉）三月八日
仏□□□□□地白敬
橘□□□□□胤

一三、高野山文書正応六年〔西暦一二九三〕太政官牒　高野山丹生社領に、勅事院事伊勢太神宮工役夫造内裏已下大小国役を停止すべきことを令したものであるが、その文中に、金剛峯寺衆徒の奏状を引いて、当社は本地を尋ぬれば、中台八葉之心王、三世常住の法帝たり云々とあり。丹生明神の本地を以て大日如来に擬して居る。

一四、春日社私記（永仁二年の奥書あり）

一、御本地事
一宮　鹿島大明神　不空羂索観音、或説釈迦如来
二宮　香取大明神　薬師如来
三宮　平岡大明神　地蔵菩薩
四宮　相殿姫神　十一面観音（或説救世観音 或又大日如来）
若宮　文殊師利菩薩　或説十一面観音
太力雄大明神　不動明王

三十八所大明神　弥勒菩薩
榎本大明神　多聞天王
紀ノ御社　虚空蔵菩薩
水屋大明神　薬師如来

右五所の御本地は、承安五年〔西暦一一七五〕（一八三五）比、院宣をもて、神主大中臣時盛・正預中臣延遠等連署して注申、これに（よ脱カ）つていま御本地をあらわしてたてまつる。ただし異説あり、よて或説としてしるしくはへたてまつる云々。

一五、宝基本紀（五部書説弁の説によれば永仁〔西暦一二九三—一二九九〕より少し前にできた書であるという）

古人秘伝云、伊勢両宮則胎金両部大祖也、

一六、三輪大明神縁起　文保二年〔西暦一三一八〕（一九七八）の抄にかかり、著者は詳かでない。まず

(一)、天照大神本迹二位事と題して、天照大神の名義を釈し、その本地を左の如く説いてある。

本地は予某年某月日を以て、七ヶ日の詣を全うし、天照皇太神御名義知り奉らんと祈り申す。第七日結願の日に当って、早旦御殿に詣づるの間、河を隔つるの処、叢中の処、懇篤の信を致して祈り申すの処、御殿と覚しき河上に当って、空中に音あり、唱えて曰く、第一義天金輪王光明遍照大日尊と云々。予この御言を承り、取敢えず心得候と申す。すなわち下向し畢《おわ》んぬ。天第一義天なり、照光明遍照なり、尊大日尊なり。この三段の内、天は応身如来、照は報身如来、尊は法身如来なり。謂う心は真性観照資成之理智悲三点なり。故に知りぬ、この御名は三身即一の大日を名乗りたまうなり。これは本地の意を約するなり。（仮字交じりに書き改む）

一七、麗気記　空海の作と称するものであるが、もとより偽作である。諸宗章疏録の中にもこれを疑い、平田篤胤の俗神道大意にもこれを疑って、

天地麗気記ト云ウモノ十八巻本四 コレハ始メニ空海撰ト有ルガ、天野信景ガ説ニ、コレハ麗気灌頂ノ書ナドヲ本トシテ、後人ノ空海ニ託シ偽リ作ッタモノデアロウト云ウタガ、実ニソウト見エ、

とある。右の天野信景が説というは、塩尻の説をいうので、その文は左の通りである。

或る密家の僧曰く、麗気記は古書にして世に行わる。しかれども弘法の筆とも覚えず。性霊集等に引きくらべ見るに、文字拙。最是麗気灌頂の書を本として、後大師に附託して作る所なるべしといえり。予彼の麗気灌頂の切紙ども見しに、さもあるべき事なり云々。

この書は、類聚神祇本源（元応二年〔西暦一三二〇〕一九八〇作）に引用せられてあるから、それ以前鎌倉末頃には、すでに世に流布していたものと見える。

一八、類聚神祇本源　豊受大神宮禰宜度会神主家行の撰にかかり、元応二年正月の序がある。巻一天地開闢篇、巻二本朝造化篇、巻三天神所化篇、巻四天宮篇、巻五内宮遷座篇、巻六外宮遷座篇、巻七宝基篇、巻八形文篇、巻九心御柱篇、巻十内宮別宮篇、巻十一外宮別宮篇、巻十二神宣篇、巻十三禁誡篇、巻十四神鏡篇、巻十五神道玄義篇の十五篇に分かち、中にしばしば儒仏の説を引用して、殊に密教系統の臭味の多いものである。

一九、元亨釈書（元亨二年〔西暦一三二二〕（一九八二）上表してこれを上る）

この書の中、所々に垂迹説に関する記事がある。すでに前にのべた通りである。

二〇、諸神本懐集（元亨四年本願寺存覚添削）本書冒頭において、

ソレ仏陀ハ神明ノ本地、神明ハ仏陀ノ垂迹ナリ。本ニアラサレハ迹ヲタルルコトナク、迹ニアラサレハ本ヲアラワスコトナシ。神明トイイ仏陀トイイ、オモテトナリ、ウラトナリテ、タカイニ利益ヲホトコシ、垂迹トイイ本地トイイ、権トナリ実トナリテ、トモニ済度ヲイタタス。

とのべ、次に、

霊社ノ験神ヲアカシテ、本地ノ利生ヲトウトフヘキコトヲオシウ云々

とて、神々の由来をのべて、多くその本地を示してある。その主なるものを左に摘載す。

鹿島ノ大明神ハ本地十一面観音ナリ、……奥ノ御前ハ本地不空羂索ナリ、

天照大神ハ日天子観音ノ垂迹ナリ、素戔嗚ノ尊ハ月天子勢至ノ垂迹ナリ、

熊野三所権現……証誠殿ハ阿弥陀如来ノ垂迹ナリ、……両所権現トイウハ西ノ御前ハ千手観音ナリ、……中ノ御前ハ薬師如来ナリ、……五所ノ王子トイウハ、若王子ハ十一面観音ナリ、……禅師ノ宮ハ地蔵菩薩ナリ、……聖ノ宮ハ竜樹菩薩ナリ、……児ノ宮ハ如意輪観音、小守ノ宮ハ聖観音ナリ、ソノカタチイササカコトナレトモ、トモニ観音ノ一体ナリ、ソノ名シハラクカワレトモ、ナラヒニ弥陀ノ分身ナリ、

二所三島ノ大明神トイウハ、大箱根ハ三所権現ナリ、法体ハ三世覚母ノ文殊師利、俗体ハ当来導師ノ弥勒慈尊、女体ハ施无畏者観音薩埵ナリ、三島ノ大明神ハ十二朝王医王善逝ナリ、

八幡三所ハ、中ハ八幡大菩薩、阿弥陀如来、左ハオタラチメ、本地観音ナリ、右ハヒメ大明神、大勢至菩薩ナリ、若宮四所トイウハ、若宮ハ本地十一面観音ナリ、若姫ハ勢至菩薩ナリ、

日吉ハ三如来ノ垂迹四菩薩ノ応作ナリ、イワユル大宮ハ釈迦如来、地主権現ハ薬師如来、聖真子ハ阿弥陀如来、八王子ハ千手観音、客人ハ十一面観音、十禅師ハ地蔵菩薩、三ノ宮ハ普賢菩薩ナリ、

コノホカ祇薗ハ浄瑠璃世界薬師如来ノ垂迹、稲荷ハ聖如意輪観音自在尊ノ応現ナリ、白山ハ妙理権現、コレ十一面観音ノ化現、熱田ハ八剣大菩薩、コレ不動明王ノ応迹ナリ、

二一、東大寺八幡験記（東寺の杲宝の著、鎌倉末期の著であろう。）

本書には、八幡の本地、伊勢大神宮の本地、春日の本地等、詳細なる記事を載せてある。

以上鎌倉時代において現れたる本地垂迹説に関する材料の主なるものについて記した。これ等の材料によって見れば、本地垂迹説は平安時代の末より、鎌倉時代に亙りて漸次に発達し、一歩一歩その精密の度を加え、本地を定めることも細かになり、またその天台真言の教義と聯絡を有するようになる有様も次第に進み、ついに山王一実及び両部習合神道の組織を大成した跡は歴々として見ることができる。

この後吉野時代より室町時代にかけてなお多くの著作が出た。すなわち

一、元元集

一、度会家行の瑚璉集（延元二年〔西暦一三三七〕一九九七）

一、僧慈遍の豊葦原神風和記
一、同じく慈遍の旧事本紀玄義（観応二年〔西暦一三五一〕二〇一一）
一、聖冏の破邪顕正義
一、二十二社本縁
一、二十二社注式

等を始めとして、種々の神道の書が出でて、益々精密なる説を組織して居るが、その大体においては鎌倉時代に組織づけられたるものである。

以上数項に亙って記した所を要約して見れば、

(一)神仏習合の現象は、奈良以前天武天皇・持統天皇の頃より徐々にあらわれて居る。
(二)奈良時代においては、未だ本地垂迹説の唱えられたという形跡を認めない。
(三)行基が本地垂迹説を作ったということは、後世よりいい出した事で、もとより事実でない。
(四)最澄及び空海の時代における神仏習合の思想は、まだ本地垂迹説を考えるまでに発達して居ない。
(五)最澄及び空海の神道と称する山王一実神道及び両部習合神道は、後世において発達形成したものを、遥かに上せて両大師に附会したものである。
　両大師の神道の著書と称するものはあるが皆偽書である。
　両大師の神道に関する事蹟の中にも、またもとより本地垂迹思想のあらわれたるものを認めない。
(六)円仁及び円珍についても、また上の両大師についていえると同様のことをいうことができる。
(七)平安中期に入って、恐らくは延喜〔西暦九〇一—九二三〕の前後から、本地垂迹思想は起った。
(八)平安中期に起った本地垂迹説は、平安末期を経て、鎌倉時代に入り、漸次にその教理的組織を大成した。
(九)神仏習合思想発展の跡について、その要を摘示すれば左の通りである。
神明は仏法を悦ぶ……神明は仏法を擁護する……神明は仏法によりて業苦煩悩を脱する……神明は衆生の一である

……神明は仏法によりて悟りを開く……神すなわち菩薩となる……神は更に進んで仏となる……神は仏の化現したものである。

以上本地垂迹説の発展について述べたのであるが、これは普通に謂う所の本地垂迹であって、仏が本地で神が垂迹である。すなわちいわゆる仏本神迹説である。しかるにここにこれと反対に、神が本地で仏が垂迹であるという所の神本仏迹説なるものがある。この説は天台の教義よりして、自然抽出せらるべき理論ではある。すなわち天台にいう本高迹下、本下迹高、本迹倶高、本迹倶下の説である。仏が菩薩の身を現ずる、或いは観音が三十三身を現ずる等は、本高迹下であり、これと反対に菩薩にして仏身を現ずる、或いは初地の菩薩が二地の身を現ずる等は、本下迹高である。本迹倶高は仏にして仏身を現ずるが如きをいい、本迹倶下は初地の菩薩にして、初地の相を現ずるをいう。これに依りて観れば、普通にいう所の本地垂迹はすなわち本高迹下であって、仏より神を現ずるものである。これに対する本下迹高はすなわち神より仏を現ずるのであるから、天台教義に依る理論の発展上からは、神本仏迹説は出て来なければならぬわけである。

しかしながら、普通の本地垂迹説の如きも、法華経の渡って以来、仏教の教義としては夙に知られて居たであろうにも拘らず、これを日本の神に応用して、仏本神迹説の現わるるまでには、多くの年所を経たことは、すでに上来述べた通りである。故にこの神本仏迹説の如きも、それが具体的に現わるるまでには、相当の歳月を要したのであった。

今この神本仏迹の思想がいつ頃から現われ始めたかについて考えてみよう。

一、園城寺伝記に、本覚院公顕の事を記して、次のような話がある。この公顕は神祇伯顕康王の息で、平安時代の末、二条天皇より高倉天皇に至る長寛から安元頃に居た人である。さて安元三年（西暦一一七七）（一八三七）の頃、高野山の明遍僧都が、三井の公顕僧正の智者の誉れあるを聞いて、弟子の弁阿を彼房に遣して、その内行を窺わしめた。弁阿は公顕僧正を訪ねて往いて見るに、僧正は毎朝浄衣立烏帽子に、幣帛を擎げて、一間の帳に向って礼拝を致して居る。七日に及んで弁阿は問うて曰く、毎朝の御所作異様に拝し奉る、これは如何なる行業ぞやと。僧正答えて曰く、我つらつら出離解脱の道を案ずるに、神冥擁護の誓を離れては、生死輪廻を終り難し。故にここに一間の帳において、日本国中大小神祇三千余座を勧請し奉り、苦海を出でて船筏を求むるの外、別に行業なし。その故如何にというに、天神国を聞き、地祇跡を垂る、有罪を利し、無罪を導く。藍より出でて藍より青く、仏より出でて仏より貴きは、吾国の神冥なり云々と。以下空仮中三諦を以て神明の徳を釈して、弁阿と問答数返に及び、終に弁阿問うて曰く、神冥託宣信ずべきや、答、仰いで信ずべきなり、天照大神の御託宣に曰く、

東土有二我身一、示二不生於此一、西方有二真人一、譲二託宣於彼一

と、東土有二我身一とは天照大神なり、不生は阿字本不生なり、西方真人は釈迦牟尼なり、霊山において法華を説く、経はすなわち天照の託宣なり云々。神化して仏と成る、仏の本地は神なること分明なる者かと、終日語り暮し終夜語り明して、弁阿は感涙を押えて、高野山に帰り、これを明遍僧都に語ったという。

この話の中にある、神化して仏となる、仏の本地は神なりという句は、明らかに神本仏迹説を示せるものであって、もしこの話にして確かなりとすれば、正に神本仏迹説の初見というべきものであり、神本仏迹説は平安時代末においてすでに現れて居たこととなるのである。しかるに、この話はもと沙石集より出て居る。沙石集巻一上に、出離を神明に祈る事と題して、公顕僧正の話を載せて居る。しかしそれには弁阿は善阿とあり、話の筋は善阿が公顕の朝の所作を見て、そのわけを尋ねたのに答えて、公顕は出離の望を遂げんがために、「都ノ中ノ大小ノ神祇ハ申スニ及バズ、辺地辺国マデモ、キキ及ブニシタガイテ、日本国中ノ大小ノ諸神ノ御名ヲカキタテマツリテ、コノ一間ナル所ニ請ジ置キ奉リテ、心経三十巻神呪ナンド誦シテ、法楽ニ備エテ、出離ノ道、偏ニ和光ノ御方便ヲ仰グ外、別ノ行業ナシ。ソノ故ハ、大聖ノ方便、国ニヨリ機ニ随イテサダマル準ナシ、聖人ハ常ノ心ナシ、万人ノ心ヲモテ心トスト云ウガ如ク、法身ハ定マレルミナシ、万物ノ身ヲモテ身トス」云々。「サレバ他国有縁ノミヲノミ重クシテ、本朝相応ノカタチヲカロシムベカラズ。我朝ハ神国トシテ、大権迹ヲタレ給イヌ。我等ミナカノ孫裔ナリ。気ヲ同ジクスル因縁アサカラズ。コノ外ノ本尊ヲタズネバ、還リテ感応ヘダタリヌベシ。ヨリテ機感相応ノ和光ノ方便ヲ仰イデ、出離生死ノ要道ヲ祈リ申サンニハシカジ」云々。「サレバ和光同塵コソ諸仏ノ慈悲ノ極ナレト信ジテ、カクノゴトク行儀コトヨウナレドモ、年久クシツケ侍ウトカタラル」云々とある。これに依りて観れば、沙石集には、普通の仏本神迹説を説いて

居るのみで、神本仏迹説の事は全く見えない。けだし公顕が一間に神を請じて、毎朝これを拝したという事は事実であろう。それは恐らく白河家出身なるによりて、その家の風を伝えたということもあるであろう。沙石集はこれを伝えて記し、仏本神迹を以て、その理由を説明したのである。園城寺伝記は沙石集の記す所に、更に附け加えて神本仏迹説を説いたのであって、惜しむらくは、その説は園城寺伝記の編纂当時を上らないものである。園城寺伝記は著者及び著作年代が詳かでないが、本文の中に建武・康永等の記事があるによって見れば、恐らく室町初期のものであろう。

附けて言う、大僧正慈鎮の歌として、玉葉和歌集二十神祇に、

日吉の社に奉りける百首歌の中に

まことには神ぞ仏の道しるべ跡を垂るとはなにゆゑかいふ

というのがある。（慈鎮の集拾玉集にもある。）

この歌は或いは神本仏迹説の思想より出たものであるかの如く考えられるような節もある。もししかりとすれば、神本仏迹思想の現れたものとしては、また最も早いものの一となる。しかしながら右の解釈は、むしろ神本仏迹の意を以て、わざと迎え解するからの事であって、一首の意は、やはり仏本神迹の思想より出たものでみる。すなわち神は衆生を仏道に引き入れんがための方便に、仮りに現れたものであって、仏道に入るための道しるべ先導者であるのに、跡を垂るとは何故にいうかという意味で、先導の語と跡という語との対比による詞のあやより出た歌であって、神本仏迹の思想ではない。

二、旧事本紀玄義　慈遍の著わす所、元弘二年（西暦一三三二）（一九九二）の序あり。その第一巻に、

神未レ発則仏亦覆レ徳。誰奢二直尊一、能思々々。願顕二理徳一、宜レ通二心神一。如来既為二皇天垂跡一。諸賢聖悉無レ非二応作一。

とあり。また第九巻に、

抑和国者三界之根、尋二余州一者、此国之末。謂日本則如二種子芽一。故依レ正和二人心一。幼似下春草木未上レ得二成就一。論二其功用一、本在二神国一。唐掌二枝葉一。梵得二菓実一。……故仏法渡、還添二威光一。是以神宣指二西天仏一以為二応変一。

とある。これには神本仏迹の思想が認められる。

三、渓嵐拾葉集　この書は天台沙門光宗の著で、文保二年〔西暦一三一八〕（一九七八）の序あり、全部十二冊の中には、建武の奥書のあるものもある。けだし鎌倉時代末から吉野時代にかけて記したものであろう。著者については、第十二巻の奥書に、元応寺の開山伝信和尚の弟子鷲尾道光上人、顕密戒記神道三百余巻の抄を作り、これを渓嵐と名づけた。この道光上人すなわち光宗だとある。伝信は法勝寺の円観恵鎮の師である。されば光宗は円観と同門の人である。

この渓嵐拾葉集には、普通の仏本神迹の事も随所に見える。すなわち大神宮・伊予三島大明神・住吉大明神・三輪明神の本地の事などを記して居る。しかし本書において最も注意すべきは、神本仏迹の思想を明らかに現して居る事である。すなわち本書巻一に「三塔ト云事」と題する中に、所詮三塔は迹門の意なり、山王は本門の意なり、故に一伝に三塔を本門といい、山王を迹門といい、本高迹下と伝うる人も有れども、当流には山王は本、三塔は迹、これを本下迹高と習うなりとある。当流というは恵心流のことをいうのであって、外の流では、本高迹下で、山上の三塔すなわち寺の仏が本門で、山王の神が迹門というけれども、恵心流では本下迹高で、山王の神が本門、三塔の仏が迹門、すなわち神本仏迹であるというのである。本書にはなおこの外にも、これに類する記事が所々に見える。

四、叡山三塔建立記　これは梶井三千院の蔵本である。叡山南谷実蔵房にも、無題の同じ本がある。奥書によれば「応永十七年三月十一日、於上州青柳山竜蔵寺談義所書写畢」とある。その中に、何故に薬師を嶺に立て、山王は麓に居るやとの問に答えて、本下迹高の成道の意を顕わすなりといい、更に常途には仏を以て本となし、神を以て迹となすに、今は山王を以て本となし、薬師を以て迹となすは、道理に叶わざるにあらずやとの難に答えて、山王の二字は一心三観・一心三諦の意あり、山は色法にして、三諦の妙境なり、王は心法にして、三観の妙智なり、境智相対して、八相成道の体を成す。故に山王を以て本となし、仏を以て迹となすと釈して居る。又所詮三塔は迹門の意、山門は本門の意なり。故に一の伝には、三塔は本、山王は迹とあり、正流には山王は本、三塔は迹、これを本下迹高とす云々とのべて居る。この終の一節は渓嵐拾葉集にあるものと同文である。

前に掲げた園城寺伝記は、その製作の順序よりいえば、この辺に入るべきものであろう。

五、太平記　太平記にも、普通の本地垂迹説の事は随所に見えるが、中にも三十六巻仁木京兆参南方事、附太神宮託宣事の条には、太神宮が十歳ばかりなる童部に乗り移っての託宣に、

我本覚真如の都を出て、和光同塵の跡を垂れしより以来、本高跡下の秋の月、不照云処もなく、化属結縁の春の花、不薫と云う袖もなし云々

とある。これは本高跡下で、すなわち仏本神迹であるが、巻十六日本朝敵事の条には、

それ日本開闢の始めを尋ねれば、二儀すでに分れ、……第一の御子天照太神、この国の主と成りて、伊勢国御裳濯川の辺、神瀬下津岩根に跡を垂れ給う。或る時は垂跡の仏と成りて、番々出世の化儀を調え、或る時は本地の神に帰りて、塵々刹土の利生をなし給う。これすなわち跡高本下の成道なり

とある。但しこの一節は、太平記の最古写本たる神田本太平記及びそれに次ぐ古写本たる近衛家本（永正・天文の奥書あり）に見えないという理由で、室町末頃の攙入であろうという説もある。依って今はしばらくこれを預り置くこととするが、しかしながら思想の系統よりいえば、太平記製作時代、すなわち室町初期には、この説は相当に発展して居たのであるから、ここにこの一節を存するとしても差支えないものである。

六、法華文句略大綱私見聞（大日本仏教全書）　常陸那珂郡東那珂月山寺第四世の尊舜の著わす所である。尊舜は宝徳三年〔西暦一四五一〕（二一一一）に生まれ、永正十一年〔西暦一五一四〕（二一七四）に寂した人であるから、この書は室町中頃の作であろう。この中に、常途には仏は本地、神を垂迹という。恵心流には神を本地、仏を垂迹というは何故か、と問うに答えて、恵心流に神を本地となすというは、明神と云うは劫初より応迹して、その済度遥かなり。仏というはわずかに人寿百歳の時出世し給う、故にその後なり。止観の第三に一陰一陽これを道という、陰陽不測これを神というと判ぜり。陰陽不測の重と云うは、天地不二混沌未分にして、未だ分れざる処なり。……諸仏の出世と云うは、陰陽已分の後、仏界縁起の重なれば、法界縁起の神明は本地なり。……仏果の辺にては、一切衆生の心性を指して神と云うなり。されば止観には、心神の霊妙なる、寧ぞ三千を具せざらんやと判して、この心神がすなわち万法の摠体なれば、諸仏縁起の源なり。この時は八相の仏と云うは、己心の神明が作用に縁起する故に、神を本地、仏を垂

迹と云う事明鏡なり。されば根本大師、吾山の山上山下を本地垂迹に分けて釈し玉う時も、坂本をば本地、霊峯をば垂迹と定めて、本下迹高の相を釈し玉うなり。……所詮仏は始覚の成道なれば、垂迹と取り、神は本覚の化導なれば、本地と号するなり云々とある。

七、唯一神道名法要集　万寿元年〔西暦一〇二四〕（一六八四）卜部兼延の記と仮托せるもので、一般に卜部兼倶の偽作といわれて居るものである。著作年代はすなわち室町時代の半ば過ぎ、前の法華文句略大綱私見聞と相前後するものであろう。この中に、神道は万法の根本で、儒教は万法の枝葉、仏教は万法の花実である。日本に種子を生じ、支那に枝葉を現わし、天竺に花実を開くと説き、また仏を以て本地となし、神を以て垂迹となすは顕露の義であり、神を以て本地となし、仏を以て垂迹となすは隠密の義であると述べて居る。

八、舞の本百合若大臣　これも前二書と大凡そ同じ頃、或いはやや降る頃のものであろう。その中に、

かみのほんちを仏とは、よくもしらざることはかな、こんほんち《（根本地）》のかみこそ、仏とならせ給いつつ、衆生をけとし《（化度）》給うなれ

とある。

九、旅宿問答　続群書類従巻九六三所収、奥に「永正四〔西暦一五〇七〕丁卯年十二月八日覚重問、佳童語、咲名曰旅宿問答」とあり。神職の彦右衛という大夫と、天台の心玄といえる僧との問答を録す。その一節に、大夫の言として、我等は性徳万類の父母、十宗の頂なりというを、心玄は神職の大夫が諸宗の頂という事は未だ聞かざる所、沙門多しといえども、八宗十宗より外は無し、神職が宗の内なりという事、前代未聞なりというを、大夫は聞いて、

我等申スハ天神七代ノ尊ヲバ国常立ノ尊ト申ス、コレ生類ノ始メナリ。三千大千世界、一ケノ空界ナリシ時、天地ノ中ニ一ツノ物アリ、形葦茅《（芽）》ノコトシ、スナワチ化シテ神ト成、国常立ノ尊コレナリ。我等ハコノ時ヨリ宮仕ノ者ナリ。

といい、神代に対しては、八宗十宗何れも近年のものであるとて、

如期《（斯カ）》十宗八宗、何モ従釈尊逢《（遥カ）》以後ノ取立テニ候。我等カ宗ハ、従神代事候間、不レ及レ例《スルニ》。サレハ我等カ宗ニテハ、

釈尊ヲハ伊弉諾ノ化現、大日ヲハ天照太神ノ示現定候。ケニト大日与天照、其義明候歟。サレハ神ハ本ナリ、仏ハ無(垂カ)迹ト云事、爰元ヨリ起リ候ト申

とある。

この外に沙石集及び神道五部書にも、神本仏迹の思想があるという説もあるが、予の検する所では、両書ともその思想の痕跡を認めることはできなかった。

以上併せ考うるに、神本仏迹説はもとは天台の本下迹高の義より出たことであるが、これを神仏習合に応用したのは恐らく吉野時代前後に始まったことであろう。けだしその時代は、前にも掲げた如く、麗気記・類聚神祇本源・諸神本懐集・元元集・豊葦原神風和記等を始めとして、一般に神道説の発展の顕著なる時であり、復古思想が盛んになり、国民自覚の勃興した時であったから、本地垂迹説もまたその時代思潮の影響を受けて、神本仏迹説の発展を見るに至ったのであろう。但し神本仏迹説は、所詮は一種の理論に止まり、一般信仰界にはその勢力は著しく現れなかった。実際社会には、やはり普通の仏本神迹説が行われ、以て明治の神仏分離に及んだのである。

国民生活と仏教の融合

平安時代は一般に趣味の世であった。趣味生活が大いに発達して、文芸遊戯なども盛んに行われ、なかんずく歌合・草紙合等は文芸の最も遊戯化した例である。歌合はもと草合とか花合とかより出たものである。文華秀麗集には、闘百草・闘千花などという事が見える。当時草合・花合等の行われたことが知られる。又凡河内躬恒集には、延喜年間の内裏の御屏風の歌の中に、草合又は花合を詠んだものがある。この草合・花合とは、草や花の美しさを比べて競争するのであるが、後にはこの草や花に歌を添え、遂にはその主体となる草や花は除けものになって、歌ばかりの優劣を競うようになった。これが歌合の起源であろうと謂われて居る。歌合は宇多天皇の寛平〔西暦八八九—八九八〕の頃すでに行われ、殊に村上天皇の御宇の天徳〔西暦九五七—九六一〕年間における内裏の歌合は最も有名である。その後長

く続いて行われ、武家時代に至って衰えたが、今に当時の歌合が数百種も伝えられて居る。この歌合とならんで行われた草紙合は旧作或いは新作の物語の草紙を出し合って、その優劣を判ずるのである。又絵合などいう遊びもあって、これは同好者が集って絵画の優劣を批判し、勝敗を競争して楽しむのである。中には又艶書合等も行われた。

その他文字の遊びとしては掩韻《いふたぎ》があった。すなわち詩句を出して、その韻字を隠して置き、その隠された元の韻字を推し当てる遊びである。又同じく文字の遊びに「偏つぎ」というのがあった。すなわち或る字の偏を隠して、旁のみにして、その偏を当てさせるのである。枕草子・源氏物語などにこれ等の遊びのことが見えて居る。こういうように、平安時代には文学的の遊戯や娯楽が盛んに行われて、誠に趣味の豊かな情緒のこまやかな生活が思いやられる。又この時代には文芸を離れた一般の風俗にも、色々と趣味深い娯楽があった。すなわち貝合・扇合等は最も喜ばれた遊びであり、又鶉合は鳥を合せる遊びで、これには公卿衆或いは北面の武士や僧侶も加わり、かつその設備なども、風流優美を極めたものであった。

その他一般の日常生活を見ても溢るるばかりの趣味があった。なかんずく当時の年中行事を観るに、そこにまた譬うべくもない情趣に満ちた世界が展開する。先ず正月の初子の日には、子の日の遊びとて貴賤老若何れも野辺に出て若菜を摘み、小松を曳いて遊宴した。これは子の日に「根延び」を通わせて、千歳の齢を祝うたもので、朱雀天皇の頃から始まるという。正月十五日には、餅粥の節句を行った。ついで三月三日には曲水の宴がある。これは文人達が水の岸に並んで、水上から盃を流し、おのおの盃が自分の前を過ぎる間に詩を作り、盃を取って酒を飲むという、如何にも風流な遊びである。五月五日は端午の節句である。この日天皇は親しく武徳殿に出御ましまして、宴会を行わせられ、群臣に饗を賜うた。又上は百敷の大宮より、下は鄙の賤が家に至るまで、皆檐《のき》に菖蒲を掛け、或いは薬玉とて五色の糸で花束の形を作り、中に薬を納れて室内に吊した。七月七日は七夕祭である。宮中では清涼殿の御庭に四脚の机を立て、これに色々な供物を載せ、灯台に燭を点して星祭りを行われた。この行事は天平勝宝七年〔西暦七五五〕（一四一五）に始まると伝える。又この日は上下一般に庭上に机を備え、供物を供し、又竿の端に五色の糸を係け、又願望を記してこれを祈った。八月十五夜の月見の宴は清和天皇の頃より始まり、宇多天皇の寛平年間からは宮中においても行われるようになった。又九月十三夜の後の月見も寛平の頃より始められた。九月九日の重陽の宴には、天皇は紫宸殿に出御ましまして、節会を行われ、群臣に酒宴を賜い、或いは詩文を作らしめられた。又九月中に、日は定まらないが、虫撰ということがあって、殿上人たちが嵯峨野あたりへ出て、籠に虫を撰び入れて上る行事がある。この虫撰は堀河天皇の頃から始まったという。十月五日残菊の御宴には、群臣に酒を賜い、詩を作ること重陽の宴に同じである。かくの如き例を数えると限りないが、この外なお四季折々の遊びは、梅花宴・桜花宴・藤花宴・蓮花宴・萩花宴等色々の御酒宴があって、天皇が群臣と共に花を賞し詩歌を賦して、風流典雅な趣味優麗な朝夕を送られたのである。

彼の源義家が勿来の関所の花を見て

吹く風を勿来の関と思へども道もせに散る山桜花

と詠じた武人の風流も著しく世に知られて居るところである。更に平家没落の際においては、情趣哀切なる挿話の数々を留めて居る。平忠度がまさに西国に落ちて行こうという兵馬倥偬の際に当って、自詠の和歌百首を藤原俊成の許に託し、他日撰集の事あらん時、たとえ一首なりとも御恩を蒙りてその撰に入れていただくよう願えたならば、身は西海の波に沈むとも更に思い残すことなしと、衷情を吐露して懇望したので、俊成も甚だその志を憐んで、快く承諾し、忠度は涙を流して喜び、遥かに西を指して下ったという話がある。後に俊成が千載集を撰するに当り、読人知らずとして、その中の一首を採って載せた。すなわち

さざ波や志賀の都はあれにしを昔ながらの山桜かな

という有名な歌である。その頃平清盛の養子基盛の子行盛にもまた同じようなゆかしい物語が伝えられて居る。行盛もやはり西国に落つるに臨んで、その師藤原定家（俊成の子）の許に一巻の歌を残して行った。定家は特にその心情を感じて、

流れなば名をのみ残せ行水のあはれはかなき身は消ゆるとも

という一首を、行盛の名と共に新勅撰集の中に留めたという優しい挿話がある。又同じく平家の一族平経正は、幼少

の頃から仁和寺宮守覚法親王に愛せられて、青山という銘のある琵琶の名器を預って居ったが、今将に都を落ちて往かんとする時に当り、あたら名器を西海の藻屑となさんことを憂えて、わざわざ途中より引き還し、これを守覚法親王に返上したという話もある。これ等はいずれも平家物語・源平盛衰記等に見えるところである。斯様にして一般の趣味的生活が発達して居たから、それを背景として宗教までも、何時しか趣味化せられ、真に麗わしい豊かな色彩を添えるようになった。

かの平重盛が灯籠大臣といわれたという有名な話は、すなわち宗教的情操の典雅に趣味化せられたる好箇の語り草であろう。すなわち重盛は一つの堂を建て、四方を十二間《ま》ずつおよそ四十八間に造り、その一間毎に一躰の十二光仏を配して、総べて四十八体の十二光仏を安置した。しかしてこれ等の御仏の前に灯明を点し、上は二十歳より下は十六歳に至る、何れも姿人に優れ容色類いなき美女四十八人を選び、その常灯に侍せしめて、これを時衆と定めた。時衆というは臨命終時来迎聖衆の意で、生命のまさに終らんとする時に臨んで、極楽から来たり迎えるところの聖衆を時衆と呼ぶのである。すなわち重盛はこの四十八人の美女を以て、極楽から迎えに来たる仏菩薩の時衆になぞらえ、日没すれば、これらの美女が飾を凝し、今様歌を謡いつつ、この四十八間を巡り廻ったということである。

かようにして仏教趣味は上下に瀰漫し、国民日常生活と仏教との融合は、遺憾なく行われ、宮中にも民間にも、年中行事には仏事に関するもの甚だ多く、近畿地方の人々は、一年を通じて法会に侵るかの如く見えた。〈以下法会の実際に関する史料等省略〉

僧侶の社会事業

仏教が国民生活と緊密なる関係を結び、渾然たる融合を遂げたことはすでに前節に述べた所であるが、僧侶の社会事業も、またその一例として見るべきものであろう。

我が邦においては、古くより救済慈善の業は、政府においてその制度を立てて行うたのであるが、それが仏教の福田の趣旨によって、促進勧奨せられたことも少なくない。これと共に僧侶寺院自らその衝に当ってこれを行った例は甚だ多い。また僧侶が地方を巡化し、土木事業を起し、或いは交通の便を計るなどの事蹟も、しばしば見る事である。なおまた農業その他産業の発達を計り、経済状態の改善について、僧侶の指導誘掖によるものが多い。今飛鳥時代より平安末期に至るまでの期間についてその著しきもの若干を挙げてみよう。（鎌倉時代以後の事は別に後の章において述べる。）便宜上これを四類に分つ。

（一）救済事業

（二）温室（浴室）

（三）動物愛護

（四）交通土木事業

救済事業

救済事業の仏教に関係あるものとしては、聖徳太子が四箇院を建立せられたという伝説を以てその初見とする。すなわち推古天皇元年（一二五三（西暦五九三））に太子は難波四天王寺に近く、四箇院を建立して、鰥寡孤独貧窮の者及び病者を救済せられた。四箇院とは一に施薬院。これは一切の薬物を植えて、方に順うて薬を合せ、望みに随うてこれを施与する所。二には療病院。これは一切の男女の縁る所なき病者を寄宿せしめ、日々に養育し、また病める比丘を収養して療治せしむる所。三には悲田院。これは貧窮孤独にして頼る所なきものを寄住せしめて、飢渇を免れしめ、その健康恢復して力づくに及んでは、四箇院の雑事に役仕せしめる。これ等の者を養うための料としては、摂津国及び河内国より、国毎に官稲各三千束を出してこれを弁ぜしめた。四には敬田院。これは戒律の道場で、道を弘め教を興すの所とするのである。この四箇院建立のことは、聖徳太子伝暦に出て居ることで、この書は延喜の頃にできた書である。すなわち太子の頃より凡三百年も後にかかれたものであるから、その詳細に至っては、必ずしもその正確を保し難い。しかしながら聖徳太子は、その御撰述にかかる維摩経疏及び勝鬘経疏において、身体・生命・財産を捨てて、衆生救済の願を述べられてある。身体を捨てるとは、すなわち献身的に国家衆生の救済を以て念とせられたのであった。この意味よりして、四箇院建立の伝説も、またある点までは首肯せられるのである。後、鎌倉時代になって、慈善を以て有名なる鎌倉極楽寺の僧忍性は、かつて四天王寺に詣で、太子の四箇院の事を聞いて、これを慕い、処々に療病院・悲田院を建てた。ついで四天王寺を主管するに及んで、悲田・敬田二院を再興したという。太子の遺芳は遠く六百余年の後にも、感化の新たなるものがあったのである。

元正天皇養老七年〔西暦七二三〕（一三八三）には、奈良興福寺に施薬院・悲田院が建てられ、封五十戸（すなわち人民の戸口を賜い、それより上る所の調庸を以て院の使途に供す）・水田百町・稲十三万束を施入せられた。これ等寺院内における慈善事業に対する皇室の保護奨励の厚き思召が窺われる。

天平宝字元年〔西暦七五七〕（一四一七）十二月には普く疾病及び貧乏の徒を救養せんがために、越前国墾田一百町を山階寺すなわち興福寺の施薬院に施入せられた。

天平二年〔西暦七三〇〕（一三九〇）四月十七日、光明皇后の皇后宮職に施薬院を置き、諸国に命じて、草薬を取って毎年これを進めしめ、その費用は皇后宮職の封戸ならびに大臣家の封戸の庸物を以てこれに充てた。

悲田院もまた天平二年に光明皇后がこれを創められた。続日本紀に、光明皇后は資性仁慈にして、志救物に在り。悲田施薬の両院を設け、以て天下飢病の徒を療養するなりとある。悲田院は孤児病者を養う所で、東西両京にあり、諸国にもまたこれを置いたようである。天長十年〔西暦八三三〕（一四九三）五月十一日に、武蔵国の言上に、管内曠遠で行路難多く、公私の行旅に飢病の者が多い。依って多磨と入間の両郡の境に、悲田処を設け、屋五宇を建て、その国の介少目以下おのおのその公廨〔役所〕の料稲を割いて、これを出挙し、その利息を以て費に充てたいと申し出て、これを許された。

孝謙天皇天平勝宝八歳〔西暦七五六〕（一四一六）六月に、勅して東大寺大仏殿に薬物を備えて、病者の救済に充てられた。正倉院文書に奉盧舎那仏種々薬帳というものがある。その薬種は二十一の櫃に収められ、麝香・犀角・桂心・人参・大黄・甘草等すべて六十種あり。これを堂内に安置して、盧舎那仏に供養し、もし有縁の病苦に用うべきものあらば、これを充用することを聴《ゆる》し、これによって、「万病ことごとく除き、千苦皆救い、諸善成就し、諸悪断却し、業道に非るよりは長えに夭折なく、命終らば、花蔵世界に往生して、盧舎那仏に面し奉り、必ず遍法界位を証せんと欲す」との願を立てられた。これ等の薬物は、現に正倉院宝庫の中に保存せられてある。

この後も、薬物に関する事項が、正倉院文書の中にしばしば見える。すなわち右と同じ天平勝宝八歳十月には、施薬院に人参五十斤を交付せられた。これは勅によって、東大寺の正倉に蔵せられてあったものの中より、取り出して下渡されたものである。けだし右の盧舎那仏に奉ったものの内であろう。淳仁天皇の天平宝字三年〔西暦七五九〕（一四一九）には、施薬院から桂心一百斤を請求した。これは薬院に備うる所のもの用い尽して、買おうとすれども売る人もないというので、東大寺にあるものの下渡を請うたので、勅裁を経てこれを交付した。その請文には、宸筆を以て御裁可の「宜」という字を記されてある。これもまた前の盧舎那仏に奉る種々の薬の中であろう。同五年三月にも、また東大寺の薬物すべて十六種を出して、これを安寛・曇浄・法進・明智の四僧ならびに諸人に施された。同八年にも、また施薬院の請によって、桂心百五十斤を下された。

平安時代に入り淳和天皇の天長の頃に僧勤操及び泰善等が、畿内諸国郡邑に文殊会を設けて、飯食等を弁備し、貧者に施給した。この事はすでに前節に述べた所であるが、その趣意は、文殊般涅槃経に、「若シ衆生有リテ、文殊師利ノ名ヲ聞カバ、十二億劫生死ノ罪ヲ除却シ、若シ礼拝供養セバ、生々ノ処恒ニ諸仏家ニ生レテ、文殊師利威神ニ護ラレン。若シ供養シ福業ヲ修セント欲セバ、即チ化身シテ、貧窮孤独苦悩ノ衆生ト作ッテ、行者ノ前ニ至ラン」とあり。すなわち貧者を施給するは、文殊菩薩を供養する所以である。文殊菩薩を供養したいと思った時には、文殊菩薩が化身して、貧窮孤独苦悩の衆生となって現れるというのである。この趣意を以て文殊会を行い来たった所が、勤操は天長四年〔西暦八二七〕（一四八七）に遷化した。泰善が独り存し、これを続けて行こうと思うについて、朝廷に願い出て、太政官符を京畿七道諸国に下して、おのおの同じく文殊会を設け、国司・講読師等をして、部内の郡司及び定額寺の三綱等に仰せて、郡別に一村邑において、精進練行の法師を請じて教主とし、毎年七月八日に文殊会を修せしめ、兼ねて堂塔経教等の破損を修理せしめ、文殊会の日に同じくこれを供養し、会の前後三箇日は、殺生を禁断し、会衆には三帰五戒を授け、薬師・文殊の宝号を、一百遍ずつ称讃せしめ、普天の下同じく福業を修し、率土の内倶《とも》に快楽を期せんと申し出た。天長五年二月二十五日勅してこれを許され、文殊会の料として、各国救急稲の内より支弁せしむることとした。

仁明天皇の嘉祥二年〔西暦八四九〕（一五〇九）十月二十三日に、太皇太后が銭五十万を給して、京中の飢民を賑恤せられた。この太皇太后は、すなわち嵯峨天皇の皇后橘嘉智子にまします。世に檀林皇后と申し、仏教の御信仰厚かった方であるから、この賑恤には仏教の背景があることは疑いない。

淳和天皇の皇后正子内親王は、すなわち右の檀林皇后の皇女にまします。御天性仁慈の心深く、東西京の棄児孤孩を拾い収めて、これに乳母を給して養育せられ、御料の封戸五分の二を割いて、以てその費用に供せられた。また嵯峨の旧宮を捨てて寺とし、これを大覚寺と名づけ、その側に屋舎を建てて、済治院といい、僧尼の病を治療せしめられた。

温室（浴室）

温室すなわち沐浴の事についても、寺院僧侶の手によって施設せられた事が多い。三宝絵詞の中に、温室のことをのべて、寺には月ごとに十四日と二十九日とに、湯をわかして遍く僧をして沐浴せしむ。これはその翌日に布薩（犯戒の懺悔）を行うがためである。又人の志によって、日を定めずして、わかす事もあるといい、さて温室洗浴衆僧経を引いて、温室の功徳をのべ、七の病を除き、七の福を獲る事を説いて居る。「七ノ病ヲ除クトイウハ、身体ヤスラカナル事、風病ヲノソクト、イタミヒルムコトヲノゾク、サムクヒユル事ヲ除ク、アツクイキル事ヲ除クト、アカノキタナキコトヲ除クト、身カロク目アカクナル事ナリ。七ノ福ヲウトイウハ、一ニハ四大ニ病ナクシテ、生ル所ニ清浄ニシテ、カオカタチウルハシクキヨシ。二ニハ垢ノツキヨコレル事ヲ除ク。三ニハ身体ツネニコウハシクシテ、キタル衣モキヨクアサヤカナリ。四ニハ身ノハタエ、ヤハラカニナメラカニシテ、威光ナラヒナシ。五ニハシタカイツカハルル人多クシテ、チリヲハライアカヲノコウ〔拭う＝のごう〕。六ニハロノ香香シク、白クシテ、イウ事ニ人シタカウ。七ニハ生ルル所、オノズカラ衣アリテ、タエナルタカラカサリヒカラレルナリ。」かようなわけで、温室は多くの寺院に設けられたものである。

光明皇后が、温室を設けて千人の垢を洗いたまい、最後の一人に癩患者が来たのを、忍んでこれを洗わせられたという有名な伝説がある。この伝説は元亨釈書に出て居ることである。それによれば、光明皇后が浴室を設けられて、一千人の乞食の垢を洗い落すと云う願を立てられて、九百九十九人まで済んだ所が、最後に一千人目に一人の病人が出て来て、それがひどい癩病患者であって、臭気室に満ちた。そこで光明皇后はこれを洗ってやることを少し躊躇せられた。しかしなお御考えになって、今この一人で千人を洗うと云う願が満つるのである、これを避けてはならないと云うので、忍んで洗って御やりになった。ところが、病人のいうには、吾悪病を受けて、この病を患うこと久し、たまたま良医あり、教えて曰く、人をして膿を吸わしめば、必ず除き癒ゆることを得んと。しかれども世上深悲の者無し、故に吾が沈痼ここに到る。今、后、無遮の慈悲を行わる、願わくは、后、意あるかと。すなわちどうか御吸い下さいますまいかと云うのである。后やむを得ず、瘡を吸い、膿を吐き、頂より踵に至り皆遍し。全身の膿を吸っては吐き、吸っては吐き、終に全く洗い落されたのである。后、病人に語って曰く、吾汝の瘡をねぶることを慎んで人に語ることなかれと。時に病人、大光明を放って告げて曰く、后、阿閦仏の垢を去る、又慎んで人に語ることなかれと。后驚いてこれを見れば、妙相端厳、光耀馥郁、忽然として見えず。后、驚喜無量、その地に就いて、伽藍を構え阿閦寺と号すと。この元亨釈書の伝説は、何時頃できたものであるか、詳かでないが、すでに平安時代の末に、六条天皇の永万元年〔西暦一一六五〕（一八二五）七月七日、僧珍慶が、東大寺に温室田を施入した時の寄進状に、「光明皇后浄㆓十千之道俗㆒阿閦歓喜現㆑光」とあり、また後鳥羽天皇の建久二年〔西暦一一九一〕（一八五一）に、后の宮が大和の寺々を巡回せられたことを書いた建久御巡礼記に、この事が書いてある。その后の宮と云うのは、何方のことを申すのか分らぬが、当時后の宮と称せられた方は、御二人ある。すなわち近衛天皇の皇后と後白河天皇の皇后との御二方在らせられた。その御二人の中、何方であるか分らぬが、何れも平安時代の末頃から、鎌倉の初めにかけて居られたので、この伝説は、少なくとも平安時代の末頃にはできて居たことが知られる。後に、鎌倉時代において、忍性は、光明皇后の故事を慕うて、その伝説地に癩病舎を再興または創立した。（それについてはなお後篇において述べる。）要するに光明皇后洗垢の故事は、たとえその事実は当時実際に存しなかったとしても、その伝説さえが、後世に向って大なる影響を遺したのである。

次に桓武天皇、延暦の頃、伊勢桑名郡多度神宮寺の僧法教等が、寺内に大衆の湯屋を構えたことが、延暦二十年〔西暦八〇一〕（一四六一）十一月三日の多度神宮寺縁起ならびに資財帳に見える。

降って近衛天皇の康治元年〔西暦一一四二〕（一八〇二）の頃、播磨須賀院《すかい》極楽寺の僧禅慧が、発願によって瓦経を造り、これを埋めて置いた。それが寛政年間に発掘せられた。その中に禅慧の願文がある。それによって見れば、禅慧は千日の温室を三ヶ所に設けて、十万余人に浴せしめ、なお普く諸国に勧進して、千処に造らんことの願を立てたという。（禅慧の事についてはなお第五章第八節〔信仰の形式化〕参照。）

次には、前に言及した六条天皇永万元年七月七日には、僧珍慶は東大寺に温室田を施入し、毎年七月七日の良辰を選んで、衆僧を洗浴せしめんことを願うた。

高倉天皇治承三年〔西暦一一七九〕（一八三九）の頃、京都に居た僧観海も、また諸方に勧進して、浴室の巨釜を鋳たことがある。

安徳天皇元暦元年〔西暦一一八四〕（一八四四）十一月十日、吉田中納言経房は、父光房の遠忌を修し、湯浴を左右京の獄に施行し、また京都清水坂にも温室を設けた。これは俗人ではあるが、仏教の主義により、遠忌の追善のためにした事である。

動物愛護

仏教の因果の思想と戒律の教とによって、動物に対する慈悲愛護の念は盛んになった。これについては、夙く聖徳太子が推古天皇に殺生を諫められたという伝えがある。これは聖徳太子伝暦に出て居ることで、その文によれば、推古天皇十九年（一二七一〔西暦六一一〕）夏五月五日、天皇菟田野に幸して、虞人（山林の官をいう。すなわち山人猟人の意か）の獣を逐うを観させられた。太子諫めて曰く、殺生の罪は仏教においても尤も重しとす。儒教においても、釣して網せず、弋して宿を射ずということがあり、釈氏においては五戒の一に不殺生がある。伏して願わくは、陛下永くこの事を断ちたまえと。天皇この諫を容れさせられ、これ朕の過なり、深く以て慚愧す、自今以後これを断たんと仰せられたというような記事である。この記事は日本書紀に、推古天皇十九年夏五月五日の条に「薬二猟《クスリカリ》於菟田野一、取二鶏鳴時一、于二藤原池上一、以二会明《アケボノ》一、乃往之」とあるより出たことであって、太子の諫言というは、恐らく後に附会せられたことであろう。久米邦武氏の聖徳太子実録にも「この薬猟を作り替えたるは推当たる造説なり。もとより信ずるに足らず」とあるは当って居る。さてこの薬猟なるものは、聖徳太子が鳥獣猟の代りに行わしめられたものであるという説がある。それは久米氏の聖徳太子実録に、「鳥獣猟に代りて薬猟を行われたるは、もとより太子の意より出でたる事なるべし。……薬猟は殺を嗜む盛会を矯たるなり」とあるが、これは想像に出た事で、何等これを証するに足るべきものが無いのは遺憾である。なおこの風が推古天皇のその年に始まったとすれば、或いは右のような想像も多少はつけられないでもないが、この時に始まったのか、或いはその頃の風習であったものが、たまたまその年の記事だけが残って居るのか明らかでない。

さて薬猟とは何を意味するかというに、鹿茸すなわち鹿の若角を取ることをいうという説がある。この語は、万葉集（巻十六）に「四月《うつき》と五月《さつき》のほどに、薬猟仕うる時に、あしひきのこの片山に二つ立つ櫟が本に」云々とある。これを万葉集古義には、「薬猟とは、夏猟とて、鹿のわか角をとる猟なり」とあり。（書紀の通証を引いて証として居る。通証の文は次の日本書紀通釈所引に同じ。）日本書紀通釈には、「薬猟は集解に、採二薬草一兼為二田猟一也とあれど、旨とは夏猟とて、鹿のわか角をとる猟なり。通証に薬謂二鹿茸一、月令、仲夏鹿角解、別録曰、四月五月解レ角、時取陰乾などある本文に拠れるなり」とある。しかし鹿茸を特に薬と称するは何に拠るか、明らかでない。通釈に「旨とは」とあるは曖昧な書き方である。倭訓栞また同じ。これはやはり書紀集解のいう如く、かつまた普通一般に常識を以て解し得る如く、薬草と解するが穏当であろうと思う。荊楚歳事記《ママ》に「五月五日競うて雑薬を採る」とある。その支那の風俗が、そのまま我が邦に伝わったものであろう。その風が推古天皇頃より起って、後世には五月五日の薬玉をかける風となった。その薬玉も、初めは菖蒲・艾《よもぎ》などを、五綵の糸で貫いてかけた。延喜式（四十五）に、この日薬玉料として菖蒲・艾・雑花などを、南殿の前に列べ設けることが記されてある。それが後には、草花を飾り、また糸で花玉を作るようになったのである、古今要覧稿（時令）に「くす玉はそのはじめ漢土よりおこりて、皇朝にも世事となれり。さてその造なせるさまは、ふるくは五綵の糸にて、菖蒲・艾などを貫きたるものなり。それを後には、なでしこ・あじさい・その外色々の時の花どもしてかざれるよし、新古今集の歌などにてしかおぼえたり。これを後々は糸花にてつくれり。……この国にては嘉祥二年〔西暦八四九〕（一五〇九）五月はじめて群臣に薬玉を給えるよしみえたり」とあるは、よくその要を得て居る。

以上説く所を以てすれば、結局この薬猟ということは仏教による慈善動物愛護とは別の事で、聖徳太子にも関係ない事になるのであって、ここには直接用のない事ではあるけれども、聖徳太子伝暦の説もあり、また鳥獣猟の代りにしたという説もあるによって、弁じたまでの事である。

放生と殺生禁断　天武天皇五年（一三三七〔西暦六七七〕）八月十七日、諸国に詔して放生せしめ、十一月十九日、また詔して京に近き諸国に放生せしめられた。放生のことはこれが初見である。

同じく天武天皇の時に、公卿百僚、月に六斎を行うということが、書紀持統五年二月条に見える。六斎は「ムヨリノイミ」とよむ。ムヨリは六度である。続紀に「天平九年〔西暦七三七〕八月令云云、毎月六斎日禁断殺生」とあり。雑令に「凡月六斎日、公私皆断殺生」とあり。義解に六斎とは八日・十四日・十五日・二十三日・二十九日・三十日をいうとある。

この後文武天皇元年（一三五七〔西暦六九七〕）八月十七日、諸国をして毎年放生せしめ、以後例となった。

元正天皇養老五年〔西暦七二一〕（一三八一）七月には、勅して放鷹司《たかつかさ》の鷹狗・大膳職の鸕鷀《ろし》・諸国の鶏猪はことごとくこれを放ってその生を遂げしめた。

聖武天皇天平二年〔西暦七三〇〕（一三九〇）九月には、陸籬（陸は字典に禽獣を遮り囲み陣するなりとある。人籬を作って巻狩のようにする事をいうのであろう）を作って人兵を発し、猪鹿を殺害することが多かったので、これを禁ぜられた。同十七年九月には、三年の間、天下の一切の宍を殺すを禁ぜられた。

この後淳仁天皇天平宝字三年〔西暦七五九〕（一四一九）には、諸国に勅して放生池を設け、放生田を置いて、その穫る所の稲を以て死を贖うの資に充て、天平宝字八年十月には、放鷹司を廃して、放生司を置き、また天下諸国に鷹狗及び鵜を養うて田猟するを禁じ、諸国御贄の雑宍魚類等を進むるを停められた。

この後、平安時代より鎌倉時代に亙って、朝廷及び幕府よりしばしば殺生禁断の令が出た。中にも白河法皇の殺生禁断は最も著しいもので、七道諸国より貢する所の魚貝を停め、摂津・近江・越前・能登・越中・越後・丹後・備前・周防・讃岐・伊予等十一ヶ国の土産の魚類を停め、諸国において漁網を焼くこと八千八百二十三帖、狩猟の道を断つこと四万五千三百余所に及んだ。

交通土木

交通土木の事については、夙く大化二〔西暦六四六〕年に道登が宇治橋を架けたことがある。

奈良時代においては、行基の事蹟が最もよく著われて居る。すなわち深山幽谷を拓き、橋梁を架し、池溝を穿ち、道路を修め、船を置いたことなどが、多くその伝記・年譜などに見える。また播磨より摂津に至る間に五の泊を作ったことも、有名な話である。五の泊とは、

（一）榁生泊（播磨揖保郡室津）

（二）韓泊（高砂の辺かという）

（三）魚住泊（播磨明石郡西島村）

（四）大輪田泊（兵庫）

（五）河尻（淀河尻）

天平の頃、紀伊に万福法師といえる者あり。天平十一年〔西暦七三九〕（一三九九）より架橋を企てたが（その橋の所在は伝わらない）、十二年冬に及びて成らず、寂したので、花影禅師がその志を継ぎ、道俗知識（喜捨する者）その化に預り、橋を造り了えて、その供養のために、大般若経を写し、天平勝宝六年〔西暦七五四〕（一四一四）に成功した。その経全部六百巻今に存し、元高野山花園村医王寺に蔵せられたが、寺は今廃し、経は花園村の共有になって居る。右の由来は、その経の奥書に記されてあり、その知識、伯太造畳売・牧田忌寸玉足売・家原里牟文史広人・秦伊美吉乙麿・伊福部宿禰種麿等の名も見える。この経の箱に永享〔西暦一四二九―一四四一〕年間の記あり（昭和十七年〔西暦一九四二〕

九月、予高野山出張の際一覧す）、それに拠れば、もと和泉大福寺にあったもので、ある時その寺の住僧が医王寺に移るに際し、携え来たりしものかと村人はいって居る。それに因って考うれば、知識の歴名の中、家原里は和泉の地名で、行基の開いたという泉北郡家原寺の所在地であろう。されば右の橋を架けた河も恐らく和泉の河であろう。

東大寺の普照が、道路の両辺に果樹を植え、これによって夏は暑を避けてここに疲れを息め、飢えた時はその実を食うことにしたいということを奉聞したことがある。

神護景雲の頃、（一四二七―一四二九〔西暦七六七―七六九〕）僧寿応が人々に勧めて、筑前金埼の船瀬すなわち港を作った事がある。その勧誘に応じてその工事に与った筑前宗形郡大領宗形朝臣深津ならびにその妻竹生王に位を授けられたことがある。

最澄の山家学生式には、すでに前にも述べた如く、叡山において修業せしむる沙弥が十二年の籠山を了って後、それぞれその器量才能に随ってこれを任用し、これを三種に分かつ。すなわち国宝・国師・国用がそれである。この内、国師と国用とは地方に遣して、伝法及び国講師に任じ、その講師の任期の内、毎年の安居の法服施料を以て、国中の池を修し、溝を修し、荒れたるを修め、崩れたるを埋め、橋を造り、船を造り、樹を植え、蒔を植え、麻を蒔き、草を蒔き、井を穿ち、水を引き、国を利し、人を利するに用い、経を講じ心を修めて農商を用いざれとある。最澄には又、東国を巡歴して、信濃において、長阪に館無く行客の難多きを見て、広済・広極の二院を置いたという伝えがある。

空海の讃岐万農池に関する事蹟も、また有名である。万農池は今満濃池と書き、讃岐仲多度郡にある。琴平より東南約二粁を隔てて居る。四方山に囲まれ、山内三十六谷ありという。その一方に一谷口あり、ここに隄を築いて、水を湛えて居る。その築造は、文武天皇大宝年間（一三六一―一三六三〔西暦七〇一―七〇三〕）に始まると伝える。この水によって、数郡に亘り数千町歩の田地の灌漑に便して居る。弘仁十二年〔西暦八二一〕（一四八一）讃岐国司より解を上って、この池修築を加うといえども、池大にして民少なく、築成の期を知らず。僧空海は郡内多度郡の人、道俗風を欽し、民庶景を望み、百姓恋慕すること、実に父母の如し。今久しく旧土を離れて、常に京都に住す。もしその来たるを聞かば、人衆履を倒にして迎えん。請う築池の別当に宛てて、その事を成さしめんと願い出た。依って勅して発向せしめた。空海は池隄の側に壇を建て、三箇年の間祈願したということがある。今にその壇の地が霊地として保存せられてある。

この後仁寿元年〔西暦八五一〕（一五一一）の秋の大水に依って破損したので、権守弘宗王は、朝命を受けて、翌二年閏八月より修理の工を起し、四年に至って成る。単功一万九千八百余人に及ぶ。この時、伝灯満位僧真勝その事に与り、三僧を随えて修法練行し、仏力の加被を祈り以てその功を卒えた。（続群書類従九七八所収讃岐国万農池後碑文。この碑文奥に寛仁四年〔西暦一〇二〇〕歳次庚申とあり。この碑の作られた年の如くに見えるけれども、本文は真勝自ら叙べるもののようである。仁寿と寛仁とは凡そ百七十年も隔てるを以て見れば、この寛仁四年云々の奥書は或いはその書写の年でもあろうか。）

弘仁十三年〔西暦八二二〕、越後国分寺尼法光は百姓の渡海の難を救わんために、古志郡渡戸浜に布施屋を建て、墾田四十町・渡船二隻を施した。布施屋は一種の救済機関で、無料宿泊所の如きものであった。この布施屋なるものは、諸所にあったもので、行基にも布施屋九院を建てたという事が伝えられてあり、その地名も伝わって居る。東大寺にも布施屋があった。天平宝字五年〔西暦七六一〕（一四二一）十市郡池上郷にその地を買い求めた。その地券が正倉院に保存せられてある。

弘仁の末の比、大和国監察使藤原中納言三守と大和守紀末成等は、灌漑に利せんと欲し、朝廷に請うて益田池開鑿の工を起し、律師修円その事に与かった。三守は間もなく職を辞し、末成もまた越前に遷ったので、朝廷はその後任監察使大伴国道ならびに国守藤原藤広をして池の事を検校せしめられた。工竣って天長二年〔西暦八二五〕（一四八五）九月二十五日、空海はその事を記して碑を池の傍に建てた。その文は性霊集に収められ、その空海真蹟と称するものが、今高野山釈迦文院に在る。（この工事に関与した人名について、空海の益田池碑文には、藤納言・紀太守末等、伴平章事国道・藤広とあるのみで、その名が明らかでない。藤納言については、弘法大師年譜頭注にもある如く、或いは縄主とし、或いは緒嗣とすれども、釈迦文院のいわゆる真筆その他には納言の下に「三」の字あり、三はすなわち三守を指す。公卿補任によれば、弘仁十四年〔西暦八二三〕四月、嵯峨天皇御譲位あらせられ、三守は天皇の藩邸旧臣なるを以て、固く武官を辞し許さる。なお中納言の職を帯びていたが、十一月に中納言をも辞した。これは碑文本文に「皇帝逝二駕汾裏一、藤公従レ之辞職」とあるに符合する。紀太守末等の等は複数の等であろう。末は末成を略したので、末成は大日本史国郡司表に拠れば、弘仁十二年七月に大和守となり、十一月に越前守となり、天長二年十二月に卒するが、これは碑文本文に「紀守亦遷越前」とあるに相当す。［弘法大師年譜頭注には末成を誤って未成とし、反り点をつけて、未だ成らずと訓んだために前後の文意が通じなくなって居る。これは註文を書いた著者は正しく末成のつもりで文を成して居るのであるが、校点者が誤まったのである。］伴平章事国道は、公卿補任によれば、大伴国道で、平章事は参議の唐名である。藤広は大日本史国郡司表に、藤原藤広天長中見とある。）

仁明天皇承和年中（一四九四―一五〇七〔西暦八三四―八四七〕）少僧都道昌は土木事業に長じ、時人これを行基菩薩の再来と称した。その頃山城大井河の堰破れ、堤崩れ田畝を損じた。道昌躬ら鋤を荷い、先んじて運搬の役に就いた。衆人子来して、土功たちまちに成就したという。

また同じく承和年中に僧静安は近江和邇泊を造り、同じく承和二年に、太政官は、大安寺僧忠一に命じて、駿河富士河・相模鮎河に浮橋を造り、尾張美濃の堺墨俣《すのまた》河・尾張国草津《かやつ》渡・参河国飽海《あくみ》・矢作の両河・遠江駿河の堺大井河・駿河国阿倍河・下総国太日《ふとひ》河・武蔵国石瀬河・武蔵下総の堺住田河に渡船を加増し、墨俣河の左右の辺に布施屋を造立せしめ、講読師・国司をして相共に検校せしめ、渡船は正税を以てこれを買い備え、浮橋ならびに布施屋料は救急稲を以てこれに充て、一たび作って後は、講読師・国司これを相続修理して損失せざるようにせしめた。

清和天皇貞観九年〔西暦八六七〕（一五二七）には、元興寺僧賢和が、播磨国講師賢養と共に、明石郡魚住船瀬を修理せんことを願い出た。よって太政官符を播磨国に下して、二僧の志を嘉してこれを許した。同十二年七月二十日、大僧都慧達・従儀師徳貞・将導師薬師寺別当常全・西寺権別当道隆・元興寺玄宗等を河内に遣し、築堤の事を労い視しめた。

醍醐天皇延喜九年〔西暦九〇九〕（一五六九）に寂した醍醐寺の聖宝は、金峯山を再開して、渡舟を吉野河に設け、行人がその利を受けた。

村上天皇の頃に居た空也は、諸国を遊歴して、道路の嶮難なるを見ては、人馬の疲労を歎じて、鍤《すき》を荷うて石を割り、これを修理し、橋なき所にはこれを架し、井無きを見てはこれを掘った。

右の如く平安時代の初めには、交通土木事業については、これを僧侶に一任せられた如き様子であった。この後保延五年〔西暦一一三九〕（一七九九）には清水寺の僧某は、諸方に勧進して、賀茂川五条の橋を架け、久寿元年〔西暦一一五四〕（一八一四）には、僧某が祇園橋すなわち四条橋を架けた。又何時の頃か、如何なる人か明らかでないが、桂川に渡した鳥羽の橋が壊れて、往還の人々が困難するのを歎いて、一人の聖人がこれを助けんがために、諸々の人に勧めて、知識すなわち勧進喜捨を以てその橋を造った。その知識の物が多く残ったので、それを本としてまたその村の人々を催し、法会を設けて、その大橋の供養をしたということがある。

又僧侶が功徳のために自ら渡守となって人を渡したという話も伝わって居る。平安時代初期に高徳を以て知られた玄賓僧都は、朝廷から召されたけれども、辞して出でず、跡を晦まし、弟子等が尋ね索めたけれども、行方が知れなかった。或る時門弟の一人が、所用があって北陸道に下向し、或る渡しにおいて船に乗って、その渡守を見るに、老いたる法師の布衣《ぬのこ》一つを着たるあり、誰かに似たりと思うて、よく見れば、行方知れずして失せた我が師の僧都であった。僻目かと思うて見ると、それに相違無い。人目を憚るの間、彼も見知った気色ながら、顔をも合さず、人の繁さに、帰り途にその辺に宿って、夜陰等に尋ね申さんと、過ぎ往いて、さて上洛の時に、その渡しに着いて渡守を見たところが、他の人になって居た。驚き悲しんで、子細を尋ねたれば、如何にもそのような法師が居って、年来この渡守をつとめて居ったが、どうした事か、去ぬる頃逐電して、行方しらずなった。船賃もとらず、昼夜不断念仏をのみ申して居ったので、この里の人もあわれんで居ったが、失せてしまったので、人々が惜しんで居るといったという話である。玄賓僧都にこの話のような事実があったかどうか確かでないが、僧侶が渡守をしたことは、この頃例がある事であったのであろう。又理満という法華の持者が、渡りに船を渡す事こそ限り無き功徳なれといって、大江に行いて、船を設けて、渡子《わたしこ》として、諸々の往還の人を渡したという話がある。

浄土教の発達

仏教が平安時代に至って大いに日本化したことの一面については、すでに前に述べた如くであるが、その最も著しい例は、浄土教の発達である。すなわち浄土教の発達は、仏教の日本的特色を帯びるようになった最も著明な現象である。しかしてその発達を最もよく代表するものは源信その人である。

源信は大和当麻の人、幼少の時叡山に上って良源に師事した。その修業中の話が今昔物語にある。それに拠れば、源信が叡山に登って、学問して、やむごとなき学生になった。ある時三条の大后の宮の御八講に召され、八講畢って後、賜わったものを少しわけて、母の許に贈ったが、母の返事に、遣したものは喜んでいただいた。かくの如きやむごとなき学生になったことも限りなく喜ばしい。但しこのような御八講に参りなどすることは、そなたを法師にした本意ではない。自分ではいみじく思うかも知らぬが、母の心には違う。母の思うた事は、女子は数多くあるけれども、男子はそなた一人である。それを元服をもさせず、比叡の山に上せたのは、学問して、才を磨き、多武峯の聖人の様に貴くなり、母の後世をも救いたまえと思うたからである。それに、かく名僧にて花やかになるのは、我が本意に違う事である。我も年老いた。生きて居る中に、そなたの聖人になったのを見て心安く死にたいものだと思うたのにと書いてあった。源信これを見て、涙を流し、泣く泣くまた返事を遣していうには、自分は更に名僧になろうという心はなく、ただ母君の御存命中に、このようにやむごとなき宮様の御八講に参りましたということを聞かせたいばかりであったが、今後仰せに随い、山籠を始めて、聖人に成り、母君からあいたいと仰せられるまでは山を出ますまいと書いて遣った。その返事に、今こそ胸も落ちついて、冥途も安く覚ゆる。返す返すうれしく思うとあった。源信これを見て、この二度の返事を法文の中に巻きこんで、時々取り出し見ては泣いた。かくて山に籠ること六年を過ぎて、七年という年の春、母の許へいい遣していうには、六年はすでに過ぎたが、久しく御あい申さぬによって、恋しく思食すであろう、もししからば参りましょうと。返事にいう、現に恋しくは思うけれども、あい見たからとて罪の滅びるでもあるまい。なお山籠りに居ると聞くのが喜ばしい。こちらから申してやるまでは、山を出るなと。源信これを見て、この母は只人でないと思うた。世間の人の母は、かようにいうものであろうかと思うて過ごすほどに、九年になった。沙汰するまでは来るなといわれたけれども、佐《あや》しく心細く、母が俄に恋しくなったので、もしや母が死するのではあるまいかと思い、来るなといわれたけれども、往って見ようとて、ゆく途に、使の文を携え来たるに遇うた。見れば母の自筆ではなくて代筆である。胸ふさがりて、何事のあるかと思うて読めば、この二、三日力無く思わる。沙汰するまでは来るなと心強くいったものの、今一度あいたいと恋しく思う。疾く疾くおわせとある。源信は涙を流しつつ、親子の契りは哀れなる事とはいいながら、仏の道に強く勧め入れ給う母なれば、かくは思えるなりと、馬を早めて急ぎゆけば、母はむげに弱くなりて、頼もしげもなし。母は、何とてかくはやく来たかという。かようかようの次第でと答うれば、母はかく息のある間にあいたる事の契り深きを喜ぶ。源信は念仏を勧め、母は懇ろに道心を発して、一二百遍念仏を唱うるほどに、息絶えたという。源信は母がわれを聖の道に勧め入れたまえる志に依って、かく終りは貴くて失せ給うた。されば親は子のため、子は親のために、限りなき善知識かなとて、涙を流し、横川に返ったという。

やがて源信は大極殿の千僧読経の講師となり、寛和元年〔西暦九八五〕（一六四五）四月二十一日、弟子厳久の譲によって少僧都に任ぜられた。しかしながら自分の望みではなかったので、後にその官を辞して、横川に隠居した。世に恵心院僧都と号した。これより先き永観二年〔西暦九八四〕（一六四四）十一月に往生要集撰述の業を始め、翌年四月にこれを了えた。この書は永く我が国浄土教の依憑となり、その礎石を据えたもので、往生極楽に関する経論の要文を集め、往生の要行の念仏にあることを述べ、これを一、厭離穢土、二、欣求浄土、三、極楽証拠、四、正修念仏、五、助念方法、六、別時念仏、七、念仏利益、八、念仏証拠、九、往生諸業、十、問答料簡の十門に分かち、穢土の諸相の厭離すべく浄土の欣求すべきを説き、極楽の勝れたることを諭し、念仏を勧めたものである。源信がこの書撰述の年は、本書の奥書に、源信自ら記す所で、確かなる事実である。しかるに、これがわずか半箇年の間に作られたということについて、疑いがある。すなわち一百六十数部数千巻の経籍を一切大蔵の中から撰出して、無慮一千文を抄出し、それをわずか三巻の書の中に収めて、十門組織の独自体系を編み出すことがその短日月の間にできたであろうかというのである。この疑いは一応尤もである。しかしながら、この撰述の年期は、恐らくはただ最後にまとめ上げた期間を記したので、その材料の蒐集ならびに全体の組織等について、考えを練るには、相当古くよりその準備ができていたのであろう。かように解釈すれば、この奥書は特に疑いを容れるにも及ばないと思う。

源信は更にこれを異域に弘めんと欲し、西海道諸国の名山霊跡を巡拝し、その途中、博多において宋の商人周文徳に遭い、周文徳が本朝三宝興隆を随喜するを聞き、すなわちこれに往生要集を托し、併せて先師良源の観音和讃、慶滋保胤の十六相讃及び日本往生伝、源為憲の法華経賦を併せ送った。〈周文徳宛書簡漢文史料省略〉

周文徳はこの書を受けて宋に帰り、天台の国清寺に納めた。貴賤男女五百余人、浄財を喜捨して、国清寺に施入し、たちまち五十間の廊屋を造って供養礼拝した。周文徳その委細を記して、これを僧都に報告した。〈周文徳発書簡漢文史料省略〉

その後、彼国人が源信の影像を求めて来たので、承円阿闍梨をしてこれを画かしめて送った。彼国人これを楞厳院源信大師と称し、皇帝の宣旨に依り、廟を造って影像及び往生要集を安置したという。仏教渡来後凡四百五十年、その間において、我が邦より仏書を彼に伝えた事は、聖徳太子の三経疏の外、この往生要集あるのみである。

右の源信から周文徳に与うる書は、往生要集の終に附けられたものであるが、その日附について、往生要集の多くの写本ならびに板本には、ただ正月十五日とあるのみであるが、寛永板本以下往々にして寛和二年〔西暦九八六〕の年が記されてある。しかるに、その本文の中に、先師故慈恵大僧正という語がある。慈恵という号は、寛和三年二月に諡られたものであるから、寛和二年というは誤りである。また慈恵は大師号であって、大僧正ではないから、これも疑わしいという説がある。しかしながら、予を以て見るに、この寛和二年というのは、寛永板本以下のものが深くも考えずして妄りに加えたもので、高野山正智院蔵古写本に寛和二年歟とありというその本、もしくはそれの類本に依って、歟をそのまま事実として決定したもので、深く意とするに足らぬ事であろう。諸本多く年を記せざるを以て正しとすべく、結局年は未詳というより外ないであろう。また慈恵は大師号であるから云々の説は誤りであろう。慈恵は大師号にあらず、慈恵大師というは私称である。「慈恵」大僧正というは、増命の「静観」僧正とか、延昌の「慈念」

僧正の類であることは、前に良源の条にものべた通りであるから、この点は問題とするに足らぬことである。

この後源信は、貞元三年〔西暦九七八〕（一六三八）法華広学竪義の竪者の選に当ったので、その準備のため、因明を研究し、因明論疏四相違略注釈三巻を著した。その後十余年を経て、正暦二年〔西暦九九一〕（一六五一）九月二十一日、宋の婺州雲黄山の行辿《てん》から、経教を送ってきた。（紀略、行辿の名は紀略には行進、また一本には行近とあり、今改む。）よって翌三年、宋商楊仁紹に托して、さきに著した因明論疏四相違略注釈を行辿に伝えて、慈恩寺の弘道大師の門人に送り、その批評を請うた。慈恩寺は昔から因明の研究の盛んな所で、特にこれをここに送ったのは、深く自ら信ずる所があったからであろう。

尋いで宋の至道元年我が長徳元年〔西暦九九五〕（一六五五）四月、宋より天台の僧源清が法華示珠指二巻・竜女成仏義一巻・十六観経記二巻・仏国荘厳論一巻・心印銘一巻合せて七巻を送り来たり、代りに智者大師作仁王般若経疏・弥勒成仏経疏・小阿弥陀経疏ならびに決疑金光明経玄義幷疏・荊渓湛然禅師の撰華厳骨目等を求めて来た。〈当該来書漢文史料省略〉

翌長徳二年十二月二十六日、朝廷は大江匡衡・紀斉名をしてこれが返牒を作らしめた。〈当該返書漢文史料省略〉

文の成った時に座主暹賀は寂し、代りに覚慶が座主に任ぜられた。すなわち覚慶の名を以てこれを送ったのである。その送った年月は詳かでない。暹賀が寂したのは長徳四年八月一日であるから、この返牒を送ったのはそれ以後であることは勿論である。その間において、長徳三年、朝廷は宋より送る所の新書五部、その文膚浅なるを以て慈覚・智証の徒をしてこれを毀破せしめた。三井寺の実因は法華示珠指上巻を、同寺勧修は同下巻を、同寺慶祚は竜女成仏経を、静照は仏国荘厳論を難じ、しかして源信は檀那院覚運と共に、十六観経記各一巻を破した。

かくの如き偽書を送り来ることによって、宋国の仏教の衰え、これに反し我が国仏教の隆盛なることが知られる。かの返牒中にも、文章六、七いささか注し出すあり、敢えて雌黄を加えずとの句があるが、これは破文の事をいうて居るものであろう。又かの国に泯《ほろ》びた書を、我が国より送り、これを補ったことについては、投㆓玉簡㆒而増㆓日域之光耀㆒、開㆓石函㆒而補㆓天台之闕文㆒といって居る。この文の中にも、日本における仏学の夐《はる》かに本家の支那を凌いで居る事が歴然と見られる。

この後長保五年〔西暦一〇〇三〕（一六六三）に至り、僧寂照が入宋した。この時源信これに托して、天台の宗義につき、二十七疑を作り、これを天台四明の智礼法師に致した。智礼その問書を見て歎じて曰く、東域に深解の人ある乎と。すなわち答釈を作って返した。これが唐決集として伝わって居る所のものである。時に叡山に安海なる者あり、常に曰く、恵心は浅広掲厲して渡るべし、檀那は深狭、踰跨に過ぎずと。恵心僧都の学は広けれども浅く、衣を掲げて渡るに足る。檀那院覚運の学は深けれども狭し、跨いで越ゆることができるというのである。檀那院覚運というは、源信と同じく良源の門に出で、当時恵心・檀那と並べ称せられた人である。永延元年〔西暦九八七〕（一六四七）三月六日檀那院を御願寺と定められ、寛弘二年〔西暦一〇〇五〕（一六六五）八月二十八日、その頃参内して法華経の疏十巻を授け奉り、この日権大僧都に任ぜられ、寛弘四年十月三十日寂す。権記（藤原行成の日記）に仏法統領国家之珍宝也、今聞二逝去一悲涙灑レ襟とある。源信の二十七疑を送るや、安海はこれを見て曰く、これ等の膚義、あに遠く問うを須いんやと。すなわち上中下の三釈を作って曰く、宋国の答釈、我三種を出でざるのみと。後に智礼の答釈の来たときには、安海は最早寂して居たが、智礼の決釈は、多く安海の中下の義を出でなかったという。安海の徒すなわち智礼の答及び安海の釈を携えて、墓に赴いてこれを読み上げたという。時の人、海の骨、光を放つといい伝えてこれを称したという。

当時興福寺の主恩は、因明の学を以て名あり。源信の二十七疑の中、法相宗に関するもの五ヶ条を、九州において見、その五疑を先ず解釈したという。安海の答釈作製と好一対の話柄というべきものである。

本朝高僧伝の著者師蛮は源信を讃して曰く、信師の意は以て異域の学匠を試みんと欲せしなり。その答釈来るに及んで、多くその意に契《あ》わず。いわんやまた安海の中下の釈を出でざるをやと。当時本邦仏学の隆盛、遥かに宋を凌いだ状況を見るに足るのである。

寛仁元年〔西暦一〇一七〕（一六七七）六月十日、源信は寂した。春秋七十六。源信は久しく山門に居り、都塵に交わらず、偏に往生を慕うて、名利を願わず。横川に閉居して、専ら著述を以て任とした。著す所の書盛んに世に行わる。

その中において、往生要集は濁世末代の指南といわれた。世に源信僧都四十一箇条の起請というものがある。その起請の中に、源信の人となりを見るに足るべきもの若干を左に掲ぐ。

一、設雖レ有二不レ叶レ心事一、思忍不レ起二嗔恚一

一、設雖レ遇二良縁一、堅思忍、全不レ可二女犯一

一、不レ可三好云二他人好悪一

一、不レ可レ成二洛陽常住之思一

一、雖レ有二治病一不レ可レ食二魚類一

一、唯為二名利一、雖レ学二聖教一、必廻二向無上菩提一

一、人常可レ有二芳心一

一、以二不屑才智一不レ可レ好二問答論議一

この外なお種々の規定がある。

源信が、我が国浄土教の発達に大なる階段を作ったことは前に述べた通りであるが、ここにこの機会において、我が国浄土教発達の由来について顧みる必要がある。

そもそも西方極楽浄土の信仰は、早く推古時代から現れて居る。すなわち聖武天皇の宸翰「雑集」に隋大業主浄土詩というものが収められてある。これは煬帝の作とあるが、実は隋の彦琮の作った唱導法で、すなわち願往生礼讃偈で、善導の六時礼讃晨朝偈等にも引用せられ、浄土の情景を歌った長詩である。これは支那には跡を絶てる貴重なる鈔本である。けだし大業年中に、我が学問僧が手写して将来したものであろう。そのために大業主と誤られたものであろうか。これを伝えたのは、恐らくは慧隠《えいおん》であろう。この人は推古天皇十六年（一二六八〔西暦六〇八〕）小野妹子に従って、僧旻・高向玄理等と共に渡航し、三十一年の後、舒明天皇の十一年（一二九九〔西暦六三九〕）に帰朝した。その帰る時にもたらしたのであろうという。次に西方浄土に関する事蹟は、舒明天皇の十二年五月に開かれた無量寿経の宮講を以て早いものとする。講師は慧穏であった。これについでは孝徳天皇の白雉三年〔西暦六五二〕（一三一二）四

月にも、また慧穏が御前講演をして、十五日より二十日に及び、一千人の沙門が陪聴した。この後、孝徳天皇・斉明天皇の頃に、仏教芸術の上にあらわれた極楽浄土信仰の遺品がある。その一は法隆寺旧蔵、現御物の王延孫の釈迦像光背の銘に「甲寅年三月廿六日、弟子王延孫、奉二為現在父母一、敬造二金銅釈迦像一軀一、願父母乗二此功徳一、現身安隠、生生世々、不レ経二三塗一、遠離二八難一、速生二浄土一見レ仏聞レ法」とあり。（安隠の隠は穏に通ず。）甲寅の年は、光背の様式から考えて、白雉五年に当るものであろうといわれている。文中言う所の浄土は、三塗八難という詞に対して、極楽浄土であろうという。観心寺にある阿弥陀像の光背の銘に、戊午の年（斉明天皇四年、一三一八〔西暦六五八〕）とあり、法隆寺にある橘夫人の念持仏も阿弥陀三尊であり、天武天皇・持統天皇の頃のものである。同じく法隆寺金堂の壁画にも、弥陀の浄土を描いている。天智天皇より元正天皇の御代に亘る頃のものであろう。持統天皇三年（一三四九〔西暦六八九〕）四月、新羅使節が天武天皇御追福のために上る所の像の中に阿弥陀像あり、同六年閏五月十五日に、筑紫大宰率に詔して、大唐大使郭務悰が近江大津宮天皇（天智天皇）の奉為《おおんため》に造る所の阿弥陀像を上せ送らしめられた。天武天皇の頃にいたと思われる智光も、熱心な西方願生者であったのみならず、これに関する最初の著述家で、往生論疏（別称浄土論疏、原称無量寿経論釈）五巻を著した。これは天親菩薩の浄土論の註釈書で、今は逸書となり伝わっては居ないけれども、慈恵良源の九品往生義・恵心源信の往生要集・宇治大納言隆国の安養集・良慶の安養抄・長西の論註鈔等、平安鎌倉時代にかけて、多くの浄土教の書中に引用せられてある。

奈良時代に入っては、光明皇后の来世思想は西方浄土にあったらしい。天平宝字四年〔西暦七六〇〕（一四二〇）皇后が崩ぜられ、その七々日の忌を東大寺ならびに諸国の寺で行われた。その時に、国毎に阿弥陀浄土画像を造らしめ、又僧尼をして称讃浄土経を写さしめ、各国分金光明寺において礼拝供養せしめた。称讃浄土経は阿弥陀経の異訳である。天平宝字五年六月、御一周忌の斎を、阿弥陀浄土院に設けた。この院は法華寺内の西南隅にあり、この忌のために造られたものである。この時諸国の国分尼寺には、弥陀の丈六の像一軀を造らしめ、法華寺においては、毎年忌日よりはじめて一七日の間、僧十人を請じて阿弥陀仏を礼拝せしめた。天平時代に作られたという当麻曼荼羅は、観経の説に従って作られた図で、浄土の相を画き、本尊阿弥陀の座する中台を繞って、観経の説に従い、左には序分十一段、右には日想観以下十三観、下には上品上生より下品下生に至る九品の来迎を添えてある。正倉院文書には西方浄土に関する経籍、阿弥陀経・観経・無量寿経・安楽集・往生礼讃等が写されている事が夥しく見える。又それらの異訳及び浄土教に関する註疏も多く伝わり、善導の著作は観経疏を始めとして、五部九帖ほとんど皆伝わっている。霊異記には、道昭が極楽浄土に往生したことを述べ、また禅師信厳の西方往生を記して居る。

平安時代に入っては空海の性霊集の中に、ある人のために作った「為亡親修法事」の願文が見える。その中に「以二此功徳一、奉レ資レ為二二所御霊等一、阿弥陀如来示三得道於二六八之広津一、観世音大士開三摂化於二九品之正路一、早遊二極楽刹一、令レ生二蓮台之上一」とある。これに対して、叡山においては、浄土教の発達は殊に著しいものがあり、平安時代以後、浄土教の発達はその根源をここに発している。最澄は早く叡山に四種三昧の法を創めた。これは摩訶止観に出ている行法で、常坐三昧・常行三昧・半行半坐三昧・非行非坐三昧の四種をいうのである。天台の学生は十二年の籠山により、この法を修するのである。この中、常行三昧は、いわゆる般舟三昧であって、九十日を限って行道を行い、弥陀を心念口唱する。このために最澄は常行三昧堂を建てる事を計画したが、果さずして寂した。円仁入唐して五台山に登り、ここに伝える所の念仏三昧の法を伝えて帰り、これを諸弟子に授け、仁寿元年〔西暦八五一〕（一五一一）始めてこれを修した。その念仏というはただ念仏を唱えるのみではなく、同時に阿弥陀経をも諷誦するのである。これを引声阿弥陀経という。その頃に常行三昧堂が建立せられ、最澄の素願がここにはじめて達せられた。この常行堂は檜葺五間の堂で、四方の壁に九品浄土の図を描き、金色の弥陀を本尊としている。その後寛平五年〔西暦八九三〕（一五五三）に西塔にも常行堂が建てられた。延長五年〔西暦九二七〕（一五八七）に、増命は堂の四面の柱に極楽浄土の相を絵かしめた。この常行堂の念仏が、日本における念仏の起りで、これが本になって全国にひろまったのである。これを「山の念仏」といい、毎年八月十一日から十七日まで行われる。

これより叡山の念仏は盛んに行われ、有名な僧にして西方往生を願った者が多い。延喜十八年〔西暦九一八〕（一五七八）十一月二日に寂した相応和尚、延長五年十一月十一日に寂した増命の如き、何れも西方に礼拝して阿弥陀仏を念じて息が絶えた。延昌は毎月十五日諸僧を招いて弥陀讃を唱え、かねて浄土の因縁を対論せしめた。常に曰く、命終の期に先立って、三七日の間、不断念仏を修せんと欲す。その結願の日すなわち我が入滅の時なりと。果たしてその言の如く、示寂の前年十二月二十四日から門弟子に命じて不断念仏をはじめ、明年正月十五日枕前に弥陀・尊勝の両像を安じ糸を以て仏手に繋いで入滅した。良源は永観三年〔西暦九八五〕（一六四五）正月三日念仏を唱えながら入滅した。その著す所に極楽浄土九品往生義というのがある。

俗人に在っては貞観九年〔西暦八六七〕（一五二七）に死んだ藤原良相は、もとより内典を習い、真言に精熟していたが、生年三十余歳の時、室大江氏を喪うてより、専ら念仏を事としていた。地方官としてその善政を以て知られた藤原保則は晩年一室を叡山東坂に営み、落髪入道し、昼夜念仏を事とし、その死するに当っては、唯西方に向って阿弥陀仏を念ずるのみであった。三善清行は延喜十八年〔西暦九一八〕（一五七八）十一月二日、洗手嗽口西方に対し、念仏して息絶えた。

これ等の極楽願生者の伝を集めたものが日本往生極楽記である。これは慶滋保胤が、寛和年中に、唐の迦才の浄土論の中に載する所の往生伝に倣って作ったもので、すべて四十五人の伝が集めてある。慶滋保胤、慶滋はよししげと訓む。賀茂忠行の第二子、家世々天文暦数の学を伝えて居たが、保胤に至って業を改め、慶滋と改姓した。慶滋も賀茂も同じく「よししげ」と訓むによってである。菅原文時について学び、官大内記に上った。少年の時より極楽を慕い、日に弥陀仏を念じ、年四十以後その志いよいよ劇しく、口に名号を唱え、心に相好を観じ、行住坐臥暫くも忘れず、寛和二年〔西暦九八六〕（一六四六）四月二十二日出家して寂心と称した。

法師にならむとていでける時に家にかきつけて侍る　慶滋保胤

うき世をはそむかはけふもそむきなむあすも有とはたのむへき身か

横川に上って、増賀及び源信に従い、又檀那院覚運・安海・性空等と共に学を講じた。世に内記入道と称した。晩年播州に至り八徳山に庵を結び、山棲淡薄自ら歳月を忘るという。（八徳山は神崎郡にあり。）保胤は文学を以て名あり。その著作の世に伝われるもの少からず。本朝文粋に収めるものも多くある。天徳応和の間、天下の人才子を語るもの多く高俊・茂能という。高俊とは高岳相如の字、（すなわちもと平城天皇の皇太子高丘親王のちの入道真如親王の子孫）

茂能はすなわち保胤の字である。長保四年〔西暦一〇〇二〕（一六六二）十月二十一日に寂した。続本朝往生伝等に、長徳三年寂とあるは誤りで、本朝文粋の中に、戒を寂心より受けた道長が、長保四年十二月九日に寂心の四十九ヶ日の諷誦文を作って居る。されば十月二十一日がその命日である（十月大、十一月大）。この人の弟子に有名な寂照が出た。

本朝文粋には西方極楽に関するものが少からずある。すなわち後中書王具平親王（村上天皇第七皇子）の西方極楽讃があり、また願文の類に、弥陀極楽に関するものがすこぶる多い。すなわち天暦六年〔西暦九五二〕（一六一二）朱雀院四十九日の御願文の中には、純銀の阿弥陀仏像一軀を鋳奉るということあり、翌天暦七年朱雀院周忌御願文には、金色阿弥陀仏像一体を造ることあり、正暦二年〔西暦九九一〕（一六五一）円融院四十九日御願文には、白檀阿弥陀仏像・観音・勢至像各一軀を造ることあり、寛弘五年〔西暦一〇〇八〕（一六六八）花山院四十九日御願文には、極楽浄土尊一楨を図絵することあり、同八年一条院四十九日御願文には、金色阿弥陀如来像を造ることあり、天慶八年〔西暦九四五〕（一六〇五）重明親王家室四十九日のための願文には「安楽界中攀覚花於弥陀之樹」の語あり、長徳四年〔西暦九九八〕（一六五八）右近中将源宣方四十九日の願文には「西方極楽定登九品之蓮台」の語がある。以下これに類するものが多く収められてある。

物語にあっては、源氏物語夕顔巻には、源氏の君が大弐の乳母をたずねる所に、乳母は今は尼になっているが、源氏に会って大いに喜ぶ、その言葉の中に、「かく渡りおわしますを見給い侍りぬれば、今なん阿弥陀仏の御光も、心清くまたれ侍るべきなどきこえて、よわげになく」とある。なお同じ巻に、夕顔の四十九日に、しのんで叡山の法華堂において供養をした時の願文の事を書いて、「あわれと思いし人のはかなきさまになりにたるを、阿弥陀仏にゆずり聞こゆる由、あわれげにかきいで」とある。又栄華物語・紫式部日記・更科日記などにも極楽浄土の事がしばしば出て居る。栄華物語（十八、たまのうてな）には道長の御堂の様をのべて

うちつれて御どうにまいりてみたてまつれば、にしによりて、きたみなみざまに、ひんがしむきに、十よけんのかわらぶきの御堂あり。たるきのはしばしは、こがねのいろなり。よろずのかなもの、みなこがねなり。おまえのかたのいぬふせぎは、みなきんのうるしのようにぬりて、ちがいめことに、らでんの花のかたをすえて、いろいろのたま

をいれて、かみにはむらごのくみして、あみをむすばせたまえり。きたみなみのそばのかた、ひんがしのはしばしのとびらことに、えをかかせ給えり。かみに、しきしがたをして、ことばをかかせ給えり。はるかにあおがれてみえがたし。九品蓮台のありさまなり。あるいは、としごろの念仏により、あるいは最後の十念により、あるいはおわりの時の善知識にあい、あるいは乗恵の人、あるいは戒恵のもの、おこないのしなじなにしたがいて、極楽のむかえをえたり。これは聖衆来迎楽とみゆ。弥陀如来くもにのりて、ひかりをはなちて、行者のもとにおわします。観音勢至蓮台をささげて、ともにきたり給う。もろもろの菩薩聖衆音声伎楽をして、よろこびむかえとり給う。

といい、また、

　仏をみたてまつれば、丈六の弥陀如来、光明寂勝にして、第一無比なり。うすつ《烏瑟》の御こうべはみどりのいろふかく、みけんの白毫は、右にめぐりて宛転せること、五の須弥のごとし。青蓮の御まなこは四大海をたたえ、御唇は頻顛果のごとし。躰相威儀いつくしく、紫磨金の尊容は、秋の月のくもりなく、無数の光明あらたにて、国界あまねくあきらけし。微妙浄法の身に、いろいろの相好を具足し給えり。光のなかの化仏無数億にして、光明たがいにてらしかわせり。これはすなわち無漏の万徳の成就し給えるなり。慈悲の相好はまなこにあり。法音の相はくちにあり。弘誓のそうはおもてにあり。愛敬の相ははのひかりにあり。神通の相はいきおいにあり。妙好高妙の相は形躰にあり。方便無量の相は容貌にあり。十力無畏の相は威光にあり。大定勝智の相は意気にあり。真如寂静の相はたぶさにあり。実には借像にしてただ名のみなり。このゆえにまさにしるべし、所観の衆相は、すなわちこれ三身即一の相好光明なり。諸仏同躰の相好光明なり。万億円融の相好なり。色則是空なるがゆえに、これを真如実相という。空即是色なるがゆえに、これを相好光明という。一色一香中道にあらずという事なし。受想行識もまたまたかくのごとし。衆生の三道弥陀仏の万徳と、もとより空寂にして、一躰無导なりといいき。左右には観音勢至おなじく金色にして、たまのようらくをたれたり。おのおの宝蓮花をささげてたたせ給えり。四天王たち給えり。一仏の御よそいかくのごとし。いわんや九躰ならばせ給えるほど、心に思いくちにのぶべきにあらず。

とある。

紫式部日記には「すべて、世の中、事わざ繁く憂きものに侍りけり。いかに今はこといみし侍らじ。人、というとも、かくいうとも、ただ阿弥陀仏に経をならい侍らん」とある。

更科日記に「天喜三年〔西暦一〇五五〕（一七一五）十月十三日の夜の夢に、居たる所の屋のつまの庭に、阿弥陀仏たち給えり。さだかには見え給わず。霧一重へだたれるように、透きて見給うを、せめてたえまに見奉れば、蓮華の座の土をあがりたる高さ三、四尺、仏のみたけ六尺ばかりにて、金色に光りかがやき給いて、御手片つ方をば広げたるように、いま片つかたには、いんを作り給いたるを、こと人の目には見つけ奉らず、我一人見奉るに、さすがにいみじくおそろしければ、簾垂のもと近くよりても、え見奉らねば、仏、さはこのたびは帰りて、のちに迎えに来むとのたまう声、我が耳ひとつに聞きいて、人はえ聞きつけずと見るに、うち驚きたれば、十四日なり。この夢ばかりぞ、後のたのしみとしける。」とある。著者の信仰の優にやさしげなるさまが見られる。

藤原道長が寛弘四年〔西暦一〇〇七〕（一六六七）金峰山に詣でて埋経した時の願文の中には、弥勒の信仰と共に、弥陀の信仰も混じているが、その中に阿弥陀経を写す事を述べ、「是為㆘臨終時、身心不㆓散乱㆒、念㆓弥陀尊㆒往㆖㆓生極楽世界㆒也」とあり。御堂関白記・小右記によれば、道長は寛弘八年三月二十七日に、法華経・等身阿弥陀ならびに百巻阿弥陀経を供養した。これは偏に往生極楽のためなり。講師の院源これを供養し、願文は大江匡衡が作った。しかるにその願文が、道長の意に満たなかった。それは多く現世の事をいう。しかしながら道長の本意は唯後生のためなり。よってこれを書き直さしめたという。寛仁五年〔西暦一〇二一〕（一六八一）の頃には道長は頻りに念仏をつとめた。九月には、一日より五日まで念仏を唱えて、その数が一日に十一万遍、二日には十五万遍、三日には十四万遍、四日には十三万遍、五日には十七万遍を数えている。

かくの如く貴族の間に念仏が弘まったと同時に、平民の間にもあまねく弘まった。その平民の間に弘めたについては、空也があずかって力がある。空也（コウヤと読む、饅頭屋本節用集に仮名あり。日本往生極楽記には弘也と書いてある）は自ら父母を顕わさず、又郷土を説いた事が無い。或いはいう醍醐天皇第五子と。源為憲の空也誄には、「或云其先出㆓皇派㆒焉」とあり、慶滋保胤の日本往生極楽記にも、「或云出㆓潢流口㆒」とある。為憲も保胤も空也と同じ頃の人であるから、その記す所はすこぶる重きを置くべきものである。皇胤紹運録には、仁明天皇の皇子常康親王（すなわち雲林院宮）の御子としている。宇治拾遺物語には、叡山の余慶が空也と語った時の話の中に、「そこは貴き上人にておわす、天皇の御子とこそ人は申せ、いとかたじけなし」とある。皇胤なることはけだし事実であろう。皇胤紹運録によれば、常康親王は惟喬親王と従母兄弟で、母は同じく紀氏の出身で、名虎の女種子である。親王は藤原氏全盛の世に志を得ず、出家して僧正遍照に従い、家を遍照に付属して寺とし、雲林院と号した。遍照はこれを元慶寺の別院とした。もし空也の系胤に関する右の説が事実であるとすれば、自ら父母を顕わさず、市井に隠れて、平民説法に従事した事の裏には、藤氏と紀氏との争いにからまる一種の悲劇が籠っているのである。少壮にして五畿七道を遊歴し、名山霊窟を巡り、道の険難に遭えば、人馬の疲労を思い、石面を鐫《けず》って平らにし、橋無きに遭えばこれを造り、東西二京に井の無きを見てはこれを掘り、阿弥陀井と名づけた。曠野古原を通って、死骸のあるにあえば、一所に埋めて火葬し、阿弥陀仏の名を唱えた。年二十余、尾張国国分寺において剃髪得度し、自ら空也と称した。これは沙弥の名である。常に弥陀の名号を唱えて、市中を遊歴した。世人これを阿弥陀聖と称し、又市聖と称した。天暦二年〔西暦九四八〕（一六〇八）に、叡山に登り、座主延昌に従って登壇受戒し、名を光勝と称した。しかれどもなお沙弥の名空也を改めず、つづけて用いていた。天暦四年〔西暦九五〇〕の頃から始めて、応和三年〔西暦九六三〕（一六二三）に至り、十四年間に亙って諸国を勧進し、紺紙金字の般若経を書写し、この年八月その功を畢《お》えて、二十二日に賀茂の河原においてこれを供養した。道俗集会し、請僧六百口、禁裏より銭十貫文を賜わった。左大臣藤原実頼以下諸人結縁するものが多く、昼は経を講じ、夜は万灯会を設けた。本朝文粋にその願文あり。天禄三年〔西暦九七二〕（一六三二）九月十一日、東山の西光寺に寂した。後に六波羅密寺と称した。もと空也の建てた処である。第二世中信が今の名に改めたのである。天慶の以前にあっては、弥陀の信仰は弘まっていたが、念仏の人は稀であった。空也はこの時に出でて、弘く念仏を鼓吹し、市鄽《してん》の仏事を唱えた。この後、源信を経て、源空が出るに及び、更にこれを高調するのである。宇治拾遺物語に余慶僧正が、空也に逢うた時に、臂《ひじ》の折れたるを見てその故を尋ねた。上人の曰く、我が母、ものねたみして、幼少の時に片手をとって投げつけたために、手が折れたのだと聞いて居る。幼少の時の事であるによって、覚えて居らぬが、幸にも左の手であったので、まだしもであるという。余慶の曰く、あなたは貴き上人におわす、天皇の御子と人は申すを、忝《かたじけな》し、臂を祈り直し申そうと言う。上人のいう、尤も悦ばしとて、余慶は頂より黒き煙を出して加持し、しばらくして、曲れる臂が伸びた。上人涙を流して三度礼拝す。その時、上人は若き聖三人を連れていた。一人は縄をとり集むる聖である、道におちた古き縄を拾って、壁土に加えて、古き堂の破れた壁を塗り直す。一人は瓜の皮を拾って、水に洗って、獄囚に与える。今一人は反故の落ちたるを拾い集めて、紙に漉いて経を書写し奉るという。そこで上人は臂の直った御布施として反故の聖を、余慶上人に奉った。余慶は喜んでこれを弟子とし、後に義観と名づけ、尊き聖になったという。

　空也には千観という弟子があった。初めは三井にいた人で、内供十禅師に迄なったのであるが、空也の教えによって遁世した。よって世に千観内供と称した。これよりさき、千観は参内の途で、空也にあい、後世菩提の事を尋ねた時に、空也の曰く、それは吾よりこそ問うべき事なれといいすてて、去ろうとした。千観なお懇ろに問うた。空也は何れにも、その身を捨ててこそとばかり言いて、足早に過ぎ去った。千観すなわち装束をぬぎ捨てて、摂津の箕面に籠って修業をしたという。千観は千手観音を略したものであるという。安和二年〔西暦九六九〕（一六二九）（或いは永観元年〔西暦九八三〕一六四三ともいう）十二月十三日入滅した。

　行円　空也・千観にならべ称すべきものに行円あり。寒暑を問わず、鹿の皮を着けていたので、世に皮聖人、また皮聖、また皮仙と称した。頭には仏像をいただいていた。一条の北（油小路と西洞院の間、今は寺町にあり）に堂を作り、これを行願寺という。寛弘二年〔西暦一〇〇五〕（一六六五）五月三日に供養した。世にこれを革堂（こうどう）というは皮聖人より出た名である。同年七月二十五日、法華八講を行願寺に行い、貴賤多く結縁した。同五年八月十四日より、十月三日まで、四十八講を行願寺に行った。弥陀四十八願に擬したのである。長和五年〔西暦一〇一六〕（一六七六）四月九日より往還の人をして粟田山の石を拾わしめ、又鉄槌鑽等を以て大石を破らしめ、これによって往反車馬の停滞なからしめた。小野宮右大臣実資は、鑽を二つを作って与えた。寛仁二年〔西暦一〇一八〕（一六七八）三月十六日、行願寺において六万九千三百余灯を燃し、法華経の文字に充てた。上下の人集って市を成した。同年閏四月五日より、四部講を行い、九日十日は俗の日に当るにより、実資等は行願寺に詣でて結縁した。行円は八万四千部の法華経を写し、八万四千の堂塔建立の願あるにより、実資等は各一部を書写した。寂年及び寿は詳かでない。行円は念仏系統の行者ではないけれども、その行跡、空也などに類すること多く、その平民的色彩また相似ること多きを以て、便宜この処において叙べた次第である。

以上述ぶるが如く、西方浄土往生の思想、弥陀如来の信仰は、ようやく発達し来たって、遍く上下に弘まったのであるが、源信出でて往生要集を著してより、ここに我が浄土教史に一大段落を劃したのである。従来の浄土教は、これを唱うるものが何れも自己の本宗を持っていて、それを立脚地として、念仏を修した。いずれも観念を以て念仏の主要とし、口称は単にこれを助成するための方便に過ぎなかった。しかるに源信に至って、口称と観念とを対立せしめ、観勝称劣を表に立て、智者には観念を勧め、愚者には念仏口誦を勧めた。これを従来単に助成の方便としたのとは大なる相違がある。かくてこの後、源空が出て浄土教を独立せしめる先駆となったのである。

往生要集は浄土教の劃期的著作として、後代に及ぼした感化は実に大なるものがある。殊にその説く処は、芸術趣味に富んでいて、その思想に温雅優美の分子が多い。これ実に浄土教が美の宗教ともいわれたる所以で、これによって一般民心に温和にして微妙な宗教的情操を賦与した。試みにその一例を示せば、往生要集には、仏の色身についての観法を説く。その一つに総相観というのがある。すなわち仏身の総体についての観法である。その観法においては、仏の華座が六十万億那由他恆河沙由旬という広大無辺の広さを持っている。那由他恆河沙は何れも無量無限の大きさを示す数位で、由旬は里数の名である。その広大無辺なる座は閻浮提金《えんぶたごん》と称する純金でできて居る。これに座する仏身には、五須弥山の如き白毫の相を備え、四大海水の如き仏眼を開き、無数の毛孔よりは熾然赫奕たる八万四千の光明を放って、念仏の衆生をその光の中に摂取する。その様子を心中に観ずるのである。この観法を一心に修行する時に、行者の眼には、ただ光顔巍々として威神極まりなき崇高なる如来の色相光明が映ずるのみである。往生要集には、これを微妙に繊細に説いてあって、読む者をして、雄大霊妙な感を起さしめる。その説く処は実に絵画であり芸術である。栄華物語（十八たまのうてな）に道長の阿弥陀堂のことを記して阿弥陀堂にまいりたれば、御せんぽうのおりなりけり。あなうれしと思いて、みはしにのぼりて、仏をみたてまつれば、無数の光明かがやきて、十方界に遍したまえらんとみえ給う。かの往生要集の文を思いいづ。七宝の階にひざまずきて、万徳の尊容をまほり、一実の道をききて、普賢の願海にいる。歓喜のなみだをながし、渇仰ほねをとおすなど、ずしてきけば、六根懺悔のわたりなりけり。いみじうとうとし。

とある。往生要集の思想が、いかに深くしみわたっていたかが知られる。

世間に源信の作と伝うる山越の弥陀又は来迎仏等が多く存在しているが、その総てが源信の作であるという証拠はない。多くは絵仏師をして書かしめて、源信自らはその開眼をしたに過ぎないのか、又はその流れを汲んだ人の書いたものであろうといわれるが、その図様が当時勃興した浄土思想に優美なる芸術を結びつけて、本邦独特の趣味をあらわしたものである。殊にこの頃からいわゆる截金が流行した。これは金泥銀泥で彩色する代りに、金銀の箔を切って置く事の術をいう。世間ではこの術も源信に始まったというが、それは確かでない。恐らくはその以前からあったのであろうが、この頃から盛んに用いられたというので、源信に附会したのであろう。この精巧なる截金の技術によって、仏身の荘厳な相が信者の眼前に現れ出で、これによって当時発達した浄土教の思想が、形の上に具象化せられるようになり、両者相伴って益々興隆の域に向って進んだのである。

現今存する絵画で、源信の作と称するものは、高野山の聖衆来迎の図を以てその代表とすべきである。これは衆生の臨終の際に、阿弥陀仏が観音勢至両菩薩その他多数の聖衆等を率いて来たり迎え、極楽に連れて行く有様を示したものである。弥陀来迎図の多くある中において、これは特に大幅であり、傑作であるので有名である。大なる中幅とやや狭い左右の側幅との三幅から成り、三幅合せて横は一丈四尺縦六尺八寸あり、中央に坐像の阿弥陀仏あり、二十余の菩薩がその周囲を繞り、雲に乗って種々の楽を奏している。因って俗称に二十五菩薩来迎の図とも称している。その全体の構想といい、色彩の配合といい、実に雄大にして典麗、温かく和かな、しかも荘厳なる感を与えるので、いかにも弥陀の来迎とはかくの如きものかと思わしめる。もとは叡山横川にあったが、元亀二年〔西暦一五七一〕（二二三一）信長の焼撃の時持ち出された。この時に、秀吉の守っていた香芳谷では、老若婦女がこの口から逃れて助けられたものが多かったが、二十五菩薩もこの谷から持ち出して逃げ、江州に入り、転々して高野山に入った。旧幕時代に、高野山には巡寺八幡と称して、山内の諸院に交代に巡回する八幡社があって、その諸院が巡寺八幡講というのを組織していたが、この幅はその講の所有となった。明治維新の後、神仏分離に依り、この講は廃せられ、この幅は巡寺八幡講に入っていた大円院外二十二院（今は併合して十八院）の共同所有となり、今日に及んで居る。

浄土芸術としての建築において、源信の作と伝えられるものがある。大原の三千院の内往生極楽院がそれである。これは花山天皇の寛和元年（西暦九八五）（一六四五）に、勅によって源信が創建し、源信の母がここに住したと伝えらるるものであるが、その所伝についてはなお考究の余地があるであろう。しかし平安時代中期のものたることは確かである。この堂は正面三間・側面三間の単層で、小規模ではあるが、その内部には、よく平安時代の面目を存して居る。内陣の天井は舟底形で、丈六の巨像を安ずるに便にし、外陣は化粧屋根裏を露す。舟底天井・化粧棰・長押・小壁等、すべて仏・菩薩・天人・花紋等を画き、仏の後壁には両界曼荼羅を画き、仏壇は黒漆地に螺鈿を嵌入してある。本尊阿弥陀如来木像一軀は上品下生の印を結びて、蓮華座上に結跏し、脇侍観音菩薩は蓮台を擎げ、勢至菩薩は合掌して、共に蓮華座上に脆坐して来迎の姿を現す。この脆坐の姿は引接の意を明らかにすると共に、いかにも仏像の日本習俗に同化した様子を見せて居る。仏教の日本化の一端を窺うに足るものである。

浄土芸術において源信に匹敵すべきものとして、時代はやや降るが、為成がある。姓は不詳、詫磨氏であろうといわれている。後三条天皇頃の人で、宇治平等院鳳凰堂の壁ならびに扉に画いた浄土九品の図ならびに釈迦八相成道の図がある。この絵は特に日本的特色の著しいもので、この時代の趣味が遺憾なく現れて居る。その菩薩の姿・人物の容貌など、如何にも雅やかに艶麗であって、円満豊潤な面相には、何とも知れず人なつこいような様子が見えて居る。高野山の二十五菩薩は未だ何処となくこの世の人でない感じがするが、平等院のは如何にも人間らしい親しみが画面に漂うているように思われる。

この頃彫刻においても、定朝という一大天才が出た。定朝はこの時代の彫刻界に新紀元を劃した人で、如来の相好が定朝によって一定の型を作ったといわれる。作品は日野法界寺及び宇治平等院鳳凰堂の中尊阿弥陀仏が代表的のものである。

鳳凰堂には中尊弥陀を取り囲んで、壁面に五十余体の菩薩天女等の聖衆の彫像が、優麗快濶な姿で琴や笛や簫や鼓など奏しつつ、雲を踏んで歌舞しつつ、弥陀を供養礼讃しているのが見える。これ等の彫刻絵画を包容する鳳凰堂は、実にこの時代の浄土教芸術の大宝殿ともいうべきもので、道長の法成寺の麗わしさが、ただ文献によってのみ伝わる今日においては、鳳凰堂は現存せる平安時代建築の代表として最も傑出したものである。平等院は古くは河原左大臣源融の別荘であった。長徳四年〔西暦九九八〕（一六五八）道長がこれを譲り受けて、新たに経営の工を加えた。その時分には、暮雲路僻隔二華京一、柴門月静霜色眠と道長が詠じた如く、極めて幽邃閑雅の地であった。それから頼通に伝えられ、永承七年〔西暦一〇五二〕（一七一二）寺に改築して平等院と称したのである。その初めには阿弥陀堂（又は無量寿寺すなわち鳳凰堂）と経堂（すなわち釣殿）・金堂・三重塔・講堂・鐘楼・東西法華堂・五尊堂その他に楼門と南及び西に大門があった。今はわずかにその中の鳳凰堂を残しているのみである。この堂の構造は、本堂・翼廊・及び後尾より成り、その形状はあたかも鳳凰の翼を張っている如く見えるので、後世にこの名をつけたのである。全体のプランとしては、寝殿造になって居り、その本堂は高く大きく、裳廂は低く小さく、廻廊は平らに、その隅に楼閣が高く隆起し、高低起伏参差錯綜、変化の妙を尽し、外面はすべて丹塗であり、扉・長押・垂木の端には、いずれも精巧な毛彫の金具が附けてある。更に堂内に入れば、金碧の光眩ゆく、内陣の柱・斗栱・天井の類、すべて優美なる宝相華の文様で彩られ、須弥壇・幡・天蓋・折上格天井には、いずれも精巧なる螺鈿が嵌めてあり、周囲の壁扉には来迎の図があり、五十余の聖衆の彫刻が壁にかけてある。その意匠の豊富にして手法の高雅なることは他に比類を見ず。しかしてこれ等の燦然たる内部の装飾と、富麗なる堂宇の構造とが、正面に穿った池の水面に映った有様は、正に観経に説く所の極楽浄土が、この土に現出したかの感があったに相違ない。極楽不審《うたがわ》しくば宇治の御寺を礼《うやま》えとさえいわれた。これらの建築なり彫刻なり絵画なりに表現せられた浄土教の芸術が、深く濃かに当時の生活に滲み込んで行き、それが当時の一般趣味生活と照応し、互に映発した有様は想察せられるのである。

この頃には又、迎接会《ごうしょうえ》が頻繁に行われている。これは又迎講会《ごうこうえ》、又は俗に練《ねり》供養ともいい、仏の来迎引接《いんじょう》に擬して修する一種の法会である。これもまた源信が横川花台院で創めたと伝えられる。寛印供奉がその跡を慕って、丹後天橋立に移してこれを行い、梶井門跡承円が、大原西林院で年々これを行った。その法式は二十五人の僧がおのおの宝冠を戴き、香炉を捧げ、又は天蓋を持ち、又は幡幢を翻し、或いは鳳笙竜笛を吹くなど、すべて二十五菩薩に擬し、迎相の弥陀三尊が安置してある輿を囲んで、講堂から本堂にまいり、梵唄・奏楽・誦経・念仏して、観音菩薩所持の蓮台にのせてある十方衆生と記した位牌を迎えて、講堂に帰るという。この迎接会また迎講会はこの後大いに流行した。今昔物語（十五）に迎講の聖人往生の話を載せてある。それは、丹後に一聖人がいて極楽往生を願い、十二月晦日に、今日の中に必ず来たれという消息を書いて、童子にあずけ、暁に戸を叩いて、極楽世界から迎いに来た阿弥陀仏の使いだといって、その消息を渡せと命じ、その命の如くしたのを見て、涙を流して喜んだ。かくて国主大江清定に勧めて迎講を始めしめた。清定はこれを諾し、京より舞人楽人を呼んで行う事とした。聖人は大いに喜び、その迎講の日に、我れ極楽の迎えを得るぞと思う時我が命終るべしと言っていた。その日になり、聖人は香を焚いて待っていると、仏が迎えに来て、観音が紫金の台をささげ、勢至菩薩が天蓋をさしかけて、菩薩衆が微妙の音楽を奏して来た。その間に聖人は涙を流して念じ入ると見る間に、観音が紫金台を差し寄せた時に、気絶して命が終ったという。（沙石集巻九に同じような話を載せて、寺の名を丹後普甲寺と記してある。）

この迎接会が絵に書かれて、迎接曼荼羅と称せられた。中御門宗忠は長承三年〔西暦一一三四〕（一七九四）十二月十六日にその供養を行うた。鳥羽の勝光明院には、四面の扉に迎接の儀式を画いてあった。

公家武家ともに迎接弥陀の像を造りその堂を作った。寛徳二年〔西暦一〇四五〕（一七〇五）十一月二十一日、小一条院（三条天皇皇子敦明親王、長和五年〔西暦一〇一六〕一六七八、立太子、寛仁元年〔西暦一〇一七〕一六七七、辞し、院号を授けらる）が東京六条第において堂宇を造り、阿弥陀迎接の像を安じ、供養を行い、五日十座の講あり、承暦四年〔西暦一〇八〇〕（一七四〇）十月八日、清水寺（すなわち五条橋）の河原において迎講あり、醍醐山に住む聖人某がこれを行うた。嘉保二年〔西暦一〇九五〕（一七五五）三月二日、故通家（藤原氏、右京大夫、皇太后宮亮、承保四年〔西暦一〇七七〕一七三七、卒）の室某が、養父大納言のために、皆金色一丈六尺の阿弥陀三尊を造立し、大江匡房に嘱して、その供養願文を書かしめた。その文に「乗二紫雲一放二白毫一、観世音擎二蓮台一、大勢至合掌、蓋任二彼迎接本願一仰二此往生之速証一也」とある。安房守源親元は、後三条天皇の東宮にましました時、帯刀に補せられていた人であるが、後に極楽浄土を欣求し、常に念仏を絶やさず、ついに東山に幽閑の地を求め、迎接堂を作った。「弥陀の尊容白毫東に照し、脇侍の菩薩紫台西に聳ゆ、俗に呼んで光堂という。」嘉保三年〔西暦一〇九六〕（一七五六）安房守に任ぜられた時にも、専ら仏事を行い、五間二面の精舎を建て、丈六の弥陀像を造り、国中に念仏を勧め、念仏十万遍に対し穀一石に代え、以て租税を免じ、また重科の者ありとも、念仏する者はこれを赦す。これを以て廃官州民ことごとく念仏を唱えるようになったという。任満ちて帰るに及び、京都に入らず。三井寺において受戒し、その後京の旧堂に帰り、逆修の作善を行った。長治二年〔西暦一一〇五〕（一七六五）卒した。

元永元年〔西暦一一一八〕（一七七八）閏九月十八日、中御門宗忠は東山雲居寺に向い瞻西《せんせい》（瞻西の名は讃岐典侍日記に「せんせい」とあり）に謁して極楽堂を見た。その記事に「誠以神妙也、往生之業自然相催、終日念仏、晩頭帰了」とある。千載集釈教の部にも

瞻西上人の雲居寺の極楽堂に堀河右大臣まゐりて歌よみ侍りけるによめる　神祇伯顕仲

いさきよき池にかげこそうかびぬれ沈みやせむと思ふ我が身を

とある。神祇伯までがここに詣でて念仏称えたのであろうことは注意に値する。

その頃書博士安部俊清という者があって大治四年〔西暦一一二九〕（一七八九）冬病あり、すでに危急に及んで、日頃闕く所の行業を、僧徒をして勤めしめ、又左右に語っていうには、時々側《ほの》かに音楽を聞く、その儀雲居寺瞻西上人の迎講の如くであるといったという。元永二年六月二十八日、中御門宗忠は故伯耆守家光の妻の臥見堂を訪ねた。「是迎接堂之体也、尤足二随喜一也。」この仏像は故修理大夫俊綱（橘氏、正四位上、号伏見修理大夫）の作り置く所である。しかるに俊綱も家光（俊綱の子、従四位下、伯耆守）も二人ともこれを供養しなかったのを、家光の妻が初めて堂舎を造り、その仏像を安置して供養した。「誠可レ謂二賢女一也」と宗忠は称讃して居る。保安元年〔西暦一一二〇〕（一七八〇）四月二日にも、宗忠は小野の良雅阿闍梨の房にゆいて、迎接堂を見た。「誠以随二喜於事巧一也」とある。康治元年〔西

暦一一四二〕（一八〇二）七月三日、白河北殿の東御堂の供養が行われた。この堂は先年民部卿顕頼が造進して、御修法の所として供養したものであるが、今度迎接の木像を造立して、重ねて改めて供養したのである。

これ等の迎接堂は、前に載せた後拾遺往生伝の源親元の伝にもあるが如く、世に光堂と称した。光堂という名は、平泉の中尊寺の光堂で有名になっているが、普通には金色燦爛たるがために称するものといわれていたが、実は迎接堂の名であったのである。光堂の光は迎接の弥陀の光である。弥陀は無量光仏である、光はすなわち弥陀の光である。迎接堂は鎌倉時代に入っても行われた。建仁元年〔西暦一二〇一〕（一八六一）九月二十一日、俊乗房重源が摂津渡辺にある東大寺の別所浄土堂の来迎堂で迎講を行い、後鳥羽上皇臨御あらせられた事がある。

永観《ようかん》　源信について、浄土教発達の上に顕著なる地位を占むるのは永観である。永観は白河天皇御宇の人で、浄土宗八祖の一人である。いわゆる曇鸞・道綽・善導・懐感《えかん》・少康以上唐五祖、恵心・永観・法然これを八祖という。永観は文章博士源国経の子といい、或いは八幡別当元命の三男ともいう。十一歳にして禅林寺の深観について剃髪した。深観は深覚の資である。禅林寺は空海の弟子真紹が建てた寺で、一名永観堂という。永観は深観について密観を受け、ついで東大寺に至り、具足戒を受け、諸大徳について、三論・華厳・法相等を聴き、三十歳にして京に帰り光明山に入り、山棲谷飲およそ十年に及ぶ。道友強いて起して禅林寺に住せしめた。これより三論を講ずると共に念仏を勧めた。康和二年〔西暦一一〇〇〕（一七六〇）南都の衆の勧めによって東大寺に住したが、時人いずれも耳を驚かした。何人も永観は厭離深き心なれば、よもうけとらじと申しあっていたのに、思わざるにたやすく領状したからである。東大寺に入ってから、荘園の収入などは総て寺の修理またはその他の寺用に用い、少しも私する処が無かった。これによって寺が大いに繁昌して、両三年の中に修理修造を思うように果たして、すなわち東大寺の職を辞した。常に獄に赴いて囚人の苦をあわれみ、説法受戒した。人に物を貸し、返せぬものには念仏せしめた。また学を好んで倦まず。しかるに病多くして体弱し、かって曰く、病は人の善知識である、我れ病質の故を以て四大の堅からざるを知るとて、益々修習を勧めた。壮年以前、念仏は日に一万遍、壮年以後は六万遍、晩年には舌乾き咽涸れて、ただ観想をつとめた。三時誦経して、一日も欠かさず。仏頂咒を誦すること三十八億九万一百二十遍に及んだ。長承元年〔西暦一一三二）（一七九二）十一月二日寂した。その所著に往生講式あり、又順次往生講式ともいい、また阿弥陀講式ともいう。承暦三年〔西暦一〇七九〕（一七三九）の著と伝う。毎月十五日一座七門の講を修する法式を述べたもので、七門とは一、発菩提心、二、懺悔業障門、三、随喜善根門、四、念仏往生門、五、讃嘆極楽門、六、因円果満門、七、廻向功徳門をいい、一々の門に願文と歌頌あり。この講式により、自他の心行を生じ、心行具徳して往生を成就するという。又往生拾因を著した。この書は、一心に阿弥陀仏を称念すれば、十因あるが故に、必ず極楽に往生することを得る旨を明かし、その十因を詳かに説いたもので、十因とは、一に広大善根の故に、二に衆罪消滅の故に、三に宿縁深厚の故に、四に光明摂取の故に、五に聖衆護持の故に、六に極楽化生の故に、七に三業相応の故に、八に三昧発得の故に、九に法身同体の故に、十に随順本願の故にをいうのである。かくて専ら励声念仏を勧めたのである。康和五年〔西暦一一〇三〕（一七六三）の著と伝う。この後、後拾遺往生伝・百錬抄・中右記・台記・玉葉等には、阿弥陀講・往生講等の事がしばしば見えている。その頃流行していたと見える。

良忍　良忍は少にして叡山檀郡院良賀の室に入り得度す。初めの名を良仁という。叡山の東塔東谷の阿弥陀房の堂僧で、寺の雑役を勤めていた。晩年大原に隠居し、天仁二年〔西暦一一〇九〕（一七六九）来迎院を剏《はじ》めて、声明梵唄を闢《ひら》き、往生を願い、毎日念仏六万遍、手足の指を切り燃し、九年間仏経を供養し、偏に睡眠を絶って修行した。鳥羽天皇永久五年〔西暦一一一七〕（一七七七）五月十五日、三昧の中に弥陀の示現を蒙った。その語に曰く、「一人一切人、一切人一人、一行一切行、一切行一行、是名他力往生」と。我が唱うる所の念仏を廻して、衆人に融会し、乗人の唱える念仏が、又我に通ずる。一人の行を以て、衆人の行とし、衆人の行を以て一人の行とする。一人往生を遂げれば、衆人も往生を遂げるというので、これを融通念仏と称した。かくて道俗貴賤男女老少に、普くこれを勧めた。これは良忍の説いた処であるが、その頃には一宗にはならず、江戸時代に入り融観が元禄頃に出て、融通円門章を著してから、一宗になったのである。古事談に、ある時白河院の女房の尾張局（尾張守高階為遠の女）が壮年の時、止観を読まんがために、常に歩行にて、童女一人を連れて大原に詣った。ある時、例の如く参詣したが、良忍が読経の間、しばらく閑所で待つ間、心中に思うようは、深く学問の志ありといえども、女身として頻に寺に詣って夜宿ることは、上人のために悪名が立つかも知れない。しからばかえって罪業のもとであろう。今後は参詣すまじと思っていた。やがて読経終って、上人出で来たっていうには、只今あなたは心の中に思われた事があるであろうが、学問懈怠の心は更にあるべからざる事であると言ったので、女房は遂に出家して、大原に住し、来迎院の大檀那となったという。元亨釈書の中にも、待賢門院の宮人がしばしば来たって道をたずねたという。この方面に帰依を得たらしい。

この前後において浄土教の普及を示すものとして、本朝法華験記は長久元年〔西暦一〇四〇〕（一七〇〇）鎮源の撰にかかり、百二十九の往生物語中、西方極楽物語四十余あり、これについで続本朝往生伝は慶滋保胤の日本往生極楽記に倣い、彼書の遺漏を補うために、大江匡房が編したもので、堀河天皇の頃に至るまで四十二人の往生極楽の伝を記す。それについで拾遺往生伝、保安四年〔西暦一一二三〕（一七八三）三善為康撰する所、すべて九十五人の伝を記す。次に後拾遺往生伝、同じく三善為康の撰する所七十四人の伝を載す。

平安時代末に至り、浄土教は武家の間にも弘まり、源頼義、源義光、平維茂、源伝、源親元などがある。西行の如きもこの中に入れるべきであろう。西行の信仰は、その家集によって見るに、「易往而無人」という題あり、暁の念仏において十念称名を説いている事もあり、西方浄土を欣求しているものが多いが、一方には法華経を詠じたものも多く、雑修念仏の行者であったらしい。

僧侶にあっては凝然の浄土源流章によれば、律宗の大徳中ノ河（奈良の東方）の実範の如きも浄土教を信じていた。又三論の大家であった光明山（奈良の北方山城相楽郡）の重誉も浄土に帰して、西方集三巻を撰し、又三論の碩学東大寺の珍海已講も浄土教を兼ね修め、決定往生集一巻を撰した。かくの如く、諸宗の巨匠多く皆浄土教を兼ねている。高野山往生伝には、平安時代末の僧侶三十八人の往生伝を収めてあるが、その中十三人のみは西方浄土の事が明らかでないが、残りの二十五人は皆極楽浄土を欣求した。密教の側にも極楽浄土往生を勧めたものが多い。覚鑁にもまた念仏を勧めた著作がある。阿弥陀秘釈において、阿弥陀の三字を唱うれば、無始の重罪を滅ぼすといい、また孝養集三巻は、母のために撰して念仏の行をすすめたものである。このように、念仏はあらゆる階級を通じて遍くなっていた。

この頃に作られたものとして、極楽願生歌というものがある。明治三十九年〔西暦一九〇六〕に、京都建仁寺の近傍松原通大和大路東入小松町という所において、地下三尺ばかりの処より、約二貫目ばかりの天然石四箇を以て囲んだ間より、紺紙金字供養目録・白字墨書供養目録等と共に、右の極楽願生歌というものが発掘せられた。この供養目録は西念と称する者が、四十余年間行じた仏経の読誦・書写・印刷、仏像の図絵・彫刻、堂舎の建立等の事を列挙したもので、この時代の信仰の特色である数量による信仰の表現の例の一であり、その一は保延六年〔西暦一一四〇〕（一八〇〇）八月、他は永治二年〔西暦一一四二〕（すなわち康治元年、一八〇二）三月附のものである。極楽願生歌は康治元年六月に記したもので、四十八首あり、いろは四十七字を一字ずつ歌の始めと終りにおき、その他に一首別の歌をそえて、四十八首となっている。歌は片仮名を用い、稀に漢字を交う。左にその歌の若干を録す。

イロイロノ花ヲツミテハ西方ノミタニソナヘテツユノミヲクイ
ロクロクニメクリアフトモノリノミチタヘテオコナヘサカ《(釈迦)》ノコノコロ
ハカナシヤコノヨノコトヲイソクトテミノリノミチヲシラヌワカミハ
ニハカニモヲコナヒタツトアタナラシ《(徒ならじ)》タタコクラクノコトヲオモフニ
ホトモナクヨルヒルミルニアカヌカナネテモサメテモサカ《(釈迦)》ミタノカホ
ヘ《(経)》シトサハアタナルツユノヨロツヨヲコノミヲステテノリヲコソオモヘ
トシヲヘテミタノ上《(浮)》トヲネカフミハヒトヨリサキニコセ《(後世)》ヤカナフト
チキリヲクミタノ上トノ西ヨリハムカヘテミセヨコクラクノミチ
リヲシリテオモフネカヒノタカハスハイチ《(一念)》ネムアミタタノマルルナリ
ヌルコトハタタコクラクノコヒシサニユメニミムトテヲキモアカラヌ

後白河法皇の御撰にかかる梁塵秘抄の中には、法華経の歌の中に、浄土の蓮にのぼるという事が四度出ている。その一、二、

四大声聞つぎつぎに数多の仏にあひあひて八十瑞相具へてぞ浄土の蓮に上るべき（授記品）

六通智勝の王子ども各々浄土に生るれど第十六の釈迦のみぞ沙婆に仏になりたまふ（化城喩品）
法華を行ふ人は皆怨辱鎧を身に着つつ露の命を愛せずて蓮の上に昇るべし（勧持品）
また仏歌二十四首の中二首は弥陀の誓を歌って居る。
あみだ《阿弥陀》ほとけのせい《誓》願ぞかへすがへすもたのもし《頼》きひとたび《一度》みな《御名》をとなふれ《称》ばほとけ《仏》になるとぞとい《説》たまふ
みだ《弥陀》のちかひ《誓》ぞたのもし《頼》き十悪五逆の人なれどひとたび《一度》みな《御名》をとなふれ《称》ばらいがう《来迎》いんぜう《引接》うたがはず《疑》
薬王品四首の中の一首が極楽に関して居る。その歌
女のこと《殊》にたもたむ《持》はやくわう《薬王》品にしく《若無》はなし如説修行としふれ《年経》ば往生ごくらく《極楽》うたがはず《疑》
また極楽の歌六首がある。すなわち
ごくらく《極楽》浄土はひとところ《一所》つとめ《勤》なければほど《程》とを《遠》しわれら《我等》が心のおろか《愚》にてちかき《近》をとをし《遠》とおもふ《思》なり
ごくらく《極楽》浄土の東門は難は《波（うらカ）》のうにぞむか《向》へたる転法輪所の西門に念仏する人まいれ《詣》とて
ごくらく《極楽》浄土のめでたさはひとつ《一事》もあだなることぞなき《無》ふく《吹》かぜ《風》たつ《立》なみ《浪》とり《鳥》もみな《皆》たえ《妙》なるのり《法》をぞとなふ《唱》なる
ごくらく《極楽》浄土の宮殿はるり《瑠璃》のかはら《瓦》をあを《青》くふき《葺》真珠のたるき《垂木》をつくり《作》なめ《並》めなう《瑪瑙》のとぼそ《枢》ををし《押》ひらき《開》
十方仏土のなか《中》には西方をこそはのぞむ《望》なれ九品蓮だい《台》のあひだ《間》には下品なりともたんぬ《足》べし
浄土はあまた《数多》あん《有》なれどみだ《弥陀》の浄土ぞすぐれ《勝》たるここのしな《九品》なんなれば下品下にてもあり《有》ぬべし
この外雑法文五十首の中六首、仏歌十二首の中一首、神歌百十八首の中に二首、神社哥六十九首の中一首に極楽浄土の事がある。このように今様の中にまで歌われ、浄土教の思想はあらゆる方面にひろく行きわたり、遂に源空の出るを俟って、一宗として独立するようになるのである。

時代の信仰

弥勒浄土の信仰　極楽往生弥陀浄土の信仰と並び行われたものに、兜率上生すなわち弥勒浄土の信仰と、観音浄土

の信仰とがある。時代は遡って奈良時代に入る。その時代には、弥勒と観音・弥陀の信仰が並び行われ、一人にしてこれ等を兼ね信じ、雑糅して純一でなかった。まず弥勒の信仰についていえば、これはすこぶる早くから行われている。元来弥勒は釈迦の弟子であるが、それが理想化せられたもので、兜率天に住し、五十六億七千万年の後、この世に仏法滅尽の時に当り、第二の釈迦となって現れ出で、法を説くという事が信じられていた。これを弥勒下生という。兜率天は六欲天の一で、あまり位のよい処ではないが、或いは釈迦の当時は最上の天であったのであろうという説がある。この兜率上生信仰が西方極楽往生の思想よりも我が国において早く発達したのは、それが天部であることに因って、我が固有の神祇の思想との関係において入り易かったためであろう。

さて弥勒信仰のものに見えたのは、敏達天皇の十三年（一二四四〔西暦五八四〕）に百済から弥勒の石像を送って来て、馬子がこれを仏殿にまつったというのが初めである。これについては、推古天皇の十一年（一二六三〔西暦六〇三〕）に、聖徳太子が秦河勝に賜わる所の仏像は恐らく弥勒の銅像であろう。同じく三十一年に新羅から兜率曼荼羅を将来して来た。聖徳太子の信仰も、恐らく兜率上生にあったもののようである。これについては種々議論があるが、その要点をいえば、太子の信仰を見るべき材料としては、天寿国曼荼羅が第一に挙げらるべきものである。これは太子薨去の後、その妃橘大郎女等が、太子の往生していられる場所、すなわち天寿国の様を現わして、太子を慕う意を表わされたものである。そこで、その天寿国というはいずこであるかというに、それは法王帝説に「猶云天耳」とあり、すなわち一つの天国を現わしているのである。太子ならびに橘夫人大郎女の信仰の対象は天に在ったのである。この時代の信仰の全体の傾向から見て、天といえば兜率天であろうというのである。この説は、予が明治三十四年〔西暦一九〇一〕、史学雑誌に奈良地方へ旅行の報告の中に掲載したものであった。その後、前田慧雲博士・山田文昭氏・平子鐸嶺氏・松本文三郎氏等を始めとして、最近に至るまで種々の説が出て居る。

天智天皇七年（一三二八〔西暦六六八〕）近江に崇福寺を造られたが、その金堂には弥勒を安んぜられた。八年、中臣の鎌足薨ずる時に、天皇親しく病を問い給い、純金の香炉を賜わり、この香炉を持って、汝の誓願の如く観音菩薩の後に従い、兜率陀天の上に到り、日日夜夜、弥勒の妙説を聴き、朝朝暮暮、真如の法輪を転ぜんと仰せられた。天武天皇の御代に薬師寺を造られたが、その西院には弥勒浄土の障子を安置せられた。元正天皇の養老五年〔西暦七二一〕（一三八一）八月三日、天皇・太上天皇が藤原不比等の周忌法事のために、興福寺に北円堂を建てて弥勒の像を供養し、橘三千代夫人もまたその夫不比等のために、興福寺金堂内に弥勒浄土を作るという事がある。その翌六年には、天武天皇の奉為《おおんため》に弥勒の像を造った。

奈良時代に入っては、写経の中に、多く弥勒に関係したものが見える。故田中光顕伯旧蔵大般若経巻二百六十七奥書に、神亀五年〔西暦七二八〕（一三八八）五月十五日に、長王の発願によって、大般若経一部を写し、この善業を以て、登仙二尊神霊おのおの本願に随い、往生上天頂礼弥勒とある。大日本古文書の写経目録の中にも、弥勒上生経・弥勒下生経・弥勒経疏・弥勒経述讃・弥勒菩薩所問経・弥勒成仏経・弥勒上生兜率天経等書写の事が見え、又、造仏注文に弥勒の像の事が見える。天平十年〔西暦七三八〕（一三九八）に石川年足の写した弥勒上生兜率天経の如きは殊に有名なものである。宝亀二年〔西暦七七一〕（一四三一）十月正六位上英保首代作に外従五位下を授けた。西大寺兜卒天堂を構うるに依ってである。霊異記にも弥勒の事が若干見える。その一つは、聖武天皇の御代に勅信といえる者、夜夜京中を巡行し、半夜に葛木尼寺の前の南の墓所に哭き叫ぶ音が聞こえるので、馳せ行きてこれを見れば、盗人が弥勒菩薩の銅像を取り、石を以てこれを破って居た。捕えてこれを問えば、葛木尼寺の弥勒であった。すなわちこれを官に送った。その二は、近江坂田郡の一富人が瑜伽論を写さんとして果さず、年を歴て家計ようやく衰え、終に家を捨てて修道し、天平神護二年〔西暦七六六〕（一四二六）九月、一つの山寺に至って止住した。寺内に一の柴あり、柴の枝の皮上に忽然弥勒菩薩の像を化生した。諸人伝え聞いて参詣し、米銭を献ずるもの多く、終にこれを以て瑜伽論書写の願を果すことを得た。誠に知る、弥勒高く兜率天上に在って願に応じたことをという話である。その三は、紀伊名草郡貴志の里に貴志寺というのがあった。光仁天皇の御代に一人の優婆塞あって、その寺に住して居た。時に寺の内に呻く声して、痛哉々々といい、毎夜息まず。起きて見れども、人無し。ある夜、常の音に倍して、大地に響して、大いに痛み呻く。明日早く起きて見れば、弥勒の丈六の仏像頸断ちて落ちてあり、大蟻千ばかり集って、その頸を嚼み摧く。すなわち檀越等に知らせ修造し、恭敬供養したという。

平安時代に入っては、空海も兜率上生を願っていた。その遺告二十五箇条の第八条には、大安寺はこの兜率の構云々とあり、又、同第十七条には吾閇〔＝閉〕眼の後必ずまさに兜率他天に往生し弥勒慈尊御前に至るべしとあり。空海が高野山奥院の廟に肉身そのまま入定して弥勒出世の時を待っているというのも、この信仰に基づくものである。叡山においても、無動寺の相応も、兜率上生を願っている。延喜十五年〔西暦九一五〕（一五七五）無動寺の本尊不動明王に、往生の処を示すべき事を祈願したのに、夢の中に不動明王が和尚捧げて、須弥山の頂の磐石の上に坐して、十方浄土兜率極楽を見しめた。醒めての後覚えず感涙を流した。これより後、思を兜率の内院にかけたということがある。この他、同じく叡山の尊意・元興寺の明詮・天王寺の道命をはじめとして、上生を願うた人は一々挙ぐるにいとまがない。

延喜の頃、高野山に居た祈親が、かつて長谷寺に籠って、父母の生所を問うに、夢の中に高野山を見た。そこで山に登って大塔に居って、兜率の内院を見て父母に遭ったという。この頃、高野山は兜率の内院であり、空海は弥勒の化身であるということが信ぜられた。道長もこの信仰から、夢に高野山を見て、書を小野の仁海に寄せて、野山仏土の因由を問い、ついに治安三年〔西暦一〇二三〕（一六八三）に野山に参詣し、十月二十三日に高野山の奥院の大師の廟に参詣した。大師入定の後二百年、この間かつて大師の廟の戸を開いた事が無かった。しかるに先年石山寺淳祐《しゅんにゅう》が一念安住し、百日目の午時を以て、大師の廟堂の戸が自ら開いたという事がある。道長これを信じて観念するに、廟の戸自ら開き、中に入定の姿そのままの弘法大師がいたという。栄華物語に「大師入定のさまをのぞき見奉らせ給えば、御ぐしあおやかにて、たてまつりたる御そ（衣）、いささかちりばみけがれず、あざやかに見えたり」とある。

この頃、吉野金峯山は弥勒出世の地であるという伝説が起っていた。これによって又金峯山が信仰の中心となった。そこで道長は又金峯山に参詣した。それは寛弘四年〔西暦一〇〇七〕（一六六七）八月の事である。この時に経を埋めた。その埋経の趣意は、弥勒出世の時、道長は極楽からその仏所に参詣し、法華会を聴聞し、その時に、この経巻が自然に湧出して、会衆をして随喜せしめようというのである。この経筒は先年発掘せられ、今東京帝室博物館に陳列せられてある。それに銘を刻して、右の趣意をのべたのである。中に納められた経巻弥勒成仏経残簡は、故正木直彦氏の蔵に帰した。埋経としては今まで知られたものの中最古のものである。

この頃、近江逢坂に関寺が再建せられた。この処には、古くから一つの寺の遺跡があった。何時の草創にかかるものなるやを知らず、伝えて関寺という。堂舎荘麗仏像高大であったが、往年頽壊して多くの星霜を経た。源信僧都がその仏跡の久しく埋もれたのを歎き、僧延鏡をして旧地について寺を再建せしめた。寛仁二年〔西暦一〇一八〕（一六七八）始めて材料を採り、治安元年〔西暦一〇二一〕（一六八一）に竣工した。近江守源経頼がこれを助け、その他都鄙貴賤遠近緇素これに結縁して、ついに二重の高閣を造って弥勒の像を安じた。往還の諸人が、その上階から仏像面貌を拝した。この寺を造る時に、一頭の牛がいて、これがその材料を運ぶのに、強力群牛にまさる。大津の住人が、夢にこの牛を以て、迦葉仏の化身であるという告を受けた。（今昔物語によれば、三井寺の明尊が夢に見たのだという。）その話がひろく伝わり、霊牛としてこれに参詣する者が多かった。公卿百官参向せざるものなく、ただ天皇・東宮・皇族の外では、小野宮実資のみこれに参詣しなかった。道長も夫人倫子ならびに一族を率いて、万寿二年〔西暦一〇二五〕（一六八五）五月十七日これに参詣した。

後朱雀天皇もまた兜率願生をなされた。「年比の願は都率天の内院なり」と御持僧の明快に仰せられたという。天皇の御代、長久元年〔西暦一〇四〇〕（一七〇〇）に撰述の本朝法華験記を見るに、それに載せられている説話百二十九の中十三は兜率上生に関するものである。

やや時代が降って、中右記の記者中御門宗忠は念仏者でもあったが、また熱心なる兜率願生者であった。宗忠が、或る時、新宰相中将宗通の話を載せていうには、宗通が暁に夢の中に、宗忠の父宗俊に会った。不審に思うて、生る処を問えば、吾は天上にあり、しかりといえども楽もなし又苦もなし、但し兜卒天より召あり、参詣せんとして未だ参らずと言った。宗忠これを聞いて、今父のいる処は、恐らくは欲生天上の中有の位であろう。よって宗俊の手跡の反故を以て経文を写し、又弥勒の像を描いて、兜率天上生の業に回向したとある（中右記承徳元年〔西暦一〇九七〕（一七五七）九月五日）。この他、中右記の中には弥勒像造立、経供養、笠置弥勒石像参詣等弥勒に関する事がしばしば見える（中右記康和五年〔西暦一一〇三〕（一七六三）六月二十四日。長治元年〔西暦一一〇四〕（一七六四）十月四日。元永元年〔西

暦一一一八〕（一七七八）閏九月二十七日。元永二年十二月九日。大治五年〔西暦一一三〇〕（一七九〇）五月二十五日）。

堀河天皇は深く弥勒上生を願い給うた。嘉承二年〔西暦一一〇七〕（一七六七）七月十日、女官等が中御門宗忠に語っていうには、主上は内大臣源雅実に仰せられ、丈六弥勒の尊像を作り始められたと。宗忠はこれを聞いて、これ誠に大善根の事である、定めて願い思し食すの意趣があるのであろうと随喜し奉った。この後、堀河天皇には御不例にわたらせられたが、この月十九日終に崩御ましました。同年九月十七日、宗忠は先帝（堀河天皇）の奉為《おおんため》に、弥勒の像を図写し、法華経一巻・八名経一巻・金泥方便品を書写し、覚誉得業を啒して供養した。その趣旨は、弥勒出世の時、法華演説の庭に、先帝の聖霊と相共に必値遇し奉り、且つは説法を聴聞し、且つは竜顔を拝し奉らんがためである。天仁元年〔西暦一一〇八〕（一七六八）正月十三日、内大臣源雅実は宗忠に語っていうには、堀河院に参入して、御物を取り出し奉った処、先帝の御髪の切れを、御厨子の中から見つけ奉った。これは御元服の時の御髪であるが、何処に収め奉ろうか、高野山弘法大師の聖跡に堀埋め奉るはいかがという。宗忠のいう、これ誠に第一の計である。件の所は清浄の地であり、大師入定の所、久しく弥勒慈尊出世三会の暁を期する所である。殊に先帝は慈尊値遇の御志、御平生思し召す所である。よって互に議して、法華経を加え入れ奉り、高野山に埋め奉ることに定めた。翌十四日、宗忠、法成寺御堂に参詣の折、左宰相中将忠教が語っていうには、白河院が帥卿大江匡房に仰せられていう、御夢に堀河院が示し給うことに、我すでに兜率天内院に生る、但、算は三寸にすへしとあった。この御夢の内院の事は尤も随喜すべきだが、算は三寸という事は全く心得ない事である、考えてみよとの仰せであった。匡房も終に案じ得ざる由を申し上げたという事であると。宗忠この事を聞いて、つらつら考うるに、もしや算というは、寿算の事であろう、三寸は三会であろう、天寿を得て慈尊出世三会の暁に及ぶということである、思えば御寿命三会を期するという義である、誠に随喜すべきことであると、宗忠は喜んでこの事を記して居る。同年正月二十七日の暁、宗忠夢想に、従儀師静算来たっていう、高隆寺の方、天に当って紫雲ありと。衆人この事を聞いて、驚き出でてこれを見るに、奇雲西の方に聳ゆ。宗忠これを見て、夢たちまち覚めた。これ定めて先帝の往生せしめたまうの告であろう。天永二年〔西暦一一一一〕（一七七一）十一月十五日、済朝阿闍梨が宗忠に語っていう、去る四月十二日夜、夢中に先帝この窓の中に来たらしめ給い、仰せられていう、我すでに兜率天に上り座すと、その後夢覚めて大いに随喜すとのことである。宗忠これを聞いて、誠に歎じ喜び、つらつら往事を思うに、定めて上り座し給う歟と記して居る。長承三年（西暦一一三四）（一七九四）十月八日宗忠去夜の夢に、堀河院の仰せられていう、両界諸尊の中、毎月五日衆生仏菩薩を書き出すべしと。宗忠夢覚めて思うに、これ弥勒の御事であろう、なお尋ぬべしと。これ等は宗忠に映じた堀河天皇の御信仰であり、宗忠が兜率願生者であったによって、自然夢見もそれと現れるものが多いのであろうと思われる。しかしながら、堀河天皇が兜率願生を思し召したことも争えない事実である。

その頃、瞻西は前にものべたように、東山に雲居寺を造り、殊に説法に長じ、念仏を以て知られていたが、この人もまた同時に弥勒仏の信仰をもって居り、寺内に八丈の弥勒仏を造り、又東山の野の面に百丈の弥勒像を造った事がある（中右記大治二年（西暦一一二七）（一七八七）六月二十三日）。かくの如く、兜率上生の信仰は、平安時代を通じてすこぶる盛んであって、極楽往生の信仰と並行していた。

観音の信仰も早くから現われている。飛鳥時代には法隆寺の夢殿観音ならびに百済観音を始め、中宮寺及び広隆寺の如意輪観音等の彫像が造られた。天武天皇朱鳥元年（西暦六八六）（一三四六）には、諸の王臣等が天皇の奉為《おおんため》に観音の像を造り、観世音経を大官大寺に説かしめた。持統天皇三年（一三四九（西暦六八九））四月、新羅から上った仏像の中に、観音の像があり、又同じく三年七月に、陸奥蝦夷の沙門自徳に、観音菩薩の像を賜わった。有名なる大和の長谷寺の観音については種々の説があるが、恐らく天武天皇の頃に建てられたもののようである。それは長谷寺に蔵する銅板十躰仏の銘の中に、「歳次降婁漆菟上旬」とある。降婁は拾芥抄等に拠るに戌にあたる。漆は柒であろう。菟は月、すなわち戌年七月上旬となる。この戌を何年にあてるかについては、伴信友以来区々の説があるが、この銘文の筆意が、京都の小川睦之輔氏所蔵の金剛場陀羅尼経（奥書、歳次丙戌年五月川内国志貴評内知識云々教化僧宝林とあり、丙戌は朱鳥元年（西暦六八六）に当る）と同じであるので、天武天皇の甲戌に当ると見るべきである。これに由って長谷寺建立の年代が定められる。この時代の造像としては、薬師寺東院の聖観音像は、代表的の傑作であり、なおまた播磨鶴林寺の聖観音像、法隆寺絵殿の夢違観音像等も有名である。

奈良時代になっては、或いは観音の像を造り、又は観音経を写す事が、殊に頻繁となった。その造像の中には、三月堂の不空羂索観音、聖林寺の十一面観音、唐招提寺の千手観音等、優秀の作が多い。続紀及び正倉院文書等にも、観音経・観世音菩薩陀羅尼経・観世音菩薩受記経等の書写の事夥しく、一々挙ぐるにいとまがない。霊異記には観音に関する事は殊に多く、上中下三巻を通じて無慮二十件を数える。

平安時代になっては、その初期において、法華寺の十一面観音、観心寺の如意輪観音、近江観音堂の十一面観音等の造像があり、坂上田村麻呂が清水寺を建立したのも、著名なことである。それについでは、弘仁四年〔西暦八一三〕（一四七三）冬嗣が南円堂を建てて不空羂索観音を安置し、円仁（慈覚大師）が入唐の時にも、その船中において観音菩薩を画いてこれに祈誓した事がしばしばある。天安二年〔西暦八五八〕（一五一八）慧蕚が支那五台山から観音の像を将来し、その帰途に補陀落海を通った。補陀落山は揚子江口定海県の東海、舟山列島の中にあって、潮音洞という所にあり。観音大士化現の地といわれた所である。これはもとはインドの南海にあるという伝説があったが、後に舟山列島の中にあると信ぜられるようになったのである。慧蕚の船がここに到るや石上に附着して動かず、船人は物の重きがためなるべしと思い、諸物を陸揚げしたが船着くこと元の如し。観音像を下すに及んで船始めて動いた。すなわち像をこの処に留めて祀り、後禅刹となり、補陀落山寺と号し、慧蕚を以て開山とした。

平安時代の半ば頃になって、三十三所の観音という事が唱えられた。俗説には、花山天皇が御発心の後、国々を巡幸し給い、三十三所の観音巡礼も花山天皇に始まるといわれている。新拾遺集に

修行せさせ給うける時粉河の観音にて御札をかかせ給ひける御歌

むかしより風にしられぬ灯火の光ぞはるる後の世のやみ

という御製あり、これによれば天皇が粉河に参詣なされたのは事実であるが、三十三所参拝の事実は不明である。ただ粉河を始め、諸所の観音に参詣せられたのは事実であろう。延喜式（主税上）には、この頃の観音として、豊山寺（長谷寺）・壺坂寺・巻尾寺（槙尾）・粉河寺等がある。三十三所が始めてものに見えたのは、千載集の釈教の部に、覚忠大僧正の歌に「三十三所の観音おがみ奉らむとて、所々まいり侍りける時、美濃の谷汲にて、油の出づるを見てよ

み侍りける」とあるを最初とする。覚忠は六条天皇仁安頃（一八二六―一八二八〔西暦一一六六―一一六八〕）の人であるから、その頃には三十三所というものは定まっていたのであろう。但し順序及び寺の名も、古くは今日のとは違っている。

五山の文学僧天陰竜沢の天陰語録の中に、三十三所巡礼の事を叙せる一文がある。よく当時巡礼のさまを描出せるを以て、ここにその一節を引用する。

越前河合荘岩坂三十三所巡礼観音安座点眼法語

（上略）寛和上皇世相を厭い、華山寺に幸し、宝位を脱屣し、（中略）天下の霊区偏《あまね》く足迹を印し、三十三所の霊異を聞き、一々巡りてこれを礼す。玉尊なおしかり、いわんや庶人をや、いわんや沙門をや。爾来巡礼の人村に溢れ、里に盈《み》つ。背後尺布を貼じ、書して曰く、三十三所巡礼某国某里と。関吏識りてこれを征せず、舟師憐んでこれを賃せず。或いは食を推してこれに食わせ、或いは衣を推してこれに衣す。南紀那智に始まり、東濃谷汲に終る。国を歴る者八九、日を塗ること数旬。熱に触れ、寒を衝き、手足胼胝、面目黧黒、大禹の洪水を治する労の如し。（中略）寛和二年〔西暦九八六〕（一六四六）より今明応八年〔西暦一四九九〕（二一五九）に至り、すでに五百余霜を得、巡礼の人ますます熾んなり。（下略）（原漢文）

平安末期に至り、観音信仰はいよいよ盛んになった。本朝法華験記には観音に関するものは八ヶ条を載せるに過ぎないが、今昔物語第十六巻は全巻四十篇の説話は観音に関するものである。白河天皇・堀河天皇の頃、彦根西寺の観音霊験ありと称して、上下参詣のものが夥しかった。この観音の縁起というを聞くに、曰く、摂津水（吹）田の郡石良里に沙門徳満といえるものあり、生年二十歳にして、両眼たちまち盲し、三ヶ年を経て、鞍馬寺に参りて祈禱するに験がない。次いで長谷寺に参籠し、祈請第七日に至りて夢の告あり、汝まさに近江国犬上西郡彦根山西寺に至り祈願すべし、三日の内に必ず験あるべしと。夢覚めて後、長谷寺を出でて、承暦三年〔西暦一〇七九〕（一七三九）三月九日、彦根山西寺に参着し、祈願を致すに、三日に至り両眼たちまち開け、始めて仏前の灯明を見る。すなわちその寺に住し、常に長講を修すという。寛治三年〔西暦一〇八九〕（一七四九）十一月二十八日、内大臣藤原師通、この寺に詣でた。師通頃年耳根聡利ならず、すなわちこの観音の霊験天下無双なるを聞き、ここに参詣して後、たちまち痊《い》えた。

よって宿禱を賽せんがため、十二月十日重ねてここに詣し、三ヶ日参籠した。十五日には摂政師実ならびに左大臣源俊房もまた詣でた。二十二日には白河上皇公卿衆を率いて参詣あらせられ、前斎宮同じく参詣せられた。洛中の貴賤緇素男女老少寒風を凌いで軽車を飛ばし、その雪を疋馬に策《むちう》ち、参拝するものが多い。また、観音霊験、今年に限り徴ありと伝え、人々これを信じて参詣するもの夥し。改年の後、参詣の人なし。或いは天狗の所為たるの由これを称した。

長承元年〔西暦一一三二〕（一七九二）鳥羽上皇御願にかかる得長寿院に、千体観音像を造立供養せられたる、また長寛二年〔西暦一一六四〕（一八二四）後白河法皇が御旧居法住寺殿を捨てて、蓮華王院（三十三間堂）を営み千手千眼観音像一千体を安置せられたるが如きも、また当時観音信仰の状をトするに足るものである。清水寺・六角堂などへの参詣は千万を以て数えた。

梁塵秘抄に載する左の今様歌の如きも、また平安末期における観音信仰の盛んなりしさまを語るものである。

観音しるしを見する寺、清水・石山・長谷の御山、粉河・近江なる彦根山、ま近く見ゆるは六角堂、いづれか清水へ参る道、（中略、路順を叙す）御前に塞りて、恭敬礼拝して見下せば、この滝は様《やう》かる滝の、興がる滝の水。淡路はあな尊しと、北には播磨の書写をまもらへて、西には文殊より、南え南海普陀落の山に向ひたり。東は難波の天王寺に、舎利まだおはします。

観音の浄土が補陀落山にあるという伝説は、やがてその補陀落を以て紀伊熊野に擬するようになり、平安時代末より熊野に対する信仰はすこぶる盛んになった。これは熊野の本地が救世観音であるということにも因るものであろう。那智が三十三番の一番になったのも、そのためであろう。

正暦三年〔西暦九九二〕（一六五二）五月、花山院が熊野に御幸あらせられた。途中千里の浜という所で、御心地そこなわせ給うたので、浜づらに石のあるを御枕として御臥し給うたが、あまのたく塩の煙のたちのぼるを御覧じて、御心細くあわれにおぼし給い、「旅の空よはのけふりとのほりなはあまのもしほ火たくとかや見ん」と遊ばされたが、やがて御平癒あらせられた。その後、長保元年〔西暦九九九〕（一六五九）十一月にもまた熊野に御幸せんとし給うたが、一条天皇は厳寒の故を以て勅使を遣しこれを止め給うこと再度に及ばれたが、法皇聴き給わず。よってまた小野宮右大臣実資を遣してこれを止め給うた。法皇やむを得ずこれに従われた。

一条天皇の時に阿波国に賀登上人というのがいて、補陀落山を慕って、夢想に依り、長保二年〔西暦一〇〇〇〕八月十八日、土佐の室戸から、弟子一人を具して出発し、一葉の舟に乗って飛ぶが如く、南に向ったという。今昔物語には、天王寺の僧導公が熊野にまいり、帰途に日が暮れて樹の本に野宿していた処、夜中に樹の本の道祖神が現れて、疫神に責められて苦に堪えない、その苦を脱せんために、法華経を読まん事を願ったので、道公は請のままに読むこと四日にして、道祖神現れ、御慈悲によって補陀落山に生まれ、観音の眷属となって、菩薩の位にのぼらんとす、もし虚実を知らんと思わば、草木の枝を以て小さき柴舟を造り、我が木像を乗せて海の上に浮かべよと言った。道公はその言のままにすると、柴舟は南を指して去った。道公その舟の見えなくなるまで、泣く泣く礼拝して還ったという。

藤原頼長が康治元年〔西暦一一四二〕（一八〇二）八月十八日、権僧正覚宗を招いた処、僧正の話に曰く、少年の頃、堀河天皇の時、那智に籠っていたところ、一僧あって曰く、我は現身に補陀落山にまいらん事を祈ると、小舟の上に千手観音を造立して、その像に檝《かじ》を持たしめ、三年の間祈請して、北風の七日間吹きやまざらん事を祈り、すでにして大北風を得た。すなわちその船に乗り、南に向いて礼拝止む時なく出発した。人々山に登ってこれを見るに、七日の間風やまず、皆謂えらく、願成就したらんと語ったという話がある。

吾妻鏡に、御家人下河辺行秀（行平の弟）が建久四年〔西暦一一九三〕（一八五三）三月、頼朝に従って那須に狩に行った。時に命によって、大鹿を得んとして中らず、外に逸してしまった。小山朝政がこれを射て取った。行秀恥じて、その場より逐電し、熊野に入って薙髪し、智定房と号して、日夜法華経を読誦した。天福元年〔西暦一二三三〕（一八九三）三月七日補陀落山に赴くと称して、熊野を発し、一書を遣して泰時に贈り、在俗の時より出家以後の事までことごとくこれを記した。聞く者感涙を催す。その出発の時の様子を聞くに、乗船の屋形に入って後、外から釘を以て打ちつけ、一つの扉もなく、日月の光を見る事能わず。ただ灯を憑《たよ》りとして、三十箇日程の食物と、油を用意していたという。

紀伊牟婁郡那智庄宮村に補陀落寺千手堂というがあり、補陀落山へ行く時の登船の場所であると伝えている。この寺の住僧となる者は、臨終の前に、船に乗せて海上へ放って、以て補陀落山へ行くと称したという。その船の綱を切りはなつところを綱切島という。あるとき金光房という僧がこの寺に住していた時に、例の如く生きながら船に乗せて放とうとしたが、死を厭うて命を惜しんでいたのを、役人たちが是非なく強いて海中に押し出した。これより後存命の中に入水するのは止めになったという。

かようにして熊野信仰が盛んになり、白河上皇・鳥羽上皇・後白河上皇・後鳥羽上皇・待賢門院等も、しばしば熊野へ御幸になっている。中右記・長秋記・台記・本朝世紀・百錬抄等を始めとして、その頃の日記にしばしば見えている。源平盛衰記によれば、白河上皇は熊野三山へ五箇度、堀河上皇は三山へ一度、鳥羽法皇は三山へ八箇度、後白河法皇は本宮へ三十四箇度、新宮那智十五箇度とある。後には後白河法皇の時、永暦元年〔西暦一一六〇〕（一八二〇）に京に今熊野が出来て、ここに参籠せられた事もしばしばある。後鳥羽上皇の熊野御幸は、外に政治的の意味もあったらしいが、始めの起りは観音信仰より出たものであろう。

信仰の形式化

前に述べた如く、平安時代になって、仏教は全く国民の生活に融合したのであるが、その裏面に就いて見ると、仏教もようやく型に嵌まって、次第に形式化するようになった。これに就いては、その背景において、一般社会の文化が形式化して居ったということを注意しなければならぬ。平安時代の文化は、表面よりこれを観れば、如何にも美わしく見えたが、裏面よりこれを観れば、夙く停滞して腐敗の気に満ちて居た。これは外国との交際が絶えて、その刺戟を受けることが少なく、太平無事の世に在って、文化が形式化し、固定して活動しなかったためである。その文化の形式化は政治の上に著しく現われ、朝廷に行われる色々の行事も、総べて形式化して、先例故実が喧しく言われ、先例のない事は行われないというようになった。そこで先例故実を書いた「西宮記」「北山抄」又はこれに類する種々の書物が非常に貴ばれて、これを金科玉条とした。又、日記が貴ばれた。当時の人は自ら記す所の日記を以て後日の参考とし、又、昔の人の日記をも大切にした。一条天皇から後一条天皇の頃にかけて居た小野宮右大臣実資は大部の日記を書いて居るが、その日記を「小右記」という。この中に実資の祖父実頼の日記をも多く引用し、広く先例典故に通じて居たので、当時の人々は小野宮の一家を日記家と称して居った。公卿衆は何か事が起れば、自分の日記或いは日記家と言われる小野宮の家その他に就いて先例を調べ、その先例に依って事を処理して行った。これと同時に又、会議を開いた。これを陣議《じんのぎ》或いは仗議《じょうぎ》という。陣というのは坐り列する座のことを言い、その陣の座において評議をすることを陣議或いは仗議という。仗というは仗座を略したので、陣の座のことを言うのである。何か事件があれば必ずこの会議を開いて処理するのであるが、先例のないことはどうしても意見が纏らない。結局天皇に伺って議事を続けるのであるが、議事々々といって時を過して居る間に、事件は収拾すべからざるに至るのであった。

この時代の文化の形式化は仏教の上にも現われて居る。すなわち密教の象徴主義がそれである。密教がこの時代に盛大を極めて、天台宗の如きもほとんど全く密教化したのは、その始めにおいて外来の新文化として歓迎せられ、且つは在来仏教の抽象的なりしに反して、総べてが象徴主義で、その形の微妙を極めて居る所に、当時人々の興味をそそるものがあり、その仏像を始め各種の形像が何れもその時代の現世的趣味に適合するものが多かったためであろう。

この時代の信仰生活に就いて見れば、極楽往生の信仰がすこぶる盛んであった。しかしながら、その中に自ら現世の趣味あるを免れない。藤原道長の如きは、その代表とも見るべきものである。道長の歌に

法の雨はあまねくそそぐものなれどうるほふ草木はおのがしなじな

とある。法華経の信者は山川草木の色様々なるが如くであるけれども、法の雨は同じ一味を以てこれを潤すというのである。如何にも優美な信仰を持って居たように思われる。又当時の日記類例えば中右記等にも、弥陀の信仰を随喜して居ることが処々に見える。源氏物語・栄華物語・大鏡等の中にも、極楽往生の浄土信仰が顕著である。しかしながらその極楽浄土信仰というものは、すこぶる表面的のもので、深刻のものは少なく、現世的にして形式的のものが多い。それ等の物語又は日記等に見えて居る信仰は、甚だ殊勝気のものがあったようであるけれども、その信仰に如

何ばかりの内容があったかは疑問である。真に心底から理想的な信仰を抱いて居たかということは、疑わしく思われる。この時代には源信の往生要集が出てより後、殊に弥陀の信仰が著しく発展した。ために絵画彫刻の上にも、弥陀信仰の産物の優秀なるものが多く出たことは前にも述べた通りである。しかもこれ等のものは、仏菩薩の姿態容貌が優美繊麗なることを以て信者の眼を喜ばしむるために作られたものが多い。ここに信仰の形式的に流るる弊が認められる。

当時の信仰は、一方においては、弥陀の安養浄土に生まれんことを夢みつつ、なおこの世の安穏栄華を祈る。すなわちその信仰には、なお現世的の意味が多いと認めなければならない。寺を造るにもそれが一種の綜合美術として信者の耳目を喜ばしむるものとなって居った。この点においては、当時の寺院はあたかも今日における劇場に類するものがある。これに参詣する者は、信仰と謂わんよりは、むしろ享楽のために行くのであった。絵画・彫刻・建築その他これに伴う所の芸術は、ことごとくこの寺院に集まって居た。その寺院において、いろいろの儀式を行い、経を誦み歌を唱う。それが当時の人々の耳目には非常な楽しみを与えたものであった。法会には必ず舞楽を伴う。その音楽は当時の人々には迦陵頻伽の声と疑われ、綾錦を着飾った僧侶等が練り歩くを見ては、天上に在るかの如き思いがしたのである。

清少納言が枕草子に「こころゆくもの」(第二十段)の中の一つに寺を数えて居る。寺は実にこころゆく愉快なる遊楽の場処であったのである。同じく清少納言は、又説経を聞いては、「説教師は顔よき、つとまもらえたるこそ、そのとく事のとうとさも覚ゆれ」といって居る。説教師は顔のきれいな者がよい。それをじっと見守って居れば、説く所の尊さも感ぜられるという。説経を聞くにも、信仰から聞くのではなくて、面白半分にこれを聞くかの如くである。清少納言のこれらの観察は清少納言その人の個性にも由ることであろうが、又以て寺院僧侶が信仰崇敬の的ではなくて、享楽の対象であったことを思わしむるのである。

藤原道長の造った法成寺の中に、西北院というのがあった。これは道長夫人倫子の建てたものである。その落成の時に当って、三日三夜の間、不断念仏を行った。その念仏の僧は年齢十二歳より十五歳を限りとして、叡山の東塔・

西塔・横川その他三井寺・興福寺・仁和寺あたりから集めた。「この僧どものまいりあつまれる、いみじううつくしう、おかしげなることかぎりなし。」「御念仏はじまりて、めぐりよむさま、あわれにとうとし」その小法師ばらの衣は、紫・濃紫・薄紫・うき紋・かた紋・唐綾等もあり、かしらには花をかざし、かおには白粉をつけて、「あわれにうつくしう、とうときさま、ちいさき地蔵菩薩はかくやおわすらんとみえ、又あまがつなどの物いいうごくともみゆ。」「あわれにろうたきこえども、ひわかくほそく、うつくしげに、きかまほしきこと、かりょうびんがのこえもかくやときこえたり」とある。かくて三日三夜の念仏もはかなく過ぎて、おのおの禄を給わって帰ろうとする時、何れの人々も皆その名残を惜しんだ。その頃その仲間の人々の物語は、いつもそれが話題となって居ったという。

又後一条天皇治安三年〔西暦一〇二三〕（一六八三）四月に、道長が法成寺において万灯会を行った。道長が公卿衆に火ともすべき灯台一つ給えといいふれた所が、院（小一条院）もこれを聞し召されて、灯籠を贈られ、公卿衆は我も我も、劣らじまけじと意匠を凝らして、灯籠を造った。その灯籠は七宝を以て飾り、白金黄金の網をかけ、車輪灯もあり、水車の形もあり、或いは孔雀・鸚鵡・迦陵頻伽等の形を作ったものもある。或いは池の中にはちすの形をなしたものもある。或いは又仏のあらわれたるさまに火を灯したものもある。斯様にして、法成寺方四町の隅々まで皆灯火ならざるはなく、万灯会にはあらずして億千万灯みえたという。

かくの如く、寺は享楽の場処となって居た。そのために寺を建てるにも、寝殿造が多くなった。現今遺って居るところの平安時代の寺院を見ても、多く寝殿造になって居る。例えば京都大原三千院の極楽院、日野の法界寺の如き、何れも寝殿造である。宇治平等院の鳳凰堂の如きも、その構造は鳳凰の翼を拡げた形に似て居るというのであるが、これまた寝殿造の変化したものであることは、武田五一博士の説く所である。これすなわち寺が仏法修行の場処でなくて、持仏堂の如く、住宅の一つとなったことを示すものである。

藤原氏一門は代々寺を建立した。その目的とする所は、現世の安穏、一身の栄達、子孫の繁昌を希うにあるが、それと共にまた自らの遊楽の場所に供するにあった。すなわち寺の建立はあたかも別荘を設けるようなものであった。藤原氏一門の建立の寺については、すでに良房までは前にのべた。今その後のものについていえば、

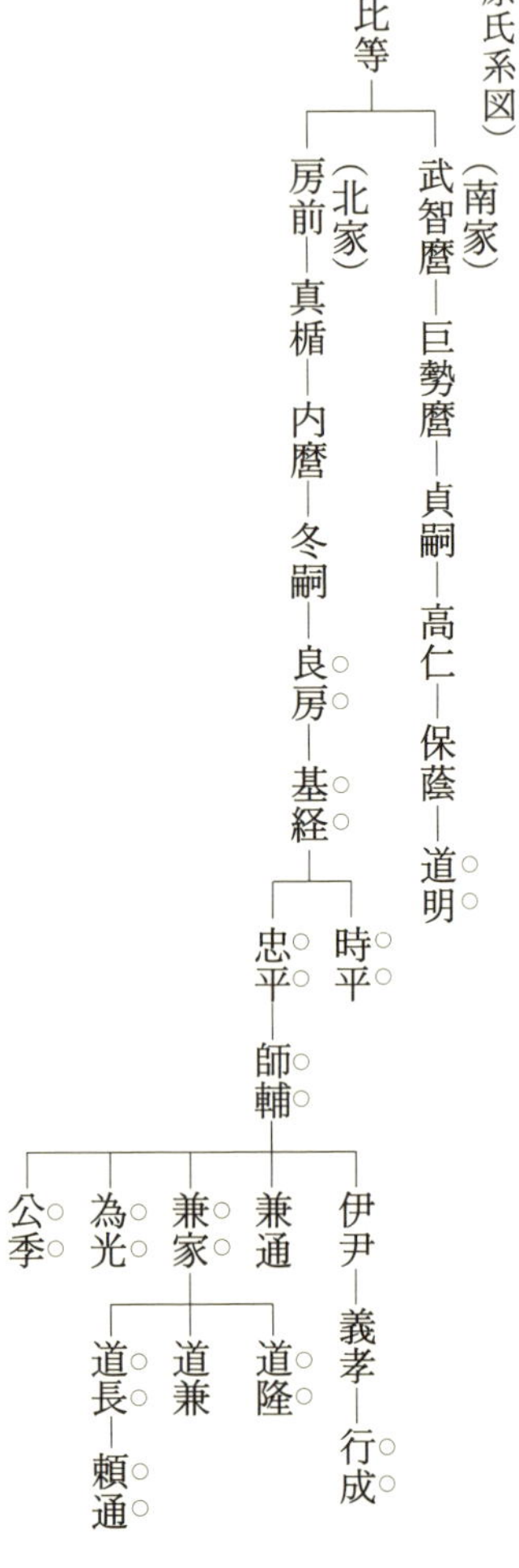

（藤原氏系図）

基経は極楽寺を建てた。悉しくは、基経発願して時平の時落成した。基経幼少にして殿上に仕えまつる時、ある日芹川に行幸あり、途にして、天皇琴の爪を落し給うたが、天皇は幼少なる基経の敏慧なるを察してこれに捜さしめられた。基経は如何にしてこれを捜し求むべきかと心を苦しめたが、もしこれを求め出したならば、そこに一の伽藍を建てようとの誓を立て、仏に祈る所あり、かくてようやくにして捜し当てたる地が、後にこの寺地となったのである。処は深草の内で極楽寺村という所がある。後、江戸時代に元政の立てたる瑞光寺がある。これがもとの極楽寺の跡である。稲荷社の南五町ばかりにあり、その辺りに大門鐘楼等の字名が遺って居るという。基経の存命中は本尊のみできて、未だ堂宇を構えなかったが、時平の時に至り、父の志を述べんと欲して、遂にその工を竣え、昌泰二年〔西暦八九九〕（一五五九）奏請して定額寺に列せられた。

忠平は法性寺を建てた。この寺は今の東福寺の辺りに在ったもので、伏見街道の一橋二橋三橋というは、もと法性寺の街道であった。故に伏見街道は又法性寺の大路ともいう。基経が極楽寺の寺地を相せんとして赴いた時、忠平なお幼少であったが、基経と同車した。或る場所を通った時に、忠平のいうには、このあたりこそよき寺地なめれ、ここに立てられよと。基経出でて見るに、如何にも形勝の地である。幼き身によくもかく見たものだと感じた。さりながら、ここには汝建てよ、吾はしかじかの事ありしに依り、その地に立てようと思うといい、忠平志を得たる後右の処に立てたのがこの法性寺である。この寺は大規模のもので、これに属する堂宇も、この後建て増され、五大堂は道長これを供養し、常行堂・三昧堂は公季供養し、この外になお、塔・薬師堂・灌頂堂等を始め、諸院甍を並べていた。

道明は道澄寺を建てた。この寺は道明が延喜十七年〔西暦九一七〕（一五七七）の頃に、その母の兄橘澄清と力を合せて建立する所で、おのおのその名の頭文字を取って寺の名としたのである。この寺の事は道澄寺鐘銘に見える。この鐘今は大和五条栄山寺に在る。

師輔は叡山の横川に法華三昧堂を建てた。天暦八年〔西暦九五四〕（一六一四）師輔叡山に登り、地勢を歴覧して、たちまち念願を発し、この堂を草創せんとし、十月十八日手ずから石火を敲いて、香を焼き灯を燃し、誓っていう、願わくはこの三昧の力に依りて、我が一家の栄を伝え、国王より以下国母・太子・摂関等の栄華踵を継ぎて絶えず、永く朝家を衛らんことをと祈ったのである。

兼家は法興院を建てた。二条北京極東にあり。もと地名に依りて二条院と称したのを、正暦三年〔西暦九九二〕（一六五二）に法興院と改めたのである。この地はもと村上天皇の皇弟盛明親王の住ませられた所であったが、兼家はこれを手に入れ、大いに造営の工を起し、「心ゆく限りつくりみがかせ給えば、いとどしう目も及ばぬまでめでたき」（栄華物語）ものとなった。これを二条院という。正暦元年兼家病あり、二条院を以て寺となし、病怠らばやがてここに住まわんと欲したが、間もなく薨じた。その翌二年これを供養し、次いで道隆は法興院内に三昧堂を建ててこれを供養し、又別の堂を建ててこれを積善寺と称し、奏請して御願寺とせられた。

為光は法住寺を建てた。この寺は大鏡の中に「恆徳公の法住寺いともう（猛）なれど」云々とある。その盛んであったことが察せられる。法性寺の北にあり、永延二年〔西暦九八八〕（一六四八）三月二十六日に供養あり、五間堂舎一字を建て、又法華三昧堂・常行三昧堂等があった。後に後白河法皇の御所となった所で、源義仲の合戦のあった所である。

行成は世尊寺を建てた。入木道における世尊寺流の名はここから出て居る。一条の北大宮の西にあり。もとは醍醐天皇の曾孫にあたる源保光の家で、後に藤原伊尹の家となり、桃園という。長保三年〔西暦一〇〇一〕（一六六一）二月二十九日に、行成はその堂を供養した。

道長は寛弘二年〔西暦一〇〇五〕（一六六五）十月木幡に浄妙寺を建てた。その建立の趣意は、道長未だ幼少の時、父に従うてしばしば木幡の墓所に詣り、そこに古塚の累々たるを見て、思わず涙を下し、我もし大位に上って心事相諧《かな》わば、この山脚に一つの堂をつくり、三昧を修し、以て過去を福助せん。爾来年は三十、人臣の位を極め、十一年王佐の任を忝《かたじけの》うし、皇帝の舅となり、皇后の父となる。栄は身に余り賞は分に過ぐ。これによって菩提心を発し、長保六年〔西暦一〇〇四〕（寛弘元年、一六六四）三月より工を起し、この寺を建てたのである。すなわち行成をして寺の額を書かしめ、観修を以て別当とした。道長仏前において火打を取り誓って云わく、この願は現世栄耀寿命福禄のために非ず。唯この山に坐す先考・先妣及び昭宣公（基経）を始め奉り、諸亡霊の無上菩提のため、今より後、一門の人々引導極楽のためなり。心中の清浄、願わくは釈迦大師普賢菩薩証明したまえ。打火はこれ清浄の火を用いんがためなり。祈請すらくは、我が末の人この志を同じく勤め、三昧の灯を消さず掲ぐべくば、この火二度に及ばず、一度に附くべしと。火果たして一度に附く。道長感涙を催し、見聞道俗またこれに感ずという。

観修字は智弁、三井寺の僧余慶の弟子である。長徳三年〔西暦九九七〕（一六五七）三井寺長吏となり、同四年権僧正となる。長保二年〔西暦一〇〇〇〕（一六六〇）三月道長の病を祈りて功あり、正僧正となる。同年八月大僧正となり、寛弘五年〔西暦一〇〇八〕（一六六八）七月八日寂す。長谷僧正と称し、また木幡大僧正ともいう。寛仁三年〔西暦一〇一九〕（一六七九）謚号を智静大僧正と賜わった。一条天皇の御代、時の人を得るや、最も盛んなりとなす。有験の僧にはすなわち観修・勝算・深覚、真言にはすなわち寛朝・慶円あり、皆是天下の一物なりとある。（観修の名の文字、元亨釈書・僧綱補任・東寺要集・諸門跡譜等には勧修とあれど、紀略・小右記・左経記・続往生伝・東寺長者補任・古事談等には観修とあり、今それに従う。）

かくの如く、藤原氏一族は競うて寺を建て、その結構は、人をかえ代を重ぬるに従うて次第に盛んになり、その栄華を極めたのであるが、道長に至って実にその頂点に達した。中にも法成寺の伽藍は、殊に善を尽し美を尽したのである。法成寺は近衛北京極東にあり。（今の寺町の東、荒神口の北、京都府立高等女学校の辺。）寛仁四年〔西暦一〇二〇〕

（一六八〇）金堂を造り、治安二年〔西暦一〇二二〕（一六八二）成る。寺の名はもと無量寿院といい、金堂成るに及び、寺名を法成寺といい、阿弥陀堂を無量寿院と称した。創立後わずかに三十七年にして、康平元年〔西暦一〇五八〕（一七一八）二月二十三日灰燼に帰したが、その荘厳世に比類なかった事は、栄華物語・法成寺金堂供養記等に依りて髣髴することができる。その構造の大略は、寺地方四町を限り、東南西において大門を開き、内に中門を設け、南門を入った正面に金堂あって、これを大御堂と称した。前庭には鴨川の水を引いて池を作り、池中に中島を築き、三方に橋を架した。金堂の東方には五大堂・薬師堂・釈迦堂、西方には阿弥陀堂・斎堂あり、その他講堂・文殊堂・千手堂・法華堂・三昧堂・大塔・鐘楼・経蔵・東北院・西北院・僧坊・浴室等、堂塔伽藍数うるにいとまなき程である。金堂には仏工定朝一代の丹精を抽んでて彫刻した三丈二尺の金色の大日如来を安置し、五大堂には二丈彩色の不動明王及び丈六の四大尊、阿弥陀堂には丈六金色の九躰の阿弥陀を安置し、金堂の扉や壁には、釈迦八相成道の図等を画き、阿弥陀堂には極楽浄土九品蓮台の図を画かしめた。又金堂には、柱といわず梁といわず、総べて金銀を以てまばゆきばかりに飾り、螺鈿の花形を装い、五色の宝玉を嵌した。この寺を造るに当って、道長は寝食を忘れて造営を急ぎ、ただこの御堂の事にのみ心を専らにし、日々五六百人ないし千人の人夫を徴し、大工のみにても二三百人、仏師も百人ばかり並びて仕事し、池を掘るにも四五百人、山をたたむにも五六百人を駆使し、命を諸国に発して、それぞれ造寺の材料を徴発した。そのためにはむしろ公事をゆるがせにするも寺役を怠るなかれと命じたという事は有名なる話である。すなわち時の摂政頼通より、国々へ命を下し「おおやけことをばさる物にて、まずこの御堂のことをさきにつこうまつるべきおおせ事の給う」とあり（栄華物語）。この後に造られた宇治平等院・平泉金色堂・日野法界寺阿弥陀堂の如きは、これを法成寺の大建築に比すれば、殆んど比較にたえぬものであった。大鏡の一節は、よくこの寺の宏壮華麗の状を想像せしむるに足るものがある。曰く、

鎌足ノオトドノ多武峰、不比等大臣の山階寺、基経ノオトドノ極楽寺、忠平ノオトドノ法性寺、九条殿ノ楞厳院、アメノミカド〔聖武〕ノツクリ給エル東大寺モ、仏バカリコソハオオキニオワシマスメレド、ナオコノ無量寿院ニハナラビ給ワズ。マシテヨノ寺々ハイウベキニアラズ。大安寺ハ都率天ノ一院ヲ天竺ノ祇園精舎ニウツシツクレリ。天

竺ノ祇園精舎モロコシノ西明寺ニウツシテ作リ、モロコシ西明寺ノ一院ヲ、コノ国ノミカドハ大安寺ニウツサシメ給エルナリ。シカアレドモ、タダイマハコノ無量寿院マサリ給エリ。南京ノソコバク多カル寺ドモ、ナオアタリ給ナシ。恆徳公ノ法住寺イトモウ《猛》ナレド、ナオ此無量寿院スグレ給エリ。難波ノ天王寺ナド聖徳太子御ココロニ入テツクリタマエレド、ナオ此無量寿院マサリ給エリ。ナラハ七大寺・十五大寺ナドヲミクラブルニ、ナオコノ無量寿院イトメデタク、極楽浄土コノヨニアラワレニケルト見エタリ。

次に頼通は宇治に平等院を建てた。この平等院のことはすでに前にものべた如く、古く河原左大臣源融の別業のあった処で、陽成天皇もしばらくこの地におわしました事がある。その時には宇治院と称していた。後に宇多天皇がこの別業を領せられた事がある。又朱雀天皇がこの地に遊猟を催し給いし事もあり、その後左大臣源雅信の有となり、長徳四年〔西暦九九八〕（一六五八）藤原道長の山荘となり、頼通の時永承七年〔西暦一〇五二〕（一七一二）寺を建て、平等院と名づけた。今はその一部分なる鳳凰堂のみ残存している。その他に五大堂・法華堂・不動堂・鐘楼・一切経蔵等、種々の伽藍が建てられてあった。鳳凰堂は阿弥陀堂で、その形式は寝殿造である事は先に述べた通りである。

かくの如く藤原氏は、代々寺を建てたが、その多くは、住宅となり別荘となった。法成寺の如きもその構造を見ると、やはり住宅風で、金堂の前の庭に鴨川の水を引き、池を作り池中に中島あり、三方に橋をかけて居る。これは寝殿造の形そっくりである。道長の法成寺を建てんとするときに、栄華物語には、「いつしかこのひんかしに御とうたてて、すすしくすむわさせん」とあり。事実道長は法成寺内の阿弥陀堂において病を養い、ここに臨終を告げたのである。また教通が頼通のために平等院において法会を行い、八十の算を賀したが如きも、寺が住宅化したことを示すものである。

かようにして、この時代の信仰は、表面には殊勝気に見ゆるものもあるが、その裏面に入って見れば、甚だ浅薄なる形式的のもので、無常といい浮世といいて、この世を露に喩え、うたかたに比し、又は厭離穢土欣求浄土というも、いずれも言語の上の文《あや》が多く、信仰と称するものも、一種の習慣儀礼の如く、深く根柢を有するものには非ずして、唯その型を逐うに過ぎないものが多かったと思われる。

この時代の信仰が形式に堕した一の例として挙ぐべきものは糸引来迎の弥陀である。前にのべた如く、道長は法成寺の阿弥陀堂で臨終を告げたのであるが、その堂において、阿弥陀仏の手より糸を引き、自分の手にかけて、その導きによって極楽往生を信じつつ、息を引き取ったのである。栄華物語には法成寺阿弥陀堂のさまを記して、

又はちすのいとを、むらごのくみにして、九躰の御てよりとおして、中台の御手にとじめて、この念誦のところに、ひんがしざまにひかせ給えり。つねにこのいとに御心をかけさせ給いて、御念仏のこころざしたえさせ給うべきにあらず。御臨終の時、このいとをひかえさせ給いて、ごくらくに往生せさせ給うべきとみえたり。九躰はこれ九品往生にあててつくらせ給えるなるべし。

とあり。又万寿四年〔西暦一〇二七〕（一六八七）道長の薨ずる時の事を叙して、立てた屏風の西面を開けて、九体の阿弥陀仏を拝し、その女なる女院・中宮にもあわず、ただわずかにあい見て早く帰らせ給えといい、すべて臨終念仏を思いつづけた。仏の相好より外の色を見んことを欲せず、仏法の声より外の声を聞かんことを欲せず。後生より外のことを思わず。眼には弥陀如来の相好を見、耳には尊き念仏を聞き、心には極楽を念じ、手には弥陀如来の手の糸をひかえて、北枕に西向きに臥していたとある。この臨終のさまは、いかにも安らかに殊勝げなものはあるが、その如来の手より糸を引くに至っては、如何にも現世的な物質的な形式的なるを免れない。この弥陀の糸引ということは、この頃に流行した習俗で、その実例は甚だ多い。左にその著しいものを列挙する。

応和四年〔西暦九六四〕（康保元年、一六二四）天台座主延昌が入滅の時、右脇に臥し、前に弥陀尊勝両像を安置し、糸を以て仏手に繋け、我が手に結びつけて、定印を結んで入滅した。

比丘尼釈妙は弥陀を称念して日夜経営し、正暦三年〔西暦九九二〕（一六五二）遷化の時手に五色の糸を取り、一心に念仏し端座して入滅した。

阿闍梨聖全は乙訓郡石作寺に籠居し、十五箇年往生の業を修した。長和四年〔西暦一〇一五〕（一六七五）十二月二十九日、五色の糸を尊像の手に繋け、面は西方に向い、手に定印を結んで息絶えた。

備中国定秀は新山別所に籠山すること十二年、承保三年〔西暦一〇七六〕（一七三六）三月三日、衆僧を喔して、不断念

仏を行い、結願の日、五色の糸を弥陀の像につないで入滅した。

高野山阿闍梨維範は、嘉保三年〔西暦一〇九六〕（永長元年、一七五六）二月三日、端坐して、西に向い、手に妙観察智の定印を結び、口に弥陀如来の宝号を唱え、五色の糸を仏手に繋けて入滅した。

出雲沙門行範は、康和四年〔西暦一一〇二〕（一七六二）十月五日、臨終の刻、五色の糸を以て阿弥陀仏の白毫に繋け、その糸を引いて一心念仏し、すなわち浄侶を屈し、共に阿弥陀経を読み、二遍廻向し、合殺の間気絶すという。

横河の学徒阿闍梨教真は、念仏六万遍を以て毎日の勤めとし、平等院供僧に補せらる。天仁元年〔西暦一一〇八〕（一七六八）夢に明年十一月十八日入滅すべしと見る。その期に至り、腰輿に駕して、瓜生別所に遷り、衆僧を屈して念仏を修せしめ、当日巳午刻に至り、五色の糸を本尊の手に繋け、これを引いて動かず気絶す。

上野介高階敦遠の夫人、生年二十にして有為を厭い、無常を畏れ、法華経を読誦し、弥陀仏を造顕す。経王に祈請して、命期を知らんと欲す。夢中に僧あり、珠数一連を授けて曰く、汝の寿の数なりと。その数四十五、夫人これを信ず。天永二年〔西暦一一一一〕（一七七一）行年四十五、今生の命尽くべしとなし、丈六弥陀の像を作る。六月二十三日病あり、浄衣を着し、二十歳の時造りし仏の手に五色の糸を繋け、これを執って念仏し、七月一日眠るが如く卒す。

元永二年〔西暦一一一九〕（一七七九）十一月二十八日、後三条天皇の皇子輔仁親王薨じたまうや、御閉眼の時、提婆品を誦し給うこと二遍、次に御手水を召し、念珠を取って念仏し、阿弥陀仏の手に五色の糸を引きつけ給うた。この仏は、去年臨終の時のために作り給いし所のものである。かくて念仏何遍ということを知らず、ついに御気絶えたまう。

保安二年〔西暦一一二一〕（一七八一）十一月十二日、入道左大臣従一位俊房は、命の終るを知り、雲居寺の瞻西上人を請じ、同じく仏号を唱え、後世を契り、北首西面、法華経常不軽品ならびに如意輪経を読誦し、持仏の前において五色縷を仏手に繋け、その糸を引いて端坐念仏して薨去した。

高野山小田原谷に住していた経暹は、念仏多年偏に往生の業を修す。故に迎接房と号す。保安四年〔西暦一一二三〕（一七八三）十二月九日沐浴して旧服を脱し、威儀闕くること無く、正念乱れず、同十日弥陀仏の手に五色の縷を繋け、これを引いて念仏合殺、手ずから定印を結び気絶ゆ。

武勇を以て名ある源義光も、またこの糸引来迎の信仰をもっていた。義光は弱冠の時より法華経を読誦し、毎日念仏一万遍を唱う。また法華経を読むこと二千部、つねに往生要集を見て、時に随って枚数を定めず。園城寺裏に寺を造り、丈六の弥陀仏像を造顕した。大治二年〔西暦一一二七〕（一七八七）十月十九日子息等を招いて資財を処分し、兼ねて臨終の行儀を告げ、明日新衣を着け、浄席に居り、本尊に対し、手に定印を結び、口に念仏を唱え、五色糸を引いて奄然気絶す。

平重衡はさきに治承四年〔西暦一一八〇〕（一八四〇）奈良を攻めて東大興福両寺を焼き払ったが、その後、西国における合戦利あらず、後鳥羽天皇文治元年〔西暦一一八五〕（一八四五）虜にせられて鎌倉へ引かれた。奈良の僧徒等はこれを獲て甘心せんことを請い、頼朝許して重衡は奈良へ引き渡され、将に首斬られんとするに当り、重衡は浄衣の袖の左右のくくりを解き、仏の御手に結び付け奉り、五色の糸を引き居る心地にて、法然房の教訓を信じ、如来大悲の誓願を深く憑《たの》みて、首斬られたという。

順徳天皇建保元年〔西暦一二一三〕（一八七三）建礼門院御臨終のとき、「日来より思し召したる御事なれば、仏の御手の五色の糸をひかえつつ、南無西方極楽世界の教主弥陀如来、本願不誤、浄土へ導引きたまえとて」臨終ましましたという。

建長三年〔西暦一二五一〕（一九一一）九月二十六日、町局は鎌倉光触寺本尊頬焼阿弥陀像の手より、五色の糸を引きつつ、往生したという。

京都黒谷の金戒光明寺所蔵山越の弥陀及び地獄極楽図三曲屏ならびに禅林寺（永観堂）所蔵山越弥陀幅には、本尊の手につないだ糸の実物が、今も残って居る。

源空が建暦二年〔西暦一二一二〕（一八七二）正月病篤きに及んで、弟子等が弥陀の像を迎えて、病床の右に立て、「仏の御手に五色の糸をつけて、とりましませとすすめ申せば、上人のたまわく、かようの事はこれつねの人の儀式なり、わが身におきてはいまだかならずしもしからずとて、ついにとり給わず」という。

迎接会又迎講については、既に前に述べた所であるが、これまたその信仰の形式化において、糸引弥陀とその趣を同じうするものである。

次に焼身が流行した。これは法華経の薬王品の中にある喜見菩薩が仏に供養のため身を焼くという故事から出たもので、これに関する例は甚だ多い。

熊野那智山住僧応照は読誦法華をその業となし、勤求仏道をその志となし、山林樹下をその棲となす。法華を転誦する時、薬王品に至る毎に、骨髄に銘し、肝胆に徹す。喜見菩薩の身を焼き臂《ひじ》を燃すを恋慕随喜し、遂に念願を発し、我れ薬王菩薩の如くこの身を焼いて諸仏を供養せんと、穀を断ち塩を離れ、更に甘味を食せず。松葉を膳となし、又風水を服し、以て内外不浄を浄め、焼身方便となす。身を焼く時に臨んで、新紙法服を着け、手に香灯を執り、薪上に結跏趺坐し、面は西方に向い、諸仏を勧請して、発願すらく、我この身心を以て、法華経に供養す。頂を以て上方諸仏に供養し、足を以て下方世尊に献じ奉る。背方は東方薄伽梵納受したまい、前方は西方正遍智哀愍したまえ、ないし胸を以て釈迦大師に供養し、左右脇を以て多宝世尊に施し、咽喉を以て阿弥陀如来に上げ奉る。ないし五蔵を以て五智如来に供養し、六府を以て六道衆生に施す云々と。すなわち定印を結び、口に妙法を誦し、心に三宝を信じ、ないし身体灰に成るまで読経の音絶えず、散乱の気色を見ず、煙香臭からず、沈檀の香を焼くに似たり。微風頻りに吹いて、音楽の声を調ぶるが如し。ないし火滅して已後余光なお残り、虚空照曜、山谷明朗、名字を知らず、形相を見ざる奇妙の衆鳥数百来集り、以て鈴声の如く和鳴して飛遊す。これすなわち日本国最初焼身なり。親しく見伝え聞く輩、随喜せざるもの莫し(本朝法華験記)。右は何時頃の人なるか詳かでないが、本朝法華験記は、後朱雀天皇長久年間(一七〇〇—一七〇三〔西暦一〇四〇—一〇四三〕)鎮源の編したもので、それに日本国最初の焼身なりとあるによって、まずここに掲げる。以下二項また年不詳であるが、序でを以て法華験記によって掲げる。

薩摩国に一人の沙門あり、その名を知らず。出家以後三年籠山、千部法華を読誦した。すでにして惟えらく、もし我れ山を出で人間に交雑し、世習に染着せば、還って悪業を作し、邪見に牽かれん。我れ身命を愛せず、但極楽に生まれんことを念う。如かず、身を焼いて三宝に供養せんにはと。これよりいよいよ信力を励まし、深く道心を発し、有待の身を焼くこと喜見に異らず。身を焼く時に臨んで、誓願を立てて云わく、我れ千部経に依り、まさに極楽世界に生るべし、焼身の跡に奇事あるべしと。すなわち焼身の間、風吹かずといえども煙は西に向って疾行して趣く。空は明晴なりといえども、紫雲東を指して聳ゆ。両三日を経て、墓所を見るに、仏舎利あり。これを拾えば量一升に過ぐという。

越後国に鍪取上人というのがあった。本は在俗邪見の輩であったが、宿善自ら発し、剃頭して入道した。根性痴鈍で、習学に堪えず。わずかに法華を読誦するのみであった。ある時五、六丈大仏尊像を造り、その仏前に住して、法華を読誦した。時の人が大仏上人と号した。後に鍪取山中に移住したので、鍪取聖といわれた。しばしば断食し、又は土室に入って籠りなどして、多くの月日を過した。臨終の時に至り、弟子に告げていわく、今月十三日これ滅尽の尅、臭穢の死骸を留め、汝等をして荷担して山野を往還せしむるは、これ大悪事である。我れ汝を煩わさずして入滅を取るべしと。すなわち多く薪を積み、その薪の上に登り、火を付けて身を焼き、口に妙法を誦し、身体動ぜず、烟となって去った。

康保年中（一六二四—一六二七〔西暦九六四—九六七〕）に釈長明という者あり、戸隠山に居る。年二十五、言語を絶し、法華を読誦した。一日人に語って曰く、我はこれ一切衆生の喜見菩薩なり。ここに来たって身を焼くことすでに三回。今命尽きて兜率に上ると。すなわち薪を積んで、内に入って自ら焚いた。

長徳元年〔西暦九九五〕（一六五五）九月十五日、六波羅密寺住僧覚信が、菩提寺の北の辺において身を焼いた。花山法皇が幸してこれを見給い、公卿等も行向ってこれを拝した。菩提寺は何処にありやを詳かにせぬ。山城名勝志にも、未勘部に入れてある。翌十六日、ある上人が阿弥陀峯において身を焼いた。上下雲集してこれを見る。近年諸国身を焼く者十一人ありとある。

万寿三年〔西暦一〇二六〕（一六八六）七月十五日、尼あり、鳥部野において自ら焼死した。世に薬王品尼と称した。焼身の間、心散乱せず、西に向って焼了った。

伊予久米郡の人釈円観は、常に弥陀の号を唱え、寤寐にも唇を動かしていた。晩年小菴を構え、戸を閉じて人を謝し、持戒念仏した。康平五年〔西暦一〇六二〕（一七二二）中秋夜、自ら菴を焼いて死んだ。治暦二年〔西暦一〇六六〕（一七二六）五月十五日、四条釈迦堂の文豪は、鳥部野において柴を積んで身を焼いた。道俗市を成してこれを見た。

承安四年〔西暦一一七四〕（一八三四）七月十五日、船岡野において身を焼く上人あり、上下群を成してこれを見た。

次には自ら身を埋めた例がある。永暦元年〔西暦一一六〇〕（一八二〇）七月、一老僧年六十余、東山禅林寺の東南隅に墓を築き、西方を開き、その内に板を立て、西方に妻戸あり、その内の広さ一人坐する程あり、その内に籠って戸を閉じ、その上を埋めしめた。その墓は方一間ばかりという。道俗男女群集してこれを見たという。

かような事が流行し、遂には名聞のため頸くくり往生を見るようになった。或る上人が、この世に長く居っても由なきことであるから、首を縊って臨終しようというので、同法の上人両三人を語らい、道場に籠って居たが、その事が聞こえて、都の名僧等あまた来たって七日間別時念仏を唱えた。これを聞いて結縁のため道俗多く集まり至る。七日目になって同法の者が、いよいよ臨終の時が迫ったのだが、何か言い残すことがあるならば、今の中に言って置いたが宜かろうと言った。そこでその上人は、初めは非常な勇猛心をもって居ったが、今となって見ると、気が弛んで死のうとは思わぬと言った。これを聞いて、上人の弟子や同法達は、これ程に喧ましく騒ぎ、世間にも披露して、日も時も定まって居るのに今になって左様なことを言うのは、恐らく天魔がみ入ったのであろうといって、頻りに罵ったので、上人はやむを得ず、庭の榎に縄を掛けて首を縊って死んだ。ところが、無理やりに死なせたので、その怨霊が座主僧の弟子にとりついて、妄念執心のためどうしても浮ぶことができない。自分が死ぬことを思い止まった時に、止めさせてくれればよかった、ああ由ない名聞のために魔道に入ってしまったと嘆いたという話がある。

次には身を梢に縛られた話がある。美濃伊吹山に年久しく念仏修行せる聖あり、阿弥陀仏より外の事を知らず、ひたすら念仏を申して年を経た。ある夜、空に声ありて、汝懇ろに吾を頼めり、念仏の数も積りたれば、明日の未の刻に必ず来たり迎うべしと。やがてその刻になって、仏の御身より金色の光を放ち、さまざまの花を降し、観音蓮台をさしあげたれば、聖はこれに乗って、西のかたへ去った。後に残れる僧等、聖の後世をとぶらい念仏申した。七、八日過ぎて、坊の法師等湯をわかさんとて、木こりに山に入った処、大なる椙の木の梢に、叫ぶ声がする。あやしみて見るに、極楽へ迎えられし聖は、裸にせられて葛にてしばられて居る。法師等驚いて縄を解かんとするを、聖は、なにしにかくは解きゆるすぞ、今迎えにくるほどに、このましばらく待ち居るべしと、仏の仰せられしよというのを、かまわず縄解いたれば、あみだ仏よ、われを殺す人あり、ほうほうと叫んだのを、法師等はつれて坊に帰った。二、三日して聖は死んだ。「智恵なき聖は、かく天狗にあざむかれけるなり」とある。形式に堕した念仏の迷いの道に陥ったのを嘲る一場の談話であろう。

次に入水して往生ができると信じて投身した例も多い。仁平二年〔西暦一一五二〕（一八一二）四月十一日、鴨川六角の末において或る僧が入水し、見る者堵《かき》の如くであった。安元二年〔西暦一一七六〕（一八三六）八月十五日には蓮華浄上人という者が発起して、入水するもの十一人あったという。これ等は一には名聞のためにするもので、中には失敗するものもあった。例えば桂河に身を投げて往生しようという聖が、西に向って河に入った所が、船端の縄に足をひきかけて、逆さまになったのを、或る男が河に入って手を取って引き上げてやったれば、入水の聖は、広大の御恩なりとて、手をすって深く謝したという。また或る山寺の上人が、道心深くして浮世に心を留めず、急ぎ極楽へ参らんと思い、入水しようとし、船に乗って漕ぎ出た。さて申すには、臨終は一期の大事である、水に入って後も、如何なる妄念執心起るやも知れず、生命惜しくなれば、縄をひくによって、引き出してくれと言って、身に縄をつけ、水に入ったが、妄念起って縄を引き、舟に上った。かくすること三度に及び、遂に縄を引かず。「さる程に空中に音楽聞こえ、波の上に紫雲たなびく、めでたかりければ、瑞喜の涙限りなし、まことに名聞我相をもて、往生の大事とぐべからず、真実の信心願行の力にて、素懐はとぐべきものなり」と、沙石集の著者は云って居る。かく著者が讃美して居る所を見ても、当時入水が殊勝なものと思われて居たことがわかる。

天永三年〔西暦一一一二〕（一七七二）八月二十日には、薩摩の国府の旅僧が、娑婆は無常界なり、偏に西土を望むとて、念仏して海に飛び込んだ。また年不詳、近江の三津浦において、或る聖が入水したが、水に入るに先立ち、我往生せば、身体不壊、西の岸に掲るべしといったが、後日西の岸に打ち寄せて、合掌破せず、結跏なお存す、往生掲焉なりとある。

叡山の住僧行範は、大治年間（一七八六—一七九〇〔西暦一一二六—一一三〇〕）世間静かならず、常に無常を観じ、自ら有為を厭い、天王寺に詣で、七日断食、一心念仏し、浄衣を着けて、海中に身を投じ、正念に安住して沈没した。

保延六年〔西暦一一四〇〕（一八〇〇）八月に、沙弥西念は命終の期を待たず、早く往生の素懐を遂げんと欲し、天王寺に詣でて、その西方海上に舟を出して、投身入水したけれども、死期未だ至らずして延引したことが西念の供養目録に見える。（西念の供養目録の事は、前節浄土教の発達の内、極楽願生歌の条〔二二七—二二九頁〕参照。）この頃天王寺の西門は、極楽の東門に通ずと信ぜられたので、この海に投水のことが流行したのである。源俊頼の歌に、

屏風の絵に、天王寺にて、そうの舟にのりて西さまにこぎはなれてゆくかたかけるところを見てよめる　としより

あみたふと唱ふる声をかちにてやくるしき海をこきはなる覧

珍海已講の菩提心集にも、天王寺の西門を出て、極楽界の東門に入らんに、直ぐ向いて行けば往生の正しき道とすべしということと見え、今昔物語にも、天王寺の西門に、太子自ら釈迦如来転法輪所、当極楽土東門中心と書き給いしに依りて、諸人かの寺の西門にして、弥陀の念仏を唱うとあり。梁塵秘抄にも、

極楽浄土の東門は難波の海にぞ対へたる

転法輪所の西門に念仏する人まいれとて

とある。その頃には天王寺の西門は海辺に近かったので、海岸線が今より遥かに内に入っていたのである。安法法師集（円融天皇の頃の歌人）に「てんのうじよりのぼるとて舟にて」といい、また「天王寺にてなみのこえをきく」云々とある。また栄華物語（殿上花見巻）に長元四年〔西暦一〇三一〕（一六九一）九月二十八日、上東門院住吉御参詣の時、「天王寺の西の大門に御くるまとどめて、なみのきわなきに、にしびのいりゆくおりしもおがませ給」とある。

補陀落山を慕うて海に入ることの如き、またこの天王寺海に入ると同じ趣のものである。その事例については、すでに前に観音信仰の条においてのべた通りである。

信仰を数の上に表そうと務め、数が多ければ信仰が深いと考うるようになったのも、この時代の信仰堕落の象徴である。その一例は小塔の供養である。小塔造立の功徳については、無垢浄光大陀羅尼経に、根本陀羅尼等を書写して、或いは泥土或いは塼石等を用いて小塔を造り、或いは故塔を修してその中に納め、礼拝する時は、一切の罪障みな消除すべし、塔を置くの処、もろもろの邪魅夜叉羅刹無く、諸悪不祥の事殄滅せざる無く、怨讐劫盗悪賊等自然退散すべしと説いてある。小塔供養の最も早いものは、保安三年〔西暦一一二二〕（一七八二）四月二十三日、白河法皇が法勝寺において五寸塔三十万基を供養せられた事がある。その時には、特にそれがために小さな堂を造られ、そこに小塔を安置せられたのである。次に保安四年二月十三日に、中宮が小塔二万基を同じく法勝寺において供養せられた。それから天治元年〔西暦一一二四〕（一七八四）三月二十日には、白河法皇が五寸塔十万基を造られ、次に天治二年正月二十二日に、摂政忠通が小塔千基を待賢門院に献じ、これを三条殿において供養せられた事がある。同五月二十三日にも、白河法皇が小塔万基を供養して、待賢門院の御安産を祈られた。大治二年〔西暦一一二七〕（一七八七）三月十二日には、法皇が法勝寺の金堂において、小塔一万基を供養せられ、同三年九月二十八日には、同じく白河法皇が小塔十八万基を法勝寺に供養せられた。久安六年〔西暦一一五〇〕（一八一〇）五月二十九日には、鳥羽法皇が数はわからぬが、小塔数万基を最勝寺に供養せられた。嘉応元年〔西暦一一六九〕（一八二九）二月二十二日には、八万四千基の泥塔を仁和寺紫金台寺に供養せられた。願主は鳥羽法皇であろうと思われる。これが八万四千基の小塔を供養すると云う事の最も早く見えたものである。その後承安四年〔西暦一一七四〕（一八三四）四月二十四日、関白基房が一万基の塔を供養して、妻の平産を祈った。治承二年〔西暦一一七八〕（一八三八）十月十日に、中宮の御産の祈りとして、泥塔一万五千基を供養せられた。これ等の小塔は多く泥塔であったかと思われる。その史料には、明らかに泥塔と書いてあるのもあり、又書いてないのがしばしばあるが、多分泥塔が多かったかと思う。次に養和元年〔西暦一一八一〕（一八四一）十一月二十日に後白河法皇が八万四千基を蓮華王院に供養せられた。これがためには予て右大臣兼実その他の人々に命じて、その内五百基とか幾らとかいう数を造らしめられたようである。文治元年〔西暦一一八五〕（一八四五）六月二十四日にも、法皇が兼実に仰せられて、八万四千基の塔を造らせられた。この八万四千と云う数は、いう迄もなく、経文に根拠があるのであって、法華経薬王品の中に見えることであるが、その典拠の如何を問わず、特にこの時代に流行したという事は、その時代の趣味であろうと思う。殊にこの頃は彼の呉越王銭俶が阿育王造塔の事を慕い、金銅で八万四千の塔を造った、その小塔の二、三が我が国にもたらされて来たのであるが（この事はなお中世篇日宋交通の条下に述べる）、それ等に倣って我が国において造ったものであろうと思われる。これより益々流行して、鎌倉時代に入り、建久八年〔西暦一一九七〕（一八五七）十月四日には、幕府において、保元以来戦亡者の冥福を祈るために、八万四千基の塔を造って供養した事がある。これは塔の長が五寸で、中に宝篋印陀羅尼を納めたものである。これは諸国に命じて勧進したと見えて、但馬国からは三百基出したと云う事が、但馬の進美寺の文書に出て居る。次に建仁三年〔西暦一二〇三〕（一八六三）五月二十七日には、後鳥羽法皇が法勝寺において、又八万四千基の塔の供養をせられた。この塔の大きさも又五寸で、多宝塔であった。猪隈関白家実からは千基を上り、仁和寺から八千基を上ったとあるから、門跡公卿衆をして上らしめられたものらしい。同年八月二十九日には、頼家も八万四千基の泥塔の供養を鶴岡八幡に修して病を祈った。建保元年〔西暦一二一三〕（一八七三）四月十七日には、実朝が八万四千基を供養し、同四年五月二十八日には、後鳥羽上皇が七条院の御菩提のために、八万四千基を建立し、造塔延命功徳経百巻を書写して、これを仁和寺に供養せられた。天福元年〔西暦一二三三〕（一八九三）十二月十二日には、幕府は南御堂において、八万四千基塔を供養した。仁治二年〔西暦一二四一〕（一九〇一）七月四日には、将軍頼経が持仏堂において、息災祈禱のため八万四千基の泥塔を供養した。寛元三年〔西暦一二四五〕（一九〇五）二月二十五日には、慕府（頼嗣？）が持仏堂久遠寿量院において同じくこれを供養し、文応元年〔西暦一二六〇〕（一九二〇）十二月十八日には、幕府また同じくこれを供養した。かような実例はまだこの外にも多くあることであろう。

次に僧侶の得度をするにも、古くは一宗年分二人に限る如く少数であったのが、平安末期に至っては、その度者の数を多くして、それに依りてその功徳を祈るようになって来た。一万人度者と云う事が保安三年〔西暦一一二二〕（一七八二）十月六日に行われたことが石清水文書の中に見えて居る。これは信仰がようやく堕落の気味になって、計算的になって来た事を示すものである。この一万人度者は鳥羽天皇の御譲位の前年に行われたのであって、或いは鳥羽天皇が御病気でもあらせられて、それを祈るために一万人を度せられた事ではなかろうかと思う。その時、一度に一万人を度するに就いて、その度牒を一々書いて居ては間に合わぬので、これを木版にした。すなわちその一つが今日残って居る。後に石清水八幡宮の別当になった慶清と云う者が、その時度せられた一人であって、この人の一生に関する文書が石清水八幡宮にあり、その中にこの度牒も一しょに保存せられてある。

寺に参詣するにも度数の多きを貴ぶ。清水寺に二千度詣をする、これを双六の勝負に賭けるということがある。これは恐らく二千度詣によって受ける観音の御利益を賭けるのであって、双六に負けたものが勝ったものに代って参詣するのであろう。

念仏を唱えるにも、毎日五万遍或いは六万遍とかいう事が流行した。台記を見ると、頼長の如きは、久安六年〔西暦一一五〇〕（一八一〇）の頃、弥陀念仏百万遍を日々の業として居る。頼長は生年二十五歳より、毎年四百万遍の念仏をして、父忠実の回向に資したと云う事がその日記に書いてある。また兼実の如きは、その日記玉葉の中に、しばしば念仏三十万遍とか、或いは百万遍とかいう事を書いて居る。この百万遍念仏と云う事は、もとより教義の上に拠る所があるが、それが流行するようになったのは、やはりその時代の趣味から来た事と思われる。この念仏を数える仕方にも種々あるが、珠数で算える代りに、小豆を以て算えて念仏を唱える風が流行した。飛鳥寺の辺りに居た願西と云う僧は、十数年の間、他業なく念仏を唱え、小豆を以て念仏を算え、限るに千石を以てしたが、天承元年〔西暦一一三一〕（一七九一）計数七百石に及んだ時に往生した。鞍馬に居た重怡という僧は、大治二年〔西暦一一二七〕（一七八七）から保延六年〔西暦一一四〇〕（一八〇〇）に至るまで前後十四年間、小豆を以て弥陀の称名を算して、二百八十七石六斗余に及んだ。又箱の中に蓮子木槵子すなわち菩提樹の実を蓄えて仏前に置き、参詣の人々に勧めて仏号を唱えしめた。その実の数を算えて三千五百五十七斛を得たと云う。渡辺の武士源伝の如きは、日々千遍の念仏を唱えて、三十年間怠りなく、三十六億十一万九千五百遍を算えたという。

念仏に限らず、各種の善根を修し、供養を行いなどして、その数の多きを貴んだ。堀河天皇の中宮篤子内親王は、十四歳より崩御まで四十一年間、毎日阿弥陀経一巻を誦し、法華転読は三千余部に及んだ。三善為康は五十歳以後、日々念仏一万遍・金剛般若三巻を誦し、清原信俊は日々念仏一万遍・法華転読せしむること総べて三十万部、自ら転読すること二千余部に及んだ。尼妙法は夫が棄てて大宰府に赴いたので尼となった。時に年四十。それより以降四十二年、毎日阿弥陀経六巻・法華経四要品・仁王経護国品おのおの一遍・観音経十巻を読誦し、更に念仏一万遍を唱う。この外小豆を以て唱うる所の念仏凡五十七斛三斗に及んだ。嘉承二年〔西暦一一〇七〕（一七六七）三月十八日死んだ。播磨極楽寺阯出土瓦経願文に見ゆる極楽寺僧禅慧の発願の如きは、この種作善の最も著しい例であろう。極楽寺阯出土の瓦経は、今に現物も彼方此方に残って居り、またそれを摺写した本が酒井伯爵家（旧姫路藩）の所蔵に四十二巻ばかりある。その由来については清国遊歴官伝雲竜という人が光緒十五年（明治二十二年〔西暦一八八九〕）に著した遊歴日本図経に引く所の丹波元簡の記に見えて居る。それに依れば、寛政十一年〔西暦一七九九〕（二四五九）に播州神西郡（今の神崎郡）須賀院《すかい》と云う村に常福寺と云う寺があった。その寺僧が寺の後を掘って、瓦経五百枚ばかりを得た。それには表にも裏にも字を刻ってあって、側面に枚数が記してある。それが沢山の数であって、容易に読む事ができなかったのを、その時の姫路侯酒井忠道という人は学問の好きな人で、又考古趣味にも富んで居った人であるが、この人が家来と共にこれを払拭し、その断片までもつなぎ集めて遂に読むことができるようになった。その中に願文という一巻があって、これに拠って瓦経を造った趣意がわかるのであるが、現に酒井家に所蔵せる摺本には、惜しい事には、所々が欠けて居って、殊に終りの所二枚ばかりの分が欠けて居る。しかるに先年考古界と云う雑誌に、和田千吉氏がこの瓦経の事に就いて詳しく調査せられた結果を載せてある。それによれば、黒川真道氏所蔵の分と元《も》柏木貨一郎氏の所蔵の分とを合せて、一の全たいものをなすらしいので、和田氏はそれによって、ほとんど全き願文を載せられた。それによれば、禅慧は康治二年〔西暦一一四三〕（一八〇三）より天養元年〔西暦一一四四〕（一八〇四）にかけて二箇年に亙ってこの瓦経刻写の願を起し、この勧進に応じてこれを助けたものは書写山の客僧覚智・弥高寺の僧厳智・同寺の僧念西・増位寺の僧永賀・同寺の僧仁勝・八徳寺の僧永尊等であった。その写した所の経文は法華経八巻・阿弥陀経一巻を始めとして、全体で三十五巻ばかり、外に真言を二十四種写した。これを写す当っては、精進潔斎して清浄の瓦を作り、それを焼く前に、錐を以て経文を写し、刻写の後、薪を積んでこれを焼く。斯様にして瓦経ができ上る。すなわちそれを極楽寺の後の峰に納めた。これに依りて末法万年の後に至り、余経滅すといえども、唯この経は永く地中に存して、当来星宿劫の末に至って、衆生を利せん事を期したのである。禅慧の伝記は詳かでないが、続伝灯広録に字を教王房といい、初めの名を義覚といい、醍醐寺の定海大僧正の法を嗣いだ禅慧という僧がある。或いはこの人であろうか。極楽寺はすなわち右の願文に拠って、須賀院にあった寺であり、禅慧の氏寺で、もとは一条院の御願寺として日野有国及びその妻橘徳子が創立し、その子広業・資業兄弟が力を合せて造ったと云う事が知られる。これより先き、禅慧は康治元年始めて極楽寺に来たり、先ずその庄内の桑木を切り払ってしまった。それに依って蚕を殺す罪障の根本を断たん事を図った。それより毎月薬師講・般若講・釈迦講・地蔵講等の講を起し、又舎利講を勧進して、十三万座を勧めたが、なおそれ以上勧進して百万座に満たしめん事を企てて居る。又、小豆念仏を勧進して三百余石に及び、なお積って百万石に満たしめんと欲して居る。又千日の温室を三箇所に起して、その日数半を過ぎ、人数も十万余人に及んだが、なお諸国に勧進して千処に構えんと欲して居る。又一日に法華経を書写する事三箇度に及び、なお汎く諸処に勧めて一千部に満たしめようと企てて居る。また有縁の僧侶を請じて七箇日間に泥塔十万基を供養し、なお庄内の寺僧庄民に勧進して、一日の中に八万四千基の石塔を建立した。これ等の事はすべて禅慧の願文に書いてある。

　西念の供養目録の如きは、禅慧の作善と共にこの種信仰の双絶ともいうべきものであろう。西念は前にものべた如く、天王寺西門より海に入ろうとして果さなかった人であるが、その供養目録に記す所によれば、康和二年〔西暦一一〇〇〕（一七六〇）より保延六年〔西暦一一四〇〕（一八〇〇）に至る四十一年間、一日一体ずつ毘沙門天画像摺写、嘉承二年〔西暦一一〇七〕（一七六七）より保延六年まで三十三年間、寿命経を読誦すること五十二万五千三百六十巻、永久二年〔西暦一一一四〕（一七七四）より保延六年まで凡そ二十六年間、毎日一品読誦三百三十三部に達す。卒都婆造立供養六万九千三百八十四本。この数は法華経及び開結二経の字数に当る。すなわち卒都婆一本に一字ずつ、この経の文字を書いたのであろう。この他三人の大徳を請じて、九百七十五回の法華経講演を行った。

　右の西念の供養目録にもあった如く、この頃卒都婆を数多く建てることが流行した。筑前宗像の鎮国寺石仏銘には、卒都婆を十二万本造立したと云う事が見える。これは元永二年〔西暦一一一九〕（一七七九）の事である。明月記に、建仁二年〔西暦一二〇二〕（一八六二）三月十九日に宜秋門院が百万本の卒都婆を供養せられた事があり、又同じく明月記に、元久元年〔西暦一二〇四〕（一八六四）二月十五日に、兼実が忠通のために、墓所において一万本の卒都婆を供養した事がある。

摺仏すなわち小仏像の摺写も、また同じ信仰の趣向である。右の西念の供養目録に見ゆる毘沙門天画像摺写は、その一例である。摺仏の実物の例としては、

一、元大和中川寺境内十輪院安置毘沙門天胎内所納毘沙門天摺写の像がある（黒板博士所蔵）。その裏書によって、応保二年〔西暦一一六二〕（一八二二）三月七日、千体摺写供養したものであることがわかる。

一、滋賀県蒲生郡馬淵村大字馬淵福寿寺木造千手観音立像（国宝）胎内より発見せられた千手観音摺仏がある。その木像は従五位中原朝臣貞俊が、一族の現世祝福祈願のために造ったもので、嘉応二年〔西暦一一七〇〕（一八三〇）三月二十二日の胎内銘がある。摺仏は紙質は塵紙、素人漉で、中原氏一門の妻女が精進して造ったもの。一像毎に数字を以て次第を記してあるのは、千日間日参したしるしにつけたものである。

一、興福寺釈迦十大弟子乾漆像胎内にこめた蓮弁摺仏。縦横各約一寸五分の蓮弁形の小さい紙の表面には、阿弥陀仏の像一体を摺り、裏面には物部女人・上道女人・あい王・やく王女・清原女人など、願主の署名がある。平安時代末期のものである。

一、京都府相楽郡浄瑠璃寺九体仏胎内発見摺仏。九体の坐仏を九段に配列し、一体ずつ印判を押すように摺写したもので、ために坐列が整斉でない。平安時代末期のものである。

一、名古屋竹内蘇言氏旧蔵（史料編纂所所蔵）に、地蔵摺仏の一片あり。又仏名経の断片かとも見ゆるもので、一仏名毎に一仏を摺写したものがある。平安時代末か鎌倉初期のものである。

一、長野県北安曇郡八坂村字大平所蔵千手観音木像胎内納入摺仏。この木像は治承三年〔西暦一一七九〕（一八三九）十一月二十八日造立供養を行い、もとは覚薗寺に安置したものである。摺仏は十枚あり、各紙に千手観音立像が立行各

行五体ずつ押捺せられてある。

一、箱根湯本正眼寺所蔵文書所収摺仏。これは長さが小さいのは五分、大きいので二寸前後で、仏像は或いは阿弥陀仏・観音・地蔵菩薩等であって、或いは六体、或いは八体、或いは十二体ずつ摺写したもので、建仁元年〔西暦一二〇一〕（一八六一）建長八年〔西暦一二五六〕（一九一六）康元元年〔西暦一二五六〕（すなわち建長八年）等のものである。これは恐らく一種の勧進で、千体とか万体とか摺写する積りであって、その中の一部のみができたものではなかろうか。

一、筑後善導寺所蔵開山弁長（弁阿聖光上人）自筆授手印巻物見返貼附摺仏。この授手印というは安貞二年〔西暦一二二八〕（一八八八）に弁長が肥後国往生院において四十八日の別時念仏を修した。その時に法然上人の教義を謬り伝えるものが多く、区々の諍論絶えざるを以て、念仏興隆のため、その相伝を録して、末代の疑いを決せんがために、手印を以て証とし、二十余人の弟子と共にこれを誓ったのである。その本書が今は往生院にある。予は大正七年〔西暦一九一八〕八月往いてこれを一覧したが、疑いもない自筆であるが、善導寺にあるものは、安貞二年弁長自らこれを写して送ったものである。摺仏はその巻物の見返しにあるのであるが、阿弥陀仏小像を摺写して、その肩の所に米一升とか或いは銭幾らとか云う事が書いてあって、人名が下に書いてある。けだしこれは寺に寄附をして、この授手印の巻物に仏像を摺写して、その功徳に依って後生を祈ったものであろうと思う。

一、京都府綴喜郡八幡町寿徳院本尊阿弥陀如来像胎内発見摺仏。これは昭和九年〔西暦一九三四〕九月二十一日関西方面を襲うた大颱風の際、この本尊が崩壊して、その胎内より現れ出たものである。全面に弥陀如来立像を摺り、一体おのおの高さ約三寸ばかりもあろうか、全紙を三段半に分かち、上の半段には印像を横に摺り、すべて十二体あり、下の三段には各段十五体ずつ縦に列べてある。なおこの摺仏は珍らしくも、その裏面に左の如き庁宣が記されてある。

［石清水別当行清袖判］

庁宣　　留守所

応早致沙汰御即位天神

地祇大幣使准擬事

右且任去文永十一年官符并武家御下知状、
且依先例、可致其沙汰之状如件、者、〔就之使等不可成別□〕
在庁官人等宜令承知、以宣、
建治元年十月廿六日
大介平朝臣

これは恐らくこの庁宣の料紙を裏返してそれに仏を摺ったものであろう。

一、八阪神社記録（祇園社家記録上）摺仏。これはやや時代の降るものであるが、同記録応安四〔西暦一三七一〕年十月四日及び同五年七月より十二月まで、殆んど毎日、本文記事の余白に延命地蔵菩薩の像を摺ったもので、毎日五、六体より、多い時には一日に五十五体を摺ったのがある。

かような摺仏が流行したことは、明月記建仁二年〔西暦一二〇二〕（一八六二）六月二十九日の条に、近日巷説、狂事に依って、毎家摺仏を供養すとあるによっても知られる。猪隈関白記によれば、関白家実は建永・承元（一八六六―一八七〇〔西暦一二〇六―一二一〇〕）の頃、毎月塔延命菩薩を摺り、時々まとめてはそれの供養を行うて居る。これまた右の摺仏の風習に従ったものであろう。

右の如く数多くするということが功徳であるという所から、一切経を書写することが流行って来た。それも平安末が最も多い。その最も早いのは嘉承元年〔西暦一一〇六〕（一七六六）九月朔、東寺の或る聖人が京中を勧進して、一切経を書写し、白河の小堂で供養した事である。それについで永久三年〔西暦一一一五〕（一七七五）松尾寺の神主秦宿禰親任が願主となって、一族に勧進したもので、その一巻が東京帝国大学の旧蔵であったが、恐らく大正の大震火災で焼失したことと思われる。次に永久五年六月朔某聖人が北野廟前で一切経書写の供養をした。次に大治三年〔西暦一一二八〕（一七八八）十月二十一日白河法皇・鳥羽上皇が石清水に幸し給い一切経を供養せられた。次に長承三年〔西暦一一三四〕（一七九四）二月十七日、鳥羽上皇が法勝寺において金泥一切経を供養せられ、崇徳天皇も臨幸あらせられ、非常赦を行われた。康治二年〔西暦一一四三〕（一八〇三）覚阿が清水寺において一切経を書写した。久安五年〔西暦一一四九〕（一八〇九）には僧末代が願主となり、如法書写の一切経を写してこれを富士山に納めたが、大般若経だけが足りなかったので、その六百巻を勧進して、併せて富士山に納めた。翌六年十月二日美福門院の御願として、法勝寺において金泥一切経を供養し、天皇・法皇臨幸、非常赦を行われた。仁平元年〔西暦一一五一〕（一八一一）十月七日には、藤原定信が自筆で一切経を写し、この日春日社に奉納供養した。この一切経を一筆で自筆で書写するためには、実に二十三箇年を要したという。これは宇槐記抄に載せてある。その文句に、和漢両朝に訪ぬるに、未だかくの如き勤者を聞かずとある。この定信と云うのは、行成の四世の孫に当る人で、尊卑分脈にも、一切経一筆書写の人と書いてある。今鏡にも、「さたのぶのきみは、一切経を一筆にかきたまえる、ただ人ともおほえ給わず、世になきことにこそ侍るめれ」とある。顕広王記、永万元年〔西暦一一六五〕十二月二十七日の条に、この定信が自筆を以て一切経を書いた事に激励されたか、皇太后宮大進の藤原季広と云う人が、同じく自筆を以て一切経の書写をしようと云う願を起した。この季広と云う人が、夢中にある僧に会って、定信の後世はどうであろうかと尋ねた処、その僧が答えて云うのに、彼の定信は聖教王菩薩になって居ると答えた。この事は狐疑すべきに非ずと書いて居るが、この定信が一筆で自筆で一切経を書写したと云う事が、如何に当時の人を激励し、如何に驚嘆せしめたかは右の記事に依って知られるのである。高松宮御所蔵行成筆詩巻物の奥に、定信が奥書をして居る。それは物売りの女が二つの手本を持って来た、一つは小野道風屏風土代、一つはこの行成筆であった。すなわちそれを買ったという事を記して居るのがある。定信は能書を以て聞こえた人であるが、二十三年間に一切経を写したと云えば、およそ三日に二巻位の割になるかと思われる。次に播磨の瓦経の中に見える念西の勧進で、保元元年〔西暦一一五六〕（一八一六）頃に一切経を写したことがある。その中の一巻雑阿含経巻第三が石山寺に蔵せられてある。その奥書によれば、久安四年〔西暦一一四八〕七月の頃より発願して始めたものである。又治承二年〔西暦一一七八〕（一八三八）七月十五日には、故摂政基実夫人が金泥一切経書写の功を終えて、この日これを春日社に納めたが、これは知足院入道すなわち忠実が書き始めて、基実の夫人に至って納めたものである。名古屋市中門前町七寺所蔵の一切経は、尾張守大中臣安長の発願で、安元元年〔西暦一一七五〕（一八三五）より治承二年までの間に書写したもので、もとは五千余巻あったが、今は四千九百七十巻を存し、三十一合の唐櫃に収めてある。

鎌倉時代に入っては、安貞二年〔西暦一二二八〕（一八八八）功を卒えた筑前宗像の良祐（一名色定）の一筆書写の一切経がある。良祐は筑前宗像郡田島社に居た僧である。その書写にかかる一切経は、元は田島の宗像社に納まって居ったのであるが、明治六年〔西暦一八七三〕に神仏分離の際に、同田島村の興聖寺に移されて、今に存して居る。元は五千四十八巻写されたのであるが、その中四百四十八巻ばかりは、久しい間に虫蝕のために紛失し、残り四千六百巻ばかりあったが、元禄十五年〔西暦一七〇二〕（二三六二）の洪水のために千二百巻ばかり浸水し、その中二百三十巻ばかり破損した。その後漸次修繕して、今日では四千数百巻ばかり残って居る。これを写すためには、良祐は仲間の西観ならびに心昭と云う者を連れて、紙とか墨とか或いは銭とか云うものの勧進をさせながら、自分は専ら経を写したのである。その書写の業を始めたのが、文治三年〔西暦一一八七〕（一八四七）二十九歳の時であって、（三年というは太宰管内志に拠る。しかるに伊藤東涯の秉燭譚に、書林文会堂の舗にて、一冊の写本「安覚弁」というを見た。寛文二年〔西暦一六六二〕（二三二二）松浦侯の家人侍医西脇文安の記す所である。その文に、筑前宗像祠座主有㆓色定坊者㆒、手㆓写大蔵経㆒、文治元年乙巳二月十九日起㆑筆云々とある。これによれば、西脇文安は文治元年二月十九日起筆の経を見たことと見える。もししかりとすれば、文治三年は元年と改めるべきであろう。）安貞二年七十歳に至ってその業を卒えた。その間実に四十二年に及んだのである。四十二年間に五千何巻と云うものを写したとすると、一月平均十巻ばかり、三日に一巻の割に当って居る。三日に一巻書く事はさのみ苦しい事でもあるまいが、四十二年間絶えずこれを続けて居ったと云う事は、ほとんど今日吾々から想像も及ばぬような偉大な事業である。これを或いは前の定信の二十三年間に較べると長いようであるが、定信の方は資力も相応にあった人で、写すにも便宜が多かった。良祐は紙から墨から総べてこれを勧進しつつ写した。そのためには、京都近傍までも出かけて、その旅行中にも、立ちながら、歩みながら、船に乗りながらも写したという事がその奥書に記してある。その奥書に、何年何月何日何処において写したと云う事が書いてあり、それに拠って或いは彦山に参り、或いは香椎に参り、王城すなわち京都とか、淀の泊とか、門司関・安芸・讃岐・備後・淡路・紀伊等において写した事が知られる。

次には経巻を唯写すに止まらず、何かの趣向を凝らそうと云うので、一日に大般若六百巻を書写すると云う事が行われた。その最も早く見えたのは、康和四年〔西暦一一〇二〕（一七六二）二月十九日に、堀河天皇が公卿衆と共に、一日に大般若を書写せられた。この時には白河院は三十帙を書せられ、その中第二帙第一巻の端は主上宸筆、内大臣源雅実一帙、民部卿俊明一帙、山座主仁覚は五帙を上った。保延元年〔西暦一一三五〕（一七九五）五月五日に、鳥羽上皇が一日書写大般若経を法勝寺に供養せられた事がある。安元二年〔西暦一一七六〕（一八三六）六月二十九日に、建春門院すなわち天皇の御母の病を祈るために、一日に大般若を写された。文治元年〔西暦一一八五〕（一八四五）二月二十六日に、沙門善妙と云うものが一日に大般若経を書写して、供養を賀茂社において行い、法皇も結縁せられた。建暦元年〔西暦一二一一〕（一八七一）九月十五日、延暦寺の三塔の衆徒が、後鳥羽上皇の御祈りとして根本中堂において一日に大般若を書写して供養した事がある。ただに大般若位のものではなく、最もえらい例は、一日に五千何百巻と云う一切経を書写した事がある。これは嘉保三年〔西暦一〇九六〕（永長元年、一七五六）三月十八日に、僧慈応が京都の道俗を勧進しておよそ一万人ばかり集めて、一日の中に一切経を書写せしめた。この慈応と云う僧は法成寺に住んで居たので、その一日書写の一切経を寺中にある一切経と校合して、二十一日に金峯山に送った。その時に関白二条師通の如きも華厳経六十巻の外題を書き、金峯山に送る時には、師通と左大将忠実が、人夫ならびに浄衣を送ってこれを助け、京都の人々が市をなして結縁をした。この後少し年を経て、建暦元年〔西暦一二一一〕（一八七一）四月二十三日に、後鳥羽上皇が最勝四天王院において行われた一日一切経書写の供養がある。これは南北二京ならびに諸国の僧一万三千二百十五人を集めて書写せしめられた。その一万三千余人の者に、人別糧米三斗を与えられた。当時この事は上世未曾有と称せられ、又古往今来かつて比類なく、綷綿代に絶し例この内に始まると云われた。

以上は数量に依る形式信仰の実例であるが、次には骨董的道楽的に堕した形式信仰について叙べる。その一は写経に意匠を凝らすことである。栄華物語（もとのしずく）に治安元年〔西暦一〇二一〕（一六八一）九月、無量寿院において、皇太后宮女房書写の結縁経供養の美しい様が記されてある。その文に、

経の御有様えもいわずめでたし、或いは紺青を地にして、金の泥して書きたれば、金泥の経なり、或いは綾の紋に

下絵をし、経の上下に絵をかき、又経の中の事どもをかきあらわし、涌出品の恆沙の菩薩の湧出し、寿量品の常在霊鷲山の有様、すべていうべきにあらず。提婆品のかの竜王の家のかたをかきあらわし、あるは白銀黄金の札をつけ、言い続けまねびやるべき方もなし。経とは見えたまわず、さるべきものの集などを書きたらんように見えて、このましう、めでとうしたり。玉の軸をし、大方七宝をもて飾れり。またこうめでたき事見ず、経函は紫檀をもて、いろいろの玉を綾の紋に入れて、黄金の筋を置口にせさせ給えり。唐の紺地の錦の小紋なるを、おたて〔折立〕にせさせ給えり。

とある。これを今に伝存せる遺物について見るに、流石にこの文の麗わしく描かれたるものの、なお筆も詞も及ばぬもののあることが感ぜられる。左にその主なるものを掲げる。

一、一字蓮台法華経　これは写経の文字を、一字毎に彩色ある蓮の台に載せたもので、岩代高田竜興寺（会津若松附近）・原良三郎氏及び守屋孝蔵氏所蔵のものがある。竜興寺の寺伝には慈覚大師請来と称しているが、我が国で写したもので、平安時代中期の頃の作であろう。

一、一字一塔法華経　これは薄墨色の料紙に雲母を以て宝塔を摺り、その塔内に一字ずつ書写せるもので、戸隠神社（長野県戸隠村）に現存するものは、序品・方便品・信解品・法師品等の残闕四巻である。この外戸隠切と称して、手艦に収めたにものがある。

一、一句一塔経　名古屋竹内蘇言氏旧蔵（史料編纂所所蔵）に、経文の句五字一句毎に一塔を画いたものがある。

一、久能経　これは静岡県の久能に、今、久能東照宮のある所のやや東の方に、久能寺というのがあって、そこに蔵せられたものであるが、一たび廃寺となり、今はその近傍に、山岡鉄舟がこれを再興して鉄舟寺と号した寺があって、久能経の大部分はその寺に蔵せられ、国宝になって居る。その一部分は世間へ出て、三井家・益田家などに蔵せられてある。この経は鳥羽法皇・待賢門院・美福門院・少納言信西等の書写したもので、毎巻筆者の名を記してある。その中に美福門院を女御殿と書いてあること、及びその他の官名より考証して、永治元年〔西暦一一四二〕（一八〇一）のものであろうという事である。すなわち永治元年〔西暦一一四二〕三月十日に、鳥羽上皇が御出家し給うに依りて、御逆修五十講を行わせられ、阿弥陀仏一軀ならびに法華経金字一部墨字十二部を鳥羽の新御堂に安置せられた、その時のものであろう。この経は種々の点に意匠を凝らし、殊に表背装に最も意を用い、金銀泥を以て立派な画が描かれ、光彩燦爛たるものである。

一、次には有名な厳島経巻がある。これは法華経二十八品・無量寿経・観普賢経・阿弥陀経・般若心経併せて三十二巻が、現に厳島の神庫に納まって居る。その装飾の善美なことは、古今無比と称せられて居る。時代は久能経よりは少し後れ、すなわち長寛頃（一八二三―二四（西暦一一六三―一一六四））のものであるけれども、その装飾の意匠の自在なこと、典雅な趣味に富んで居ることは、遥に久能経より優れて居て、写経に伴う趣味の発達としては、その極点に達したものである。

一、次には、時代も後れ、装飾もやや劣るが、慈光寺経（埼玉比企郡平村慈光寺）もまたこの例に入るべきものである。これは法華経ならびに開結阿弥陀経心経を合せて三十二巻あり。筆者の中には九条兼実の女任子（宜秋門院、後鳥羽天皇の中宮）九条良通等あり。破損したものもあり、見返の絵も断爛せるものが多いけれども、当初の面影を存するものもある。金銀切箔・砂子・野毛を敷き、その上に山水草木家屋風景等を画き、或いは仏菩薩を描し、彩画の技巧繊細を極めて居る。

一、慈光寺経と伯仲の間にあるものとして、熱田神宮の法華経湧出品がある。見返の絵は丘陵と土坡とをたたみ、これに野遊びする衣冠の人物を点じ、桜花咲き藤波ゆらぎ、春の闌なるさまを現わし、大和絵風の繊麗な情景を示して居る。

一、大阪上野精一氏所蔵にかかる法華経冊子というものがある。普通経巻の如く巻子ではなく、冊子仕立になって居り、その料紙に絵巻風の下絵があり、その上に経文を写してある。厳島経巻ほどの光彩陸離たるもので無いとしても、その趣味の高尚にして典雅なことは、一種独特の長所を有するものであって、その点において厳島経巻と並び称する価値がある。

一、大阪天王寺その他に蔵せらるる扇面古写経もまたこの時代の産物で、その扇面の形を成したことと、上野氏所蔵の法華経冊子と同じく、写経料紙の下絵に意匠を凝らした点とが、久能経・厳島経の、ひたすらその装飾に意匠を凝らしたものと、面目を異にして居る。

一、故朝吹英二氏旧蔵の金光明経の料紙に絵を描いたものがある。これは白描絵で薄く絵を描いて、その上に経文を写した、極めて瀟洒な趣味に富んだものである。それと同じ物が赤星氏の旧蔵にもあった。朝吹氏のには奥書が無いが、赤星氏旧蔵の分には奥書がある。それに依ると、その経は後白河法皇が御乳母紀禅尼すなわち少納言信西の妻の記念のために描かしめられたものである。しかるにその絵がまだできない中に、法皇が崩御あらせられたので、醍醐三宝院の座主勝賢僧正の法弟清遍と、紀禅尼の孫成賢とが、その絵を描いてある料紙に経文を写し、建久四年（西暦一一九三）（一八五三）八月成賢の法弟深賢よりこれを勝賢の許に寄せたものである。

一、かくの如く、紙に意匠を凝らす事が流行し益々変化を求めるように成って来た。すなわち右の絵料紙の代りに、字を書いて、その上に経文を写すという事が起ったのである。それもやはり故朝吹英二氏の旧蔵にかかる大毘盧舎那仏神変加持経がある。これは仮名消息を継紙して、その紙面に経文を写したものである。これは或いは故人の追善のために、その人の書いた消息を料紙として経文を写したとも解釈できるが、一面には、段々変った意匠を考えた所よりして、絵でも面白くない、一つ変ったものを造ってみようと云う所から、葦手書のような意匠を応用してできたものであろうとも思われる。

一、右の如く、意匠の上に新奇な事を考えるようになって、遂には、仏師運慶が願によって写した所の法華経の如く、その料紙を造る上に、又写経の方法の上に、変った事を考えて居る。これは奥書の中に、その意匠を凝らした様子が細く書いてあるが、それに依りて見ると、この法華経は寿永二年（西暦一一八三）（一八四三）運慶の願に依って写したもので、安元（一八三五—三六（西暦一一七五—一一七六））の頃から発心して、紙工を語らい、沐浴精進して浄衣を着せしめ、殊に霊水を汲んで料紙を造らしめた。それを写す間は、毎日行数に応じて、男女総計五十人ばかりを勧進して、一行毎に三度礼拝せしめた。五十人の礼拝結縁をした者の中には、有名な快慶というような人も混って居る。この他運慶の弟子共が多く結縁の仲間に入って居る。その書写の間において、総計礼拝五万遍・念仏十万遍・法華経の宝号を唱える事が十万遍に及んだ。なおこれを写すために、硯の水に迄も趣向を凝らして、三箇所の霊水を汲んだ。その三箇所と云うのは、一は横川根本中堂の水、一は三井寺の水、一は清水寺の水である。その三所の水を汲んで写した。なお書写の間、悪魔降伏のために、毎日四十五個の供養法を修し、法華経十部を読んだ。又、この写経の軸の料としては、東大寺の焼け残りの柱からこれを取ったという事が、同じくこの奥書に書いてある。かくの如く、軸なり紙なり水なりにも、意匠を考えるようになって来て、唯表面に表われただけでなく、内的にも意匠を凝らすようになって来た。上野氏所蔵の巻は唯法華経第八の一巻のみであったが、近年これと同じ一揃になるべきものが、京都真正極楽寺すなわち真如堂から発見せられた。しかも巻二より巻七まで六巻が出て、ここに所在不明の第一巻を除いて、七巻揃うこととなった。但し奥書は上野氏所蔵の分の如く詳細でない。上野氏のは最終の巻なるによって、詳しく由来を記したのであろう。

一、平泉中尊寺の秀衡写経の如きは、金泥と銀泥とで、一行毎に書き別けてあるが、これまたこの時代における趣味を窺うに足るものである。

さて右の如く材料の上に意匠を凝すより転じて、遂にこれを永遠に伝えたいという所から、瓦に経を写すようになった。いわゆる瓦経である。その実物又は文献の管見に入ったものを挙ぐれば、

一、鳥取県東伯郡高城村大字桜大日寺旧址出土、大毘盧遮那経

その願文に

仁賢劫中第四釈迦牟尼仏遺法砂門《ママ》成縁、受二菩薩大乗受戒一、入二毘盧遮仏三密加持境界一、練二磨普賢行願一、以二一世善根一、為レ値二諸仏出世一、為下結二縁衆生一、同遊上二月輪界一、造二備瓦版一、摸二鑿大毘盧舎那経同袟経巻儀軌等一、于時釈迦如来末法延久三年歳次辛亥、記者遍照金剛。

とあり。すなわち後三条天皇の延久三年〔西暦一〇七一〕（一七三一）のものである。成縁は明匠略伝に、桜成縁聖人、伯耆国人也、厳範院尊弟子とあり。後拾遺往生伝・新修往生伝に見ゆる勢縁上人は、これと同人であるらしいが、それによれば、承保又は承暦年間（一七三四—一七四〇〔西暦一〇七四—一〇八〇〕）に寂して居る。

一、徳島県板野郡松坂村犬伏字迦葉谷旧釈迦堂跡経塚現在八坂神社境内出土、法華経、天仁二年〔西暦一一〇九〕（一七六九）七月五日書、十七字八行、縦八寸、横六寸三分、厚六分、両面刻。

一、福岡県早良郡金武村大字飯盛字打見通官有林出土、法華経、永久二年〔西暦一一一四〕（一七七四）十月十九日修行入道往西・隆珍・慶□、竪七寸七分、横六寸六分、厚五分、十七字十行、両面刻。

一、山城葛野郡松室最福寺谷堂出土、大治二年〔西暦一一二七〕（一七八七）。

一、播磨極楽寺出土、康治二年―天養元年〔西暦一一四三―一一四四〕（一八〇三―一八〇四）、縦九寸、横八寸六分、厚五分、十二行ないし十五行、十二字ないし十七字詰。これについてはすでに前にも述べた。

一、伊勢宇治山田市浦口町且過山小町塚出土、法華経等、承安四年〔西暦一一七四〕（一八三四）五月、大勧進金剛仏子某、檀越度会常章女、檀越度会氏子某等、縦約八寸ないし八寸四分、横約九寸六分ないし一尺、厚六分ないし七分、両面刻、十五行十七字詰。

一、伊勢度会郡四郷村大字北中村小字菩提山出土、法華経等、承安四年七月、大願法主沙門西観、大檀越度会常章、度会氏子仙王子、同滝寿、同心檀越度会春章等、寸法は且過山のに同じ。

一、愛知県渥美郡福江町大字保美出土、尊勝陀羅尼、聖賢書写、伊勢菩提山出土のものと同時代。

一、京都府葛野郡花園村法金剛院

一、同　綴喜郡鳩ヶ峯護国寺

一、同　今熊野亀塚

一、埼玉県川越市小仙波喜多院東方

この四ヶ所より発見せられたものは、年代は見えないけれども、その写真によって見るに、書風は平安時代末のものである。

右の外に、左記各地よりも発見せられたという。すなわち

京都　阿弥陀峯

武蔵　久良岐郡金沢称名寺
播磨　美嚢郡三木在田寺
備前　上道郡沢田村
備後　御調郡歌島西金寺土中
筑前　太宰府
筑後　上妻郡八幡社後丘

これ等については、今その写真又は拓本等を見ざるを以て、その年代を詳かにし得ざるを遺憾とする。

次には石に一切経を写すということが行われた。清盛が兵庫の築港をするに当って、人々に勧進して、石に一切経を書かせて、これを沈めて築港の土台にしたという名高い話がある。これは清盛が当代の思想界より一歩擢ん出て居ったことを示すもので、すなわちその当時の信仰を利用して、石に経を写さしめ、これを築港の基礎にしたと思われるが、その石というのは、どれ位の大きさの石であったか、能くわからぬ。或いは大石に多くの文字を写したか、或いは一字一石という風に写したか、その点は詳かにわからないが一字一石ということは、後の時代にも弘く行われたことである。

次に銅板に経を刻することがある。大分県西国東郡長安寺出土の法華経ならびに心経は、大中臣中子・僧尊智等数人の名を署してあり、保延七年（西暦一一四一）（一八〇一）九月十四日に供養したものである。（保延七年は七月十日に改元して永治元年となる。ここに九月十四日とあるは、辺鄙の地で、改元の事未だ知られなかったためであろう。）現に長安寺に存するもの十九枚、民間に出たもの三枚、都合二十二枚ある。なお他に十五枚（所在不明）都合三十七枚を以て全きを成していたものである。福岡県筑上郡岩屋村国玉神社所蔵のものは、僧頼厳・勢実等九人外に俗人紀長雅・大中臣三子等若干名の合力によって、康治元年（西暦一一四二）（一八〇二）十月二十一日供養したもので、三十三枚を以て法華経ならびに心経全部を刻してある。この外に、金峯山出土法華経ならびに開結、及び仁和寺金堂址出土の法華経ならびに阿弥陀経等の銅板経がある。これはその銘を存せぬによって年代は明らかでないが、その書風より見れば、右の長安寺・国玉神社のものよりはやや古いもののようである。なお宮城県本吉郡新目村大字新城宝鏡寺出土宝篋院陀羅尼がある。これは年代のやや降るものである。

次に柿《こけら》に経を写すことがある。大正五年〔西暦一九一六〕の頃、美濃安八郡墨股廃寺址から、柿に写した経を発掘した。経片は幅およそ五分、長さは切断せられたがため不明である。その経は書風より見て、確かに平安末期のものであることがわかる。この墨股寺は養和元年〔西暦一一八一〕（一八四一）源行家が平家の重衡・通盛・維盛・忠度等と戦い、行家敗れて頼朝の弟郷公義円等の斬られた所で、その供養のために建てた寺だと伝えられて居る。次に昭和八年〔西暦一九三三〕二月に、同じく美濃養老郡小畑村大字蛇持という所に一つの池があって、その池底の泥土を掘り上げた際に発見した柿経がある。経片幅およそ四分、長さおよそ八寸五分、この所は、永久年間（一七七三―一七七七〔西暦一一一三―一一一七〕）より文明の頃（二一二九―二一四六〔西暦一四六九―一四八六〕）まで存在した聚楽寺という寺の址だという。この経もまた書風より見て平安末期のものである。

次には木の葉に経を写すことがある。養和元年〔西暦一一八一〕（一八四一）十月十一日、後白河法皇が心経一千巻を柿葉に書き、これを俵十二に納めて、供養のために東海西海に流された。

木葉に経を写すことについて参考とすべきは、山城峯定寺の釈迦如来の胎内に納めた結縁文の中に、正治元年〔西暦一一九九〕（一八五九）七月八日附を以て木葉に記したものがあることである。

また蛤貝に経を写すことがある。その実例は九条兼実が寿永元年〔西暦一一八二〕（一八四二）二月十八日にこれを行うて供養した。

かくの如く、意匠を凝らし新奇の趣向を考えた結果、初めは信仰に趣味を含めていたものの、ようやく堕落の傾向をたどり、遂に玩弄的となり、道楽になり、骨董的になった。

読経の如きも、形式に流れて感興本位になって居た。今昔物語（巻十二）に睿実といえる法華経の持経者が、経を誦するに、一部を誦畢る時に、ほのかに白象来たって前に現われ、その読経の音の貴きには、聞く人皆涙を流すということがある。また道命阿闍梨の法華経読誦の声は、微妙にして聞く人皆首を低れて貴ばぬものはなかった。法輪寺に籠って読経した時には、金峯山の蔵王、熊野の権現、住吉の大明神、松尾大明神等が、毎夜の如くに掌を合せて聴聞していた。その道命が書写山の性空聖人にあいにいって、その夜読経していたれば、その房の檐《のき》の方で、忍び泣きに泣く人の声が聞こえた。あけて見たらば、それは性空聖人であったという。同じ道命の話は宇治拾遺物語（巻一）にも載せられて、色に耽りたる僧ではあるが、経をめでたく読んだとある。和泉式部の許へ通って、朝はやく目さめて読経していたれば、五条西洞院の塞の神が聴きに来ていたという。天台の円久というのも、読経の音貴きこと世に譬えむ方なしといわれた人であるが、葛城山に籠って、法華経を読誦していたれば、仙人が木の末に留って、終夜聞いて後飛び去ったという話が今昔物語（巻十二）にある。また宇治拾遺物語（巻三）に、小式部内侍に定頼中納言が契っていた。関白教通もまた通っていた。ある日、教通が内侍の局にいたのを、定頼が知らずに来た。局の人がそれと知らせたので、定頼は引き返したが、少しいってから、声うちあげて、経を読んだ。二声ばかりまでは、小式部は耳をたてるようにしたので、教通が怪しく思って居る内に、「すこしこえとおなるようにて、四こえ五こえばかり、ゆきもやらでよみたりけるとき、うといいて、うしろざまにこそふしかえりたりけれ」という話がある。定頼の読経の声の美しさが、殊に小式部の心をひいたのである。読経というものが一種の芸能となり、感興本位であったことはこれによっても知られるのである。

俗信仰

平安時代の思想界に就いて考うべきことは、陰陽道である。陰陽道の影響に依って、一般社会が甚だしく迷信に執われて、文化の停滞を致したことが少なくない。陰陽道は陰陽五行の説に依って成り立つものである。陰陽と五行とは支那上代の思想において万有の原素と認められたもので、五行とは水・火・木・金・土の五つで、造化万有は或いは五行に帰し、或いは陰陽二気に帰し、五行と二気との交配変化に依って、人事にもその応験があるというのである。周末春秋六国の際、諸子百家の説が雑然として起るに及び、陰陽家という専門家が出て、陰陽五行の説を唱えて居た。漢代学術復興の気運に向うに及んで、陰陽五行の説は儒家の説と結合して、その根柢を固めた。しかしてその陰陽説・五行説と称するものは、何れも天文暦数を基礎に置いて、それより流れて禁忌を説き、占卜祈禱を事とするようになった。その後、陰陽五行説は、道教の影響を受け、仏教の思想をも併せ、隋唐時代に入っては、天文暦数より転じて、天地の大数を臆測し、諸種の迷信を附加して、すこぶる神秘的なる方術となったのである。

　我が国の奈良・平安時代に流行した陰陽説は、すなわちその隋唐時代の説をそのまま受け継いだものである。陰陽道の我が国に伝来したのは、推古天皇十年（一二六二〔西暦六〇二〕）百済の僧観勒が来たって、暦本・天文・地理書ならびに遁甲方術の書を貢し、陽胡史《やこのふびと》祖玉陳《たまふる》は暦法を習い、大友村主高聡は天文遁甲を学び、山背臣日立は方術を学んだというに始まる。遁甲とは日時・干支・天文等を推して吉凶を卜する法である。その後間もなく暦法を布かれ、天変の記事もようやく国史に見え始めた。

　孝徳天皇の御代には始めて年号を建てて大化といい、又祥瑞改元の例を開かれた。天武天皇は天文遁甲を能くしたまい、壬申の乱には黒雲の変を観望して、天下両分の象を暁《さと》られ、即位の後には、占星台を起し、陰陽寮の名もこの時に初めて見える。又この御代には祥瑞によって改元せられたことも三箇度に及び、諸国より祥瑞を奏することもしばしばあった。陰陽道の思想は、実にここにその芽を吹き出したのである。

　文武天皇の大宝令を制定せらるるに及び、陰陽寮の制度が設けられた。令の制度では、陰陽・暦・天文共に博士一人あり、おのおの学生十人を置くことになって居たが、その数は充たされぬこと多く、ためにその学術は発達せず、学者の出ることも少かった。

　特に平安時代になっては、一般学術と同じく、この道が世襲せられて、賀茂・安倍両家の秘伝となって、容易く他家の人には伝えず、遂に陰陽道なるものをして、外部より窺い難き秘法・秘術と化せしむるようになり、これに伴うて迷信はいよいよ深まるようになるばかりであった。

　陰陽道に伴う迷信は、およそ三つの類に分って考えられる。その一つは天文に関する迷信である。令の制度では、天文博士一人、天文気象を観候し、異変あらば密封して、陰陽博士と共に奏上する。その目的とする所は、天体の推歩よりは、むしろ吉凶徴祥を判ずるにあった。その異変とする所の主なるものを挙ぐれば、次の如くであった。

日食　日変　日光異常　日珥（日の旁気）　日暈　日重出　月食　月変　月光異常　月珥　月暈　彗孛　歳星　顚星　辰星　太白　熒惑　文昌星　老人星　流星　客星　星月書見　月星凌犯　慶雲　紫雲　五色雲　赤雲　白雲　黒雲　異雲　虹蜺　天降異物

当時に在っては、これ等の現象は、或いは災変或いは祥瑞として、時に畏れ、時に賀したのである。中にも日蝕と彗孛《ほうきぼし》とは最も懼れられたもので、或いは禁裡の御慎み、或いは大臣の謹慎となり、或いは僧をして祈禱読経せしめ、或いは諸社に奉幣し、天下に大赦することもあった。彗孛は愚管抄にも天変中の第一変と謂われ、飢饉・火災・風害・水害・旱魃・疫癘・兵革・天皇不予・崩御・皇族薨去・公卿大官の疾病薨卒等の不祥は皆彗星の変より惹起せられるものとした。

諸道勘文巻四十五（群書類従）には、後冷泉天皇・堀河天皇・鳥羽天皇の御代における彗星出現に関し、諸道の家々よりの勘文を載せてある。中に長治三年〔西暦一一〇六〕（一七六六）三月中原師遠の勘申には、舒明天皇以後長治三年に至る間、凡そ三十七回の彗星出現について、その人事に及ぼした影響を記して、或いは天皇崩御・重臣薨卒・兵革騒乱・宮殿火災・疾疫・飢饉・旱魃等の実例を挙げて居る。

近衛天皇天養二年〔西暦一一四五〕（一八〇五）四月五日より彗星出現し、六月に亙って続き現れた。朝廷では、その災を攘わんがために、二十二社に奉幣使を立てられ、また徳政を行うの議あり。阿闍梨寛台をして孔雀経法を修せしめ、又南殿において六十口の僧を請じて、大般若を転読せしめ、法勝寺・延暦寺・東大寺をして千僧仁王経転読を行わしめたが、その験なく、彗星は依然として消えなかった。藤原頼長これを嘆じて、「弘法慈覚両門既堕㆑地之世乎、嗟哀哉」と記して居る。

諸星変異について著しい一の例は、六条天皇永万二年〔西暦一一六六〕（一八二六）に現れ出た。その詳細は安倍泰親朝臣記に見える。この書は一に天文変異記と題し、その初めに月入太微宮・月犯熒惑・月犯天江・地震・月在鬼宿・月掩南斗、かくの如き変異の名称がおよそ四十種ばかり列べてある。しかしてその本文に入って見れば、この四十種の変異は、総べて永万二年の正月より十二月に至る間に相つづいて現れたものである。その度毎に、泰親よりこれを奏上し、これについて、或いは病喪兵乱の兆であるとか、或いは国家上皇大臣大将の慎みとか、一々にその人事上の影響をのべて居るのである。かくてこの年の七月には摂政基実薨じ、八月には改元せられて仁安元年となった。

次に陰陽道に関する迷信の二は暦道に関するものである。暦の注に雑忌を載せ、日の吉凶を載せることは、夙く奈良時代よりあったことで、現存せる天平十八年〔西暦七四六〕・二十一年・天平勝宝八歳〔西暦七五六〕具注暦の断簡（正倉院文書）にも吉凶を載せ、暦の冒頭にはその雑忌の凡例のようなものを掲げてある。平安時代に入っては、この禁忌は上下一般に弘まり、公卿衆の日記にも多くこれを記した。庶民もまたこの暦の注を便りとするようになり、一般の迷信思想を深くするようになった。日・月・年（干支）及び方角に関する吉凶は、或いは一人にかかり、或いは衆人にかかり、その応用の範囲は、公私の儀式・冠婚葬祭・神事・仏事・外出・出仕・造営・種樹・沐浴・着衣・剃髪・剪爪等の日常の行事はいうに及ばず、戦闘・療病・服薬等にまで及んだ。この弊害が甚だしくなったので、平城天皇大同二年〔西暦八〇七〕（一四六七）九月二十八日、勅して暦注を除かしめられたが、却ってこれを不便とするものが多く、嵯峨天皇弘仁元年〔西暦八一〇〕（一四七〇）九月二十八日、又旧に依って暦注を復することとなった。これよりその弊益々甚だしく、遂に迷信愚昧の俗をなすに至った。

陰陽道に関する迷信の第三は卜占において現れた。類聚符宣抄（第三怪異の条）には、社寺の怪異に就いて、官寮より進むるところの占の勘文を多く収めてある。神社の樹木が多く枯れたのも、仏寺に多く小虫が集ったのも、仏身に汗が流れ、鴨が一双楼上に飛んで来たのさえ、神祇官・陰陽寮をして卜占せしめる。気象その他天然現象、動植物等に就いても、これを災異として恐れ慎しみ、卜占祈禱せしむることが多い。その実例を二、三挙げて見よう。

後一条天皇長元八年〔西暦一〇三五〕（一六九五）三月二十一日の頃、東大寺の大仏ならびに講堂の菩薩三体湿潤して仏体より出る水流れ集まるにより、人々がこれを汲み捨てた。翌日見ると、更に湿気は無かった。

後朱雀天皇長久三年〔西暦一〇四二〕（一七〇二）五月十四日、大仏湿《うるお》うに依って御卜を行うた。

後冷泉天皇天喜四年〔西暦一〇五六〕（一七一六）七月二日、同九月六日にも大仏が湿うた。

同五年五月にも、朔日と五日と二度、大仏湿うに依って、官符を東大寺に下して、仁王般若経を転読せしめ、そのために大和等の国々をして、読経請僧供料米を送らしめた。

同じく康平元年〔西暦一〇五八〕（天喜六年、一七一八）六月二日、大仏又湿うた。陰陽寮の勘文に依れば、怪所の長吏及び丑未寅申の年の人病の事あるべし、その期日は怪以後二十五日の中、及び来たる十一月十二月の節中丙丁日に当る。件の人は、期に至って慎しむべしというのであった。

康平三年〔西暦一〇六〇〕（一七二〇）七月、大仏が又湿うた。卜に依れば、来歳二月まさに兵革あるべしと曰う。すなわち勅してこれを祈らしめられ、僧延幸が三十僧を率いて仁王護国経を読誦すること五十日に及んだ。

鳥羽天皇永久三年〔西暦一一一五〕（一七七五）五月、大仏又湿うた。神祇官の卜によれば、天下口舌の病あるべしといい、陰陽寮の占では、公家（天皇）御薬のこと慎しまるべし。期は怪日以後二十五日の内、及び四月・七月・十月の節中ならびに丙丁の日であるという。依って本寺に勅して祈らしめられた。

湿潤の事は東大寺大仏ばかりには限らなかった。後白河天皇保元二年〔西暦一一五七〕（一八一七）四月十四日、高野山伝法院の鐘・仏、大塔西塔の諸堂の仏像、皆汗を生じた。陰陽寮をしてこれを占わしめ、又本山に下知してこれを祈らしめた。

動物に関する怪異の例としては、延喜六年〔西暦九〇六〕（一五六六）八月七日、紀伊国より言上に、管内牟婁郡熊野村に去る四月十八日に、牝牛が犢を産んだが、その形体黒斑で、蹄四あり、一頭より両面に分れ、左の面短くして、右の面長しと。すなわち陰陽寮をして勘中せしめたるに、怪異であり、盗兵起るの兆しだという。依って国宰をして謹慎せしめた。

同年十月八日には、これより先、烏が時を奏する籤を咋え抜き、また鷺が南殿に集ったので、これを攘わんがために、この日清涼殿に般若御読経を修せしめられた。

延喜十一年九月二十一日、大極殿に鷺の怪あるに依り、律師玄照をして、熾盛光法不断法を行わしめた。

延長元年〔西暦九二三〕（一五八三）三月二十九日、太政官庁の梁の上に烏が巣を造ったので、御占を行わしめ、四月八日には名僧三十口を官庁に召して、金剛般若経千巻読ましめた。

一条天皇長保五年〔西暦一〇〇三〕（一六六三）七月十日に、石清水八幡宮に狐の怪があった。十月十日群烏飛集して、鶏を喰い殺した。神祇官・陰陽寮の勘申には、疫癘護るべく兵革動くの兆しであるという。すなわちこれを消さんがために、祈禱の勅使を石清水八幡宮に遣わされた。

かような事例は、平安時代すべての代を通じて、絶えず現われたことであって、一々ここに挙ぐべくもない。ここに平安時代末期における一、二の例を示そう。

堀河天皇嘉承二年〔西暦一一〇七〕（一七六七）四月十三日、鴨御祖社に狐鳴の怪異あり、二十八日これを軒廊にトうに、公家御慎・天下疫疾・神事穢気・東方兵革ありという。

同年六月、祇園感神院に怪異あり。二十一日申尅に雷が落ちて、鳥居を踏折った。踏折るというは、雷は雷獣であったからである。これにつづいて、二十二日に、霊木が自然に折れ損じた。二十五日これを軒廊にトうた。神祇官のトには、公家御栄・天下疾疫口舌とあり、陰陽寮の占には、神事不浄・疾疫口舌という。但し二つの怪異の中、官も寮も雷の方が重いということであった。

同年七月四日に、鴨御祖社に狐鳴の事あり、十日これを軒廊にトうに、官のトは口舌といい、寮の占は神事の穢れ、盗失の事あるべしという。

この年堀河天皇崩御ましました。これにつけて、中右記には、去年今年怪異事を列挙して、去年正月奇星亙天、今年正月小朝拝に不祥の事あり。この六月二十一日、二十ヶ所に落雷、なかんずく皇居の樹を折ることこれ一の怪なり。七月八幡御帳鼠に食わる。同月十六・七・八日群犬禁中に入り長吠すなど、以下十数件の怪異を列挙して、崩御の兆として居る。

学才当時に群を抜いた藤原頼長の如きも、その日記天養二年〔西暦一一四五〕（久安元年、一八〇五）五月十八日の条に、今朝鷺居家棟之怪也、泰親云病事怪口舌重と記して居る。

災異と並んで祥瑞の思想も、陰陽道に依って大いに養われた。夙く国史には、奈良時代以前に白雉・朱雀・白雀・

白鳥・赤烏・白鳩・白燕等その他多くの祥禽瑞鳥の記事があり、これがために改元せられたことさえある。その祥瑞の思想流行に伴うて、詐欺が流行し、大宝・神亀・天平宝字という改元の因をなしたことがある。（これについてはすでに奈良時代の章において述べた。）

平安時代に入っては災異に因る改元の例が甚だ多い。或いは地震・水旱・凶荒・飢饉・疫癘・火災等枚挙にいとまがない。革命及び革令、すなわち辛酉の年と甲子の年に改元するという例も、また陰陽道に収められた讖緯の説によることである。右の如く天変地妖等怪異のことあれば、陰陽寮をしてこれを占わしめ、神社には奉幣使を立て、仏寺をして経を転読せしめ、その災害を攘わしむるを常とした。

これとともに陰陽道それ自らに祭祀と祓とがある。すなわち、

泰山府君祭　四角四堺祭　御本命祭　巽方鬼気祭　代厄祭　三万六千神祭　宅鎮祭　庭火ならびに平野竈神祭

等諸種の祭がある。又、

七瀬祓　巳日祓　河臨祓　百度祓　千度祓　万度祓

等がある。（以上陰陽道に関する事は、斎藤励氏王朝時代の陰陽道・古事類苑方伎部・大日本史陰陽志参照。）

淫祠を祀り邪神を畏れることも、国史の上にしばしば見える。文徳天皇の御代に、藤原高房という人があった。かつて美濃守たりし時、安八郡の陂堤を修理せんとした。しかるに陂渠の神、水を遏《とど》むるを欲せず、これに逆らう者は祟りありとの迷信があって、前代国司等が廃してこれを修めなかった。高房曰く、いやしくも民に利あらば、死すとも恨みずと。民を駆って堤を築き、これより灌漑流通して、民その恵に潤うた。また席田郡に妖巫あり、その霊にかかり、人民毒害せらるる者多かったが、古来の吏皆恐怖を懐いて、敢えてその部に入らず。高房単騎その部に入って、その類を追捕し、一時に厳罰に処し、これより永くその害を絶った。

同じく文徳天皇の御代に、大学助山田連春城という人があった。律令に精通し、後の法律を言う者、皆これに准的した。仁寿三年〔西暦八五三〕（一五一三）駿河介の任に赴いた。時に部下駿河郡に伊豆より新たに移れる神あり、阿気大神と名づく。国司官に申して、新社を建て以てこれを祀った。しかるに禰宜祝等、増すに奇異の事を以てし、国司庶

たという。

人を誤った。春城任に到り、即時考訊して、その訛謬を糺し、これより以後妖言永く絶え、歳時祭祀するのみとなったという。

朱雀天皇天慶元年〔西暦九三八〕（一五九八）九月二日、近日東西両京大小路衢、木を刻して神を作り、相対して安置す。およその躰像、丈夫に髣髴し、頭上冠を加え、鬢辺纓を垂れ、丹を以て身に塗り、緋衫の色を成し、起居同じからず、遞《たがい》におのおの貌を異にす。或る所には、又女形を作り、丈夫に対してこれを立て、臍下腰底陰陽を刻絵し、几案をその前に構え、坏器をその上に置き、児童猥雑拝礼慇懃、或いは幣帛を捧げ、或いは香花を供す。号して岐神といい、又御霊と称す。未だ何の祥たるかを知らず。時人これを奇すという事がある。

一条天皇正暦五年〔西暦九九四〕（一六五四）六月十六日、都の人の妖言に、今日疫神横行すべし、都人士女出で行くべからずと。よって上公卿衆より、下庶民に至るまで、門戸を閉じて往還が絶えた。二十七日に、疫神のために御霊会を修し、木工寮・修理職から神輿二台を作って、船岡山に安置し、先ず僧侶を屈請して仁王経を講ぜしめ、伶人楽を奏し、会集男女幾千人なるを知らず。幣帛を捧ぐるもの街衢に満ちた。事了って後、これを難波の海に流した。疫神を祭ることはなお一条天皇長保三年〔西暦一〇〇一〕（一六六一）五月、三条天皇長和四年〔西暦一〇一五〕（一六七五）六月二十日等にも見える。

白河天皇応徳二年〔西暦一〇八五〕（一七四五）七月朔日より、東西二京諸条辻毎に、宝倉《ほぐら》を造立し、鳥居に額を打ち、その銘を福徳神或いは長福神或いは白朱社という。洛中上下群集して盃酌算無し。検非違使に仰せて破却せしめられた。淫祠として格制あるの故也とある（百錬抄）。

堀河天皇康和五年〔西暦一一〇三〕（一七六三）三月三日、鬼神世間に横行すとの妖言あり、天下の人等今日ばかり謹慎す。

近衛天皇仁平二年〔西暦一一五二〕（一八一二）五月十八日、疫鬼流行すとの妖言あり、洛中大物忌し、市民その難を免れんがために、門を閉じ、青木香を掛く。かような事はこれだけには止まるまい。今はただ寓目せるのみを掲ぐ。

平安時代の思想界の、暗黒なる一面を示すものに「もののけ」がある。「もののけ」は、死霊又は生霊が人間に祟りをなすをいう。「もの」とは霊魂の意で、日本紀神代巻上一書第九伊弉諾尊が伊弉冊尊の殯斂の処を見、雷に追われて走り還り、道の辺の桃の実を採って擲げたまう。これ桃を用《も》って鬼を避くるの縁なりとある。その鬼をアシキモノと訓む。また同じく神代巻下に、高皇産霊尊が八十諸神を召集えて吾れ葦原中国の邪鬼を撥い平げしめんと欲すとのたまう。その邪鬼もまたアシキモノと訓む。また万葉集巻四、神亀二年〔西暦七二五〕（一三八五）三香原離宮に幸したまう時、笠朝臣金村の歌に「縁西鬼尾」とあり、「よりにしものを」と訓む。また推古紀、十六年（一二六八〔西暦六〇八〕）八月の条、隋の皇帝の書中に含霊の語あり、「よろづのもの」と訓む。これによって見れば、「もの」は鬼神の鬼、霊魂の霊で、いわゆる「もののけ」は怨霊をいうのである。「け」は或いは「気」又は「怪」の字を宛てる。「気」は霊気の意で、「怪」はその妖怪なるよりつけたのであろう。

怨霊の思想は夙く奈良時代より現れて居る。天平十八年〔西暦七四六〕（一四〇六）六月僧玄昉が配所で死んだ時に、世相伝えて云う、藤原広嗣の霊のために害せらるとある。この後光仁天皇、皇后井上内親王（宝亀三年〔西暦七七二〕一四三二廃、六年卒）桓武天皇皇太子早良親王（延暦四年〔西暦七八五〕一四四五廃、配流途中薨）桓武天皇皇子伊予親王及び御母藤原夫人吉子（大同二年〔西暦八〇七〕一四六七薨）橘逸勢（承和九年〔西暦八四二〕一五〇二配流、途中死）等の事あり。貞観五年〔西暦八六三〕（一五二三）五月それ等の霊を祀り、御霊会を修した。

物怪の現るるは、承和の頃から殊に著しくなって来た。その若干の例を挙ぐれば、

承和四年〔西暦八三七〕（一四九七）七月三日、十五口の僧を常寧殿に延いて、昼はすなわち読経し、夜はすなわち悔過す。内裏物怪あるを以てなり。

同六年七月五日、僧六十口を紫宸殿常寧殿に延いて、大般若経を転読せしむ。禁中物怪あるを以てなり。

同八年閏九月十五日、僧二十口沙弥二十口を常寧殿に請じ、二箇日を限り読経せしむ。物怪を謝するなり。

同十年五月八日、内裏物怪ならびに日異を鎮めんがために、百法師を屈し、三箇日を限り、薬師経を清涼殿に読み、薬師法を常寧殿に修し、大般若経を大極殿に転じ、諸司醋食し、兼ねて殺生を禁ず。

同年八月十四日、百僧を大極殿に請じ、大般若経を転読し、また三十僧を真言院に分かち、修法五箇日の間、諸司

潔斎す。物怪を攘わんがためなり。

同十二年三月六日、名僧百口を請じ、限るに五箇日を以てし、紫宸・清涼・常寧等の各殿及び真言院において大般若経を転読し、兼ねて陀羅尼法を修す。物怪あるを以てなり。

同十四年三月十一日、僧六十四口沙弥六十四口を清涼殿に請じ、大般若経を転読し、分って僧十七口沙弥二十一口を常寧殿に召し、真言法を修せしむ。物気を鎮めんがためなり。

この間において、承和十一年八月五日、文章博士春澄善縄・大内記菅原是善等が物怪についての意見書を上って居る。その趣意は、大納言正三位藤原朝臣良房の宣を被るに偁《いわ》く、先帝（嵯峨天皇）の遺誡に曰く、世間の事物怪ある毎に祟りを先霊に寄す。これ甚だ謂われ無きなり者《て》えり。今物怪あるに随って、所司をして卜筮せしむるに、先霊の祟り、卦兆に明らかなり。臣等信ぜんとすればすなわち遺誥の旨に忤《さから》い、用いずばすなわち当代の咎を忍ぶ。進退惟れ谷まる。未だ何れに従わんかを知らず。もし遺誡後に改むべきあらば、臣子商量してこれを改めん耶。以て否とすべきかと。これに由って、二人は古典証拠の文を引き、周の王季・北斉富豪梁氏・春秋左氏伝・魏武子の子顆の故事を挙げ、また尚書・白虎通・後漢書所載劉梁の弁和同論等の語を引いて、卜筮の告ぐる所強いて信ずべからず、君父の命宜きを量って取捨すべし、しからばすなわち改むべきはこれを改むるも、また何ぞ疑わんやと申した。朝議これに従うとある。すなわち嵯峨天皇が物怪は先霊の祟りなりというは謂われなきことなりと仰せられた御遺誡も、これを改めて卜筮の説を用い、先霊の祟りを信じ、物怪に対する恐怖が大きくなったことを示して居る。

これについで承和十二年八月四日に、藤原良房の天請問経書写の事あり。その事情については、すでに第四章第九節〔一四二頁以降「貞観前後の時代」の節〕に述べたが如くである。物怪が皇太子恒貞親王廃位、橘逸勢の事件に関係あることは自ら察せられる。

村上天皇の頃から物怪は益々劇しくなってきた。従来の物怪はその情況は詳かに記してないが、大凡いわゆる妖怪変化の類で、その祟りは一般の人にかかる。または疾病の流行・天変地異の類で、国家の災となるものもあったが、平安時代中期になっては、物怪はある一人につき、またその近親子孫などに祟り、これを悩ますのである。

「もののけ」の最も著しい例は、村上天皇の御代に現われた元方大納言の霊である。藤原元方に祐姫という女があって、村上天皇の女御となり、その御腹に、第一皇子広平親王が御誕生になった。しかるにまもなく、九条師輔の女なる中宮安子の御腹に、第二皇子憲平親王が御誕生になり、やがて外戚の重みで、憲平親王は皇儲と定められた。この立太子の議の起った頃から、宮中頻りに物怪を示したが、やがてその議も定まった。元方は「かくと聞くに、むねふたかる心ちして、物をたにもくわずなりにけり」(栄華物語　月の宴)。まもなく元方は死んだが、「さてのちにれい［霊］にいてまして、」(大鏡　師輔)頻りに祟りをなし、中宮安子を始め、冷泉天皇及び天皇の御子孫に報いた。「かくて東宮(憲平)よつにおわしまししとしの三月に(天暦三年〔西暦九四九〕一六〇九)、元方の大納言なくなりにしかば、そののち一のみや(広平親王)も女御(祐姫)もうちつづきうせ給うにしぞかし。そのけにこそはあめれ、東宮いとうたてき御もののけにて、ともすれば御ここちあやまりしけり。」(栄華物語　月の宴)かくて応和四年〔西暦九六四〕(一六二四、改元康保元年)四月、中宮安子崩御の時にも、「御もののけともいとかずおおかるなかにも、かの元方の大納言の霊いみじくおどろおどろしく、いみじきけはいにて、あえてあらせたてまつるべきけしきなし、」(同)「冷泉院の御もののくるわしくましまし、花山法皇の位を去らせ給い、三条院の御目くらかりし、元方民部卿の悪霊のたたりとこそ承われ。」(平家物語四　長門本)とある。

次に著しい「もののけ」の例は藤原顕光である。顕光の女延子は敦明親王の女御であった。敦明親王は三条天皇の皇子にましまし、長和五年〔西暦一〇一六〕(一六七六)正月後一条天皇の皇太子に立てられ給うたが、関白藤原道長は、その女彰子の生み奉った一条天皇の皇子敦良親王(後の後朱雀天皇)を以て敦明親王に代えようという考えがあったので、敦明親王もその位に安んじ給わず。寛仁元年〔西暦一〇一七〕(一六七七)皇太子の位を辞したもうた。因って院号を小一条院と申し、上皇に准ぜられた。道長はその後、自分の女寛子を小一条院に納れて女御とした。顕光及び延子はこれを怨んで、死後、寛子及びその姉三条天皇の中宮研子・尚侍嬉子(後朱雀天皇東宮御時の妃)及び道長の外孫に当らせらるる後一条天皇・後冷泉天皇にまで祟りをした。万寿二年〔西暦一〇二五〕(一六八五)小一条院女御寛子御悩重く、ついに薙髪して戒を受けられた。「ただよろずゆめの心ちのみせさせたまう。東宮中宮の大夫殿(頼宗・能信)中納言殿（長家）などあわれにいみじうおぼしまどい、ものにあたり、御もののけどもいといみじう、しえたりしえたりと、堀川のをおとど（顕光）女御（顕光女）もろこえに、いまぞむねあくとさけびののしり給う。」（栄華物語　みねの月）

道長に怨みを懐いて居るものは、ただ顕光父子のみではない。その外にも数々あったに相違ない。さればその病むに当っても「もののけ」は数々現われ出た。

わが御心ちも、よろしからずおぼしめさるれば、このたびこそはかぎりなめれとおぼさるるにも、もの心ぼそくおぼさる。殿ばらみやみやなどにも、いとおそろしうおぼしなげくに、いとおどろおどろしき御心ちのさまなり。かかればよろずにいみじき御いのりどもさまざまなり。されどただいまは、しるしもみえず、いとくるしくせさせ給う。さまざまの御もののけかずしらずののしるなかに、げにさもやときこゆるもあり、またことのほかにあるまじきことどもおぼえぬなのりをし、あやしきことどもをも申す。（栄華物語　うたがい）

「もののけ」に対する恐怖の甚だしかったことは、左の一話を見ても思い半ばに過ぐるものがある。

藤原朝成は蔵人頭を望んで得ず、ために伊尹と不和になり、恨を含み、生霊となって祟り、死後伊尹の三子義懐・高賢・義孝及び義孝の子行成ならびに外孫に当らせらるる花山天皇にまでも禍を及ぼした。道長はある時、夢に朝成が行成に祟らんとするを知り、これを行成に知らすべく消息を贈ったが、行成はこれを知らずして参内し、途に道長に遭うた。道長は消息を贈ったのに見なかったか、かようかようの夢を見たという。行成は手をはたと打って、その事情を問い質しもせず、二言ものいわず、急いで出て家に帰り、祈りなどして、しばらくは参内もしなかった。

「もののけ」は怨霊の所為ではあるが、また一種の病的現象である。されば清少納言の如きは、これを「やまい」の中に数えて居る。

いとうるわしくながきかみを引きゆいて、物つくとて、おきあがりたるけしきも、いと心ぐるしく、ろうたげなり。うえにもきこしめして、御どきょうの僧の声よき給わせたれば、とぶらい人どもも、あまた見きて、経ききなどするも、かくれなきに、めをくばりつつ、よみいたるこそ、つみやうらんとおぼゆれ。（枕草子百五十五段　やまいは）

右にもある如く、「もののけ」にかかった者は、加持祈禱を以てこれを退散せしめる。高名にして効験著しき僧侶を招いて、これを行わしめる。その僧侶を「げんざ」又は「げんじゃ」（験者）と呼んで居る。時には験者もその効験なく「もののけ」は容易に去らず、困憊して眠りを催すものもある。

おもわん子を法師になしたらんこそは、いと心ぐるしけれ。さるは、いとたのもしきわざを、ただ木のはしなどのように思いたらんこそ、いといとおしけれ。そうじもの《精進物》の、あしきをくい、いぬる《寝》をも、わかきは物もゆかしからん。女などのある所をも、などかいみたるように、さしのぞかすもあらん。それをもやすからずいう。ましてげんじゃ《験者》などのかたは、いとくるしげ也。みたけ《御岳》・くまの《熊野》、かからぬ山なくありくほどに、おそろしきめも見、しるしあるきこえ出できぬれば、ここかしこによばれ、ときめくにつけて、やすげもなし。いたくわずらう人にかかりて、もののけちょうずるも、いとくるしければ、こうじ《困》てうちねぶれば、ねぶりなどのみしてと、とがむるも、いと所せく、いかにおもわんと、これはむかしのことなり、いまようはやすげなり。（枕草子四段　ことごとなるもの）

清少納言は更にまた験者の無能を嘲っては、

げんざの物のけちょうずるとて、いみじうしたりがおに、とこ《独鈷》やずず《珠数》などもたせて、せみ《蟬》こえにしぼり出しよみいたれど、いささかさりげもなく、ごほう《護法》もつかねば、あつめてねんじいたるに、男も女もあやしと思うに、時のかわるまでよみこうじて、さらにつかず、たちねとて、ずずとりかえしてあれど、げんなしやとうちいいて、ひたいよりかみざまにかしらさぐりあげて、あくびをおのれ打して、よりふしぬる。（同十四段　すさまじきもの）

にわかにわずらう人のあるに、げんざもとむるに、れいある所にはあらで、ほかにある、たずねありくほどに、まちどおに久しきを、かろうして、まちつけて、よろこびながら、かじせさするに、このごろもののけにこうじにけるにや、いるままに、すなわちねぶりごえになりたる、いとにくし。（同十七段　にくきもの）

「もののけ」調伏の困難なることは、これ等の文によっても知られる。それだけにこれを調伏し得た験者の得意もまた察せられる。清少納言は「したりがおなるもの」の中に、「こわき物のけちょうじたるげんじゃ」を数えて居る。（枕草子九十七段）

物のけを調伏するには、これを乗り移らせるべき人を選ぶ。枕草子にはこれを「うつすべき人」と記し、讃岐典侍日記には「物つくもの」、平家物語などには「よりまし」と称して居る。この「うつすべき人」は枕草子などには童女を用いることを記し、栄華物語などには、近侍の女房を用いる。この移すことを栄華物語には「かりうつす」といい、験者が病者より「もののけ」を駆り出して移すとして居る。今左に枕草子（百五十六段　いいにくきもの）の文を意訳して、その「うつす」様子を記してみよう。

　前の木だち高く庭ひろき家の、東南の格子ども上げわたしてあるので、涼しげにすいて見える。母屋に四尺の几帳を立て、円座《わろうだ》をおいて、三十余と見える僧の、いとにくげならぬが、薄墨の衣 羅《うすもの》の袈裟など、いとあざやかに装束して、香染の地の扇をつかい、千手陀羅尼を読んで居る。もののけにいたく悩む人があるのであろう。もののけを移すべき人とて、大がらの童女の、髪など美しいのが、生《すずし》の単《ひとえ》を着、鮮かなる袴を長く着けて、いざり出て、横さまに立ててある几帳の前に居る。加持僧が外の方童女の方へひねり向いて、いと細くつやめいた独鈷を童女に執らせて、「おお」と声を上げ、眥《まなじり》を決して、読む陀羅尼もいと尊く聞こえる。はればれしい女房があまたいて、集り見つめて居る。ほどなく「もののけ」は童女に移ったと見えて、童女が震い出すと、本心を失い、験者の行うままに従うて居る。その効験も尊く見える。「もののけ」に悩む女の姉の掛を着たのや、細やかなる冠者などが後にいて、験者を扇であおぐもあり、皆験者を尊とがって集って居るのを見ても、童女が本心であったならば、いかに恥ずかしと思うであろう。童女が加持調伏のため、いみじうわびなげくのは、童女自らが苦しむのではなくて、霊が苦しむのであると知りながら、気の毒に覚えて、もののけに悩む者の知人などは、童女をかあいそうに思うて、几帳のもと近くいて、童女の着物の乱れたのを引きつくろひ直しなどする。まもなく「もののけ」は去って、快くなったとて、おも湯など取り次ぐ間にも、陪膳の若い女房などは、なお心もとなく思い、おも湯の盤を引き下げながら、急いで出てくる。煩う女は単なども清げに、薄色の裳など萎えても居らず、いと清げである。申の時になって「もののけ」は降伏して、いみじうことわりなど言わせて、赦して帰す。童女は几帳の中にでもいたいと思うたであろうが、人々の中に出てくることを、あさましくも思い、本心を失うた時に、いかなる事があったであろうかと、恥かしがって、髪をふりかけて顔を隠し、几帳の中にすべり入ってしまうのを、験者は暫しと留めて、少し加持をして、如何にさわやかになったかと問えば、うち笑んでいたのも恥かしげである。

右は「もののけ」の移るさまを描いたものであるが、小右記に見ゆる左の記事の如きは、その実例と見るべきものである。

長和四年〔西暦一〇一五〕（一六七五）五月二日、仰云、（三条天皇の仰）壇之御修法、律師御加持間、候二御前一之女、民部掌侍両手振動、已似二邪気一、昨御目頗宜、今日猶如レ例不快者。

同四日、主上御目冷泉院御邪気所為云々。託二女房一顕露多所レ申々事云々、移レ人之間御目明云々。

右記す如き「もののけ」の実情は、一条天皇前後、道長全盛時代を中心とし、冷泉天皇・円融天皇から三条天皇・後一条天皇・後冷泉天皇の頃までに及ぶ。平安時代末になっても、「もののけ」はなくなるわけではない。すなわち堀河天皇寛治五年〔西暦一〇九一〕（一七五一）五月十二日、中宮御不例であらせられたが、これは頼豪の怨霊のためであるとせられた。頼豪は三井寺の僧で、白河天皇の御代に皇子御誕生を祈って験あり、賞するにその望む所を以てせんと仰せられ、すなわち三井寺戒壇建立を請うたが、これは古くより延暦寺との争いあるによって許されなかった。頼豪これを怨んで、ついに怨霊になったと伝えられる。又同じく堀河天皇が嘉承二年〔西暦一一〇七〕（一七六七）七月に御悩重くましました時にも、御物怪現れて、隆明僧正・頼豪僧正などとののしったという。隆明も三井寺の僧である。かように平安時代末期にも、あるにはあるが、最早中期の如くすさまじいものはなくなった。すなわち物怪は藤原氏がようやく権勢を得る時代、良房の頃よりはげしくなり、藤原氏の全盛時代において最も活動し、藤原氏の権力が下り坂に向うと共に、物怪もまた鎮まる。要するに物怪なるものは、古く奈良時代に現れたものも、平安時代におけるものも、同じく怨霊の所作ではあるが、平安時代において、藤原氏殊に北家の一門が、氏族間の暗闘に由り、または同氏間の内訌に由り、劣敗者となり犠牲者となった者の怨恨を買うことの多かりしだけに、物怪の祟りも深刻で執念深くなったのである。しかしてそは結局藤原氏が優勝者としての恐怖と自己反省に依る煩悶の劇しさを示すに外ならぬのである。

修験

修験道の史料については、日本大蔵経に収むるもののみを以てもおよそ百数十種を数える。しかしながら、何れも後世にできた末書、もしくはその道の作法を説いたものが多く、史伝として的確なるものは甚だ乏しく、随って歴史的にこれを詳かにすることはすこぶる困難である。今はその貧弱なる史料によって、わずかにその大概を述べるに過ぎない。

修験というは、咒法を修持して霊験を証得する道なりといわれ、その名は、霊異記（上巻二十八）に役行者の伝を記して「修㆓行孔雀之咒法㆒、証㆓得奇異之験術㆒」とあるに拠るという。その根本道場たる大和大峯山すなわち吉野金峯山の奥の連山を以て、金胎両部の浄刹、無作本有の曼荼羅、金剛九会の円壇、胎蔵八葉の蓮台とすという。山岳崇拝と仏教の山林練行とが結びつき、それに濃厚なる密教的色彩を加えたものである。僧侶が諸国を遊行し山中に籠って修行する風習は、夙く大宝〔西暦七〇一―七〇四〕・養老〔西暦七一七―七二四〕の頃に行われていた。行基の如きはその著しい一例であり、修験道の祖と称せらるる役行者もまたその類である。

役行者は続紀文武天皇三年（一三五九〔西暦六九九〕）五月二十四日の条に、「役君小角を伊豆の嶋に流す。初め小角葛木山に住みて、咒術を以て称せらる。外従五位下韓国連広足焉《これ》を師とす。後その能を害し、讒するに妖惑を以てす。故に遠処に配せらる。世相伝えて云う、小角能く鬼神を役使して、水を汲み薪を採らしむ、もし命を用いざればすなわち咒を以てこれを縛す。」とあり、霊異記には「修㆓持孔雀王咒法㆒得㆓異験力㆒以現作㆑仙飛㆑天縁」と題して、役ノ優婆塞は賀茂ノ役ノ公ノ氏、大和国葛木上郡茅原村の人である。自性生知博学で、三宝を仰ぎ信じこれを以て業とした。神仙飛行の術を学び、年三十余にして巌窟に居り、葛を被、松を食い、孔雀の咒法を修行し、奇異の験術を得、鬼神を駆使することを得た。これに依って大和の金峯と葛木の峯とに橋を渡せと鬼神に命じた。鬼神等これを愁え、藤原宮御宇天皇（持統天皇）の世に、葛木の峯の一語主大神がこれを讒して、役優婆塞は時を傾けんと謀ると申したので、天皇は勅使を遣してこれを捉えしめられたが、小角は験力を以て輙《たやす》く捉えられないので、その母を捉えたれば、小角は母を免されんがために出で来たって捕えられた。すなわち伊図島に流した。時に彼は身を海上に浮かべ、自由に飛行して、富士の山に登って修行した。三年にして赦され、大宝元年〔西暦七〇一〕（一三六一）に都に還り、遂に神仙となって天に飛んだとある。

役行者が諸山を跋渉して験術を得たということは、右の霊異記の記す通りであるが、しかしながら彼は特に修験道という一派を創めたというわけではない。彼が修験道の元祖と称せらるるは、後世より推尊したに過ぎない。（役君又役公は姓《かばね》であって「えのきみ」と訓むべく、小角は、続紀の訓には「ヲツヌ」とあるが、「をすみ」と訓むべしと、木葉衣にある。）

修験道における伝説によれば、義学という者がその遺法を紹ぎ、その後義玄・義真・寿元・芳元あり、以て平安時代初期に及ぶ。これを五代山伏と称すという。これは役君徴業録（明和〔西暦一七六四—一七七二〕頃）深仙灌頂系譜（寛政〔西暦一七八九—一八〇二〕頃）踏雲録事（天保七年〔西暦一八三六〕行智著）等に記す所であるが、けだし後世に修験道の発達した頃にいいふらされた事であろう。

修験道の集団には、聖護院流と醍醐寺流とがあり、何れも大和大峯を中心として練行するものである。聖護院の流は天台宗の修験であり、これを本山派といい、熊野より大峯に入り修行し吉野に出る。これを順峯という。その本山派という名は、本尊・本家などという本の字の意味で、元来熊野三山を指して本山と称したもので、その流のものが自ら称する所の名を、他よりも唱えるようになって、一派の名目の如くなり来たったものであるという。醍醐寺の流は真言宗の修験であり、これを当山派といい、吉野より大峯に入り熊野に出る。これを逆峯という。当山派という名は、当寺・当家などという当の字の意味で、大峯を指して当山と呼んだのを、自門に称する所を以て他よりこれを唱えるようになり、ついに一派の名目の如くになったのものであるという。

右は大峯を中心としての修験であるが、この外、各地方に、大和の葛城・伊予の石槌山・豊前彦山・加賀白山・出羽羽黒山等も、それぞれこれを中心とした修験がある。中にも彦山派と羽黒派とが最も著われていた。

右の大峯練行は、何時頃より始まったものであろうか、これを史料について辿って見るに、一心戒文（最澄の弟子光定の著）に弘仁三年〔西暦八一二〕（一四七二）七月十六日、光定が金峯山に上り、明神のために法華を説くことを記して居る。これは吉野金峯山をいうのであって、大峯を指すのではない。また僧尼令第十三条に、僧尼の山居禅行の事を規定して、京畿外のものは三綱より国郡を経て官に申し、官判じてその山居の隷する所の国郡に下せとある。その義解に「仮えば山居金ノ嶺《ミタケ》にあらば判じて吉野郡に下すの類なり」とある。義解は仁明天皇承和元年〔西暦八三四〕（一四九四）より施行せられたものであるが、この金嶺もまた金峯山であって、大峯ではあるまい。しかしこれ等の史料に依って、平安初期に金峯山修行の盛んに行われていたことが知られる。

この後、三井寺の開山円珍（智証大師）も大峯山に修行したと伝えられる。しかしながら、円珍伝として最も正確なる三善清行の智証大師伝を始め、園城寺伝記・寺門伝記補録等にはこの事は見えない。又叡山の長意・相応・尋禅等も大峯修行したと伝えられるが、これもどこまで確かであるか明らかでない。

宇多天皇の御代に至り、聖宝が役行者の遺風を慕うて、大峯山上岳を開いてこれを再興し、修験道中興の祖と称せられたという。これは修験道において一般に伝えるところであって、金峯山秘密伝（延元二年〔西暦一三三七〕（一九九七）の記、文観の作かという）を始め、多くの書に記されてある。その年は、理源大師寔録ならびに寛延三年〔西暦一七五〇〕（二四一〇）幕府へ指出の当山門源起に拠れば、寛平七年〔西暦八九五〕（一五五五）と伝えて居る。（踏雲録事には寛平九年己酉とあるけれども、九年は丁巳であり、己酉は元年である。かたがたこの説の誤りなることは明らかである。）これを按ずるに、聖宝僧正伝（続類従所収、すこぶる古体のもので、最も信ずべきもの）には「於二金峰山一建二立幷造三居高六尺金色如意輪観音一、幷彩二一大多門天王金剛蔵王菩薩像一」又「金峰山要路、吉野川辺設レ船、申二置渡子傜丁六人一」とあり、石山寺座主伝記も大意同じである。この文では大峯山上を開いたということは見えない。但し聖宝僧正伝は残闕本であるから、或いはその闕けた個所に、その記事があったのかも知れぬということもあるけれども、これはもとより想像に過ぎぬことである。しかるに元亨釈書には「宝好二修練一、経二歴名山霊地一。金峰之嶮径、役君之後、榛塞無二行路一、宝援二葛藟一而踏開。自レ是苦行之者相継不レ絶」とあり、これは大峯という語こそ用いてないが、その文意はまさに大峯山を開いたことと解すべきである。しかしこれは鎌倉時代末のものであるから、これを以て証拠とするには時代があまり隔り過ぎる。かように考えるならば、聖宝の大峯開創という事は、その確証なく、疑いを存するより外ないもののようであるが、これをこの後の事実より推すに必ずしも然らざるもののようである。

先ずこの後の事実について見るに、昌泰三年〔西暦九〇〇〕（一五六〇）には、宇多上皇は金峯山へ御参詣あらせられた。一条天皇寛弘四年〔西暦一〇〇七〕（一六六七）には、藤原道長が金峯山に詣でた。栄花物語（初花の巻）にその様をしるして、

二月になりて、とのおまえ、みたけしょうじんはじめさせ給わんとするに、四、五月にぞ、さらばまいらせ給うべき、なお秋山なんよくはべるなど人びと申して、御精進のべさせ給いて、よろずつつしませ給う。……八月にぞまいらせ給いける。よろずしたくし、おぼし心ざしまいらせ給うほどもおろかならず、おしはかりてしりぬべし。さべき僧ども、さまざまの人びと、いとおおくきおいつこうまつる。君たちおおうぞうひろうおわしませば、このほどいかにとおそろしうおぼしつれど、いとたいらかにまいりつかせ給いぬ。としごろの御ほいは、これよりほかの事なくおぼしめさる。

すなわち八月二日参詣、十一日経供養あり、講師覚運大僧都・呪願定澄大僧都・読師扶公法橋。十四日帰京した。源氏物語（夕顔巻）には、

鳥のこえなどは聞こえで、みたけしょうじ《精進》にやあらん、ただおきなびたるこえに、ぬかずくぞ聞こゆる。たちいのけはい、たえかたげにおこなう、いと哀れに、あしたの露にことならぬ世を、なにをむさぼる身のいのりにかと聞き給うに、なもとうらいのどうし《南无当来導師》とぞおがむなる。

とあり、枕草子（第五十八段）「あわれなるもの」の中に

よき男のわかきが、みたけしょうじしたる、へだていて、うちおこないたるあかつき《暁》のぬか《額》など、いみじうあわれなり。むつまじき人などの、めさましてきくらんおもいやり、もうずるほどのありさまいかならんと、つつしみたるに、たいらかにもうでつきたるこそ、いとめでたけれ。えぼうしのさまなどぞ、すこし人わろき。なおいみじき人と

きこゆれど、こよなくやつれてもうずとこそはしりたるに、右衛門のすけ信賢は、あじきなき事なり。ただよき衣《きぬ》をきてもうでんに、なでうことかあらん、かならずよもあしくてよと、みたけのたまわじとて、三月《やよい》つごもりに、むらさきのいとこきさしぬき・しろきあおやまぶきの、いみじくおどろおどろしきなどにて、たかみつ《隆光》がとのもり《主殿》のすけ《助》なるは、あおいろの紅のきぬ・すり《摺》もど《戻》ろかしたるすいかん《水干》はかまにて、うちつづきもうでたりけるに、帰る人ももうずる人も、めずらしくあやしき事に、すべてこの山道に、かかるすがたの人見えざりつと、あさましがりしを、四月《うづき》晦日《つごもり》にかえりて、六月《みなつき》十日余日のほどに、筑前のかみ《守》うせにしかわりになりしこそ、げにいいけんにたがわずもときこえしか。これは哀なる事にはあらねども、みたけのついでなり。

とある。また前に「もののけ」の条にも引用した同じ書（第四段）に、

げんじゃ《験者》などのかたはいとくるしげなり。みたけ《御岳》・くまの《熊野》のかからぬ山なく、ありくほどに、おそろしきめも見、しるしあるきこえ出できぬれば、ここかしこによばれ、ときめくにつけて、やすげもなし。

これ等に依って、当時上流社会の間に御岳詣の弘く行われていたことが知られる。

やや年を隔てて、本朝法華験記に、沙門義睿及び長円法師という者が、熊野より大峯に入り金峯山に住することを載せて居る。本朝法華験記は、後朱雀天皇の長久年中（一七〇〇―一七〇三〔西暦一〇四〇―一〇四三〕）に作られたものである。これが大峯入りの記事の見える最初のもののようである。依って考うるに、既に長久年中にこれほどの記事が作られるならば、その大峯入りという事実は、それよりも相当に古くより在ったことに相違ない。上に載せた源氏物語・枕草子などの記事、又道長その他の人々の御岳詣の事などに依って知られる如く、一条天皇前後には、御岳詣はすこぶる弘く一般社会にも行われていたのである。後朱雀天皇の長久年中と一条天皇の御代とはその間相距つること数十年のみ。されば専門の業者たる僧侶の間には、御岳より更に奥深く大峯に入って修行するということが、同じ時代に相当に弘く行われていたと見るもまさにしかるべきことである。さて一条天皇の御代と聖宝の時代とは、その間相距つることおよそ百年である。されば一条天皇の御代にすでに弘く行われていたと見るべき大峯修行が、それより百年前に開創せられたという伝説は、あながち否定し去るべきものでもあるまい。この理由に依って、聖宝の大峯開

創説は従来の伝説のままこれを存することとしたい。
時代は降って、堀河天皇寛治四年〔西暦一〇九〇〕（一七五〇）正月二十二日、白河上皇は熊野山に御幸あらせられ、三井寺の阿闍梨増誉が御先達申し上げた。この時増誉は熊野三山検校職に補せられた。この職は増誉を以て始めとす。これより永く寺門の任職となった。ここにおいて、増誉は京都北白河に聖護院を創め・熊野三所を勧進して、修験道の鎮守とした。増誉は壮齢にして大峯葛城に入り、難行苦行し、修験掲焉、当時三井寺において験徳の名高かりし隆明と一双の誉れあった人である。（但し、この時御先達の事は、三井寺僧伝集の中最も古い寺門高僧記には見えない。聖護院建立・熊野勧請の事は同書に見える。）
同六年七月二日、白河上皇ならびに中宮は金峯山に御幸、十三日着御あらせられた。法華経等御供養あり、導師は隆明これを奉仕した。この日、下山において、上皇俄に御悩あらせられ、緇素騒動す。隆明すなわち御加持申し上げ、たちまち平復し給うた。時人これを称美すという。
この頃になって、勅撰和歌集その他歌集の中にも、修験山伏に関する歌がようやく現れ出るようになった。修験道の盛んになった様が察せられる。
とし久しく修行しありきて、熊野にて験くらへしけるを、祐家卿まゐりあひて見けるに、ことの外にやせおとろへて、すかたもあやしけに、やつれたりければ、見わすれて、かたはらなる僧に、いかなる人そ、殊の外にしるし有けなる人かなと申けるを、聞てつかはしける　僧正行尊
こころこそ世をは捨しかまほろしの姿も人に忘られにけり
大峰にて思ひもかけす、桜の花の咲たりけるをみてよめる　僧正行尊
諸ともに哀と思へ山さくらはなより外にしる人もなし
大峯の岩屋にてよめる　僧正行尊
草の庵をなに露けしと思ひけんもらぬ岩屋も袖はぬれけり

大みねにてよみ侍りける　　　　　　　　　　　大僧正行尊
入りしより雪さへ深き山路かな跡たつぬへき人もなき身に
大峰とほるとてよみ侍りける　　　　　　　　僧正行意
ななたひのよし野の川の身をつくし君か八千代のしるしともなれ
大峰にてよみ侍りける　　　　　　　　　　　僧正行意
夜をこむるすすのしのやの朝戸出に山陰くらき峰の松かせ
堀河院百首の中　　　　　　　　　　　　　　中納言師時
うはそくはおこなひすらし槙のたつ荒山中にまふしさしつつ
永久四年百首の中（一七七六）
稲　妻　　　　　　　　　　　　　　　　　　源兼昌
かつらきや木蔭にひかるいなつまを山ふしのうつ火かとこそ見れ
関白内大臣歌合（保安二年〔西暦一一二一〕一七八一）　　女　房
山ふしの旅の泊にともす火の打出て人にほのめかしつつ

これ等の歌によって、平安時代末には山伏という一種の職業が成立っていたことが察せられる。平家物語（巻十二）六代切られの段に、

文治五年〔西暦一一八九〕（一八四九）の春の比、さしもうつくしき御ぐしを、肩のまわりにはさみおろし、柿の衣・かきの袴・笈など用意して、やがて修行にこそ出られけれ。斎藤五斎藤六も同じさまに出立て御供にぞまいりける。

とあり、山伏の服装などがようやく定まった様が見える。

かくて修験集団が形成せられ、聖護院派と醍醐派が起ったのは、恐らく鎌倉時代以後室町時代に亙っての事であろう。

第六章　平安時代後期

造寺興盛

平安時代後期を普通に院政時代と称す。院政の意義は、藤原氏のほしいままにした政権を回収して、皇室の実権を興さんとするにある。しかしてその形式は白河天皇によって定められ、実質は後三条天皇から始まる。その院政の反映は、宗教界にも出ている。その一つは、藤原氏の権力が盛んな時には、その一門が競って寺を建てたが、院政が起って藤原氏の衰えるとともに、仏寺の建立も皇室によってなされるものが多くなってきた。その著しいものは六勝寺である。

後三条天皇は円宗寺を建てられた。（伊呂波字類抄に円相寺とあるを以て見れば、円宗《そう》寺といったのであろう。）初めは円明寺といい、延久二年〔西暦一〇七〇〕（一七三〇）落慶供養があった。（仁和寺の南妙心寺北門の乾二町ばかりにあった。）その式は朝野群載に詳かである。金堂・講堂・法華堂などが建てられた。翌年改名して円宗寺とし、翌四年より最勝・法華二会が行われた。これは法勝寺の大乗会と合せて天台三会と呼ばれる所のものである。この寺については、あまり多くの記録が残っていないので、その結構の詳細はわからないが、壬生官務所蔵断簡（内閣本）中に、後三条院が円宗寺を建てられ、金銀をちりばめられた、それを後□院御覧ぜられて、美麗を好んで世の費を知られざる事なり、末代官を売るべきの人なりといわれた。果たしてこの御宇より成功《じょうこう》という事が始まったとあるが、この伝えはやや疑わしい節もある。成功という事は後にも説くが如く、白河天皇の御代より始まった事で、後三条天皇の御代にあったという事実は恐らくないようである。また今鏡にも「後三条院は五だんの御修法おこなわせ給いても、国やそこなわれぬらんなどおおせられ、円宗寺をもこちたくつくらせ給わず。漢の文帝の露台つくらんとし給いて、国たえじとてとどめたまい、女御にはすそもひかせず、み丁のかたびらもあやなきをせられける御心なるべし」とあり。右の壬生官務所蔵断簡の伝えは、或いは白河天皇の御事を誤ったのではあるまいかと思う。

延久五年四月二十一日仁和寺性信親王に戒を受け給い、法諱を金剛行と申された。この御法諱については、頼長の宇槐記抄に、鳥羽法皇の仰せを載せて、法皇がかつて、後三条天皇より皇女一品内親王に下された御処分帳に、この御法諱を記されたのを、御覧になった事を録して居る。性信親王は三条天皇の皇子で、師明親王と申し、寛仁二年〔西暦一〇一八〕（一六七八）仁和寺済信の室に入り、ついで喜多院において出家し、遂に広沢流の正統を嗣ぎ大御室と称す。この前後における密教の大徳にましまし、しばしば宮中に法を説き、孔雀経法を修すること二十一度に及んだという。世に弘法大師の再来といわれた。

後三条天皇の御帰依になった人に、今一人、成尊がある。小野仁海の弟子で、東宮にましました時から、護持僧として仕えていた。古事談に後三条天皇東宮にましました時、成尊が、北斗を御拝なされるかと御尋ね申したのに、仰せられるようは、毎月拝する、それは帝位のことなどを祈り申すのではない。しかし思わじとすれども自然時々即位のことなど思い出す。これは君の奉為《おおんた》め不忠たるべきに依って、そのことを恐れて、北斗を拝するのであると仰せられた。成尊はこれを承って涙を流したという。真言宗で伝えている所によると、成尊が後三条天皇の御為めに、愛染法を修して即位を祈ったということがある。古事談の伝える所と参照して、多少形跡のあった事であろう。又成尊が即位灌頂の印明をお伝えしたという伝説がある。即位灌頂とは、天皇が御即位式に高御座に着御の時に、大日如来の智拳印を結ばれるというのであって、鎌倉・室町時代には、秘密の伝授として、むつかしい事になっているが、その起りがこの時にあるのである。すなわち治暦四年〔西暦一〇六八〕（一七二八）七月二十一日御即位の時に、成尊がこれを御授け申し、主上は高御座に着御の時、金剛界大日如来の智拳印を結び給うた由、匡房卿記に見えているという事が、一条冬良の記明応九年〔西暦一五〇〇〕の条「即位灌頂由来」に記されている。これを御即位部類所収匡房卿記について見るに、主上高御座におつきになる時に、手を結び給うこと、大日如来の智拳印の如しと記してあり、成尊が御授け申したとは書いてない。またただ、智拳印の如しとあるのみで、実際にその印を結び給いしや否や明らかでない。智拳印とは、右手拳を握り、人指を延ばして、左の掌中に按じてこれを握り、左の大指と人指とを以て、右の人指頭を按ずというのである。天皇は早くから密乗をうけていらせられたから、着御の時の御手の置場を考えられて、偶々大日如来はのであろう。けだし高御座に着御の時、空手に在すのが都合悪いために、智拳印の如く指を結ばれた宇宙の本体であるというに依って、その印を結ばれるのがふさわしいところから、これを結ばれたのであろうか。要するに当座の御考えであったのが、成尊が御授け申したようにいわれ、後に秘密伝授となり、大げさにいい伝えられたのである。後三条天皇の後、しばらく即位灌頂はなかったが、弘安十一年〔西暦一二八八〕（一九四八）伏見天皇御即位の時、十楽院道玄准后が、関白二条師忠と議してこれを授け奉り、ついで後小松天皇即位の時、二条良基これを授け奉り、爾来二条家の秘伝となったという。

白河天皇は後三条天皇崩御後五十七年政治をみそなわせられた。今鏡には「ゆゆしく事々しきさまにぞこのませたまいける」と言い、豪華な事がお好であった。中にも白河の法勝寺が殊に勝れて盛んであった。この地はもと宇治大相国累代の別業であったが、左大臣師実より献上したものである。承保二年〔西暦一〇七五〕（一七三五）にはじめて工を起し、三年に阿弥陀堂、翌承暦元年〔西暦一〇七七〕（一七三七）十二月に金堂以下諸堂の落慶あり、臨幸せられ、天皇・陽明門院（後朱雀院皇后）中宮以下渡御になって、「奇香異彩麗美爛漫」であった。「御堂の気高うものものしきが、新しう赤く塗り立てられたるに、青やかに見え渡されたる御堂のかざりなど、極楽にたがう所なげなり」といい（栄華物語）、「地勢風流甲於天下古今無比」といわれた（通言記）。今鏡にも、「白河の御寺も勝れておおきに、やおもて・ここのこしの塔など建てさせ給い、百体の御仏など常は供養せさせ給う。百台の御あかしを、一度にほどなくそなうる、ふりゅうおぼしめしよりて、前栽のあなたに、物の具かくしおきて、あずかり百人めして、いちどにたてまつらせ給いけるに、事おこないける人、心も得で、少々まつともしなどしたりけるをも、むずからせたまいて、さらに一度にともされなどせられけり」とある。その堂宇は、七間四面の金堂、三丈二尺の毘盧舎那如来像一体を安置す。十一間四面の阿弥陀堂、丈六阿弥陀如来像九体を安置す。七間四面の講堂、二丈釈迦如来を安置す。五間四面の五大堂、二丈六尺不動尊・丈六四大尊を安置す。一間四面の法華堂、七宝多宝塔一基を安置し、法華経を納む。五間四面二階の南大門・廻廊・鐘楼・経蔵・僧房等周く備わらざるものなしという。承暦二年十月、この寺に始めて大乗会を行い、金字五部大乗経を供養した。すなわち円宗寺の最勝・法華二会と共に、天台の三大会と称せられる所のものである。永保元年〔西暦一〇八一〕（一七四一）に八角九重の塔を起工し、三年に落慶供養があった。竪横八十四丈で、三国無双の雁塔と称せられた。この年、また薬師堂（金色丈六薬師仏七体安置）・八角堂を供養せられた。（法勝寺は今の岡崎公園の動物園の附近にある。動物園内に今も塔の壇という字を持つ所がある。）

この頃から成功《じょうこう》が行われた。成功とは、造寺その他の臨時の公用に当り、朝廷に経費がないので、これを何人かに請負わせてその功を成さしめ、その賞に官位を与えるをいう。法勝寺もすべて成功によって造営せられたのである。金堂・講堂・廻廊・鐘楼・経蔵・南大門の六を造営した功によって、高階為家が播磨守に重任せられた。阿弥陀堂の造営によって、藤原顕綱が丹波守となり、藤原良綱は五大堂の功によって阿波守、藤原仲実は法華堂を建てて某国の受領になった。その他、僧房・築垣・諸所の門等の功数うるに勝《た》うべからずという。それからしばらく年を隔てて、応徳二年〔西暦一〇八五〕（一七四五）常行堂を建てた。（楓軒文書纂に、この堂の造営の時のものかと思われる応徳二年正月附の法勝寺新堂用途勘文がある。金・銀・白鑞・水銀・銅・鉄・砥・炭・材木・瓦・縄、その他の材料、ならびに職工の食料費用等を計算してある。）これは加賀守藤原家通朝臣重任の功である。法勝寺は道長の法成寺を凌ぐ盛んなもので、法皇もかつてこれを御覧ぜられて、大外記中原師遠に仰せられるには、この所は極まり無き勝地である、四神具足す、東には河あり、青竜の相に叶う、北には神楽の岡あり、玄武に叶う、前に池あり、朱雀に叶う、西に車道あり、この車道を神楽岡まで通そうと思うが如何と仰せられたので、師遠はこれに御賛成申し上げて退下したという。この寺を造られてから、法皇は禅林寺の永観に、いかほどの功徳であろうかとお尋ねになった。永観は「よも罪には候わじ」と申したという。達磨の梁武帝に対する「無功徳」の話と対照して、興味深いものがある。保安三年〔西暦一一二二〇（一七八二）法勝寺の中に、小塔院を建てて、小塔二十六万三千基を納め、大治三年〔西暦一一二八〕（一七八八）には、更に円塔十八万三千六百三十七基を安置せられた。ある時、法皇が、この寺に金泥一切経を供養せられようとした時、期に臨んで甚雨に依り、三箇度も延引せられた。いよいよ供養の日、又雨が降った。法皇逆鱗ましまして、雨を物にうけて、獄舎に投ぜられたという。御気象の豪邁にましましたことをよく現して居る。

天治元年〔西暦一一二四〕（一七八四）閏二月十二日、白河法皇・鳥羽上皇、法勝寺に幸して観花の御遊を催された。太政大臣源雅実・摂政藤原忠通以下、騎馬前駆を仕る。中宮待賢門院女房等車を連ねて扈従した。この日男女の装束、錦繡金銀を色々に裁ちかさねて綺羅を尽した。四十人の女房思い思いに装ども心を尽して、今日ばかりは華奢の制禁も破れた姿である。「あるは五つにおいにて、紫・紅・もえぎ・山吹・すおう二十五かさねたるに、うちぎぬ・うわぎ・裳・唐衣皆かねをのべて、紋におかれ侍りけり。あるは柳さくらをまぜかさねて、上はおり物、うらはうち物にして、裳の腰には、錦に玉をつらぬきて、玉にもぬけるはなの柳かという歌、柳さくらをこきまぜてという歌の心なり。」「あるは唐衣に錦をして、桜の花をつけて、うすき綿をあさぎに染めて、上にひきて、野べの霞はつつめどもという歌の心なり。」かくて法勝寺に着かれて花御覧じめぐりて、白河殿にわたらせ給い、御宴の後、和歌を講ぜしめらる。御製に、

　　よろづ代のためしと見ゆる花の色をうつしとどめよ白河の水

と遊ばされた。御寺の花は、雪の朝のように咲いていた上に、なおわざと、かねて、外のをも散らして庭に敷かしめられたので、牛の蹄もかくれ、車の轍も入るほどに、花の積ったのに、梢の花も雪の盛んに降るようであったという。愚管抄にはこれを以て「国王の氏寺」と称して居る。藤氏が代々の栄華を尽して建てたその氏寺と同じく、今は藤氏の擅権を抑えられたので、彼の氏寺に対して、ここに「国王の氏寺」が建てられたのである。

この後代々その御願をつがれて、六勝寺ができたのである。すなわち堀河天皇の御代に尊勝寺、鳥羽天皇の御代に最勝寺、崇徳天皇の御代に成勝寺、近衛天皇の御代に延勝寺が建てられ、これに待賢門院の円勝寺を加えて六勝寺という。

尊勝寺は堀河天皇康和四年〔西暦一一〇二〕（一七六二）に供養あり、白河法皇の御願に依る。（岡崎にあったので、今に小字が存している。）これも成功によったので、播磨守藤基隆は東西塔及び南大門を、伊予守藤国明は薬師堂・観音堂・五大堂を、但馬守源仲章は金堂・講堂・廻廊・中門・鐘楼・経蔵を、若狭守平正盛は曼陀羅堂を、越後守藤敦兼は灌頂堂を、藤（?）為家は阿弥陀堂を建てた。基隆の弟宗隆は兄の功に依って従五位下に叙せられた。長治元年〔西暦一一〇四〕（一七六四）三月十四日、尊勝寺に幸して、結縁灌頂を行われた。以後永くこの日を以て式日として行うこととなり、年中行事の一つとなったことは、前章に述べた通りである。

最勝寺は鳥羽天皇元永元年〔西暦一一一八〕（一七七八）六月、礎を居え、同十二月落慶せられた。これまた白河法皇の御願にかかるものである。尊勝寺の東にその遺跡あり。

円勝寺は待賢門院御願で、白河法皇の院政の間、崇徳天皇の天治元年〔西暦一一二四〕（一七八四）より大治三年〔西暦一一二八〕（一七八八）にかけて造立せられ、大治三年三月に供養を行われた。伊豆守源盛雅・伊予守藤基隆等の功に依って造る所である。待賢門院は鳥羽天皇の中宮にましますが、白河法皇の御猶子として、法皇は特にこれを愛したまい、その御所生の崇徳天皇をも深く愛したまい、わずかに四歳にして鳥羽天皇より位を譲らせられたほどである。かようなわけで、この円勝寺も待賢門院の御願として建てられたのであろう。

成勝寺・延勝寺については後に述べる。

この他になおいろいろの寺が造られた。長治二年〔西暦一一〇五〕（一七六五）には、法皇の寵を受けた有名な祇園の女御すなわち東御方の御願寺として、威徳寺が建てられた。

永久二年〔西暦一一一四〕（一七七四）には白川に新阿弥陀堂が造られた。蓮華蔵院と称す。備前守平正盛の重任の功に依る。

白河上皇は又、京南の鳥羽に広大な離宮を造られた。応徳三年〔西暦一〇八六〕（一七四六）に工を起し翌寛治元年に竣工した。いわゆる後院である。その広さおよそ百余町、近臣等をはじめ、それぞれ家地をたまわって、別荘を建てた。あたかも都うつりの如く、五畿七道六十余州皆課役を共にす。池あり、南北八町、東西六町、「水の深さ八尺有余、ほとんど九重の淵に近し。或いは蒼海に模して島を作り、或いは蓬山に写して巌を畳む。船を泛べ帆を飛ばし、煙浪渺々たり。棹を飄わし碇を下し池水湛々たり。風流の美勝《あ》げて計《かぞ》うべからず。」その離宮中に一寺を建てられた。それを証金剛院という。康和三年〔西暦一一〇一〕（一七六一）供養を行われた。越前守藤原家保の功に依って造る所。塔二基あり、その金物を備後・近江・播磨・安芸・伊予・讃岐・阿波・周防の諸国に課せられた。大治三年〔西暦一一二八〕（一七八八）十月二十二日、法皇が石清水八幡宮に納められた一切経供養の御願文には、法皇の善根の数々がのべられてある。その中に「帝都の南に一仙洞あり、林池幽深、風流勝絶、その中に新たに道場を建立し、証金剛院と号し、丈六の弥陀仏を安ず」とある。

又その御願文によれば、この外に、叡山山上に持明院を建て、半丈六薬師仏一体・等身同像六体を安じ、同じく東麓には円徳院を建て、丈六阿弥陀仏九体を安じ、熊野山には二宇の仏殿・四基の宝塔を造り、高野山には塔婆二基を修し、吉野の金峯山には宝塔一基を建て、自余仏寺造営なお多く、丈六の仏像八十一体・等身三尺以下その数幾千万、七宝塔を造ること数十基、毎年泥塔十万基、十余年に及ぶ。図絵の像は辺畔を知る無し。金字一切経一部・墨字一切経二部・石清水八幡のを併せて三部となる。金字大般若・最勝王経数度書写、墨字大般若数十部、千部法華経三箇度を数う。

中右記には、白河院御善根として、絵像五千四百七十余体・生丈仏五体・丈六百二十七体・半丈六六《ママ》体・等身三千百五十体・三尺以下二千九百三十余体・塔二十一基・小塔四十四万六千六百三十余基・金泥一切経書写、この外秘法修善千万壇不知其数とあり。永昌記（左大弁甘露寺為隆記）には、法皇崩御の際の感慨を記して、「威満四海、権振一天、生涯之営、無非仏事」とある。

法皇御自らもすべて御境遇に御満足であらせられ、大外記中原師遠が大治二年六月一日院に参った時、法皇御自讃の御詞を承り、「本朝帝王七十余代に及ぶといえども、我ばかりの帝王は以前におわさざるなり、後代は知らず」とて、公卿近臣女房等の済々たること、鳥羽上皇の御立派にましますこと、摂政の勝れたること、法勝寺の勝地なることなどを仰せられた。法勝寺のことは既に上に記した通りである。

左に八幡一切経供養御願文を掲げる〈当該漢文史料省略〉。この御願文は、上にも記した如く、大治三年〔西暦一一二八〕十月二十二日、一切経律論五千三百十二巻を書写せしめて、これを石清水八幡宮に奉納し、この日その供養を行わせ給い、毎年この日を以て式日とし、一切経会と名づけ、永く六口の僧を置いて、一年の内に一部を読み尽し、十年を以て十部に満たしめんとの趣旨を記され、それに続けて従来行い給いし数多の御作善の事を録し、その功徳に依って宝算更に十年を加え給わんことを祈らせられたものである。

この時法皇宝算七十六歳にましました。右の文中に「もし八十を相期せば、残喘幾程に非ず。」依って「十年の余算を延ばさんと欲す。しからば……釈迦如来六年の兄」と仰せられたのはこのためである。しかるにこの御願も空しく翌大治四年聖寿七十七歳を以て崩御ましました。

白河法皇はまた、しばしば高野山・熊野・金峯山へ御幸あらせられた。すなわち管見によれば、高野山へは寛治二年〔西暦一〇八八〕（一七四八）二月・同五年二月・大治二年〔西暦一一二七〕（一七八七）十月の三度である。大治の時には塔二基を供養あらせられた。一基は権僧正勝覚が本院の御所のため、一基は越中守公能が新院（鳥羽上皇）の御ため、成功を以て建立した。この御幸の時、大和河御渡りの時に、検非違使成国が竹橋を備え造った。そのために荘園にその費用を課し、国内が大いに愁えた事がある。熊野へは寛治四年正月を始めとして、元永元年〔西暦一一一八〕（一七七八）閏九月・同二年九月・保安元年〔西暦一一二〇〕（一七八〇）十月・同二年六月・天治二年〔西暦一一二五〕（一七八五）十一月［三院すなわち法皇・鳥羽上皇・待賢門院同じく御幸］・大治元年〔西暦一一二六〕（一七八六）十一月［三院］・同二年二月［三院］・同三年二月［三院］の九度である。御幸の時には、摂津・和泉両国司等、粮料伝馬等の費を諸庄に課し、もし渋る所あらば、院庁から催促せしめられた。全体で人数八百十四人、一日の糧十六石二斗八升、伝馬百九十匹に及んだ。殿暦の記者藤原忠実の如きは、「毎年御熊野詣、実不可思議事也」といい、又「三年参り給う事不可思議事也」などと言って居る。金峯山への御幸は寛治六年〔西暦一〇九二〕七月の一度のみであった。

次に法皇について有名な事は、殺生禁断の事である。天治二年〔西暦一一二五〕（一七八五）冬に、一般に天下に令して殺生を禁断し、神領御供の外は、永く所々の網を停めしめた。宇治・桂の鵜も皆棄てられ、鷹犬もまた同じである。

大治元年〔西暦一一二六〕（一七八六）六月に、紀伊国進む所の魚網を院の門前に焼き棄て、この他諸国から進めた網五千余帖を棄てた。この年、天下豊饒、野老謳壌、世以て殺生禁断の報としたという。上に掲げた大治三年八幡一切経供養願文によれば、それまでに焼き棄てた網が八千八百二十三帖に及び、狩猟の制札を立てた所が四万五千三百余箇所、摂津・近江・越前・能登・越中・越後・丹後・備前・周防・讃岐・伊予等十一箇国よりは、土産の魚類を貢する事を停めた。大治四年六月二十六日、鳥羽上皇・待賢門院ならびに御仏供養を行い、待賢門院の御平産を祈られた。法皇は漁網を法勝寺の角殿西門外に集め、庁の下部をしてこれを焼かしめられた。翌五年には、太政官符を以て狩猟を禁じ、私に鷹を飼い猪鹿を殺すを遏《とど》めた。かようにして、魚類は一切朝廷に上らないようになり、殿上の台盤なども六斎にかわる事なくなった。古今著聞集に、その頃一人の僧が、年老いたる母を養わんとて、衣に襷して、小さき魚一つ二つ取ったのを、官人が見とがめて、院の御所へ引き立てた。殺生禁断のことを知らぬか、しかも法師の身として、この罪を犯すは免るる所なしといわれて、その僧は、母が魚なければ物食わず、力衰うるを助けんために、思いのあまり、川に臨んだ仔細をのべ、罪に行われんは覚悟の前に侍る、但この取る所の魚今放つとも生き難し、願わくはこれを母の許に遣して、今一度あざやかなる味をすすめたしと申したので、院はその志を憐み給い、これを赦されたという話がある。又、古事談に、加藤大夫成家、厳制に拘らず、放鷹する由を聞し召され、検非違使庁をしてこれを召さしめ、糺明せられたが、女御殿（すなわち院の寵人祇園女御）に毎日鮮鳥を差し上ぐべく命ぜられ、もし闕怠に及ばば重科に処せらるべしという。源氏・平氏の習い、重科というは頸を切らるることなり、殺生の制禁を犯して、勅勘を蒙るとも、禁獄流罪せらるとも、命には及ぶまじ、依りて放鷹に参ずるなりという。院はこれを聞し召して、さような白物は追放すべしと仰せられたという話がある。何れも殺生禁断に伴う挿話として、人民の困惑した様子を語るものである。

このように仏法興隆仏寺建立が盛んになったのは、皇室の権威回復に因る現象であったが、それに伴って、又弊も出た。「この後、代ごとに打ちつづき、御願寺をたてられしを、造寺熾盛のそしりありき。造作のために、諸国の重任など云事おおくなりて、受領の功課もただしからず、封戸荘園あまたよせおかれて、まことに国の費とぞなり侍りにし」という神皇正統記の一節は、これをよく評したものというべきであろう。

鳥羽上皇院政の時も、白河法皇の時と同じく、造寺造仏の盛んなることは何れ勝り劣りは無い。試みに列挙して見るならば、

一、大治四年〔西暦一一二九〕（一七八九）十二月二十八日、両院（鳥羽上皇・待賢門院）白川泉殿に幸し、新造塔を供養し給う。（山城名勝志に、今黒谷の道の北、田の字に泉殿という所ありとあり。）同日祇園塔を供養す。平忠盛がこれを作った。この塔は女院御祈の十基の中で、忠盛が奉った五基の一である。

一、大治五年七月二日、白河九体新阿弥陀堂を供養し、故白河院の一周聖忌法会を行い給う。両院臨幸、非常赦あり。伊予守家保が重任の功を以て造る所である。

一、大治五年十月二十五日、法金剛院供養。両院御幸あらせられ、大赦を行い給う。この寺は花園の西南にあり。西北双岡に続く。仁明天皇承和年中（一四九四―一五〇七〔西暦八三四―八四七〕）に清原夏野がその家を捨てて寺とし双岡寺と称した。天安二年〔西暦八五八〕（一五一八）官寺となり、天安寺と称したのを、今度再興して法金剛院と称したのである。播磨守藤原基隆が成功によって造る所、檜皮葺三間四面、金色一丈六尺無量寿仏を安置す。ついで保延二年〔西暦一一三六〕（一七九六）十月十五日、三重塔を造り、及び金泥一切経供養あり。行幸あらせられ、赦を行われた。別に経蔵あり、瓦葺二階八角造で、八の扉に十六羅漢を図した。保延五年十一月二十五日、待賢門院は法金剛院に三昧堂を造り、この日供養を行われた。瓦葺一間四面の堂で、中央四面扉に法華曼荼羅を図し、七宝の塔婆を安置した。同月藤原周子（周衡朝臣の女）は相伝私領越前国東条郡の内河和田庄を法金剛院に寄進し、周子の子々孫々を預所として庄務を執行せしむることとした。承安元年〔西暦一一七二〕（一八三二）十月八日、上西門院（鳥羽上皇二の姫宮、御母待賢門院）は法金剛院に小堂を供養せられ、後白河上皇ならびに女御建春門院臨御あらせられた。

一、天承元年〔西暦一一三一〕（一七九一）七月八日、鳥羽の九体阿弥陀堂成り、供養を行われ、鳥羽上皇臨幸して、常の赦を行われた。供養の講師は権僧正覚猷で、有名なる鳥羽僧正である。この処は、もと鳥羽離宮の泉殿の跡で、その堂は故白河院の御所、元三条の西対である。平忠盛が上皇の命によって造営したもので、堂は七間四面、中央の一

間に半丈六の弥陀一体・等身の二菩薩像を安置し、仏の後には九品曼荼羅の絵像を図す。その次の各二間に、同身の弥陀仏四体ずつを安置す。寺名を成菩提院と号せられた。翌日白河院の御骨を仁和寺内香隆寺よりこの院に移し奉った。この処は、この後、美福門院の御在所となった。

一、長承元年〔西暦一一三二〕（一七九二）三月十三日、白河千体観音堂を供養せられた。得長寿院と称す。鳥羽上皇臨幸し給い、非常赦を行われた。中央に丈六観音を安置し、左右に等身正観音の像各五百体を安置した。いわゆる三十三間堂である。（今存する三十三間堂すなわち蓮華王院とは別である。）権僧正覚猷開眼導師たり。藤原忠通が額を書いた。工事は備前権守忠盛の功に由るもので、忠盛は昇殿を許され、遷任の宣旨を賜わった。けだし権守より正守に遷ったか、或いは重任したのであろう。（中右記保延元年四月八日の条に、忠盛はなお備前守とあり。源平盛衰記・平家物語に但馬を賜うとあるは誤り。）忠盛はさきに、大治四年に白河と祇園の塔を造り、天承元年には鳥羽阿弥陀堂成菩提院を造り、今またこの大工事を成就した。これより平民栄達の途開け、瓶子平氏の話などもできてくるのである。閏四月十日、鳥羽上皇、得長寿院に臨幸あり、新写大般若経を供養転読せしめらる。同十四日、上皇・待賢門院、得長寿院に臨幸、十一面観音を供養し給う。東母屋の中央に新造等身の十一面観音木像十体を安置し、その南北に十一面千体絵像を懸く。仁平三年〔西暦一一五三〕（一八一三）四月二十三日、鳥羽法皇・美福門院、得長寿院に幸し、楊柳観音を供養せられた。

一、長承元年十月三日、白河九体丈六新阿弥陀堂供養を行わるべきについて、御斎会に准ぜしめられ、この日習礼あり。鳥羽上皇・待賢門院渡御あらせられ、ついで同御堂御所に移徙の御儀あり、同月七日落慶供養を行われた。崇徳天皇及び両院臨幸、非常赦を行わる。新御堂は宝荘厳院と称し、播磨守藤原家成、重任の功を以て造立する所。堂の躰たらく誠に以て過差なり、金銀の錺赫奕照耀、諸御堂に勝るなりと中右記にあり。御堂正面三間を除くの外、北四箇間は御簾を懸けて、内の御所となし、南四箇間は両院・一品宮（皇女禧子内親王）前斎院（皇女悰子内親王？）の御所となす。（山城名勝志に、聖護院村歓喜光院東に宝厳院という田地あり、この所歟とあり。）仁平二年十二月十八日、宝荘厳院に三尺金色阿弥陀像百体を供養し、鳥羽法皇御幸あらせらる。この百体仏は、諸院宮近習公卿八九人・女房及び受領非受領厚恩の輩・殿上上下北面の人々、各一体を造立す。式部大輔藤原永範朝臣御願文を草し、右大弁藤原朝隆これを清書す。御願文において、好んで人力を仮るに非ず、吾が願をして広きに及ばしめんがためなり、我が財を惜しむに非ず、人心をして真に帰せしめんがためなりと仰せられた。

一、保延二年〔西暦一一三六〕（一七九六）三月二十三日、勝光明院供養あり。行幸あらせられ、非常赦を行わる。鳥羽上皇はこれより先、十六日に鳥羽殿に御す。この日の導師は山の座主僧正忠尋、咒願は大僧正覚猷これを奉る。願文は藤敦光これを草す。堂は瓦葺二階一間四面で、金色丈六阿弥陀如来像一体を安置し、四の柱には胎蔵金剛両部諸尊の像を図絵し、四面の扉には極楽九品往生ならびに迎摂の儀式を図絵し、四面の廂には二尺五寸普賢菩薩・文殊菩薩・虚空蔵菩薩・弥勒菩薩・地蔵菩薩・海恵菩薩・維摩居士等の像各一体、二尺諸大菩薩及び天竜八部像二百三十三体を造顕し、仏の後の壁の表裏には二十五菩薩の像ならびに極楽九品変像を図絵す。往日経始之離宮、今時延覚之勝境也。諸国に命じて寺内の池を造らしめたが、尾張一国のほか皆その功を終えず、因ってこれを催促せられた。久安二年〔西暦一一四六〕（一八〇六）八月二十三日、鳥羽法皇、勝光明院の宝蔵を御覧ぜられ、目録を書かせられた。「顕密の聖教・古今の典籍・道具・書法・弓剣・管絃の類、皆これ往代の重宝なり。」（本朝世紀）

一、保延三年〔西暦一一三七〕（一七九七）十月十五日、鳥羽上皇鳥羽に幸して安楽寿院を供養し、非常赦を行われた。今年非常の赦三箇度、希代の例なり。これより先、保安四年〔西暦一一二三〕（一七八三）正月脱屣の後、上皇は城南離宮鳥羽殿に居らせられたが、その東に一の精藍を創めて、阿弥陀如来の像を安じ、これを安楽寿院と称し、五層の宝塔を造られた。すなわちここにその供養を行わせられたのである。この宝塔を本御塔という。その後相ついで堂宇を営み、弥陀像九体を院中に置く。永治元年〔西暦一一四一〕（一八〇一）より久安三年〔西暦一一四七〕（一八〇七）に至って成り、同年八月十一日阿弥陀堂供養あり、その儀御斎会に准じ、非常赦を行われた。無量寿院と称し又九体堂ともいう。諸国権守の功を以てその用途に充てた。周防守藤原成頼従五位上に叙せられ、ならびに重任せられた。供養の法会の間、僧従童、金銀薄を押した衣を着るものあり、法皇の仰せに美服は朕の心に説《よろこ》ばずと。摂政忠通奏して曰く、検非違使をしてこれを切らしむること如何と。法皇曰く遍く上意に忤《さから》う旨を告げてこれを切らしめよと。久安四年法皇宸筆法華経を石函に納め、本御塔刹柱の下に置き、以て寺鎮とせられた。保元元年〔西暦一一五六〕（一八一六）六月十一日、美福門院は剃染し給い、皇女八条院暲子（御母美福門院）と共にこの離居に居給ふ。同年七月二日法皇崩御、ここに葬り奉り、上に塔を建て、弥陀像を安ず。これを新御塔と申す。寺は竹田村にあり。一名城南寺といふ。もと国分寺のあった処で、この近傍に平等王院・成菩提院・勝光明院・証金剛院・金剛心院等、田畝の字に残るといふ。

安楽寿院には莫大なる寺領が寄せられてあった。それは皇女八条院暲子内親王の所領であった。嘉元四年〔西暦一三〇六〕（徳治元年、一九六六）六月十二日、亀山院皇女昭慶門院御領処分目録たる「後宇多院御領目録」（続群書類従所収）について、安楽寿院領を拾って見るに、山城・大和を始め全国に及び、河内・和泉・摂津・尾張・甲斐・相模・上総・常陸・美濃・信濃・上野・下野・越前・加賀・越中・但馬・出雲・播磨・美作・備中・備後・安芸・周防・淡路・阿波・讃岐・伊予・豊後・肥後においておよそ六十余ヶ所に亙っていた。これ等の所領はもと鳥羽院御在世中に蒐められた荘園で、永治元年〔西暦一一四一〕（一八〇一）御出家の時に処分し給い、美福門院に九ヶ所、八条院に十二ヶ所譲られた。その後も鳥羽法皇が増加せられた御領と、美福門院の遺領とがことごとく八条院の手に帰し、その重なものが八条院を本家として、安楽寿院に入った。八条院の後は代々皇室に伝わった。その伝領は八条院の建暦元年〔西暦一二一一〕（一八七一）薨去の後、春華門院昇子（後鳥羽天皇皇女）に移り、次に門院の猶子たる順徳天皇御領となり、承久変後幕府はこれを収め、ついで後堀河天皇御父守貞親王に進ずる。それより安嘉門院邦子（守貞親王王女）に移り、薨後亀山法皇に帰し、それより恆明親王（亀山天皇皇子）に伝わり、昭慶門院（亀山天皇皇女）に移り、後宇多天皇を経て、後醍醐天皇に移り、建武中興の時の経済上の一つの動力となっていた。

一、成勝寺　保延五年〔西暦一一三九〕（一七九九）十月二十六日の供養、崇徳天皇の勅願である。天皇臨幸、上皇・女院・中宮同じく渡御あらせらる。金堂・経蔵・鐘楼・廻廊・東西南北の門等あり。旧跡は三条の北一町ばかり、白河橋東にありといふ。

一、歓喜光院　美福門院の御願。永治元年〔西暦一一四一〕（一八〇一）二月二十一日供養。上皇臨幸、非常赦を行わる。聖護院の東二町ばかりにあり。今クハンゲと云うと山城名勝志にあり。

一、金剛勝院　近衛天皇皇后御願。康治元年〔西暦一一四二〕（一八〇二）七月十一日上棟、二年八月六日供養。鳥羽法皇これに幸し給い、御斎会に准ず。白河堂という。白河法勝寺の近くにあったのであろう。

一、延勝寺　近衛天皇御願。久安二年〔西暦一一四六〕（一八〇六）八月七日木作始。五年三月二十日供養。天皇行幸、法皇・皇太后・皇后臨御、非常赦を行われた。所は円勝寺の西にあり。平忠盛の造営である。

一、金剛心院　鳥羽離宮馬場殿小樹北田中にありと兵範記にあり。仁平三年〔西暦一一五三〕（一八一三）四月二十日木作始。瓦葺二階九間四面阿弥陀堂一宇、丈六の弥陀を安ず。ならびに寝殿御所舎屋十余宇。播磨守源顕親造営す。備後守藤原家明造営。瓦葺二階三間四面釈迦堂一宇、丈六釈迦を安ず。久寿元年〔西暦一一五四〕（一八一四）八月七日、新御堂供養の習礼あり。堂名を金剛心院と称す。同九日供養あり、御斎会に准じ、非常赦を行わる。天皇は不予にましまして幸し給わず。

鳥羽法皇もまた白河法皇と同じく、豪華を好ませられた。前にのべた一万人度者又は久能経の如きはその一端を示すものである。又仁平元年閏四月二十日から六月九日に至る五十日に亙って、安楽寿院において御逆修を行われた。これは近頃近侍の輩死する者多きに因りその追薦のためである。その時の御願文によると、逆修のための造仏・写経等夥しいもので、初日には金色の弥陀三尊像を造立し、金字の法華経ならびに開結合せて三十巻、阿弥陀経・心経各一部書写、素紙の法華経ならびに開結・阿弥陀経・心経各十部を模写（すなわち印刷）せしむ。七々日間に、九品の浄土変曼荼羅・極楽曼荼羅・等身の地蔵像・等身の虚空蔵像・金色の釈迦三尊像・等身の弥勒像・等身の弥陀三尊、或いは図絵し、或いは造立する。各七日毎に、色紙の法華経ならびに開結・阿弥陀経・心経一部を書写し、四十一日間に阿弥陀如来の像毎日一鋪、合四十一鋪を図絵し、素紙の法華経毎日一部合四十一部を模写し、結願の時に当って、曼荼羅供を修し、金胎曼荼羅各一鋪を図し、金字の法華経ならびに開結・弥陀・心経各一部を書写し、素紙の各経二十部を模写し、なお五十日の間、法華転読千部・弥陀光明真言百万遍、なお又諸国賑給放生等夥しいものである。

次に熊野御幸もまた白河法皇と同じく頻繁であった。中右記・長秋記・本朝世紀・台記・兵範記等に散見する所によれば、天治二年〔西暦一一二五〕（一七八五）より仁平三年〔西暦一一五三〕（一八一三）まで凡三十年間に亙り、十四回を数えるが、仁平三年熊野金泥一切経供養願文によれば、御譲位以後三十年の間に御熊野詣は二十一ヶ度に及ぶとある。（神護寺文書に久安三年・四年〔西暦一一四七―一一四八年〕御熊野詣の費用の詳細を記したものがある。）又右の願文によれば、金泥一切経を写されたことが二度ある。これは法皇も自負し給い、「訪二之異域一、尋二之本朝一、古所レ不レ聞、今所レ不レ聞也」と仰せられた。

※

僧兵の原由

平安時代中期より大寺僧団の跋扈甚しく、末期に及んで、僧兵の活動殊に激しくなった。これについては、従来普通には、白河法皇が仏法を崇び仏寺を興隆し僧侶を優遇せられた結果であると説くものが多いが、事実は必ずしもしからず。この説はやや誇張せられたあとがある。今僧兵の活動を説かんとするに当りて、まずその原由について述べよう。

大化改新によって立てられた人才登庸の主義は廃れて、政治にも社会にも、多くの閥を生じ、世は貴族の専制となった。大化改新は氏族制度の弊を矯めるを以てその目的とした。大氏族が土地人民を私有して、政治上の専権と共に、経済上にも皇室を凌がんとする勢いになったのを破るのがその目的であった。かくて新政はできたが、いつしか世は藤原氏の専制となり了った。奈良時代より根ざした藤原氏の勢力は、平安時代に入って益々固く、牢として抜くべからざるようになった。ここにおいて、平安時代もまた氏族政治の弊竇に陥ったのである。ただ社会の体制が、大化以前とややその趣を異にしたのみのことである。藤原氏は荘園を占有して、経済上の勢力と共に、政治上の権力を独占した。また政治上の閥によって、官職はもとより世襲になり、家々おのおの定まる所の地位の高下階級がある。身分の低いものは摂関などの顕栄の門に出入して、その家の臣となる。いわゆる家礼《けらい》がそれである。朝臣でありながら、同時に一家の従属となり、王臣はまた私臣であった。

門閥の固定すると共に、家々その主どる所の道を世襲する。朝廷の儀式作法はもとより、学問芸術その他各種の職業に至るまで、それぞれその閥を生じた。かくていわゆる家道・家学・家伝の秘密なるものを生じて、ために文化は停滞し溷濁し腐敗した。

かようなわけで、平安時代の社会は、すべて閥を以て固められて、閥内に入らぬものは出世ができぬようになった。ここにおいて立身を求めるものは僧侶という階級に入る。幸か不幸か、当時の仏教は加持祈禱を主とし、富貴利益を増加する方便となったがために、大は朝敵降伏より、祈雨・止雨・天変地異の祈禱・疾病平癒の祈禱等、各種の方面に僧侶は重く用いられた。世俗において不平あるか蹉跌したもの、または初めから閥の縁故のないものは、この社会に入って、その功名心を満足せしむるのである。今鏡の中に媼の言として、

若く侍りし昔は、しかるべき人の子など三、四人生みて侍りしかど、この身のあやしきにや、みな法師になしつつ、あるは山ぶみしありきて、あともとどめ侍らざりき。あるは山ごもりにて、おおかた見る世もはべらず、ただ養いて侍る

とある。生まれ賤しきもの出家の例である。この法師は、何れも出世しなかったが、それはもともと損益がない。もしも機会あらば栄達の地位に上り得るのである。

しかるに当時出家僧侶というものは、名は遁世と称するが、実は世を捨てたのではなく、世間における慾望を達するための早途であったのである。されば遁世した筈の出家僧侶が、更に遁世をするということがある。慈恵大師良源が戒臈十二三年を過して後、菩提心を発して、世を遁れて跡を幽谷に晦まさんとし、なお老母の堂にあるを思うて、しばらく塵巷に交ると告白したが如き、その一例である。鎌倉時代に道徳の誉れ高かった解脱上人貞慶の歌に、

世を遁れて後、公請のためにしるし置たる文を見て　貞慶上人

これをこそまことの道と思ひしになほ世を渡るはしにそありける

というのがある。ここに世を遁れて後というは、本当に遁世をして笠置の山に籠って後というので、始めに出家した時をいうのではない。この山に籠って後、かつていわゆる出家であった時に、朝廷から召されて、何かの法会等に請

ぜられて、その時に読むための文章の残って居たのを見て、感ずる所あって詠んだ歌である。その歌の意味は、このような文章等を作る事が、真に仏の道であると思うて居ったが、今よりしてこれを観れば、なおそれは世を渡るための橋であったというのである。

やや時代が降るが、夢窓国師の歌に、

いとふとて染むるころもの色見れば世を渡る人のかざりなりけり

これ又解脱上人の歌と同じような心を詠んだもので、世を厭うとて衣の色を染めては居るが、真に世を厭うたのではなくて、よくよく見れば、その衣の色はやはり世を渡るための飾りであったという意味である。

沙石集に、遁世の遁の字は改めて貪世と書くべしという一節がある。その文に、「古の遁世の人は、仏法に心を染めて、世間の万事を忘る。近代は世間の名利を忘れずして、仏法は廃るにこそ。かかるままに、遁世の名のみありて、遁世のまことなし。世にあては人にも知られす名利もなき人、遁世の門に入りては、中々名も利もあるままに、必ず道心にあらね共、唯渡世のために遁世する人、年々に多く見え侍るにや。されば当世は、遁世の字を改めて、貪世と書くべきにや。この心を思いつけはべり」とあって、次の歌がある。

遁世の遁は時代に書きかへん昔は遁る今は貪る

撰集抄にも、墨染の形と身をやつし、念珠を手にくるも、畢竟は人に帰依せられて、この世を過ごすためのはかり事で、或いは極位極官を極めて朝廷に参り、三千の衆徒に貴ばれようとするのも、結局名利の二つを離れないといって居る。

一言芳談には、諸宗の学生たちが、朝廷から公請に召されて、仏事を始める前に、色々な話を致すのに、一条天皇の頃までは一向後世の話、顕密の法文の事を談じて居った。これは出離生死のために法門を学ぶが故である。白河天皇の御時から鳥羽天皇の御時までは、偏えに世間の話であったと述べて居る。（一言芳談巻下、一言芳談は著者未詳であるが、念仏門に関する法語を集めたもので、徒然草第九十八段に引用してあるので、大体その時代を知ることができる。恐らく鎌倉末のものであろう。）

斯様なわけで、僧侶の社会においても、その出身のもとの家の地位如何によって、出世に遅速がある。良家（三位以上の家）から出身した者は、早く地位が上る。奈良の興福寺の維摩会における研学竪義《けんがくりゅうぎ》の如きその一例である。維摩会は僧侶社会における登竜の門であって、その研学竪義に選ばれ、すなわち維摩会の席において、探題より出された論題に就いて、試問に応じて義を竪《た》て、これに及第すれば遂業満位の者とせられ、諸国安居の講師に請用せられ、地位昇進の道が開かれる。しかるにここにも俗界の閥が根を張った。高倉天皇の嘉応二年〔西暦一一七〇〕（一八三〇）に、忠恵と尋忠という二人が研学竪義に選ばれた。しかるに大衆から故障を申し立てた。それは、この二人とも良家の子であって、それぞれその親が顕要の地位にあるものである。斯様な者ばかりで、この路を塞がれては、家柄の良くない修学者の出世の途は全く無くなってしまう。就いては今後は毎年良家の者一人と、他に身分の賤しい修学者から一人を取って貰いたいと申し出でた。よって尋忠が辞退して、その代りに済秀という者が命ぜられた。そこで両者の年齢を見ると、済秀は俗年五十六歳、十五歳の時に戒を受けてから四十二年の戒臈を経て居る。一方忠恵は年わずかに二十三歳、戒臈わずかに十年であった。しかして忠恵は太政大臣藤原忠雅の子であった。安元二年〔西暦一一七六〕（一八三六）にもまた同様な問題が起った。この年にも良家の子が二人竪義となった。大衆は前の例に依って抗議を持ち出した。曰くかくの如くに労積の輩修学者を捨てらるるようでは鑽仰の勇を失う、かくては今後更に学道を勤むべからずと、一同起請を立てて申し出た。そこで、二人の中一人信憲が辞退しようとした処、朝廷においてこれを許されない。依って大衆は法華会を押し止めようとしたが、長老達が、たとえ訴訟はするとも、仏事は停むべからずと諭したので、とにかく今年は無事に法会を済まして後、更に訴訟に及んだ。朝廷においては、今年はすでに竪義の公請を了った事であるから、後年に修学者両人を出すことにしようというので事は落着した。治承三年〔西暦一一七九〕（一八三九）にもまた同じような事があって、良家の子が辞退した。堀河天皇承徳二年〔西暦一〇九八〕（一七五八）十月、興福寺維摩会の時に当って、修学者永快が中右記の記者中御門宗忠の処に来たり訴えていうには、勤学道役二十余年にして、未だ竪義に預からないといって来た。これまたその身分の賤しいのに由るのである。

崇徳天皇大治二年〔西暦一一二七〕（一七八七）十月三日に、興福寺の已講覚晴が中御門宗忠に書を送り来たって云うには、摂政（藤原忠通）の子某が興福寺へ入って禅師の君と称する者、竪義を勤めたが、その出来栄えが神妙であって、文義共に優美にして、一言も失無く、寺中の老少皆これを感歎したと申して来た。宗忠はこれにつけて、聞くが如くんば、まことに仏法の棟梁法相の長吏と謂いつべきか、なかんずく末代の仏法は貴種を以て貫首となすべきか、その威無くんば保し難きの故なり、件の旨は両殿下に申し了んぬと記して居る。

斯様なわけで、僧侶の仲間において、その戒臈の少い者又は幼年の者が、その家身分に依って高位に陞《のぼ》るようになった。崇徳天皇天承元年〔西暦一一三一〕（一七九一）二月十三日、延暦寺の起請六箇条の中に、近代以来、人その人に非ず、器その器に非ず、登壇受戒の後幾年も経ずして、幼年未練の者を以て、講説論談の勤を致さしめる。これ或いは権門の吹嘘により、或いはその祖家の書札を捧げて、猥りに濫望を致し、偽って虚名を衒うのである。よって今後かくの如き事を制止すべしという箇条を立て居る。

文覚上人の四十五箇条の起請の中にも、貴賤を簡ぶべからざる事を述べて、末代悪世の僧徒たちが、偏えに名聞利養に貪著し、仏法の道理を顧みず、大師の教訓を用いず、種姓高貴の人を以て主と定め、或いは衣食豊饒の輩を以て上と仰ぐ。これは僧侶の法に背くものである、永く禁制すべきものである。早く釈尊の遺風を学び、宜しく大師の教誡に任せ、智行を以て上首となし、戒臈を以て次第となすべしと述べて居る。

やや時代は降るが、鎌倉時代の文永〔西暦一二六四―一二七五〕の頃、仁和寺において、その門流の輩に対する訓誡として、院主たる者は、その院家の人々に対して、須らく平等の取扱いをしなければならない。又その宗旨の伝授に当っても、或いは偏頗の計らいをなすものあり、その器に非ざる者でも、その出身が或いは貴族であり或いは富家である場合には、或いはその布施或いはその名聞によって、濫りにこれを授ける事もある。これに反して、聡敏にしてその器に堪うるの輩といえども、その生まれが卑しく或いは家が貧しいものにはこれを授けざる場合がある、宜しくこれを戒しむべしという意味を述べて居る。

斯様なわけで、すでに平安時代の半ば頃から、極めて年の若い者が僧綱に任ぜられて居る。一条天皇正暦五年〔西暦九九四〕（一六五四）には、藤原道隆の男隆円が年十五にして少僧都になって居る。隆円は皇后定子と御同腹の子である。これを始めとして、かかる例は甚だ多くある。

平安末に到っては、僧綱の濫出甚しく、僧正が一度に五人任ぜられ、従前のと合せて十三人となり、前僧正が十余人あり、律師に至っては百五六十人に及んだ。僧正以下の官は、各宗統御の務めに任ずるもので、昔は濫りに任ぜなかったのであるが、ここに至って、これ等の官はただ名誉の称号に止まるようになった。

斯様にして、僧侶は一種の准貴族となって、その仲間には多くの階級が設けられ、遂にその社会に一種の閥を作るようになった。かつては閥の外にあると思われて居たものが、やはり閥の中にあったのである。叡山・三井寺・東大寺・興福寺を始めとして、諸大寺の僧徒が、皆その閥を以てその特権を争い、利益ある地位を競い、その弊の極まる所、遂に武力に訴えるようになって、いわゆる僧兵なる者が出現したのである。

一方においては、政治の弛廃に依って、地方行政が紊乱し、百姓は貧困に陥って牢浪し、遊民増加し、或る者は盗賊となり、或いは荘園に隠れて余命を全うする。僧兵は斯る社会に醸し出されたのである。

僧兵出現の一起因は、得度の制度の紊乱にある。得度の制度に就いては、夙く元正天皇養老元年〔西暦七一七〕（一三七七）四月二十三日の詔に百姓が法律に乖いて髪を剃り、道服を着け、貌は桑門に似て情は奸盗を挟む云々とある。次いで聖武天皇神亀元年〔西暦七二四〕（一三八四）十月一日治部省の奏言に、京及び諸国の僧尼の名籍を勘検するに、その入道の元由明らかならず。又その名籍に記す所の形貌、実と相違する者、総べて一千一百二十二人。これ等の者に対して、公験《くげん》を給うべきや否やに就いて、天裁を仰ぐということを申して居る。これに対しては、これ等の者は年代遥かに隔って、これを尋問するとも、これを明らめ難し。よって一々その現名を定めて、公験を給えと処分せられた。これに由って観ても、当時得度の帳簿が不整備であったことが知られる。更に天平六年〔西暦七三四〕（一三九四）十一月二十一日、太政官の奏聞に、近頃の出家は学業を審かにせず、多く嘱請に由る。今後は度人は、総べて法華経一部或いは最勝王経一部を闇誦し、兼ねて礼仏を解し、浄行三年以上の者を以てせん。又僧尼の児を取って、詐って己の男女となし、出家せしむる者あるに依って、これを停めて法に準じて罪を科し、得度の者は還俗せしめんと。よってこれを裁可せられた。天平宝字三年〔西暦七五九〕（一四一九）六月二十二日、乾政官符を以て、私度の僧を禁じ、国内に住することなからしめ、その本貫に還らしむということがある。これ等を以て見ても、早く奈良時代において得度の制度が弛廃して居った事が知られる。

平安時代になって、桓武天皇の御代には、しばしば法令を発して得度制の取締りを命ぜられた。すなわち延暦二年〔西暦七八三〕(一四四三)四月十八日には、国分寺の僧の補闕を濫りに得度する事を停められ、同十七年〔西暦七九八〕(一四五八)四月十五日には、年分度者は年三十五以上、知行崇ぶべき者より取る。又その簡試の法を定められた。同二十年〔西暦八〇一〕(一四六一)四月十五日に至って、度者簡試の法を改められ、年五十以上の者を採ることとなった。嵯峨天皇弘仁四年〔西暦八一三〕(一四七三)二月には、勅して僧尼が死し又は還俗する者は、その度縁及び戒牒は早く治部省に返さしめて、年の終りに太政官に進めてこれを毀らしめることとし、これに由って奸悪の者の、度縁戒牒を悪用するを停められた。仁明天皇承和十年〔西暦八四三〕(一五〇三)にも、またその趣意を申ねて、諸国国分僧尼の度縁もその例に依って進めらるることとした。これを以て観ても、度縁の制が乱れて居たことが知られる。清和天皇貞観七年〔西暦八六五〕(一五二五)三月二十五日、少僧都法眼和上位慧運の上奏に依れば、当時得度受戒の制が甚だ乱れて、受戒の日に臨んで、新たに頭を剃り、初めて袈裟を着け、或いは十四歳以下の年少の者の、空しく名を貪る者あり。これ等はかつて道を慕うの誠なく、未だ沙弥の行を練らず。従って戒に臨むも、全く懺悔の事なし。中には戒壇に登るにあたって、前後を争って闘乱し、或いは有司を罵詈し、戒師を凌轢す、濫悪の甚しき計《かぞ》うるに勝《た》うべからずと述べて居る。

奈良時代においては、孝謙天皇の御代頃より、寺分の年分度者というものが起った。それは天平勝宝元年〔西暦七四九〕(一四〇九)に、宇佐八幡弥勒寺のために、年分度者一人を度したのを始めとして、平安時代に入っては数多く現れた。延喜五年〔西暦九〇五〕(一五六五)に至るまで、年分度者の数凡べて三十三人に及んで居る。しかして延喜以後には、寺院に年分度者を置くことは記録に見えなくなった。これは、得度の制度が緩んで、僧侶になる手続きが容易になり、濫りに得度せられるようになったために、年分度者の数をとやかくいう必要もなくなったがためである。この得度受戒の制度の紊乱により、濫りに僧籍に入る者多く、遂に僧兵の起るべき基礎をなしたものである。

僧兵の起原に就いては、延暦寺の良源慈恵がこれを始めたという説がある。この事は、元亨釈書の良源の伝にも見えない所より考うれば、恐らく鎌倉時代より後に起った説であろう。その事を記した山家要記浅略によれば、良源の時に当って、愚鈍無才の僧侶を選んで武門の衆徒となす、これは像法の昔にあっては、世を挙げて法を崇ぶけれども、末法澆季の世に在っては、人々皆信を疎んじ法を蔑む。依って叡山においても、仏法擁護のため、又仏餉灯油の料、田園の違乱を防がんがために、武門の衆徒をしてこれを衛らしむる必要があるというのである。しかるにこの山家要記浅略という書は、その奥書に拠れば、応永六年〔西暦一三九九〕に記されたもので、良源の時代を去ることおよそ四百余年後のものである。但しこの文は古記を引用したらしくも見えるにより、応永の時よりやや古くから斯様な説があったのであろうけれども、とにかく余程後世のものであるから、これを以て論拠とするのは、すこぶる薄弱と謂わなければならぬ。又文明元年〔西暦一四六九〕（二一二九）南禅寺の蘭坡景茝《し》の書いた慈恵大師伝に、円融天皇の天延三年〔西暦九七五〕（一六三五）に良源が僧兵を始めた。その理由としては、文殊菩薩の本誓を現わすものは、一には利剣、二には経巻である。剣は智の用を表わし、経は智の徳を表わす。我等僧徒たるものも、また文殊が八不中道の利剣を以てもろもろの戯論を截るが如く、中道の徳に利剣の用を加え、以て法を守るべし。これを活文殊と謂うべしという。これより弓剣を帯びるようになったという。これは古くからあった伝説に依って記したものであろう。

太平記に、元弘三年〔西暦一三三三〕（一九九三）三月、京都において官軍六波羅勢と戦い、ややもすれば利を失う由その聞こえあり、護良親王より山門の衆徒を召されたので、一山の衆徒大講堂の庭に会合して議を凝らした。その時の語に、

夫吾山者、為二七社応化之霊地一、作二百王鎮護之藩籬一、高祖大師占二開基之始一、止観窗前雖レ弄二天真独朗之夜月一、慈恵僧正為二貫頂一之後、忍辱衣上忽帯二魔障降伏之秋霜一、爾来妖孽見レ天、則振二法威一而攘レ之、逆暴乱レ国、則借二神力一而退レ之云々

とある。これによって見ても、良源が僧兵の起りをなしたという伝えは、はやく太平記編纂以前鎌倉時代末にはいいふらされたものと見える。

この外良源については種々の事が伝わっている。驪驢嘶余には、良源の時迄は、叡山の山には、酒が入ったことがなかった。しかるに良源が山嵐癖霧に衆徒の病に冒さるを見て、初めて山に酒を上せたという。又十訓抄の中には、雅縁阿闍梨が良源を乱行肉食の人であるといったので、良源が非常に憤って、起請を書いて三塔に披露した。その後雅縁は三塔を走りめぐって、浄行持律の人に空言を申した報いとて狂い歩いたという話が載せてある。これ等の説は、何れも良源の時叡山繁昌し勢盛んであったので、それに伴って良源を悪しざまにいう者のあったことを示すに過ぎない。

良源の時には、山徒およそ二千七百人に及んだ。良源は平常年少子弟を誡め、その放逸を抑え天元三年〔西暦九八〇〕（一六四〇）四月十一日、地主三聖の奉為《おおんため》に、金剛般若経を転読したが、僧帳に載するもの二千七百人の中、集まるもの二千人。良源はその不参の七百人の籍を削ってしまった。彼は平生その弟子の相扠ち相撲する者を誡めて曰く、汝曹仏道を修すべし、何ぞ放逸を事とせん、禅徒の所行空しく日を過さず、常に菩提を慕うて名利を思わず、或いは公家の請用に赴き、或いは仏堂の指帰を決するに、名を衒い誉に徇《したが》うことなかれ、只他を先にし已れを後にすべきのみと誡めたのである。

良源の滅後、経蔵を開いて見た所、その手書一巻を得た。それは生年三十八、夏臈二十二の時、天暦三年〔西暦九四九〕（一六〇九）七月二十二日の発願書であった。その中に、多く蓄懐を述べて居た。その一に、夏臈十二三にしてわずかに菩提心を発し、将に名を南山の南に逃れ、跡を幽谷の幽に剗らんと欲す。しかして老母堂にあって、水菽未だ酬いず。よって塵巷に交って、しばらく晨昏を致す。幼年の間、論議決択の場には、詞を争い智を闘わし、事に触れて罪過を犯す。夏臈共に長じて以来、外は名を衒うの人に似、内は弘法の思を秘す。偸《ひそ》かに願念を発して曰く、十方の諸仏願わくは頑質を擁護し、一切聖衆願わくは羊僧を加持せんことを。我と交論決義の輩、永く貪瞋痴を離れ、たとえ我をして負処に堕せしむるも、他をして負処に堕せしめざらんことを。又願わくは、我と問答する者菩提心を発し、共に仏種を植え、ないし見ず聞かざるの輩、我願念に随い、同じく妙果に攀らんことをと記してあった。（この一部はすでに前にも載せた。慈恵大僧正伝、長元四年〔西暦一〇三一〕（一六九一）九月十九日記。）

ここに天禄元年〔西暦九七〇〕（一六三〇）七月十六日附を以て、良源が自署した二十六箇条起請というものがある〈当該写真版史料省略〉。これは良源が令法久住のため制を立し、山内の紀律を厳に取り締ったもので、一、舎利会別当会の日の被物ならびに前後所司の供を停止し、その奢侈を禁じ、二、六月会講師が聴衆所司を饗応することを止め、三、同会立義者が調鉢煎茶を以て威儀を労供することを止め、四、十一月会講師が同じく調鉢煎茶を以て威儀を供することを止め、五、安居の講師が調鉢を以て所司を供することを止め、六、衆僧の木履を着けて上堂するを止め、七、羯磨の時所用の物の直を出さざるを戒め、八、布薩の法用を闕くを禁じ、九、登壇受戒の後、誦戒を練習すべきこと、一〇、誦讃唄散等の法用作法を練習すべきこと、一一、伝法講経の席に必ず参会聴聞すべきこと、一二、年分学生の法器を択ぶべきこと、一三、籠山の僧内界地際を出づべからざること、一四、若僧の禁色衣服を着用するを制すべきこと、一五、公私読経に闕坐懈怠する者は、永く請用を停むべきこと、一六、俗人が破子（族具葷腥を盛るの器）を山僧に送るを禁ずべきこと、一七、山院の界内に牛馬を放飼にすべからざること、一八、裹頭妨法の者を禁制すべきこと、一九、兵杖を持して僧房に出入し、山上に往来する者を捕えて朝廷に進むべきこと、二〇、山院内において恣に刑罰を行うを禁制すること、二一、授戒の間乱妨を致すを禁制すること、二二、春秋二季院毎に房主帳を出すべきこと、二三、山上二季御読経僧、見参の数に随って住不を定むべきこと、二四、舎利会の日、綱維堂達別当房に参るを停止すること、二五、大小綱維事に触れて座主房に慶賀を陳ぶるを停止すること、二六、大小綱維互に礼儀を守るべきことを制し、要するに山門の綱紀振粛を厳にしたものである。その中一八と一九とは特に僧兵原由に関するものである。〈当該漢文史料省略〉

この二十六箇条の起請はその原本は京都廬山寺に蔵せられ、座主権少僧都法眼和尚位良源外二名の連署があって、それぞれ自筆を以て署名して居るのである。これに由って観れば、当時叡山において、念仏の堂、講法の処に、日暮れて黒闇向い来るの時、裹頭の僧が庭上に満ち、下駄穿きの者が堂中に入り、もしこれを制すれば、暴言を吐いて罵辱し、刀杖を携えて脅迫する。よって去ぬる康保四年〔西暦九六七〕（一六二七）八月一日、その禁制を常行堂に下したが、更にこの年天禄元年〔西暦九七〇〕に、その禁制を重ねて、修正会・修二月会・不断念仏及び内論議その他処々講説竪議等の場所において、裹頭の者を一切禁じ、もしこれに背く者あらば、その名を注進せしめて、処罰することとしたのである。又山僧の中に、党を結び群を成し、刀剣を携えて僧房に出入し、弓箭を帯びて戒地を往還する者あるを以て、厳に禁遏を加え、もしこれに違うものあらば、速かにこれを捕えて寺家に送りて、これを官庁に進めしめることとした。これ等の箇条に依って観れば、良源は悪僧の禁遏に努めこそしたれ、これを勧むる等のことは有るべき筈はない。いわんやこれを始むるをや。されば山家要記浅略及び慈恵大師伝の記事の誤りなる事はいうまでもないことである。

しかしながら叡山において、良源の座主であった時代に、悪僧の活動の著しかったことは事実である。すなわち慈覚大師の流と智証大師の流との争いがあって、互に悪僧を使役して、勢力を競うて居った。天元四年〔西暦九八一〕（一六四一）に智証大師の流を汲む余慶が法性寺の座主に補せられたので、慈覚の門派がこれに異議を唱え、百八十余人群をなして、太政大臣藤原頼忠の許に愁訴し、叡山に居る智証の門派を迫害した。時に良源はその張本人と目せられ、叡山に居る智証門流の住房を焼亡せんとする企てや、又余慶以下その派の宿老を殺害しようとして居るという風説があり、綸旨を以て良源を責められたので、良源上奏してその虚なることを弁じた事がある。その後両派の争いは益々甚だしくなり、遂に数百年に亙る長い間、叡山と三井寺との争いを起すのであるが、斯かる事情により、良源は両門流の争いの渦中にあり、その一方の張本とし統領として、悪僧の煽動者、僧兵の起原を作った人の如く伝えられるようになったのであろう。

さて僧兵の濫觴とも見るべき者は、古くから現われて居る。すなわち天平宝字八年〔西暦七六四〕（一四二四）恵美押勝の乱の時に、近江国の僧沙弥等及び錦部寺・蒿園寺の檀越及び諸寺の奴等が、官軍を助くる功によって、天平神護二年〔西暦七六六〕（一四二六）九月これを賞して物を賜うことがある。

この後文徳天皇の頃になって、明詮僧都が先帝仁明天皇の御信任篤く、遺詔に依って僧綱に任ぜられようということを聞いて、これを嫉むものが、明詮を陥れようとして、明詮が兜率上生の業を修せんがために、元興寺の南に一院を建てたのを見て、その身元興寺の別当でありながら、私に道場を建てたのを難じて、東大・興福・大安寺等の雑色人強力の者六十人をして、おのおの兵杖を帯びて明詮を劫かし、強いてその罪に服せしめようとし、使者八人をして

「その兵士」を率いて、元興寺に至って悪口諠譁に及んだことがある。

貞観八年〔西暦八六六〕（一五二六）六月二十一日には、延暦寺のために四箇条の式を立てた。その中に「寺裏馬を養う事を禁ず」という事がある。これも僧兵の要素となるものである。

貞観十六年〔西暦八七四〕十月十九日に、沙弥教豊・同善福の殺人罪に依って斬に当るを赦して、遠流に処した。これは後に三善清行の意見封事の実例とも見るべきものである。

延喜十四年〔西暦九一四〕（一五七四）四月二十八日、三善清行の意見封事十二箇条に、「伏して以《おもんみ》るに、諸寺年分及び臨時の得度者、一年之内或いは二三百人に及ぶなり。なかんずく、半分以上は皆これ邪濫の輩なり」とある。この頃の度者は、前に述べた如く、寺分の年分度者三十三人、その他各宗のもの十二人、合せて五十人にも及ばなかったものが、清行の時には二三百人にもなっていたのである。又、同じ封事に、諸国の百姓が課役を逃れて、私に髪を剃り、猥りに法服を着く、かくの如きの輩が年を積ってようやく多く、天下の人民三分の二は、皆これ禿首の者なり。これ等は皆家に妻子を蓄わえ、口に腥膻を啖い、形は沙門に似て心は屠児の如し。その尤も甚だしき者は、聚って群盗をなし、ひそかに銭貨を鋳、天刑を畏れず、仏律を顧みず、国司法に依って糺さば、すなわち霧合雲集し、競うて暴虐をなす。かつて安芸守藤原時善を攻囲し、紀伊守橘公廉を劫略する者、皆これ等濫悪の僧がその魁帥となったものであるといって居る。この文句には、多少の誇張もあるであろうが、また以てその大概を察することができる。三善清行は智証大師の伝をも書き、又善法寺という寺を建てた事が伊呂波字類鈔・空華文集に見える。又紀家集に拠れば、法号を妙音といい、法華会にも参聴した事があり、仏教には相当理解あった人である。斯かる人の批評は、最も傾聴すべきものがあるであろう。

今昔物語に、阿弥陀聖というものが、念仏を勧めあるく途に、山の中で一人の男にあい、それを殺して、持てる荷物衣服を奪い、人郷へ出で、泊り合せた家が、その殺された男の家であって、ために悪事が露現して殺されたという話がある。〈今昔物語引用省略〉

かくの如きはまた三善清行の意見封事の一実例とも見るべきものであろう。

この頃に至って、悪僧の蔓衍していた事実が所在に現われて居る。

承平五年〔西暦九三五〕（一五九五）六月三日には、検非違使をして、東大・興福両寺雑人の濫行を糺さしむることがある。濫行とは如何なる事か詳かではないけれども、悪僧の居た事は知られる。

承平七年に、良源が興福寺維摩会の講師基増に従って奈良に赴き、義昭と弁論する時に当って、その談席を見渡した所、悪僧等が頭を裹み、杖を横たえて、行路に邀《むか》えて曰く、義昭は南都の偉器なり、汝何ぞ敵せん、天は階すべからずとはけだしこの謂い歟、もし詞語明ならず理趣尽くさずんば、すなわちまさに杖木を加えて止足の分を知らしめんと。すでにして良源が懸河の弁を聴くに及んで、これ等兇暴の輩皆路畔に脆き、杖を投げ手を叉ぬき、前非を悔いたということは、すでに前の章にも記した通りである。

円融天皇天延二年〔西暦九七四〕（一六三四）五月七日、祇園感神院を以て延暦寺別院とした。今昔物語には、この祇園が延暦寺の末寺になったことに就いての話が載せてある。それに依れば、祇園はもと興福寺の末寺であった。その東に蓮花寺と称する叡山の末寺があった。或年の秋、蓮花寺の前に紅葉の色の美しく染まったのを、祇園の別当良算が見て、一枝折りに遣わした。これを蓮花寺の住僧が観て、祇園の別当如何に勢ありとも、断り無くして天台末寺の木を折ることがあるかとこれを制した。良算の使が帰って斯くと知らせた。良算は嗔って、さればその木を皆伐って来いと命じた。蓮花寺の方では、良算が再び必ず伐りに遣わすに相違ないと悟って、予めその紅葉の木を根際から伐り伏せて置いた。良算の使がこれを見て、返ってその由を告げたので、良算は益々嗔った。蓮花寺では、早速その顚末を時の天台座主慈恵僧正（良源）へ報告に及んだ。慈恵僧正は大いに嗔って良算を呼びに遣ったが、良算は我は興福寺の末寺の司である、何が故に天台座主がほしいままに召し得ようぞやといって、これに応じなかった。慈恵僧正はいよいよ嗔って、叡山の所司を呼び下して、祇園の神人等の代表者が祇園を叡山に寄進するという状を書かせて、神人等に迫ってこれに署判せしめた。ここにおいて慈恵僧正は、祇園はもはや叡山の末寺である、早く良算を追い出せよと命じた。良算は平致頼等の郎等を雇いいれて、兵を構えてこれに対抗した。慈恵僧正は叡山の西塔の平南房に住する睿荷という武芸第一の僧と、彼の致頼の弟なる入禅とて、これ又強勇を以て鳴る兵とを、祇園に遣わして、良算を追わしめた。致頼の郎等共は、入禅を見て後の山に逃げ去り、良算は終に追い出された。斯様にして睿荷は祇園の別当となった。興福寺はこれを朝廷に訴えて、もとの如く祇園を以てその末寺とせん事を請うたが、裁許遅々たるに依って、大衆等が京に上って嗷訴に及ばんとした。朝廷では大いに驚いて、沙汰を下されようとした時に当って、たまたま慈恵僧正が歿した。そこで朝廷では、将に明日を以て興福寺へ裁許の御沙汰を下されようとするその前夜に、興福寺の大衆を率いて居た中算の宿所において、中算は、只今人が来るとて弟子共を遠ざけたが、誰も来た様子が無いのに、中算は人としばらくの間対話して居る様子であった。ややあって、弟子共を呼び寄せて、唯今慈恵僧正が御出ましであったという。弟子共は怪しんで、慈恵僧正はもはやなくなられたのにと思ったが、怖ろしくて何事もいわずに止んだ。明日になって、朝廷裁許の日に、中算は病と称して出でず、そのために裁許もお流れになって、祇園はそのまま叡山の末寺となり畢った。この話が何処まで事実であるか明らかでないけれども、恐らく慈恵僧正の勢力の盛んであったことと、その勢が死後にまで及んだということと、応和の宗論における良源と中算の対論の事などが絡み合って、できたものであろうと思われるが、当時悪僧の活動の稍《ようやく》盛んであったようすを見るに足るものであろう。これより先き天徳三年〔西暦九五九〕（一六一九）三月に感神院と清水寺と闘乱し、検非違使を遣してこれを制することがある。両寺ともこの頃すでに神人僧侶の兇暴なるものが居たと見える。

永延二年〔西暦九八八〕（一六四八）六月二日、太政官符を以て、僧綱等が多く従者を率い兵器を携うる事を禁じた。それによると、僧綱ならびに凡僧達が率いる所の従類各二三十人、多きを以て楽しみとなし、少なきを以て恥となし、放逸の行多く、甚しきは好んで奇服を着けて、間々兵器を挟み、威武を輝かし、ややもすれば闘乱を致す。よって左右の衛職・左右の近衛府・左右の検非違使に下知してこれを禁遏せしめ、その従者の数を定めて、僧正は従僧六人《ママ》・童児十人、僧都は従者五人・童児八人、律師は従者四人・童児六人、凡僧は沙弥二人・童児四人と定められた。この等のいわゆる従類は、一朝事あれば直ちに兵器を執って立つものであろう。

正暦二年〔西暦九九一〕（一六五一）に東大・興福両寺の間に田地の事に就いて争論が起り、その理非未定の間において、興福寺は数多の寺人を引率して、耕作下種した。これを東大寺より訴えて出た。ここにいわゆる寺人なる者は、後に僧兵の要素となったものであろう。

この後時代はやや遅れるが、仁平元年〔西暦一一五一〕（一八一一）の頃に、醍醐寺の寺領の荘園から兵士を徴して宿直せしめる事がある。それは月番を定めて、寺領の各荘から兵士五人ずつ寺家に宿直せしめる、又、蔵にも寺領内の在家の人が交替で、二十三番の組を定めて、毎夜二人ずつ勤仕せしめて居る。〈当該漢文史料省略〉

これ等荘内の兵士なる者は、もっと早くより、何れの寺にも置かれてあったものであろう。かくの如きは、僧兵の発達を促すにおいて大いに効果のあったものと思われる。

僧兵蜂起の動機は、要するに権勢利益の争いであって、その嗷訴の目的は、僧位僧官の叙任とか、或いは荘園の問題の如き、名誉又は利益に関するものが多かった。南都北嶺と並び称せられた奈良の僧兵の中で、最も兇暴を逞しうしたのは、興福寺の僧兵であった。いわゆる山階道理と称して、無理を通して暴威を振うた。遂には国司などとも利益を争うようになった。永承四年〔西暦一〇四九〕（一七〇九）大和守源頼親との争いの如きその一例である。寛治七年〔西暦一〇九三〕（一七五三）にも近江守高階為家と荘園の事を争い、ついに神木を奉じて入洛した。これより先、永保二年〔西暦一〇八二〕（一七四二）熊野山の大衆が神輿を奉じ入洛して嗷訴した事がある。これがそもそも神輿入洛の始めであるが、春日神木の入洛は或いはこの神輿入洛に倣うたものであろう。春日は藤原民の氏神であるに依って、神木の入洛と聞くや、藤原氏一族は皆謹慎して朝廷に出仕しない。これに由って、凡ての政治機関が停止する。ために大抵の無理も通るのである。後には神木入洛の時に出仕をするとか、又は他の時においても、興福寺の不利益の事をすれば、「放氏」をする。「放氏」というのは、氏より放つので、興福寺の大衆が、春日の神すなわち藤原氏の祖神に告げて勘当をするのである。放氏せられた藤原氏の公卿は恐縮畏懼して、朝廷に出仕は無論できない、家に謹慎閉門して、奈良の僧侶から赦されるのを待つのである。放氏の事は、長寛元年〔西暦一一六三〕（一八二三）叡山と三井寺と争った時に、興福寺から横槍を入れて奏状を上ったのを四条隆季が興福寺を毀ったというので氏を放たれたのが始めである。斯様にして平安時代の末に到るまでおよそ八十年ばかりの間、神木入洛がすべて八回に及んで居る。

叡山の僧侶は日吉の神輿を舁《かつ》ぎ出して、その神威を仮りて目的を達しようとした。日吉の神輿動座の始めて見えたのは、嘉保二年〔西暦一〇九五〕（一七五五）の事である。この頃、山徒は荘園の事に就いて、美濃守源義綱と争い、日吉の神輿を山上中堂に遷した。これは前々年すなわち寛治七年〔西暦一〇九三〕（一七五三）奈良の僧徒が神木を奉じて入洛し、嗷訴の目的を達したに依って、これに倣うたものであろう。次いで長治二年〔西暦一一〇五〕（一七六五）正月に、祇園の神輿を奉じて禁裡に詣って嗷訴した。これは神輿を奉じて嗷訴した事の始めである。その日吉の神輿を奉じて入洛したのは、長治二年十月が初見である。斯くて平安時代の末に至るまで、およそ八十年の間に、日吉の神輿を奉じて入洛することおよそ九回に及んだ。この外神輿を奉ぜずしての嗷訴はすこぶる頻繁で、一々挙ぐるの煩に堪えない。

この外園城寺及び東大寺の僧兵も、有力なものである。又大和金峯山・多武峯・加賀白山・伯耆大山等の僧兵もすこぶる盛んなものである。大山には僧兵三千人も居たという。その他大いなる寺社には、何れも多数の兵士を擁して、或いは朝廷に嗷訴し或いは互に闘争を事とした。

僧兵は僧侶本来の分際よりこれを評すれば、ほとんど議論にもならぬのであるが、しかしながら当時の社会状態よりこれを観れば、自然の勢い又やむを得ざるものであったのであろう。その始めにおいては、百姓等が負担の重きに堪えかね、特権ある僧侶階級に逃れ、これ等の僧侶が増加するに従うてその風紀が乱れ、弓剣を帯し暴行を逞しうするようになったのである。一方には寺領の保護の必要上、僧兵の発達を促したのである。僧兵が発達するに従って、それが野心家のために利用せられ、平安時代の末より吉野時代にかけて、非常に有力なるものとなり、その向背に依って政治上の大勢をも決するようになった。

およそ寺社大衆神人僧兵の嗷訴・愁訴或いは神輿動座・神木入洛又は各寺社間の闘乱に関する事項の中、その主なるもののみを数えて見れば、円融天皇天元四年〔西暦九八一〕（一六四一）に始まり後奈良天皇天文十八年〔西暦一五四九〕（二二〇九）に至るまでおよそ六百年間に、無慮二百四十項に及んで居る。この内平安時代中期（院政以前）にかかるおよそ九十年間には四項、平安末期（院政時代）およそ百十年間には六十余項、鎌倉時代およそ百五十年間にはおよそ百項、その内鎌倉前期ともいうべきおよそ四十年間（承久以前）には十四項、その後期にはおよそ九十項あり、吉野時代およそ六十年間には約四十項、室町時代およそ百五十年間には三十余項を数える。以てその時勢を観るに足るものがある。しかして朝廷・幕府に対する嗷訴は、この天文年間を以てほとんどその跡を絶った。これは朝廷・幕府の権力も全く衰えて、克く諸大名を統御すること能わず、群雄割拠の形勢と成って、僧侶寺院もまたおのおのその自衛の策を講じ、諸大名の間に交わって、或いはこれと結び或いはこれと拮抗したに由るのである。又一方には新興の一向一揆の勢力猖獗にして、南都北嶺の勢力のようやく下り坂に向うたためでもあろう。斯くて南都は松永久秀に圧伏せられ、北嶺は織田信長に依って根滅せられた。しかして僧兵なる者に対する最後の掃攘は、実に豊臣秀吉に依って遂げられた根来寺焼打に在ったのである。〈附録史料嗷訴略年表省略〉

悪僧神人の活動

院政以前における山門寺門の争い

山門（叡山）寺門（三井）の争いは、すなわち慈覚大師円仁門と智証大師円珍門の争いである。この両門の争いは、その淵源する所すこぶる夙《はや》きにあり。天長十年〔西暦八三三〕（一四九三）初代の天台座主義真の寂後、その後継の問題から起って居る。初め最澄は入唐するに当って、義真を通訳として伴れて往った。しかるに彼地に在っては、義真は単なる通訳ではなくして、最澄と同じく伝法受戒した。初めより純粋の弟子の格ではなく、かつ帰朝後も叡山に常住せず、弘仁四年〔西暦八一三〕（一四七三）に相摸より叡山に来たって寄住した。それ等の事情で、最澄直系の光定等とは、その境地を異にしていたようである。弘仁十三年〔西暦八二二〕（一四八二）五月十五日最澄病篤きに臨み、義真は付嘱を受けて、一宗の事を惣摂し、その年六月四日最澄入寂の後、七日にして、かねての奏状に由り菩薩大戒を伝うべき旨の官符を賜わり、翌年四月十四日、義真は戒師として大戒を授け、受戒する者十四人に及んだ。天長元年〔西暦八二四〕（一四八四）六月二十二日、義真は初代の天台座主となった。天長十年七月四日義真は入滅したが、かねて院内の雑事を以て、弟子僧円修に譲り授け、円修は私に座主と号した。最澄の直系の弟子等はこれを肯ぜず、山上鼓噪し、大衆は義真の徒の円修に党する者五十余輩を擯けた。かくて諍論続くこと八箇月に及んで、伝法の主を定めず。この間、光定は十月二十四日藤原三守に宛てて書を上り、また同月二十八日には上表してこれを訴陳した。その趣意は、先師最澄に二弟子あり、義真と円澄とである。義真は上臈で、円澄は下臈である。去る弘仁三年〔西暦八一二〕（一四七二）最澄病床にあるや、付法印書を円澄に授けた。翌四年義真が相摸より叡山に来て寄留したが、義真は上臈であるに依って、十三年に最澄はまた付法印書を義真に授けた。その時光定は、師最澄に向って、付法印書を二人に授けられたが、何れを首となすべきかと尋ねた。最澄のいうには、上臈の師を以て衆の首となすべしと。光定また言わく、義真・円澄二師の滅後は、高階の師（上臈）を以てその嗣と定めんと。最澄のいう、桓武天皇御願の宗は二師に依って弘められようと。かくて最澄の寂後は、その遺命の如く、義真が衆の首となり道を弘めたが、天長十年〔西暦八三三〕七月四日永逝したので、七月下旬に光定は先師伝法の由を以て、円澄をその首に推すべき旨を円修等に告げたけれども、円修等はこれを承けず。伏して願わくは、厳勅を下して、円澄に延暦寺伝法の首の命を下されんことをというのであった。よって勅使右大弁和気真綱登山して、円修の職を止められた。円修は大和室生寺に移住した。承和元年〔西暦八三四〕（一四九四）三月十六日に至り、官牒を以て円澄を伝法の師と定められた。後年慈覚・智証の両門が互にその勢を張って相競うた、その濫觴は右の最澄の直系と義真系との争いに存していたのである。

円澄は承和三年に滅し、この後十八ヶ年間は座主を任ぜられず。検校三綱が共に事務を行うた。仁寿四年〔西暦八五四〕（改元斉衡元年、一五一四）円仁が第三世座主となった。円仁は最澄の直の門弟である。貞観六年〔西暦八六四〕（一五二四）円仁が入滅の後、その入室弟子安恵がこれを嗣ぎ、十年入滅まで十五ヶ年間は慈覚門の全盛であった。安恵の後、円珍が第五世座主となり、治山二十三年に及んだ。円珍は義真の弟子である。

慈覚・智証両門の争いについては、円珍自ら夙《はや》くこれを憂えて、その寂する前三年、仁和四年〔西暦八八八〕（一五四八）十月十七日の「制誡文」において、慈覚門との和合の事を諭して居る。〈当該漢文史料省略〉

これに由って観れば、円珍は早く両門の間の不和合の萌しを見て、自ら円仁の遺教を保護する所以をのべて、弟子においても円仁門下と和合せんことを要めているのである。しかるにその制誡のかいもなく、この後両門の競争は益々甚しくなった。

円珍の後、天台座主には、第六代惟肖・第七代猷憲・第八代康済が何れも智証門より出でてこれに任ぜられた。第九代長意は慈覚門より出たが、第十代増命・第十一代良勇・第十二代玄鑑・第十三代尊意は智証門より出で、その後第十四代義海・第十五代延昌・第十六代鎮朝・第十七代喜慶は慈覚門より出で、第十八代良源に及んで慈覚門はいよいよその全盛を極めたのである。良源治山の間において、ついに両門の争いは破裂し、その確執は益々劇しくなるのである。

山門寺門の事は、まず一に、円融天皇の天元四年〔西暦九八一〕(一六四一)三井寺の余慶僧正の法性寺座主補任の一件から起る。二に一条天皇永祚元年〔西暦九八九〕(一六四九)余慶僧正の天台座主に任ぜられたこと、すなわち永祚宣命一件。三に正暦四年〔西暦九九三〕(一六五三)両門別離の事、四には長暦二年〔西暦一〇三八〕(一六九八)から三年にかけて三井の明尊が天台座主に任ぜられた事、五には同長暦三年から長久二年〔西暦一〇四一〕(一七〇一)にかけて三井戒壇建立の一件、これからいよいよ争いが激しくなり、白河天皇の永保元年〔西暦一〇八一〕(一七四一)に及び、叡山が三井を焼いた。この後しばしば焼打が行われ、以て院政時代に及び、源平の争いに両門別れ属し、両門の争いはただ一宗内の事件に止まらず、政治に関係するようになる。

天元二年〔西暦九七九〕(一六三九)余慶権少僧都が園城寺の長吏に任ぜられ、四年には法性寺の座主に任ぜられた。しかるに法性寺の座主は、かつて智証門下から任ぜられたことがない。初め弁日がこれに任ぜられて以来、九代の間、慈覚門下で相承していた。慈覚門流すなわちこれを訴えて出た。朝廷においては、初め忠平の寺を創めた時には、必ずしも慈覚の一門に附したのではない。唯智行兼具する者を選んだのみの事である。しかるに慈覚の門に人が多く、幸いに相続いでこれを領したのである。今余慶、智行の誉れあり、因りてこれを補したのである。何ぞ必ずしも一門を守らんやと論されたけれども、山徒聴かず。僧綱阿闍梨等二十二人、諸院諸寺従僧これに伴うもの二百余人、関白頼忠の邸に至り、争論をして乱暴を働いたので、その公請を停められた。ここにおいて、智証門流は難を避けて山より下りて、各別院に住した。余慶は門人を率いて観音院に移り、勝算もその門人を率いて修学院に移り、観修及び門人は解脱寺に移り、穆算はその門人と共に一乗寺に移った。その他のもの数百人、なお山にいて智証の遺跡を守っていた。朝廷からは蔵人平掃部助恆昌を遣して、勅を伝え、近辺の住僧番を作って、二十一人を一番とし、一番毎に五箇日とし、六番百二十六人をして智証の経蔵を守らしめた。時に、座主良源が命じて千手院経蔵ならびに観音院一乗寺その他の寺を焼かしめ余慶以下の人々を殺害せしめんとすという風聞があったので、綸旨を以ていたくこれを責められた。良源は上奏してその偽なることを弁じた。余慶はついに拝堂を遂げずして、法性寺座主を辞退し、この事件は一時収まったが、間もなく天台座主の一件で又騒ぎがおこるのである。

天台座主は、第十八代良源が永観三年〔西暦九八五〕（改元寛和元年、一六四五）に入滅して、その弟子尋禅が第十九代座主となったが、一条天皇永祚元年〔西暦九八九〕（一六四九）九月上表してこれを辞した。辞表再三に及んだけれども、朝廷山門共にこれを聴許せられず。しかれども印鑑を三綱に附して、敢えて事に従わず、籠居した。依って朝廷では余慶を天台座主に任ぜられた。しかるに慈覚の門流がこれに抗し、奏問して申すには、天台座主は近頃すべて慈覚の門流から補せられている、もし智証の門流から補せられるならば、講堂を開くべからずと、固く戸を閉した。九月二十九日、座主の宣命使少納言源能遠が登山の間、数百人の山徒が来たってこれを防いで登らしめず。十月四日、重ねて少納言時方をして検非違使を率いて登山し、宣命を読ましめた。衆徒はその宣命を奪い取ってしまった。二十九日になって、宣命を奪い勅使を追いかえした衆徒等の罪を免じ、改めて藤原在国を遣わし、登山して、前唐院（慈覚大師が唐からもたらした経蔵を納むる処）において宣命を読ましめ、以て衆徒の暴戻を誡めた。文中に山徒を以て獅子身中の虫となすの句あり、いわゆる永祚の宣命はこれである。かくて余慶は座主にはなったが、衆徒が承服せずして、寺務を行う能わず、授戒灌頂を行おうとしても、妨害して行わしめない。依って遂にやむを得ず、十二月二十日座主を辞した。間もなく正暦二年〔西暦九九一〕（一六五一）に入滅した。智弁僧正と諡せられた。

正暦四年七月二十八日に、余慶の弟子成算が悪僧を率いて、慈覚大師の遺跡赤山禅院の住人を凌轢し、慈覚大師の遺物杖笠等を損失したというので、慈覚の門流から成算の身柄を渡すべきことを、勝算の許へ要求した処、成算から過契を送ってきた。かかる処へ、赤山禅院の住僧平代といえるものが参り来たっていうには、観音院（成算の寺）及び修学院に兵士が多くいて、赤山禅院を囲み、又そのあたりを往還する法師達ならびに童子等の山上に送ろうとする品物を奪ったということを告げた。そこで八月八日、慈覚の門流は智証の門流の坊舎を襲い、四十余宇を破壊し、門徒一千余人を追い出した。慶祚等以下の者は、智証の影像を背負い、山を下り三井寺に入った。これより先、三井寺は徒衆なお寡《すくな》かったが、慶祚等の来るに及んで学者四方より麕集した。

この頃の山門僧徒の放埒であったことはすこぶる激しいもので、日吉の神威を挟み、これを仮りて勢を示したのは、この頃から始まったようである。正暦四年より十七八年の後、長和元年〔西暦一〇一二〕（一六七二）左大臣道長が叡山に参詣した。それは道長の子入道顕信の受戒のためであった。東坂本から騎馬で登山した。しかるに途中において、その前駆の行列に石を投げたものがある。それが列にいた皇太后宮亮清通の腰に中った。しばらくにして叫んでいうものあり、曰く、殿下参登給いて何者を求むるかと。又裹頭の法師五、六人あり、曰く、ここは檀那院ぞ、下馬所ぞ、大臣公卿は物故は知らぬものかと、又礫を飛ばすこと十度あまりに及ぶ。或いは又いうものあり、曰く、馬に乗っては前々は専ら山に登らず、たとえ大臣公卿たりとも、髪を執って引き落せと。これは道長が、下馬所なるにかかわらず、馬に騎して居たのを憤ったのであるが、時人これを以て人の所為にあらず、もしくは山王護法の祟りで、人心をして狂を催さしめしものであろうかというものもあった。東坂本の日吉の社の鳥居の前では、往還の人は伏し拝んで行くのに、道長は上下とも馬に騎って社前を過ぎた。このことあって後、山王の八王子の神が女人に託宣あり、いろいろの事を告げられたという。まだ夢想等あり、山僧慶円等、道長の慎むべきをいうものがあった。叡山の綱所は、礫を飛ばしたものを捜し求めた。時に運慶というものあり、七十余の老僧で山門を出でず、錬行年深いものであったが、礫を飛ばしたものは、その弟子であることがわかった。そこで運慶の坊を捜索した。運慶は夜を冒して韜晦した。満山の僧これを憐んだという。間もなく道長が病気になった。時人これを以て山王の祟りであろうといった。よって道長は叡山から慶円を召して病を祈らしめた。慶円の申すには、天台の僧はただ山王をのみ憑み奉る、今山王の祟りという夢想があったによって、御修法に仕うべからずと。道長はこれと争って、その声甚だ高かったが、結局慶円は聴かずして退出した。これらの事によっても、山徒が日吉の神威を頼んでいる様子が見える。これから後いよいよこの勢が進んでくる。山徒が道長に反抗したのは、道長が特に寺門に帰依していたからである。観修・心誉などは大いに道長に用いられていた。道長は二十三にして権中納言になった時、心中に願を立てて、修験の僧を求めて、観修を得た。その時、道長は観修を招いて、自らの心中の願を述べ、観修の法験によってその願の成就を望んだ。もし成就の上は、子々孫々その門徒に帰すべしという誓いを立てたという。その願とは摂関になることであった。かくて道長の志を得て後、寛弘二年〔西暦一〇〇五〕（一六六五）に木幡に浄妙寺を建てた時に、観修を以てその寺の検校とし、この寺を以て長く門徒に附属した。又岩倉に解脱寺を立て、これも観修の門徒に附属した。又法成寺を建て、その寺務も長く智証の門流に附した。その最初の寺務になったものは心誉である。八代相続して智証の門流が寺務になった。心誉は観修の弟子である。このように智証の門に道長が篤かったから、山徒はこれに抗したのであろう。

　後朱雀天皇長暦二年〔西暦一〇三八〕（一六九八）十月、智証門流明尊を天台座主に任ぜられるという噂があった。そこで山徒が訴えて出て奏状を上った。その趣はおよそ一箇寺の貫長たるものは、住山を以て本となし、山修山学を業となす。しかるに近来智証の門流はおのおの別院を建立して、山務を擲《なげ》棄て、ほしいままに居住を構え、余慶は観音院・修学院、観修は解脱寺を建立している。かくの如きは、山家の旧制に違う。かくの如き者を以て、一山の貫長となすことはしかるべからざる事である。速かに明尊を改易せられたいというのである。そこで寺門から又反対の奏状を上った。曰く、それ一寺の貫首たるものは、官臈倶《とも》に闌《た》け智行兼備の者を以てこれに補すべし。仏法興隆を心となし、自宗弘伝を業となす、以て山務を執行すべく、以て朝家を護持すべし。いわゆる別院建立とはこれ興隆弘通の基である。あにただに蟄山眠山、興法利生に念なく、端拱無為、日を度る者を以て寺務貫首となすべけんや、護持僧となすべけんや。明尊は法臈といい、智徳といい、何の闕くる所かあると。これより両方とも議論を盛んにくりかえす。山門は曰く、園城はこれ延暦の末寺なり、あに末寺の僧侶を以て本寺の貫首となすべけんやと。寺門は曰く、山門寺門もとより同寺、全く本末の異なるなし。もし強いて本末を論ぜば、寺門を以て本となし、山門を末となす。何となれば今その建立の前後によっていえば、園城寺は天智天皇の創立である、延暦寺は桓武天皇の建立なり、三井寺の延暦寺に先んずること一百余年、先を以て本となし、後を以て末となす。又もし両寺の位をいえば、三井寺は天智天皇の御願なり、叡山の三塔は伝教慈覚の建立なり、尊卑見るべし、本末知るべしと。このような論をくりかえしていた。時に藤原頼通は関白であったが、深く明尊を信じ、必ずこれを以て天台座主たらしめんとした。山徒はこれを聞いて逆乱を作さんとし、弓箭を儲わえ合戦を企てた。長暦二年〔西暦一〇三八〕十月二十六日、山徒は山を下り、翌二十七日になって、山徒数百人左近馬場に群集した。時に流言あり、曰く、内々の宣旨を蒙るに曰く、天台の座主には智証大師の門弟を以て補すべからず、慈覚大師の門徒を用うべしと。これを聞いて山徒は遂に解散した。これは実は叡山の宿老が計を以て僧徒を宥めんがために、かかる流言を触れしめたのであった。翌三年二月十七日、山徒又座主の事によって、およそ三千余人、祇陀林寺（初七条朱雀南にあり）に会合し、関白頼通の邸に逼った。頼通は門を閉して入れず、人をして告げしめて曰く、今日は先ず還れ、明日議すべしと。明朝頼通は使を遣わして曰く、天台座主は古来智行兼備の者を以てこれに補す、必ずしも慈覚の門に限らず、又智証の門にも限らず。今明尊は徳位相宜し、慈覚の門徒これに如くものありやと。山徒これを聞いて大いに怒り、更に頼通の邸に押し寄せた。門関して通ぜず、大衆呼号して門を叩き、門の柱の下地を穿つに至る。頼通大いに怒って、平直方をして、兵を率いてこれを防がしめ、射て山徒に中つ。山徒これに対抗して戦うものあり。その主謀定清は、大僧都教円を捕えて去った。教円は慈覚門において座主の候補者の第一に擬せられていた人で、山徒はこれを以て座主に推し立てようとしたのである。翌日検非違使を遣わし、定清を捕えて獄に下し、ついで三月十二日教円を以て座主に補し、ここに一時事は収まった。

同年五月、三井寺から戒壇建立を願い出た。これは三井寺が山門と関係なく独立の戒壇を立てようというのであって、天台菩薩の大戒は、義真・智証の正流である本寺これを伝えざるべからずというにある。山門がこれに反対し訴えて申すには、戒は和合を以て本となす、一宗両戒あるはすでにこれ不和なり、園城の伝戒しかるべからざる事なり、早くこれを停止すべしと。寺門又奏して曰く、山門申す処は甚だその理なし。たとえ一宗といえども、寺院異らば戒壇何ぞ別ならざらんや。すでに天竺祇園精舎に両壇を立つ、一宗、両壇何の妨げかこれあらん。加うるに山門は座主においては門徒各別としてこれを遮り、又伝戒においては一宗同戒としてこれを拒む。自語相違何ぞ慚愧を知らざるや。そもそも菩薩大戒は延暦年中伝教・義真二師勅を奉って入唐し、道邃和尚に逢い、二師同じく菩薩三聚戒品を受け、帰朝の後弘仁十年〔西暦八一〇〕（一四七九）伝教奏して天台一乗円戒を授け伝えんことを請いしが、僧統の奏に依り、宣下年を送り、十三年六月四日伝教入滅し、在世の中にこれを行うこと能わず。同月十一日前入唐沙門第一座主義真に勅してこれを行わしむ。山家の伝戒これを始めとなす。且つ又慈覚は、弘仁七年具足戒を東大寺に受け、菩薩の戒壇には登らず。ただ智証は天長十年〔西暦八三三〕（一四九三）義真に従って登壇受戒し、座主に任ずるの後、始めて戒牒を制して、以て後代の規則となす。しからばすなわち天台一乗の円戒は伝教行わず、慈覚受けず、ただ義真・智証ありてこれを伝う。これに因りて観れば、寺門はこれ山家円戒の正統なりと。

朝廷においては評議を凝らした。公卿衆は或いは諸宗に問うべしという者あり、又許すべからずという者あり、天皇は重ねて議すべしとて、決し給わなかった。（源平盛衰記に、この時後朱雀天皇願文を叡山に納めて、この事を日吉山王に告げ、許すの可否について、山王の示現を請い給う文あり、本朝文集にもまたこれを載す。）その年末閏十二月、明尊より戒壇の事未だ許否の御沙汰なく、空しく月日を過ごすを以て、一門内受戒の事なきに因り、速かに裁定せられんことを請うと催促に及んだ。そこで蔵人頭資房が奏上に及んだが、天皇仰せられるには、戒壇の事更に抑留すべきにあらず、王者の心は事において偏頗なかるべし、何ぞいわんや仏法をや、但しこの事未だ理非を弁ぜず、独り心に決すべからざるなり、ただしかるべきよう相定めて奏すべしと。関白頼通もまたこれを決する能わずして、時を過した。翌長久元年四月二十七日、明尊から改めて申し出で、戒壇の事今に定められざるに因り、沙弥僧等が逃げ去るを以て、速かに決せられたいと請うた。資房が又奏上したが、天皇未だ決したまわず。仰せらるるようは、この事昼夜の愁なり、しかれども思慮未だ一端を得ず、しかるべく思い定めて奏すべしと。この時に当り両門ともに示威を行い、濫悪の僧徒刀剣を帯びて京を横行し、殺人放火をするものあり。資房の小舎人観寿丸という者は、叡山の僧のために奪い去られた。三井では大衆蜂起して、相挙って祈禱を凝らし、或いは百壇修法し、或いは読経し、寺中上下ことごとく財貨を傾く。資房は頼通に相談したが、頼通決せず。六月二十五日、三井寺明尊以下僧綱七、八人連署し奏状を上った。その趣は、もし戒壇建立を許されなければ、再び明尊を座主に任ぜらるべしと。天皇決し給わず、再び公卿衆をして議定せしめられた。資房これを関白に伝えた。頼通の申すには、幾度議定いたすとも、ただ勅定にあるべき由を申さば、終に決する所なかるべし、これを議するも益なかるべしと。そこでその趣を申し上げた処、更になお議定せよと仰せられた。その後の経過は明らかでないが、翌長久二年〔西暦一〇四一〕五月十四日、諸宗に命じて、三井寺戒壇建立の可否を上奏せしめた。諸宗からは皆、建立しかるべしという議を上った。ただ叡山のみこれを不可とした。この前後の情況を以ても知られる如く、平安時代の公卿衆は、陣議又は杖議と称し、形式的に会議は開くが、これを決定すべき関白は、その責任をもたず、ただ公卿衆の各人の意見を聴いて、それをそのまま申し上げるだけである。結局かようかようにすることがよいと決定して申し上げるのではなく、些細の事まで天皇の御直裁である。これが平安時代朝廷衰微の一因をなしたものである。

戒壇一件は右のような始末で、結局有耶無耶で、この後もなお長くつづく。明尊は藤氏一門から帰依せられた人で、上東門院も剃髪の時、明尊より戒を受け給い、頼通夫人も明尊のために常行堂を建てた。三井の円満院は明尊の住坊で、後朱雀天皇の御願に因り、長久元年に建てられたが、三年に山徒のために焼かれた。翌年明尊は法務になった。三井のものが法務になったのはこれが初で、その信任の篤かったことはこれによっても知られる。後冷泉天皇永承二年〔西暦一〇四七〕（一七〇七）五月二十日に輦車を聴《ゆる》された。同年六月天台座主教円が寂した。そこで明尊は戒壇の事許されざるに依り、更に又座主たらんと望んだ。叡山では大騒ぎであったので、しばらくその闕を補せられなかったが、翌三年八月十一日明尊を座主に任ぜられたけれども、三日にしてこれを辞した。この時、勅使少納言藤原永職は山僧の騒動により登山せず、或いは途中水飲の辺に宣命を棄ててかえったともいう。明尊はこの後、天喜元年〔西暦一〇五三〕（一七一三）に牛車を聴《ゆる》され、二年には平等院検校となった。康平三年〔西暦一〇六〇〕（一七二〇）に頼通は明尊九十の算を賀し、釈迦像一鋪を図し、妙法蓮華経九十部を書写し供養した。康平六年九十三歳を以て寂した。小野道風の孫にあたる人である。これより後、山・寺の争いはますます激しくなるのである。

後三条天皇の御代になり、三井寺はなお戒壇の事を願ってやまず。延久二年〔西暦一〇七〇〕（一七三〇）六月朝廷更にこの事を議し、諸宗に命じてこれを勘申せしめたが、決する所がなかった。延久四年天皇不予にましました。依って三井寺に聖願寺を建て、三口の阿闍梨を置き、新羅明神に宣命を納めて、三井の戒壇建立の事ならびに寺門より天台座主に補任の事は故ありて宣下せられざる旨を陳べて、玉体の平復を祈らしめられたが、御病気はなお減ぜず、遂に位を譲り給うた。ついでまた新羅明神へ宣命を納めて、明神の咎を宥め給うた。新羅明神は、元来は支那の山東省に祀ってあった神であるが、智証大師の入唐の時霊験があったというので、以来朝野の信仰深いものがあった。元来素性のわからない神である。この後まもなく天皇は崩御あらせられた。

白河天皇の御代に及んで、三井寺の方に利益ある情勢になった。関白師実の如きも、しばしば三井に参詣し、又寺内に羅惹院を造立し、これを天皇の御願寺とし、阿闍梨三口を置き、又同寺内法定院に阿闍梨五口、明王院に三口、一乗寺の別院に三口を置いた。その頃三井寺に頼豪がいて、白河天皇の御帰依を受け、勅により皇子の御誕生を祈った事がある。承保元年〔西暦一〇七四〕（一七三四）敦文親王が御誕生あらせられたので、天皇御喜び遊ばされ所望を尋ねられた。時に頼豪は三井寺の三摩耶戒壇の建立を願ったが、これは容易な事ではなく、勅裁がなかったので、頼豪深く怨んで、ついに寺門を出でず、敦文親王も間もなく四歳にして薨ぜられた。このように戒壇一件はよく祟りをなしたと伝えられる。頼豪は源平盛衰記などには鼠になって叡山に入りその聖教を嚙み破ったという。

白河天皇永保年間に至って三井寺の焼撃があった。永保元年〔西暦一〇八一〕（一七四一）正月に、叡山坂本の日吉の社で踏歌の節会があった。時に大津の下人が山門の下人に凌辱せられた。これを山家に訴えたけれども用いられず、よって大津下人は怒って、三井寺に附き、永く日吉社の所役を停めた。四月十五日日吉の祭に、三井の大衆が数百の兵を率いて、祭の勅使御供ならびに雑人等を止めたので、祭を新宮に移した。ついで叡山の大衆数千が三井寺に向い、三井寺もこれに対抗して、戦が始まろうとしたが、晩景に及んで山の大衆が引き上げて、事無く収まった。しかしながら祭は終に行われず、そのままであったので、六月五日に特に宣旨を下して、日吉の祭を行わしめられた。しかるに三井の大衆が又勅使を追いかえした。よって朝廷では、違勅の罪として、張本人の名を注進せしめた。叡山では三井寺に報いんとして、祇園法性寺等の衆徒等を集めて、六月九日山徒数千人が、或いは甲冑を着け、武士を率いて、三井寺を襲うてこれを焼いた。三井寺の堂塔伽藍残るものわずかに七分の一のみ。この時焼けたものは、勅願に依るもの十五所、その他の堂院七十九所・経蔵十五所・塔婆二基・鐘楼六宇・神社四ヶ所・僧房六百二十一・舎宅千四百九十三であった。朝廷は二十一社に奉幣して両寺の事を告げ、ついで使を遣して三井の焼跡を検せしめた。園城寺からは解を上って、延暦寺のために焼かれたけれども、これに報復すべきに非ず、その代りとして戒壇建立を許されたいと願い出た。朝廷からは奉幣使を日吉に遣わされたが、山僧はこれを以て三井の僧の来るかと疑い、矢を放ったので、勅使は逃げ帰った。その頃三井が山門を焼くという噂が幾度もあったので、検非違使をして検せしめたが、無実であった。ついで宣旨を両寺に下して、日吉祭妨害ならびに三井寺焼亡の奸徒張本を召された。しかるに九月十三日になって三井寺の僧徒三百人ばかり、夜に乗じて山門を襲ったが、敗れて退いた。三井寺の死者二十七人、傷つく者数を知らず。山徒の死者詳かならず。翌日検非違使ならびに下野守源義家を三井に遣して、凶徒を捕えしめた。その翌十五日になって、山徒が重ねて三井寺を襲い、前の焼け残りをことごとく焼いた。この時焼亡する所、堂院二十・塔一基・経蔵五所・神社九所・僧房百八十二所・舎宅数を知らず、唐院納むる所の聖教一万四百十四巻の中、災を免かるる者わずかに三百余巻である。その他に花林房に納むる経論一万三千余巻、一巻も出さなかった。この外諸院諸房の仏像経巻計《かぞ》うるに勝《た》えず。火の焚くに任せて、聖財世宝捜し取り、山上に盗み運び、大船十三艘・駄馬六十疋に及び、船は沈むを以て期とし、馬は斃るるを以て限りとしたという。寺中残る所の僧房わずかに十四宇のみ。その頃三井にいた行尊の歌に、

　三井寺やけて後すみ侍ける坊をおもひやりてよめる

住みなれしわが故郷はこの頃や浅茅原にうづらなくらむ

と。朝廷では、両寺に命じて張本を出さしめたが、命を奉ぜず。依って前陸奥守源頼俊を遣わして三井の巨魁を牛尾山（一名鼓岳）に捕えしめた。ついで検非違使が近江に発向し、高島郡に隠れた三井の凶徒を捕えた。翌十月十四日に石清水の祭に行幸あり、時に源義家・弟義綱等に勅して、乗輿に扈従せしめ、以て叡山・三井の僧に備えしめられた。この二人は布衣をつけ、弓箭を帯び、関白の前駆に備わって扈従した。この後、三井の堂舎は逐次再建せられ、応徳元年〔西暦一〇八四〕（一七四四）には金堂、寛治六年〔西暦一〇九二〕（一七五二）羅惹院及び講堂を供養せられた。叡山三井の争いはなおこの後もつづく。

白河上皇院政時代僧徒の兇暴

この頃に至って、山徒の兇暴はいよいよ甚しくなった。堀河天皇寛治六年〔西暦一〇九二〕（一七五二）九月、日吉の神人が三十余人、関白師実の第に到り、桙を振り榊を門前に立てて訴えて曰く、左少弁藤為房・宮内少輔藤仲実の二人が、日吉の社の所領の事で、神人の訴訟の取調べをするに当って、濫りに神人を打擲して殺害した。依ってこの二人を流罪に処せられたい、もし容れられずば、大衆が蜂起して宮門に参じ、禅室に帰るべからずと申し出た。関白師実はこれを諭して、王城においては、すべて道理に従うべきである、対決以前に大衆の来ることは不当である、宜しく寺に帰って裁許を待つべしとて帰らしめた。朝廷では、この訴により為房を解官し、仲実を拘留した。しかるに山徒等は処分軽きに過ぐとして、大衆を率いて、まさに京に入らんとし、上下騒然たり。朝廷では武士をして宮門を衛らしめ、重ねて裁許を経て申請に従うべければ、しばらく京に向うべからずと諭し、遂に為房を阿波守とし、仲実を安芸権守としてそれぞれその国に配流した。仲実の下司であった清原武清が常陸に流された。為房も仲実もまもなく赦され帰った。

寛治七年〔西暦一〇九三〕八月には、叡山の西塔と横川と東塔の中の虚空蔵の尾の大衆が、座主良真を逐い出してその房舎を毀った。良真もこれに屈せず、僧兵数百を以て、東塔の房舎を毀り、更に西塔の房舎を毀らんとした。西塔と横川の大衆が撃ってこれを走らせ、ついに良真の弟子の房六十四宇を毀ち、坂下の民家八十余戸を焼いた。良真はまもなく座主を罷められた。この事件の原因は詳かでない。

嘉保二年〔西暦一〇九五〕（一七五五）源義綱のことから騒ぎが起って、山徒神輿を奉じて闕に参り訴えようとした。朝廷では検非違使・武士をしてこれを防がしめた。その事の起りは、初め叡山の下僧達が美濃の国に下向し、庄園の事を処置するについて非道が多かったので、国司源義綱がこれを奏聞に及んだ。依って叡山に尋ねたが、叡山では知らずという。しからばというのでこれを追討せよということになり、義綱は詔を奉じて、その悪僧を捕えようとして合戦に及んだ。その僧は或いは射殺され或いは搦め取られた。その殺されたものの中に円応という者あり、これが中堂の久住者であるというので、叡山が怒り出して、義綱を流罪に処せられんことを願った。朝議はこれを却け、義綱は宣旨を蒙って悪僧を追捕せんとし、しかして円応はたまたま流れ矢に中ったのであるから、義綱に過なしということになったので、山徒は怒って勃発し、御輿を振ったのであった。朝廷でも強硬で、十月二十三日武士に命じて山徒を禦ぐに当り、神輿を憚かることなからしめ、神祇官に宣旨を下し、右の趣を内侍所に御祈してこれを告げ、又諸社へもその下知を下した。武士は諸門を固めて、終日待っていたが、この日大衆終に下らず。翌日山徒数輩京に入ってきた。源頼治の郎従がこれを拒いで、僧徒三人禰宜一人を射殺し、残りの者は逃れて祇園林の中に入り、或いは東山の路に隠れてしまった。翌二十五日衆徒は神輿を中堂に舁《かつ》ぎ上げた。これが輿を山上に舁ぎ上げた初めである。かくて山徒は中堂に集まり、座主仁覚以下僧綱等、日比は御読経御修法のためとて多く京に住する者も、ことごとく登山して、我が山は天下無双の霊地なり、朝廷輙《たやす》く便者を還し社司を殺す、ここに留まって何かせんとて、五壇法を行い国家を咒詛し奉るの由風聞あり。国家とは天皇の御事を申すのである。二十六日仁覚等京に帰らんとするを、命じてこれを拒がしめ、十一月には咒詛の交名を注進せしめ、また日吉の神輿を迎え取らしめた。この後三年過ぎて、康和元年〔西暦一〇九九〕（一七五九）六月関白後二条師通が瘡を患えて薨じた。さきに傷つけられた禰宜友実の祟りであるという。翌康和二年ついに源頼治を佐渡に流した。

承徳二年〔西暦一〇九八〕（一七五八）法成寺執行の事について又争いが起った。六月二十日、三井寺から訴を起して、法成寺の執行はその初め心誉が道長に信任せられこれに補せられてより、続いて八代の間三井の人を以てこれに補せられた。しかるにこの度山の座主仁覚を以てこれに補せられたのは甚だ心得ぬ。願わくは寺門の人を以て補せられたいと願い出た。この時には結末が如何なったか詳かでないが、後から推察すれば、三井寺に慰諭して、この次には寺門から出そうという約束で収まったらしい。康和四年に仁覚が死んだ。そこでかねてあったらしい約束により、三井寺の増誉がその後に補せられた。しかるに山徒これに反抗して奏状を上り、法性寺座主仁源を以て法成寺執行に補せられたいと願い出た。朝廷では遽かにその請を容れられず、荏苒《じんぜん》これを決せられなかったので、大衆憤って右大臣忠実の許に趣きこれを訴えた。朝議ついにその請を聴《ゆる》した。そこで三井寺の方から嗷訴したが、三井寺の増誉に諭して、大衆の嗷訴を禁止せしめ、そのまま泣き寝入りになったらしい。

長治元年〔西暦一一〇四〕（一七六四）天台座主慶朝と、その反対派の僧と争いあり。その頃叡山では仲間喧嘩が多く、東西両塔がしばしば合戦した。中右記に「東西塔の僧合戦し、或いは放火して房舎を焼き、或いは矢に中って身命を亡う。修学の砌、還りて合戦の庭となる。仏法の破滅すでに斯時に当るか。又園城寺の衆徒濫悪かくの如しと云々。およそ天台の仏法滅亡の秋か、呼嗟哀しい哉」とある。六月には僧徒ほとんど毎日合戦して居る。大衆奏聞して曰く、山上の合戦は偏に権少僧都貞尋の所為である、早く彼を流罪に処せらるべしと申し出た。貞尋は山から逃れ出で京に在り、そこで大衆は京中を捜索して彼を求め出した。朝議これが罪を糺し、また山僧の濫行を制止せしめた。八月になって、山徒は寂場房を毀り、座主慶朝を逐い出した。これは貞尋と悪僧とが相計ってした事であるという。十月になって、又山で合戦が頻りに行われ、西塔の房舎を壊り、死傷があった。これは慶朝と貞尋との争いによって起ったものである。大衆からは早く座主の後任を補せられたいという。西塔の衆は又別に奏状を上って、座主の追却は満山の衆の所為に非ずして、法眼寛慶ならびに阿闍梨頼禅等の構うる所であるという。依ってその事情を慶朝に尋ねることとなった。その結果は詳かでない。ついで朝廷は源義家・義綱及び検非違使を遣わして、叡山の東西の坂本の悪僧等ならびに兵杖を帯びて山に登ろうとするものを捕えしめた。その頃衆徒の中に法薬禅師というものあり、東塔の大衆で、武勇人に過ぎ、心合戦を好み、山上闘乱ある毎に、必ず諸国末寺の庄園より数十人の武士を引率してこれに加わり、或いは人の物を奪い取り、或いは人の首を切る、天下の衆人これに従わざるなしという。中右記にこの事を記して、公家今にこれを禁制せられず、天の然らしむるか、乱逆次いで到らんと嘆息している。

同じく長治元年、円宗寺の法華会の探題の事について争いが起り、山徒が京に入ってこれを訴えた。この探題は、延暦寺修学の上﨟の中で一たび山の探題たりし者の中より、天台座主が推挙して補せられるのが例となっている。従来三井寺の明尊・良秀・成覚等宣旨を蒙りこれに補せられた事はあるが、いずれも天台座主の推挙によったものである。今年前例に依り、山僧慶増と賢暹を推されたが、辞退したので、三井寺の僧都澄観に仰せ付けられた。しかるにこの人は山の探題にもならず、座主の推挙も経ていないので、前例に違うに依り、山僧を以て補せられたいとて、十二月三十日山徒は京に入ってこれを訴えた。翌長治二年正月元日に、山徒は祇園の神輿を昇いで、右衛門陣に集まり鉦鼓を鳴らして嗷訴した。朝廷では七日の後を約して諭して帰らしめた。山徒は祇陀林寺に退いた。翌二日、山徒の要請を容れて、澄観の探題をやめた。これに由って山徒は山に帰った。

同二年六月に太宰府の竈門宮の事件があった。（竈門宮は筑紫郡竈門山、別称宝満山・御笠山にあり、天台の末寺である。）これより先、権帥藤季仲が八幡別当光清と共に、竈門宮の神人と争うた。この事件は前の慶朝の一件と関係がある。慶朝が天台座主たりし時に、院宣に依り石清水の別当光清をこの宮の別当とした。しかるに慶朝が大衆と争い山上を逐われ、その後は悪僧法薬禅師が一山に全権を揮い、推して竈門山の別当となり、延暦寺の下部ならびに日吉社の神人法師等を遣わしてこれを占領した。法薬の濫行増長するに由り、光清は宣旨を申し下して、検非違使の下部を具して法薬の従類を捕えしめた。六月二日、季仲は官旨を奉じて、兵士を率い悪僧を捕えようとして互に合戦し、矢が神輿に中り、日吉神人が殺された。そこで山徒はこれを訴え出た。この訴えのあった処へ、更に又別の事件が起った。それは六月十四日御霊会に当り、祇園神人田楽が蔵人馬長童と争い、抜刀に及んだ。検非違使の中原範政の郎等がこれを捕えようとして、神人と衝突した。この事が竈門山の一件と交錯して、二十三日神人二百余人陽明門に詣って嗷訴した。八月二十九日山徒神人闕に詣り、太宰帥季仲を訴え、十月二十八日に至り、季仲を罷めてこれを召還した。山徒はこの処置に満足せず、十月三十日神輿を奉じて陽明門に詣り、季仲・八幡別当光清・検非違使中原範政を流罪に処せんことを請うた。八幡の神人が又これに抗して、待賢門に詣り光清を宥されんことを請い、山徒と衝突して互に殺傷あり。十一月三日、八幡神人の訴に依り光清の職を復し、天台座主仁源に命じて八幡の神人を殺傷した下手人を求めしめ、ついで七社（伊勢・石清水・賀茂・春日・日吉・祇園・北野）に奉幣して山徒の濫行を訴えた。この事件は、十二月末に季仲を周防に流し、従者六人も同じく遠流に処せられ、検非違使範政も職を停められて落着した。この事について、中右記にこれを評して、検非違使範政が罪を蒙ることは理非に迷うことである。又権帥ならびに光清は宣旨を守って悪僧を追捕したにかかわらず罰せられたのはその意を得ない。また諸社の神人は輙《たやす》く神輿を舁《かつ》いで神境を出づべからざるものである。これによって先年来しばしば宣旨を下してこの事を誡め、もしこれに背かば、僧俗ともにその職掌を解却して、永く叙用すべからざる由を示されたのである。今度の事に当っては、権帥季仲が太宰府に下向の時、鎮西の諸社が神輿を舁いで濫行を致さば、たとえ奏聞を経ずとも、法に任せてこれを科決すべき由申請うたに由って、請のままに宣旨を下された。又竈門宮は八幡別当の宮である、しからばこの訴は八幡よりこそ出すべきで、何ぞ延暦寺より出すべきや。前後相違し首尾すでに乱るかと述べている。

嘉承元年〔西暦一一〇六〕（一七六六）九月、法眼証仁は延暦寺の僧徒を誘い、その嫡母故太政大臣信長の室九条堂に濫入して暴行した。証仁は信長の男である。信長の生存中一堂を九条に建てておいたが、康和五年〔西暦一一〇三〕（一七六三）に信長の室は、この堂を白河法皇の御願寺として献上した。しかるに証仁は自らこの堂を付与せられたと称し、信長の室を逐い出し、横川の悪僧を催して、信長の室の居所二条邸に来たりてこれを責め、もとの如く彼の寺となすべきことを迫った。悪僧等女房の室に乱入して、種々の物を奪い取り、強盗の如く、また女房等を辱しめ、また九条堂の庄園を押領した。信長の室からこれを法皇に訴えた。法皇は命じて証仁の法眼和尚位を奪われた。僧位を剥ぐということは先例のないことであるけれども、俗位記の例に准じたのである。中右記にはこの事を記して、近頃山僧濫行言語に絶す、しかして法皇これを制し給うこと無し。しかるに今証仁に限りこの罰あるは、すこぶるその故ある歟と記して居る。

天仁元年〔西暦一一〇八〕（一七六八）に尊勝寺灌頂阿闍梨の一件が起った。尊勝寺の灌頂阿闍梨は、初めは東寺の人、次に延暦寺の人、次に三井寺の人を以て補するという順になっている。これに任ぜられた者は三会の講師に准じ、権律師に任ぜられる例になっている。今年は順次からいって、三井寺に賜わるべきの処、東寺へ賜わった。それは白河法皇の仰せに、外の寺では昇進の道がその数々あるが、東寺ではこれによる外昇進の道がない、これに因って、なるべく東寺の人を多く用い、時々天台の人を用いるようにすべしということであった。そこで三井寺が延暦寺と謀って、三月二十一日これを訴え出た。二十三日衆徒蜂起し、闕に詣って嗷訴に及んだ。朝廷は武士・検非違使を河原へ遣わして防がしめた。「台嶺の上、如意の山巓、およそ数千の衆徒往反し、その火すでに大火に逢うが如し」（中右記）。摂政忠実はその請を却けた。四月一日、山徒は日吉の神輿を奉じて嗷訴せんとした。朝廷は更に源平の兵を遣して禦がしめた。大衆は火を挙げて山間より下ること、星の連なるが如し。西坂本に集まるといえども、検非違使・

武士に抑えられて入洛すること能わず。法成寺より東の河原及び松前の辺に陣を取り、玄甲道に連なり、白刃日に映じて、数十町の間人馬相満つという。二日、法皇より使を遣して衆徒を諭し、今年はすでに灌頂が行われた後で、とかく申すも詮なし、これより後は従来の如く、弘法・慈覚・智証の門流が相ついで補せられることにしようということになり、山徒は笑みを含んで去った。中右記に、この事もし裁許を下さるならば、前の日に下さるべきであった。およそこの十余日の間決せられず、数千の軍兵が、山徒を防がんために、東山から賀茂・吉田辺の田畠が兵士のために荒されて、ほとんど滅亡してしまった。およそ灌頂阿闍梨は初めより三寺の門流が次第に行うことに定まっていたのである、今年その先例を破られたことは、甚だ穏便でない。もし破られるならば、たとえ衆徒から訴えたとて、裁許せらるべきでない。一旦訴えられて裁許せられるのは、朝威のために甚だ不便であると記して居る。

衆徒の兇暴は、南都に在っては、興福寺が殊に甚しかった。夙《はや》く冷泉天皇の安和元年〔西暦九六八〕（一六二八）の頃、東大寺と寺田の事に因って争い、合戦をして互に死傷があった。一条天皇の正暦二年〔西暦九九一〕（一六五一）の頃にも、興福寺から東大寺領を押妨して乱暴を働き、東大寺よりこれを訴えたことがある。同じく一条天皇寛弘三年〔西暦一〇〇六〕（一六六六）には寺田の事に因り、国司を訴えて出た。国司為頼が寺田を亡損したというので、蓮聖という者が衆徒三千人ばかりを率いて、為頼の宅を焼き、路辺の田畠二百余町を損じた。由って乱暴の僧を捕えしめ、蓮聖の公請を停めた。興福寺から愁状を道長に上り、僧綱二千余人が京に上り、太政官にこれを訴えた。検非違使をしてこれを追わしめ、もし申すことがあらば三綱を以て申すべしと諭した。夜に入って僧徒は引き退り、三十余人留まり、道長に面会を求めたが、道長は僧綱已講の外来るべからずと告げしめた。ついで別当五師等来たって申文を進め、国守源頼親及び為朝等の停任と蓮聖の赦免を請うたが、道長はこれを屏《しりぞ》け諭して還らしめた。

後冷泉天皇の永承四年〔西暦一〇四九〕（一七〇九）興福寺衆徒が大和守源頼親の第を襲うた。その子前加賀守頼房等出合って合戦し、僧徒矢に中って死するものがあった。興福寺から訴えて、頼親は土佐に頼房は隠岐に流された。この外瑣末な争いがなおしばしば起っている。

多武峯と興福寺の争いが又甚しいものであった。多武峯は初めただ藤氏の廟があるのみであって、仏寺はなかったのであるが、道長の頃に尊睿律師というものあり、多年叡山に住して、修行の積んだものであった。その頃無動寺に慶命というのがいて、まだ若かったが、尊睿はその器を見て後に棟梁たるべき人なりとし、自ら権律師を退き、慶命が幸いに道長と親しいというので、慶命をしてこの事を道長に申さしめ、律師を慶命に譲った。かくて尊睿は道心を発して、多武峯に籠った。従来何等仏法の修行をするものがいなかった多武峯に、台密の修行を始め、天台の法門を教えて、学生も多く集まり、法華八講・三十講なども始まって、ついに仏法の地となった。そこで尊睿は特に本寺がないというので、同じくば叡山の末寺にしようというので、慶命を経て道長に請い、叡山に寄附して末寺となり、妙楽寺と称した。時に興福寺から故障を申したてた。多武峯は大織冠の霊地であり、縁故よりすれば山階寺（興福寺）の末寺たるべきである、いかでか叡山の末になるべきぞと訴えたが、道長は許さず、ついにそのままになった。

年経て白河天皇の永保元年〔西暦一〇八一〕（一七四一）三月、些細の事から興福寺と衝突が起った。それは、ある時多武峯の僧が興福寺の領内喜殿荘を過ぎて、そこに放馬があったのを見て、それを射た。興福寺の知事法師がこれを制し、互に争って多武峯の僧を捕えんとしたが、逃げ去ったので、その従者の一人を捕えた。ここに多武峯の墓守が出で来たって、その従者を奪いかえし、興福寺の知事法師を凌辱した。それより事が起ったというのが、水左記の記す所である。多武峯略記では、多武峯の僧が酔余犬を射たが、これを見て犢が驚き走り、興福寺の知事法師はこれを見て、牛を射ると叫び、村里動揺し、峯の僧は馬より引き落された。多武峯検校がこれを聞いて興福寺の知事を捕えて拷問した。これより事起るとある。何れにしても両寺下僧の衝突である。かくて興福寺の大衆蜂起して多武峯を襲い、山の下の民家三百余戸を焼いた。多武峯では大織冠の像を負うて逃げた。朝廷は興福寺別当公範を罷め、首魁を逮捕して、獄に下した。これは三月五日のことであるが、翌日大織冠の像が破裂した。（多武峯では、事あれば大織冠の像が破裂するを常とする。この後江戸時代に至るまで、しばしばこの事あり。）ついで多武峯の僧徒三百人（又は五六百人という）が京に上り、関白師実から使を遣わして大織冠像を本座に復した。多武峯にも僧兵は多くいた。現に今に二つある校倉の中の一つは刀庫といい、刀が数千本ある。この後三年を経て、応徳二年〔西暦一〇八五〕（一七四五）五月に、興福寺の衆徒は又多武峯を襲うて山下の民家を焼いた。

同じく応徳二年、興福寺は寺領の荘園の事について訴うる所あらんとして、金峯山に牒して同道入洛せんことを求めたが、金峯山は承引せず、興福寺衆徒は怒って金峯山を攻めようとしたので、長者宣を下し、使を遣わして制止を加えた。それより八年の後、寛治七年〔西暦一〇九三〕（一七五三）十一月、興福寺衆徒が金峯山を攻めた。総勢三千人と称す。この時には金峯山より怠状を進めて、事が治まった。事の起りは興福寺は金峯山を以て興福寺の末寺であると主張し、興福寺の権少僧都貞禅を以て金峯山の検校に補した。しかるに金峯山ではこれを拒絶したので、これを攻めたのである。この後、金峯山はおとなしく興福寺末寺となって治まったらしい。興福寺衆徒の上洛する時は、いつもこれに随従して居る。

寛治六年三月、興福寺衆徒、山城木津川東賀茂庄に乱入して、民家二百余戸を焼いた。事の起りは、興福寺の僧京に上るの途に、その庄で鶏を取ったので、庄民等がこれを凌辱した。寺の大衆これを聞いて怒り、ここに及んだのである。この庄は賀茂社の所領であるので、関白師実は賀茂・春日両社に奉幣してこれを謝した。

寛治七年八月、興福寺大衆蜂起して書を上り、近江守高階為家が蒲生郡市荘家を損亡し、神人を侵掠するを訴え、ついで神木を奉じて京に入り嗷訴に及んだ。左大臣源俊房以下、関白師実の第に会してこれを議し、遂に為家を土佐に流し、縁座の者を解任し、贖銅を科し、事治まった。同年十二月二十九日、二十二社に奉幣して、南北僧徒の兇暴を告げ給うた。

康和四年〔西暦一一〇二〕（一七六二）九月、東大・興福二寺の僧徒の闘争があった。事の起りは、東大寺八幡の祭に手搔会があって、興福寺の下部が田楽を催した処、東大寺の瓦工包友がまた宿願によって田楽を行い、手搔門の辺りで衝突し、衆徒が包友の田楽を拒《ふせ》いで喧嘩に及んだ。夕暮より合戦し、夜に入りて興福寺の徒が火を東大寺の領内近傍の民家に放ち、東大寺衆徒もまた火を興福寺南院の近傍に放った。二十八日東大寺衆徒は神輿を擁して入洛し、東寺に入った。因って勅使を遣してこれを諭し、愁訴の議は更に裁せらるべきを以て陣参の事あるべからずと告げ、十月一日に神輿帰座して事治まった。

天仁元年〔西暦一一〇八〕（一七六八）九月十日、興福寺はまた多武峯を襲い、堂塔伽藍を焼き払った。事の起りは、多武峯に済厳という者あり、平等院に経蔵を建立して、養母に勧めて、その所領の高田荘の近傍の田畠を施入した。養母は死ぬに臨んで、その施入した田地の作手職を養子済厳ならびに国季その弟高助の三人に処分した。しかるに国季と高助と相論あり、国季は済厳を味方に引き入れ、その地の作物を刈り取ろうとしたが、高助は興福寺の僧を語らい、その寺の知事院尊を味方に引き入れた。これで両組となって争い、田地の作物を奪い合った。済厳は憤って院尊を凌辱した。これに因って興福寺衆徒が蜂起して、多武峯を焼き払うたのである。中右記には地を払うて跡なしといい、殿暦には焼亡堂舎その数を知らずとあり、多武峯略記によれば、食堂・経蔵・惣社・大温室・多宝塔・灌頂堂・五大堂・浄土堂等焼失とある。大織冠像は火事を恐れて取り出した。朝廷から張本人を召し出さしめた。興福寺別当上洛して大衆に代って訴えて曰く、今度張本人を召し出されるによって、大衆一同不安の念あり、因って法華会・維摩会を停むべしといい、又多武峯を以て興福寺の末寺とせんことを請い、もし許されなければ大衆上洛すべしという。摂政忠実はこれを許さず、多武峯は従来叡山無動寺の門籍のものこれを管している、今更興福寺の末となすべからず、張本人は多武峯側においてもこれを召し出そうというのである、決して一方にのみ偏するものでない、もしこのために大衆が入京せんとならば、我自ら宇治に往ってこれに会わん、京に乱入することしかるべからず、請う所の旨は許すべき限りにあらずと。別当すなわち引き去った。この後、張本人を出したと見え、忠実が興福寺・多武峯勘当の僧を許す事が見える。多武峯では、例によって大織冠像破損の事あり、忠実より告文を上って、まもなく納まった。この後、天永元年〔西暦一一一〇〕（一七七〇）六月二十一日に、忠実は長者宣を下して興福寺僧徒の兵杖を帯ぶるを禁じた。しかしながら恐らく何等の効果も無かったであろう。

天永四年〔西暦一一一三〕（改元永久元年、一七七三）興福寺と延暦寺の争いがあった。閏三月二十日興福寺衆徒が春日神木を奉じて、勧学院に抵《いた》り、仏師法印円勢が清水寺の別当に補せられたことを訴え出た。その趣意は、円勢は延暦寺で出家したもので、興福寺の僧でない。清水は興福寺の末である、故に興福寺僧でなければ別当に補すべからずというのである。朝廷では、かつて仏師定朝が清水の別当になったことがある、その例によったのであった。しかるに衆徒の申すには、定朝は清水寺で出家したものであるから、円勢はそれと事情を異にするというのである。大衆上洛の途中乱暴を働いて、路次の損亡計《かぞ》うるに堪えず。堀川辺の材木多く奪われて、あたかも大賊の如くであった。朝廷ではやむを得ず、訴を聴いて、円勢を罷め永縁を以てこれに補した。永縁は興福寺の権別当であり、大安寺・法隆寺・金勝寺を兼ねていた。衆徒はこれによって満足して還った。しかるに叡山がこれを承知しない。同月二十九日、延暦寺の衆徒が清水寺の堂舎僧房百余宇を毀ち、祇園・北野・京極寺（三条京極にあり、日吉の末）の御輿を奉じて、院御所に嗷訴に及んだ。そうして興福寺衆徒が先般上洛の時、祇園の領内を荒し神人を凌辱した事を訴え、興福寺の実覚を流罪に処せられんことを請うた。翌四月一日、衆徒四五百人が日吉の神輿を奉じて院御所に迫った。法皇は検非違使源光国・平正盛・左衛門尉源為義等を遣わしてこれを禦がしめられた。公卿等集ってこれを議したが、何れも舌を巻き口を閉じて策の出づる処を知らず、わずかに大蔵卿為房の議に依り、山徒の請を容れて実覚を罪にせられんことを仰せ出され、これについて、たとえ奈良より訴うる事ありとも、延暦寺の僧綱を罪すべからずと仰せられた。そこで延暦寺の大衆は、慶をなして帰った。中右記に慨嘆して曰く、天下上下、大衆の威を畏れ、朝家の威を軽んず、天の滅ぶる時か、衆徒を責められ裁許あらんと欲す、力及ぶべからざる歟と言って居る。五日に至り、興福寺から奏状を上って、叡山の僧徒が清水の僧房をやぶり、仏器仏像を盗んだに依って、座主仁豪・大僧都実慶を流罪に処せんことを請い、かつ祇園はもともと興福寺の末寺で、春日社の末社であるから、これを興福寺に属せられたい、又実覚僧都の罪を免されたい、もし裁許なくば入洛すべしと申し出た。時人謂えらく、南北の乱逆修羅道に異らじと。すでにして興福寺は七大寺の衆徒を徴発し、春日・薬師寺・東大寺八幡の神輿を奉じて入洛せんとすという風聞が盛んであった。山徒又これを聞いて入洛せんとした。朝廷は二寺に勅して上京を停め、又伊勢・石清水・賀茂・春日・日吉・祇園・北野の七社に奉幣して鎮座を祈った。この時石清水に納められた宣命案は、今も石清水に伝わっている。その文激越痛切を極め、神人の濫悪・緇侶の貪婪を責め、学を抛って刀兵を横たえ、方袍を脱いで甲冑を着け、梵宇を焼失し房舎を破斫す、弓箭を携えて左右の友とし、矢石を以て朝夕の弄とす、宰吏明らかに知るとも禁制に力なく、憲台近く見るとも糺断に憚りあり、遂に王法を忘れてすでに律義を破る、たとえば獅子の身中の虫の自ら獅子を食うが如しと仰せられ、今後神輿は祭の式日の外動かすべからず、又神域以外に出すべからず、たとえこれを出すとも、神は非礼を享けざるを以て、影向せしむることなかれ、国家においても、もし制を破らば、法に任せて罪科に行うべしと、神に告げられた。〈当該漢文史料省略〉

摂政忠実は使を遣して衆徒を諭したが衆徒聴かず。僧正以下金堂の前に群集して、長者宣を下知した。衆徒の曰く、さしたる罪なくして実覚を流罪に処せられたのは法相宗のために誠に悲しむべきことである、もし申請う所裁許せらるれば上洛を止めん、しからずんば上道せんといい、数千の者声を揚げて叫び、その響き地を動かした。この時に当って、京では両寺の合戦まさに起らんとし、武士を聚めて警固怠りなく、人心恟々たり。興福寺では金峯山・吉野等から軍兵を駆りあつめ、大和の土民庄民等の弓矢を携うる者を集めて、その数幾千なるを知らず。朝廷においては東寺の寛助に命じて大威徳法を修して、衆徒の鎮静を祈った。廷臣の腑甲斐なさと兵力の伴わざる政権とは、衆徒の侮を招いた。御祈禱によって衆徒を鎮めようとした廷臣は、南都北嶺の衆徒よりも遥かに時代遅れの考えであった。末法澆季の世には、武力に依って仏法を護らざるべからず、法力よりも武力なりとは、廷臣よりも僧侶等が夙く認めて実行せる所であった。尋《つ》いで朝廷は又春日・大原野・吉田三社に奉幣して、僧徒の闘乱を止めんことを祈られた。興福寺では、石清水八幡宮寺を味方に引き入れ、春日の神木入洛に供奉せしめんとして、その交渉にかかった。その応酬は極めて興味あるものである。興福寺の牒に曰く、来る二十二日に上洛せんとするにつき、七大寺は各鎮守の神輿を舁《かつ》いで供奉せんとす、その中大安寺の本宮は石清水の宮寺とはその所を異にすといえども、同じく大菩薩の垂跡の地である。その故は昔貞観〔西暦八五九〕年中に大安寺行教、宇佐より石清水に神体を移した時に、まず大安寺に崇め奉り、次に石清水に移したのである。同じく行教の門流であり同じく法相宗であるから、本宮の愁は石清水宮寺の愁である。今本宮入洛せんとする時、宮寺あに黙してやむべけんやという。石清水はこれに答えて、行教和尚は三所の御体を当山に安置し奉るの後に、大安寺に崇めたのである、何ぞ本宮といわんや。もし又人を以て本末を定むれば、延暦寺こそ大安寺の末寺である、最澄は大安寺行表の弟子である、又石清水は何宗とも定まって居らぬ、当宮は鎮護百王之霊社弥陀三尊の垂応なり、託宣を敬せずんば神慮怒りあらんといい、ついに応じなかった。天皇は石灰壇において伊勢大神宮を遥拝して、僧侶の鎮静を祈り給い、忠実は又内侍所に祈った。公卿衆又院に会して議したが、計の出づる所を知らず。中には衆徒の請を許すべきや否やを卜定せんという者もあった。これに賛する者がかなり多かった。中御門宗忠はこれを評して曰く、今においては両方の大衆まさに合戦を企てんとしている、左右なくこれを制止せらるべきである、もし宣旨に従わずば、共にただこれを防禦すべきである、御卜を行わんというのはその理しかるべきやといっている。ついで又院宣を七大寺に下して、興福寺を援けざらしめ、兵士を宇治及び西坂本に遣して、南北衆徒を禦がしめ、再び春日・大原野・吉田三社に奉幣して、南北の大衆制止を聴かざるに由り、兵士を遣して防禦せしむる旨を告げ給い、又石清水に奉幣して、更に僧徒の鎮静を祈った。四月二十九日興福寺大衆いよいよ上洛して、延暦寺を攻めんとした。検非違使平正盛・忠盛・源重時等、宇治栗前山《くりくま》に逆《むか》え撃ってこれを破り、僧徒は退いた。この日又検非違使源光国・左衛門尉平盛重を西坂本に遣し、山徒を防がしめたが、山徒はすでに京に入って祇園に屯していた。この日宇治の戦において、興福寺僧の殺さるるもの三十四人、俗兵士九十人・神人が三人傷つけられた。この外傷つく者計《かぞ》うるに勝《た》えず。官兵の中では二人射落され、傷つく者数十人に及んだ。後日になって興福寺僧正永縁から中御門宗忠に書を贈って曰く、興福寺大衆上洛のことは数度制止を加えたが、遂に及ばず上洛した。しかしながらこれはあながち衆徒の過失のみに非ず。さて途に官軍に抑留せられた時、しばらく待つ間、思いもよらず春日社の神宝捧持の間に、鹿が現れたので、衆徒はこれを見て或いは恐れを成し或いは信を致した。しかるに官軍の中から兵士が一人進み出でて鹿を射んとした。衆徒これを見て大いに騒いだ。官軍はその騒ぐ気色を見て、たちまち進んで矢を放った。これに依って大衆が遂に退却した。その間に大衆は流矢を逃れんために、各僧兵ならびに金峯山の僧を留めてしばらく防がしめ、遂に官軍と合戦に及んだのである。もとより官軍に衆徒が抵抗しようという本意ではなかった。かの鹿の現れたことは、稀有の事であって、つらつら思えば大明神の深き思召しによるものであろう。これ凡智の及ぶ所に非ず云々と申してきた。宗忠これを見て、恐懼天を仰ぎ地に伏して、悲歎の思謝する所を知らずといっている。宗忠の如きは当時公卿衆の中において思慮の勝れた人であったに拘らず、なお神の使として鹿を恐れること、かくの如く、衆徒もまた鹿の出現に由ってすこぶる狼狽した。しかしてそれを射た武士に至っては、何等これを意にかけることはなかった。これに由って観れば、当時公卿衆と武士とは、思想の上において格段の差があったので、後に至り公家の衰え武家の興ることは、すでにかかる間に萌していたことがわかる。これでこの事件は終ったが、その余波として、興福寺から座主仁豪及び官軍の鹿を射た者を刑に処せられたいと願い出た。朝廷でも金峯山の中に官軍に抗した者を追捕せしめられ、又法皇を呪詛した興福寺の僧を捕えしめられた。又清水寺に対しては、興福寺僧徒を誘い入れた者を追放せしめ、延暦寺については悪僧を追放せしめられた。延暦寺では旨を奉じて悪僧を追放せる由を奏した。しかるに大衆これに反抗し、座主仁豪の本坊を毀つなどの騒ぎがあった。仁豪はために座主を辞せんことを請うたが、朝廷では聴《ゆる》し給わず。大衆は京極寺に集まり、将に訴うる所あらんとした。法皇は検非違使源盛重・源重時・平忠盛等を遣わしこれを逐わしめ、又宣旨を下して悪僧を追捕せしめ、山の上では延暦寺の所司をして捕え進ぜしめ、京に在っては検非違使をしてこれを追捕せしめ、諸国に在っては各国司をして追捕せしめられた。翌永久二年〔西暦一一一四〕七月六日、院宣を延暦寺に下して、山上において兵杖を帯ぶることを禁ぜしめ、宣旨に背く者は山上を追却せしめ、罪科に行わしめた。同月二十六日座主仁豪の訴に、近日山上平安にして万人悦ぶの処、一日大衆乱発して座主職を奪わんとした、これ法性寺座主寛慶の所為であるという。すなわち検非違使大夫尉平忠盛等を遣して寛慶の房人愛宕寺別当源意を追捕せしめ、妻子を搦め取りしばらく散禁所に拘した。また検非違使を西坂本八瀬に遣し、山徒の兵杖を帯びて山に入る者を捕えしめ、東坂本より兵杖を帯びて山に上る者は、延暦寺の所司をしてこれを捕えしめた。明日勅して天台座主の職は死闘を待つに非ずば後任を補せざらしめた。これ競望の念を絶たんがためである。

次に保安年間に山門寺門の争いがあった。さきの永保年間の焼打から四十年、白河法皇院政の末に当り、保安元年〔西暦一一二〇〕（一七八〇）に些細な事から争いが起った。その起りは、大津の浜は山門と寺門との分かち領している所であった。しかるに山の方の住人がひそかにその境に鳥居を建てた。三井の僧はその地が三井の領内であるというので、これを破棄した。これに由って山僧が蜂起したので、三井ではその鳥居を破った僧を追放したが、山徒はなお聴かず。院宣を以てこれを制せられたが、山門の申すには、大津の浜は日吉神社に奉る処なるに、死人の骸骨を棄てるものが多いので、これを制せんがために鳥居を建てたのであるという。三井寺のいうにはこれは穢を止めんがために非ず、その鳥居の内には三井寺の領が多くある、人の領を取らんがために好んで鳥居を建てるのである、又山門の申文に神領とあるはしかるべからず云々と。双方とも色々の申し分あり、争っていたが、結局検非違使を遣わしてこれを抑え、かつ慰諭して、一まず事は治まった。しかるにその翌保安二年〔西暦一一二一〕、三井の衆徒が西坂本において延暦寺の修学僧を殺した。山徒が怒って火を観音院・一乗寺・修学院の坊舎に放ってこれを焼いた。三井もその報復として、日吉の社領大津の東西浦の民家に火を放ってこれを焼いた。そこで山徒は閏五月二日、三井寺を襲って堂塔僧房を焼いて一宇を残さず。これが三井の二度目の全焼である。この時宣命を日吉社に納めて、僧侶の濫悪を告げ給うた。文中に「僧徒ハ忽ニ諸朝威一シテ相互ニ力攻シテ衆凌レ寡強滅レ弱ス譬猶三師子身中虫自食二師子一者歟、形為二法侶一シテ心ハ為二魔軍一リ」云々と仰せられた。この保安度三井焼撃事件の起りを説くものとして一の物語ができている。秋夜長物語がそれである。その筋は、叡山の律師桂海という者が、三井門跡にいた稚児を愛して、これと契を結んだ。ある時その稚児が天狗にさらわれたというので、三井の者が騒ぎ出し、その稚児の里花園左大臣の亭を襲うてこれを焼き、またこれを機として城墎を構え、三昧耶戒壇を建てた。山徒怒って三井を襲いこれを焼いた。稚児は寺も焼け里も焼けたので、歎いて身を瀬田川に投じたので、桂海は発心して岩倉に庵を建ててこれに籠り、後東山に雲居寺を建てた、それが有名なる瞻西上人であるというのである。この物語の製作年代はけだし室町初期であろう。文中に公家に奏問し武家に触れとあり、又戒壇の事に因り山門から三井に発向した事が六度あるという。これを事実にあたると、長暦三年〔西暦一〇三九〕(一六九九)・長寛元年〔西暦一一六三〕(一八二三)・正嘉元年〔西暦一二五七〕(一九一七)・正元二年〔西暦一二六〇〕(一九二〇)・元応元年〔西暦一三一九〕(一九七九)と五度あった、その後の事に当り、又「五山の僧」という語あり、又新古今の釈教の中に瞻西の歌ありというが、新古今は元久二年〔西暦一二〇五〕(一八六五)の撰進である。これ等に依って、この物語は室町時代の初め頃の著作であろうと思う。

保安三年八月に、山徒が天台座主寛慶を逐い出した。寛慶は前の座主仁豪の寂後補せられたのである。この事件の起りは、山徒が美濃の中川御厨を山門の領平野庄に加えられたいと願い出た。しかるに寛慶がこれを取り次がなかったというので、八月九日に逐い出したのである。後十月に至り、寛慶は免されて帰山した。その時の記事に、歴代皇紀裏書に「大衆免座主」とある。座主任命の実権が大衆の手に帰するに至ったことを示すものである。その翌年保安四年七月四日には、又座主寛慶を逐い出した。これは越前敦賀において、叡山の僧が何事か争闘を起した。その犯人を捕えて護送中、悪僧等が遂にこれを奪うた。朝廷は命じてその張本を出さしめたので、延暦寺の所司は応好といえる者を検非違使庁へ差し出した。その事から大衆が怒って寛慶を逐い出したのである。ついで山徒は神輿を奉じて入洛せんとしたので、武士を遣わしてこれを防がしめた。衆徒神輿を河原に棄てて退散し、又祇園に籠った。平忠盛・源為義等これを撃退し、互に合戦あり、神殿の内で命を殞した者が多い。神輿は赤山の社に入れ奉り、やがて造替せられた。この時にも白河法皇は山徒の擾乱を憂え給い、宣命を諸社に納められようとしたが、未だなされない中に事は治まった。その案文が石清水文書の中に収めてある。その文中に激烈なる文句が用いてある。これに依っても御憤りのほど察し奉るに余りある。〈白河法皇宣命漢文史料省略〉

以上の外、僧徒の兇暴は、地方においても同じようであった。永保二年〔西暦一〇八二〕（一七四二）熊野僧徒三百余人が、新宮・那智の神輿を奉じて入洛し、粟田山に集まった。これは尾張の人がその徒を殺したのを訴えたのである。事情は詳かでないが、僧徒神人の神輿を奉じて入洛したのは、これを以て始めとする。

伯耆大山《だいせん》の如きにも、衆徒三千人がいたという。嘉保元年〔西暦一〇九四〕（一七五四）閏三月八日に、大山から三百の僧兵が京に上って、上皇の宮に集まり嗷訴に及んだことがある。これは去年寛治七年〔西暦一〇九三〕、大山地蔵会の頭役を富田荘司といえるものが勤むべき由を、一山僉議《せんぎ》してこの事を通じた処、恵明房が勤むべしとて承知せず。恵明房というは大山の三院の内西明院の住侶なるを以て、西明院がその後立となり、この年正月、南院・中院の衆徒と合戦し、ついに上裁を仰がんがために、三月二十二日大衆上洛したが、山崎の辺でせき止められた。中に閼伽井房永命というもの、押して京に入り、途に関白の車に逢い、前駆の者と闘い、まさに糺問に及ばんとすと聞いて、衆徒は神輿を棄てて逃散したという。

九州では宇佐にもかなりいた。寛治元年十二月、宇佐神人が京に上り、院御所に嗷訴した。これは太宰大弐藤原実政と事によって争い、実政が宇佐の神輿に矢を射たのを訴えたのである。依って実政は伊豆に、目代源時綱は安房に、庁官三人は土佐に流された。

彦山にも僧兵がいた。嘉保元年、太宰大弐藤長房と事を争い、長房は着任後幾《いくばく》もならず逃れて京に帰り、辞職した。世に半大弐と称す。

太宰府安楽寺・弥勒寺等にも、多数の僧兵を擁していた。嘉保・長治の頃（一七五四—一七六五〔西暦一〇九四—一一〇五〕）、朝廷においてこれ等の寺の闘争を議することがある。

白河上皇院政時代寺領の取締り

従来世の史家のいう所によれば、白河上皇は仏法信仰篤くましましたがために、僧侶の言に聴き過ぎて、その勢力を長じ驕傲を増したという。しかしながらこれは事実と相違の点がある。僧兵の盛んになったのは白河上皇以前よりのことで、白河上皇はむしろ強硬に取締りをつけられた方である。ただ当時当局の取締りに方針が立たず、主義が一貫せず、朝には山徒の言に聴き、夕には南都の大衆の訴を容れる。かくの如くしてようやく僧徒の威力を加えて、大乱を馴致するようになったのである。世に伝うる所の白河法皇の御言に、賀茂川の水・双六の賽・山法師、これぞ朕が心に随わぬものと仰せられたということがあるが、法皇の御心に随わぬようになった一因は、取締りに方針が立たなかったためである。

荘園の如きも、法皇が崇仏のために、後三条天皇の立てられた取締りが弛んだということを、従来世間ではいうが、これも事実と相違がある。荘園の禁止については、延喜二年〔西暦九〇二〕（一五六二）三月に出た格が一期を劃し、格前格後という語さえ作られた。しかるにこの禁令もさしたる効なく、荘園が天下に満ちるようになった。後朱雀天皇の長久元年〔西暦一〇四〇〕（一七〇〇）六月に、諸国の国司に命じて、当任以往・一両代以来の新立荘園を停めしめ、もしこれを阿容するものは違勅の罪を以て論ぜしめることとした。それは格後の荘園停止すべき由、度々官符宣旨を出すといえども、一切停止なし、高家権門国司を責め凌ぎ、或いは又公文を咎めるような事がある、依って今改めて一両代以後の荘園を禁止せしめることにしたのである。ついで後冷泉天皇寛徳二年〔西暦一〇四五〕（一七〇五）更に勅して、前司任中以後の新立の荘園を停止した。これに違う者は違勅の罪に処し、国司は見任を解却して永く叙用せず、百姓は重科に処して寛宥することなからしむることにした。これが有名な寛徳二年の勅である。しかしながらこれも勢家権門が国司を圧迫して、よく行われず。同天皇の天喜三年〔西暦一〇五五〕（一七一五）三月十三日、又勅して寛徳以後の荘園を停止した。なおこれに背いて荘園を立つるものは、子細を勘録してその身を召し進ぜしめることにした。しかれどもこれを奉ずるものは少かった。そこで後三条天皇がこれを革正せんとし給い、延久元年〔西暦一〇六九〕（一七二九）三月二十三日勅して寛徳二年以後新置の荘園を停め、その年以前のものといえども券契の明らかならず国務を妨げるものはこれを停めた。ついで同年の閏十月十一日に、記録荘園券契所を太政官の朝所に設けて、諸国の荘園より券契を上らしめ、これを記録してその事を裁判する所とした。その職員に、上卿・弁・開闔・寄人を置いた。上卿は長官で、大臣・納言等がこれを勤め、弁は次官で、左右弁官の中から文筆に堪える者が補せられる。開闔は判官で、判断裁決に任ずる。語義は開善闔悪である。寄人は主典で、是非を沙汰し、儒家の才智あるもの又旧規古法を知る人を選んで補する。さて諸国に宣旨を下して、荘園の文書を徴した。この時に宇治の頼通の返事に「五十四年君の御後見したる身の、所領もつとも、記録にせんというもののありしも、そのままに打ち過ぎたり。文書など候べきや。ただ某の領の中しかるべからざる所は、いささかも慮ることなく削りたまえ」とあった。そこで頼通の領に限って、文書を徴する事は除かれたと伝わっている。これらの例から推して、後三条天皇の荘園取締も名ばかりで、実は行われなかったであろうという人もあるが、必ずしもそうではない。東大寺の東南院文書（正倉院文書）の中に、延久元年閏十月十一日附を以て、大和の国庁から東大寺の所領玉滝御杣の司に命じて、その公験を進ぜしめた庁宣がある。又石清水八幡宮文書には、延久四年九月五日石清水八幡の宮寺護国寺に牒して、その所領中二十一所はもとの如く領承せしめ、十三所はこれを停止した所の太政官牒がある。これらを以て見ると、記録所は相当な活動をしていたと見えるが、御在位が短かったので、詳細なる事は明らかでない。白河上皇の院政になっても寺領に対する取締りはすこぶる厳重であった。堀河天皇の寛治六年〔西暦一〇九二〕（一七五二）五月五日源義家が諸国に荘園を構うるを禁じ、翌七年三月三日には、荘園濫置禁制の事を師通に諮問あらせられた。その仰せに曰く、荘園諸国に満ち溢れているが、これを制止せんとするは如何、また幾年以後のものを停止すべきか、延久・応徳・寛治元年以後のものを停止すべきかと。師通は院使として参った頭弁に答えて曰く、それは杖議によって決せられたが宜しかるべしと。弁曰くそれは叶うべからざる事である、その故は、たとえこれを禁ずるとも、国司が皆密々荘園を立てているのであるから、禁令を発するとも国司は嘲哢しているためであると申した。翌嘉保元年〔西暦一〇九四〕（一七五四）更に公卿等をして、新立荘園制止のことを議せしめた。その結果であろうか、その年十二月官符を伊賀国に下して、伊勢大神宮の神民及び東大寺の寄人等をして、所当の官物を弁済せしめ、一年おいて永長元年〔西暦一〇九六〕（一七五六）にも、官使を伊勢に遣わして、国司をして東大寺の荘園の地子雑物を押取せしめた。二年おいて康和元年〔西暦一〇九九〕（一七五九）五月にも新立荘園停止の宣旨を下したことが見えるが、記事簡単で委曲は詳かでない。康和四年三月八日、宣旨を東大寺に下して、同寺領大和東西吉助庄の承保三年〔西暦一〇七六〕奉免の宣旨を上らしめた。同四月十九日丹波守高階為章は宣旨に依り、聴宣を留守所に下して、東寺領丹波大山庄四至を立券注進せしめ、同二十五日為章は又、大山庄に官省符庄たりといえども、宣旨に依りてこれを停止し、公田として官物を弁済し国役を勤仕せしむる子細を注進し、同閏五月十日、東寺をして大山庄の本文書を進めしめ、同八月四日には為章は大山庄下司をして同寺所役の人夫を致さしめた。鳥羽天皇永久元年〔西暦一一一三〕（一七七三）二月一日、太政官は東寺に牒して、大山庄の公験の正文を上り且つその子細を弁申せしめ、同三年四月二十五日、東寺政所は大山庄住人に令して官符に任せて貢賦を怠ることなからしめ、同年六月二十九日にもまた同庄住人に令して官符庁宣に任せて寺役を勤めしめて居る。保安三年〔西暦一一二二〕（一七八二）六月九日、官符を東寺に下して、大山庄の外公田二十余町を掠めた事由を言上せしめている。天永二年〔西暦一一一一〕（一七七一）八月十日には院宣を東大寺に下して、その寺領伊賀の玉滝御杣鞆田湯船二ヶ所の証文を進らしめ、永久三年〔西暦一一一五〕（一七七五）四月三十日には、更に又玉滝御杣の公験の本書を進《まい》らしめている。これ等から推しても、白河上皇時代には相当に寺領庄園の取締りが行われていたことが知られる。元永二年〔西暦一一一九〕（一七七九）三月には、法皇は中御門宗忠を関白忠実の第に遣し、その所領上野国の庄園五千町を停止せしめられた。その趣は、院より御召によって宗忠が馳せ参じた所、仰せらるるようは、上野国司からの注進によると、近頃関白家において上野国に庄園を設置した、それは知信が寄進する所で、その広さ五千町ある。元来この土地は斎院の禊祭料の紅の花を奉る所である、今これが関白の所領となるのは如何であろうか。たとえ山川藪沢の地といえども、一ヶ国において五千町までも庄園として占領するのは甚だ宜しくないことである。この旨を関白に伝えよという仰せであった。宗忠はこの仰せの旨を伝えたが、忠実の返事に曰く、この庄園は人の寄進によって家領となすもので、知信の申す旨によって国司に仰せ付けたばかりのことである、今においては停止すべしとて旨を奉じたという。これ等の例を以て観るも、従来説く所の如く、白河法皇が庄園の事を顧み給わざりしというは誤りである。ただその効力がどれだけあったかということは疑わしいが、鋭意取締りに御心を用い給いしことは事実である。

鳥羽上皇院政時代僧徒の兇暴

鳥羽上皇院政時代にも、白河上皇時代と同じく、僧兵の兇暴は加わった。崇徳天皇大治四年〔西暦一一二九〕（一七八九）十一月、興福寺の衆徒が大仏師法眼長円を途に要してこれを殴打して傷つけた。これは長円が院宣に依り、興福寺の大仏師に補せられ別当法印となったが、それは長円が清水寺別当に補せらるべき下地であるというので、大衆が反対して乱発し、二百人ばかり奈良坂へ来たり、長円を襲うて頭を傷つけ衣を剥ぎ取り、従者童子をも傷つけ、車を破り、長円を縛して興福寺南大門につれて来た。別当法印玄覚が大衆に請うて長円を貰い受けて免したという。朝廷すなわち検非違使盛道・光信・源為義・同義成・平盛兼等を南都に遣して衆徒の張本を追捕せしめ、奈良坂で合戦し互に死傷あり、大衆の中上座維覚・尊知等若干人を捕えて帰った。ついで長円を凌轢した大衆の師匠已講覚誉・斉実・覚清等は公請を停められ、衆徒の張本若干人が移郷せしめられ、恵暁は播磨書写山に、経覚は美濃に、寛兼は信濃に、源祐は讃岐に、良栄は丹後に、伊勢公は丹波に移された。更にその張本十三人を大和国より国払にした。この後、久安の頃、長円は清水寺別当であったが、一類の兇党これに服せず。長円は奏して悪僧を追却した。悪僧等陳謝すといえども許さず。そこで悪僧等は久安二年〔西暦一一四六〕（一八〇六）四月十五日に清水寺を襲い、長円は兵を発してこれを防いだ。兇徒等火を放って観音堂を焼いた。

天承元年〔西暦一一三一〕（一七九一）二月十三日、延暦寺において起請六箇条を定めた。その第四条において、凶徒を招集して兵器を求むることを停めた。その文によって見れば、頃年暴悪の輩、弓箭を輝かし、戈鋋を蓄え、勇敢の凶徒、道理を遮り（里カ）、往還の諸人怖畏を抱く。春秋二期の伝戒の時に臨んで、悪僧等裹頭して頭を蔵し、刀を挿み剣を横たえ、集会の場所において濫吹に及ぶ。よってその師主をして、これを教戒制止せしめ、その命に従わざる者はこれを追放せしめる。第五条において、僧侶が美服を着用し、所従の童子等の過差を停止せしめる。童子の数が濫りに多くなるので、これを停め、その数を定めた。第六条においては、供養の時に、酒盃数巡に及ぶを停む。これは、飲酒は五戒の中最も重い事ながら、山中においては防寒のために多少の斟酌があるが、放逸度無きを以てこれを誡むるのである。これ等の効果幾何ありしやは不明であるが、その取締りに意を用いたことを見るに足るのである。

保延三年〔西暦一一三七〕（一七九七）正月、興福寺権別当権僧正玄覚が正僧正に転ずべき処、醍醐の定海が御持僧であるに因って、越えて僧正に任ぜられた、興福寺の僧綱已講等が上洛してこれを訴え、かつ定海の職を止め玄覚を権大僧正に任ぜられんことを請うた。公卿等議して、権大僧正は先例なし、僧正二人は先例あるに由り、玄覚を僧正に任ぜんという。二月九日、大衆七千余人、神木を奉じて入洛し、裁許を要請した。ついで定海が僧正を辞し、玄覚が僧正に任ぜられて、大衆は帰り、事治まった。（東寺長者補任・元亨釈書・本朝高僧伝等に、定海依然その職に在り、正僧正二人の初例として居るのは誤りである。）

保延五年〔西暦一一三九〕（一七九九）興福寺において、別当隆覚と、衆徒との軋轢があった。その事情は詳かでないが、金峯山の宝塔院の管理に関する事件のようである。正月三十日大衆蜂起して、公文目代俊賢の住房を焼き、二月二十七日夜、又蜂起して修学者英兼を殺し、三月八日に、又蜂起して、別当隆覚の坊を焼き、ついで修理目代林盛房、次に会所目代覚融房、次に目代智経房を切り、次に勝智房を焼き、ついで又転経院房・恩覚房を切り払い、その後連日蜂起して、隆覚の別当を停止せらるべき旨奏上に及んだ。三月二十六日に、上皇は平忠盛等を宇治・淀に遣して、興福寺衆徒の入京を防がしめられた。大衆は平等院の大門の前に着して神木を安んじた。忠盛等は宇治の橋板を撤して防いだので、大衆やむを得ず奈良へ帰った。この後も隆覚と衆徒との争いがなお続いた。十二月、検非違使を奈良に遣わし、隆覚の党五十余人を捕え、尋《つい》で隆覚を罷め、覚誉を以てこれに代えた。

保延六年〔西暦一一四〇〕(一八〇〇)閏五月二十五日、延暦寺が又園城寺を攻めてこれを焼いた。これは、これより先、四月十四日に大津新宮の祭に、三井の寺主慶仁の子が山門の下僧を殺害したことから事が起ったのである。同月二十八日重ねてこれを焼き、七月十六・十七日また重ねて焼いた。堂塔僧房一宇を残さず。これで三井の焼撃は三度目である。この頃三井衆徒は起請を立てて、生々世々智証大師の門人たらん者は永く山門の侶を以て伝戒師となさず、これを破る者は永く大師の門徒に非ざる旨を誓うた。その事はこの後長寛元年〔西暦一一六三〕(一八二三)山門との争いの時の陳状に見える。右の焼撃の後、一年を隔てて、近衛天皇康治元年〔西暦一一四二〕(一八〇二)三月十六日、三井の僧徒五六十人、復讐の挙に出で、山門を襲い堂宇を焼き、東塔南谷の弥勒堂等五、六所を焼いた。山徒逆《むか》え撃って、三井の洪師両三人を打ち取りこれを梟し、翌日三井を襲って、大津の民家を焼いた。

同じく康治元年八月、興福寺の悪僧十五人を陸奥に放った。これは近年興福寺衆徒の乱逆甚しきにより、五月頃よりこれを勧学院に召し集めて糾弾し、その中十五人を捕え、源為義に命じて陸奥に放たしめた。南都の僧かくの如く刑せられることは、未だ曾つて有らざることである。

天養元年〔西暦一一四四〕(一八〇四)摂政忠通が源清忠をして大和の地を検注せしめ、以て興福寺の領に及んだ。衆徒これを止めんことを請うたが、忠通許さず。衆徒蜂起して、忠通の侍男を拘留した。十一月一日は春日祭であったけれども、弁官は興福寺衆徒の怒りを畏れて、辞して往かず。少納言藤成隆が弁官代として下向したけれども、衆徒これを逐い還した。皇太后御使大進泰兼も空しく上洛した。衆徒は頼長の許に参って、清忠を配流せんことを請うたが、頼長は、摂政が吏務を親しくす、余口入る能わず、かつ兄弟の上首・父子の好ありとて、その請を容れなかった。

久安元年〔西暦一一四五〕(一八〇五)七月十二日、興福寺の僧徒金峯山を攻めた。九月十三日、興福寺また金峯山を攻めた。信実という者が大将軍であった。明年四月に至り、戦なお止まず。この闘争は、その事由詳かでない。この戦の間に、師任入道という者あり、源頼俊の外孫として、大和宇智郡の田畠を領していた。その本家職を、初めは興福寺に寄進したが、課役繁多なりとて、たちまち更めて金峯山へ寄進した。両寺の争いの間に、かような事をしたので、興福寺では師任入道を捕えようとし、師任は逃れて金峯山に入ったが、興福寺衆徒等要害を固めて通ぜしめず。金峯山の住侶等ほとんど米塩を嘗めず、師任は堪えずして宇智郡へ逃げ帰った。金峯山の僧徒報復のため、久安二年四月二十五日、五百余人の軍兵を率いて宇智郡に向い、師任を捕えようとした。郡司藤原頼兼等、軍兵を発してこれを禦ぎ、死傷者計《かぞ》うるに勝《た》えずという。

久安三年、延暦寺の僧綱等が、越前の白山社を領せんことを請うた。山徒の申す所に依れば、前に応徳元年〔西暦一〇八四〕（一七四四）白山の僧徒等が、平泉寺を以て山門の末寺として寄附したという。従来は三井寺の長吏僧正覚宗が院宣を以てこれを領していたけれども、その処置が苛酷なるによって、社僧等が猥りに延暦寺に寄進したという。故にこの訴を出したのであるが、請う所理なきによって許さず。嗷訴の虞れあるを以て、法皇は兵を東河に耀かして、僧徒に備え、ついで山徒に諭して、覚宗入滅の後、白山を以て延暦寺の末寺となすべしと仰せ出されて、事治まった。

久安三年六月、山徒嗷訴に及んで、日吉・祇園等の神輿が入洛し、法皇は検非違使をしてこれを防がしめられた。事の起りは、この月十五日、祇園祭あり、平清盛が宿願を果さんがために田楽を催し、これを祇園へ奉納しようとして、その田楽の輩の守護のために、兵杖を帯ぶる者数十名をつけてやった。祇園の社家の下部が兵杖の社内に入るを制止し、それから争いになり、互に刀傷あり。清盛の郎等の中に矢を放つ者あり、社僧に中り下僧若干人が傷つけられた。山の所司が院参してこれを訴えた。すなわち清盛の下手七人を捕えてこれを尋問した。二十八日、山徒神輿を奉じて入洛し、嗷訴に及び、清盛・忠盛父子を流罪に処せられんことを請うた。法皇、検非違使をしてこれを禦がしめ、晩に臨み、衆徒を諭して、三日の内に請う所を許さんと告げしめられた。衆徒すなわち帰った。朝廷では二人の罪を議し、官使を祇園社に派して、濫行の実否を取調べしめた。その検注報告に、箭を射立る所々、流血の所、損失物等を注進してきた。又明法博士に勅して、清盛の罪状を勘申せしめた。一方では兵を西坂本及び如意山に遣して、山徒に備え、源氏平氏の輩が次第結番して守護した。戈鋋林の如く士卒巷に満ち、御所の北門を出で、河原を歴て西坂本に向う。為義は縹色の水干を着けて、その上に甲を着く。行路見る者堵《かき》の如しという。七月十八日・二十一日・二十四日・二十七日・八月一日、法皇は武士を御覧あらせられた。七月二十四日に至り、清盛は有罪に決し、贖銅三十斤を科せられた。山徒その刑軽きに過ぎるとし、座主行玄の計らい宜しからず、訴の間に行玄は衆徒と同心せず、事々懇切でなかったというので、これを逐い出して、その房を毀った。法皇は延暦寺の所司に命じて、その暴行を働いた僧を捕えしめた。所司兵を率いて登山した処、衆徒大いに怒って、その携うる所の兵器を焼き、所司の坊を毀った。張本人の周防公重雲を捕えようとしたが、逃れ去り、その従者を捕えたが、奪い還された。ついで院宣を以て行玄を座主に復せしめられ、これを承引せざるものは違勅の罪に処せしめられた。〈補記史料省略〉

久安六年〔西暦一一五〇〕八月五日、興福寺僧徒数千人・春日神人二百余人、神木を奉じて入洛し、勧学院に抵《いた》り、数年来闕任の別当を補せられんこと、ならびに清水寺別当は本寺の僧を補せらるべしと訴えた。榊には鏡数枚をつけて、春日大明神御体と称し、法螺を吹くこと三声、声洛中に充満した。朝廷は検非違使源光保をして兵を率いて禁門を警衛し、左衛門尉源頼賢をして一院（鳥羽）を護り、検非違使平家弘をして新院（崇徳）を護らしめ、摂政忠通は諸卿を会してこれを議した。僧徒は神木を勧学院に委して還った。十六日法印権大僧都隆覚を別当に補した。左大臣藤原頼長はこの事をその日記台記に記して、衆徒帰るといえども明神独り留り、遂にその望を助成す、信ずべし仰ぐべしと書いて居る。その思想の因襲的なるを見るに足る。

この他なお瑣末の事件は甚だ多いが、すべて省略する。鳥羽上皇院政時代は、全体として僧徒の取締りに注意せられ、強硬政策を以て抑圧せられたようであるが、僧徒の兇暴は久しい間に馴致せられたもので、これを抑えることは容易でなかった。又上皇の信任せられた頼長も、なお旧思想に囚われ、神威を畏れて容易く僧徒の言を容れ、時には上皇の政策も行われなかったようであるが、これを次の後白河上皇の時に比ぶれば、その制御はなお多少行われたと見るべきである。

後白河上皇院政時代の僧徒の兇暴

この時代には南都北嶺の騒ぎが殊に甚しかった。しかしながら後白河天皇御在位の間及び院政の初めに当っては、寺院の統制に努め給い、荘園の取締りにも意を用いられること少なくなかった。

保元元年〔西暦一一五六〕（一八一六）閏九月十八日、宣旨を下して、諸国社寺宮院諸家の新立の荘園と本免以外の加納の余田とを停めて、非法のものは検非違使に下して勘糺せしめた。この宣旨は七条より成り、荘園に関する条の外に、悪僧神人の濫行を停める箇条がある。その主なるものは、一、伊勢・石清水・上賀茂・下賀茂・春日・住吉・日吉・祇園感神院等の社司が、神眷に誇り、皇猷を顧みずして、ほしいままに賄賂に耽り、猥りに神人を補す。宜しく本の神人の交名ならびに証文を進めて、新加の神人に至っては永くこれを停止せしむべし。一、興福寺・延暦寺・園城寺・熊野・金峯山、右の三寺両山の夏衆・彼岸衆・先達・寄人等が或いは僧供料と号して出挙の利を加え、或いは会頭料と号し公私の物を掠め取る。宜しく停止すべし。制法に拘らざるものは、本寺所司に遣して、父母・師主・所縁等を注進して処分せしむ。一、諸国国司部内の寺社或いは霊祠の末社と称し、或いは権門の所領の社と号し、数千の神人を補するもの多し。その寺社の講衆おのおのその威を振うて、吏務を妨げ、郷村を横行し、ややもすれば国衙を責め煩わす。自今以後堅く停止せしめ、もしなお奸濫を致さば、交名を注進して法に依りて断ずべしと。翌二年三月十七日、更にこの令を申ねた。文は同じ。元年閏九月二十三日、住吉神人の乱行を停められた。その宣旨の文は右一般に下されたものと同様である。この元年二年二回の宣旨は、保元乱後の新政で、大いに革正を企てられたものと見える。この時法皇は通憲入道信西を用いて、政治の局に当らしめ、各方面に振粛を図られた、その一端が寺社方面に現れている。その結果とも見るべきものが、興福寺において一つ現れた。すなわち保元三年七月、官使を遣して大和の公田を検注せしめた。これは大和国は興福寺がほとんど全くこれを占領して、一歩の公田もなしという有様であったので、官使六人をして国司重能に目代を副え検注せしめた。時に上座信実は国司と睦かったために、この事を奉行したので、衆徒大いに怒り信実の坊を焼いた。信実はこれを防いで衝突し、互に殺傷あり、死者数十人に及び、官使は逃れ帰った。ここにおいて興福寺僧綱大法師等は奏状を上って、山城・河内・摂津三箇国の国司が当寺の庄園を収公せるを停止すること、ならびに上座信実・息男源頼実・僧満継・実教を配流に処し、その郎従を禁獄せられんことを要めた。同年十月又愁状を上りて、寺領山城国庄園杣山等を免除せられんことを請うた。それは当国国司平信忠が、去る三月猥りに使を放ち入れ、近日重ねて宣旨と称して、寺領を停廃して国役に随うべき由を下知したがために、常楽会・維摩会の勤を行うこと能わずというのであった。十一月九日、院宣を下して三箇国の庄々早く免除すべしと命ぜられたが、国司は請文を出しながら、これを実行せざるに由り、興福寺は又重ねて奏状を上り、山城・河内・摂津三箇国の寺領免除の国司の刹を召し給わらんことを請うた。その結果は明らかには見えぬが、恐らくその請を聴《ゆる》されたものであろう（興福寺牒状［東大寺尊勝院本］）。右の如き革正の事業も長く続かず、やがて平治乱が起り（一八一九〔西暦一一五九〕）、山徒悪僧が時を得顔に跳梁した。義朝が敗れて、竜華越に叡山を越えて近江に奔るに当り、山徒は途にこれを要撃して、義朝の叔父義隆を殺した。この後は例によって山徒の勢が益々盛んになった。

永暦二年〔西暦一一六一〕（一八二一）四月七日、後白河上皇が三井寺に御幸あらせられた。その前後に大雨あり、三井寺の一山老少、新羅明神に集り、丹誠を抽でて晴を祈り、その験あり、明朝一天快晴、喜びの声山谷に震った。畿外の御幸は稀有の例であり、これによって三井寺の光を増すとて、一山大いに喜んだ。この日金堂に入御して、五口の阿闍梨を置き、又唐院に御して、智証大師の像ならびに黄不動を礼拝あらせられ、又唐院に幸して伝来の宝器を御覧になり、新羅の社にも幸せられた。山徒はこの事を聞いて議して曰く、今般上皇の三井御幸は、事を勧賞に寄せて、必ず戒壇の宣下あるべし、しからばすなわち山家の法滅この一事にありと、三塔の大衆蜂起して御幸を妨げんとした。上皇激怒し給い、使を山上に遣してこれを責め張本を召されたので、大衆の企遂げずして止んだ。

応保二年〔西暦一一六二〕（一八二二）三井の覚忠が天台座主に任ぜられた。山徒蜂起してこれを拒んだ。この任命の事は初めから困難な事で、すでに前に明尊一件あり、智証門流を天台座主に任ずることの不可なるは明らかなことであった。果たして騒ぎが起った。山徒は訴を起し、小乗戒の者は大乗戒の和尚となすべからざることを訴えた。覚忠は奈良において戒を受けたものであるから、それは小乗戒である、たとえ覚忠は職を辞すとも、天台座主の籍に載すべからずと主張した。一日おいて三日に覚忠は辞した。七日になって、山徒は覚忠の宣旨を召し返されんことを訴えた。しからずば三井寺を焼き払うべしと陳べ、覚忠の座主に任ずることの不可なる理由五条を申し出た。その一は覚忠は本寺の階業を経ず、二、上﨟を超越す、三、別寺に住す、四、智証大師の遺誡に背き、慈覚の門徒に違う、五、南都の小戒を受けて北嶺の大戒の師となすべからずというのである。それと併せて、今後三会の講師・両寺灌頂阿闍梨・総持院阿闍梨八口を何れも延暦寺の進止たるべきことを求めた。三会とは法勝寺の大乗会、円宗寺の法華会・最勝会をいい、両寺の灌頂とは余勝寺・最勝寺の灌頂をいう。従来延暦・園城隔年に勤めていたのであるが、これを延暦寺のみで勤めようというのである。これに対して勅答を出された。その趣は、去る長暦二年〔西暦一〇三八〕（一六九八）の頃に、智証大師の門徒を長く座主に補すべからざる旨を山徒より言上したが、その時には裁許なかった。故に今覚忠を以て座主に任ずる次第である。しかし覚忠はすでに辞表を捧げているから、その替りを補することにするというのである。山徒は重ねて陳じて曰く、智証の門徒がかつて古く座主になったのは、天台の戒を受けたが故である。又従来座主に任ぜられる者は官﨟共に闌《た》けた者である。覚忠は三井においても極﨟に非ず、いわんや覚忠は南都小乗戒を受けたる者なるにおいてをや。今後三井の徒がもし山門の菩薩戒を受けずんば、三会の講師・両寺の灌頂阿闍梨・総持院阿闍梨、総べて山門に付せられたいと申した。重ねて勅答ありて曰く、﨟次を超越した事は先例なきに非ずといえども、今後はこの次第を破らぬようにしよう、又戒のことは早く天台の戒を受けるように三井門徒に仰せらるべしと。かくて何れも山徒の申し分を容れられた。この時横槍を入れた者がある。それは法勝寺先学生伝灯法師位恩覚という者で、応保二年〔西暦一一六二〕四月奏状を上って、叡山衆徒が覚忠座主の事を訴える中に、法相宗を権宗とし、南都の戒を小乗戒と申したことを難じて、山徒の謗法を訴えて、真偽を糺明せられんことを請うたのであるが、その結果は詳かでない。

長寛元年〔西暦一一六三〕（一八二三）三月二日公卿等殿上に会して園城寺の訴訟を議した。けだし戒壇の事について訴え出たのであろう。翌三日延暦寺の大衆は奏状を上って、園城寺一派の小乗戒を停め、延暦寺において受戒せしめ、且つ兵杖を帯するを禁ぜんことを請うた。その趣旨は、延暦・園城その所異なりといえども、慈覚・智証その流惟れ一なり、何ぞ天台の戒行に背いて、他宗の和尚に従うべけんや。自今以後停止すべし。武備の器は先に禁制せられた所である。しかるに園城寺では長く陣を張って山僧を待つ由その聞あり、事もし実ならば甚だ不当なり。依ってこれを禁ぜんことを請うた。九日殿上定あり、山徒の訴を議し、十一日山徒の請により、園城寺に宣旨を下し、三井の沙弥をして南都小乗戒壇の受戒を停め、本山の大乗戒壇において受戒せしめ、又寺門衆徒の兵仗を帯することを禁じた。かくて何れも山徒の申し分を容れられたのであるが、その実行はもとより不可能である。二十九日、三井では上綱に書を贈って意見を陳じた。曰く、登壇受戒は唯新度者の心に在り、上古中古未だ朝家のこれを定めたるを聞かず。もし山僧無道の訴によって宣下せらるるならば、永く園城の一門を停廃せらるべきか。およそ受戒得度は事仏教に出づ。公卿いかでか輙《たやす》くこれを定めんや。専ら諸宗に問うて綸旨を下さるべきか云々と。ついで衆徒は奏状を上って、山徒の濫吹凶悪の張本を停め、両門和平して天台を興隆せられんことを請い、登山受戒の不可なる所以を陳じて、冥顕の二恐あることを陳べた。冥の恐とは受戒は堅く禁戒を持する者を戒和上となす。しかるに山僧は常に弓箭甲冑を帯し、東西楞厳において闘争し、或いは荘園田地を争い、神威を募って悪行をほしいままにす。かくの如き者あに戒師となすべけんや。顕の恐というは、正暦年中（正暦四年〔西暦九九三〕一六五三）山徒園城寺を襲い数百房を焼き、智証大師の門徒一千余人を追放せしよりこの方、永保・保安・保延三箇度の焼失（永保元年〔西暦一〇八一〕一七四一、保安元年〔西暦一一二〇〕一七八〇、保延六年〔西暦一一四〇〕一八〇〇）これ讐敵の悪人なり、あに戒師となすべけんやと。朝廷はこれを省みず、同じく二十九日山徒の請のままに、三井の僧をして延暦寺に受戒すべしと宣旨を下された。四月、三井の徒は更に奏状を上って、登山受戒の不可を陳じた。それは保延年中焼撃の時、起請を立てて、智証の門人たる者は、永く山門の輩を以て伝戒の師となすべからず、これを破るの輩は、永く大師の門徒に非ず、もしこれを破る時は法滅の期臻《いた》ると知るべしと、大師の聖霊照見に寄せ、護法天等の冥罰を請じて、満寺の衆徒泣いて起請の鐘を鳴らし、堅くこれを誓った。これを破らば多生の間永く仏法に背かん、もし起請を守らば将に勅宣に背かんとす、一天の下皇威を軽んずるに似たる歟と。ついに四月四日、三井の門徒はことごとく離散して寺に別れた。この時に興福寺から横槍を入れ、奏状を上って、山徒が法相宗を疑し東大寺の戒壇を小乗戒とするを訴えた。その趣旨は、昔叡山戒壇勅許の時、義真が南都の戒壇の四角の土を請い受け、携え帰って戒壇を建てた。この恩顧を忘れて、南都の戒を誹謗す。早く前に請う所の土を返すべし。もし返さずば七大寺の僧徒発向してこれを破り取るべし。又伝教は大安寺行表入室の弟子である。義真・円仁・円澄等、皆奈良に登壇受戒した。叡山はこれ興福寺の末寺なり。本末の礼を忘れること甚だ奇怪なりと。五月二十二日、重ねて三井に宣旨を下し、寺僧をして延暦寺に受戒せしめた。これは去る四月に三井より戒を受ける者が無かったので、山門から重ねて訴えたからである。もし十一月の受戒の時に宣旨に背いて登壇しなかったならば、三井の僧は今後永く公請に従うべからざる旨を宣下せられた。二十九日に興福寺から奏状を上って、三井の僧徒の延暦寺において受戒するを停め、延暦寺を以て末寺となさんことを請うた。東大寺もまた奏状を上って山徒の所陳を駁した。（南都叡山戒勝劣事・法相天台両宗勝劣の両書はけだしこの頃のものであろう。）かくてそのまま日を過したが、六月九日山徒はついに三井を攻め、堂塔房舎を焼き、長谷・石蔵等をも焼いた。これで三井の焼撃は四度目になる。これは、六月三日、三井の徒が大津東浦の鳥居を切り払い、神人の首を斬ったことから勃発したのである。七月二十二日、山徒より更に三井の徒の天台戒を受けざるを訴えた。十一月に興福寺は前の奏状を返されたので、再び奏状を上った。この時、四条隆季が興福寺を誹ったので、その氏を放たれた。放氏の事はけだしこれを以て初とする。この三井の徒の登壇事件は、有耶無耶の中に葬られてしまったもののようである。これしかしながらもとよりできない相談であった。

十一月二十三日に、山徒が天台座主快修を勘事に処した。二十六日に両塔の大衆がこれを免じたが、十二月十五日に、又快修の本坊を切り払った。翌年正月十二日、三塔の衆徒が勘事を免じた。これは恐らく三井登壇一件の時、座主が大衆を抑えようとしたので、これを喜ばざる者の所為であって、戒壇一件の余波である。興福寺でも、元年七月二十五日衆徒が別当恵信を逐い出して、その坊舎を焼いた。これ恵信が衆徒を抑えようとしたためであろう。恵信は軍兵を集めて抵抗し、坊僧及び都鄙の武士を語らい、法隆寺に屯し、源八郎義基（五郎兵衛義清子）・源忠国の二人を大将として、衆徒と合戦し、三箇日に及び、八月二十五日になって、恵信が敗北に終った。翌々年永万元年〔西暦一一六五〕（一八二五）八月興福寺衆徒の訴により、恵信の職を解き、義基を伊予へ流した。又恵信の党八人を流に処した。仁安二年〔西暦一一六六〕（一八二七）恵信は更に党を聚めて、別当尋範を襲い、坊を焼いて学衆堂衆等を多く殺害した。四月興福寺衆徒牒状を上り、恵信を遠流に処せんことを請い、朝議ついに恵信を伊豆に、以下党与を還俗の上、それぞれ流罪に処し、この一件は終った。

六条天皇永万元年〔西暦一一六五〕（一八二五）八月七日、先帝二条天皇を仁和寺内の香隆寺の野において火葬し奉った時に、寺々の会葬のために榜の額を立てて、その班を定めた。奈良の寺では一番が東大寺、二番が興福寺、北嶺では一番延暦寺、以下それぞれ次第を立てた。しかるに山門の衆徒は、自分の額を東大寺の次に置いて、興福寺の上に立てた。興福寺の徒怒って、延暦寺の榜を切ってこれを辱かしめた。これより事が起って、九日に山徒は興福寺の末寺東山の清水を襲い、その堂宇を焼いて興福寺に報いた。（源平盛衰記には、この時清水法師の防戦の様子が詳しく記してある。）翌日興福寺衆徒入京して、延暦寺の末寺末社に火を放とうとした。朝廷は興福寺の別当に勅してこれを制せしめ、ついで延暦寺の悪僧を逐い、また右中弁藤原俊経を奈良に遣して大衆を慰喩せしめたが、大衆は俊経を留めて還さなかった。九月になって、延暦寺の悪僧最慶・玄栄・玄延等を、それぞれ薩摩・壱岐・大隅に流した。興福寺においては、大衆上洛し更に訴うる所あらんとしたので、兵を栗前山に遣してこれに備えた。十月になって、興福寺の金堂の十僧を順次に僧綱に任じ、別当の尋範を護持僧となすべき宣旨を下して、衆徒を和解したけれども、興福寺衆徒は満足せず、神木を奉じて上京し、山の座主俊円・権律師俊朝等を流さん事を請うた。興福寺の請は容れられ、衆徒は奈良に帰った。かくの如く初めは兵を以て備え、強硬政策に出たが、たちまち変じ僧徒の要求を容れた。その方針が常に変り易いために時局はいよいよ紛糾したのである。

この頃から、後白河上皇と平清盛との関係がむつかしくなって来た。右の永万の山徒と興福寺の争いに際して噂があり、後白河上皇はこの機会を以て、叡山の法師をして平氏を討たせられるのだといいふらした。そこで平氏一族は恐れて、兵を以て自ら衛った。上皇その事を聞かせられて、親しく六波羅に幸して弁解しようとせられたが、清盛は病と称して御目にかからなかった。これより事はいよいよ面倒になって来る。上皇は清盛に対して好感をお持ちなさらないので、近臣藤原成親などと策を運らされたのである。しかしながら上皇と清盛との間は、初めはすこぶる平穏であった。平治元年〔西暦一一五九〕（一八一九）清盛は上皇の御旨を受けて、白河に千体阿弥陀堂を造営した。これは保元乱に崇徳院が城南の宮に陣を置かれた所で、官軍が火を放って御所を焼いたその跡地である。その年の二月二十二日供養あり、上皇臨幸あらせられた。長寛二年〔西暦一一六四〕（一八二四）にも清盛は勅により蓮華王院を造った。これは鴨川の東七条の南にあって、千体の千手観音を安置し、堂の長さ六十四間余、十二月十七日上皇臨幸、供養せられた。清盛は備前国の成功を以て造り、子重盛は正三位に叙せられた。

　これより清盛の官位はいよいよ昇進して、およそ平治より仁安二年〔西暦一一六七〕（一八二七）に至る八年の間において、遂に位人臣を極め、従一位太政大臣になった。その太政大臣となるにも、内大臣より左右大臣を経ずして飛び上ったのであって、当時にあっても希有といわれた。その翌仁安三年には、入道して浄海と称した。爾来一門益々栄うると共に、清盛の専横もいよいよ甚しくなった。上皇はこれを駕御するために種々の策をめぐらされた。仁安三年に六条天皇は位を高倉天皇に譲り給い、わずか五歳の上皇がおできなされた。この御譲位のことは後白河上皇が清盛と謀ってなされたことで、高倉天皇の後宮に清盛の女が上っているので、これに因って上皇が清盛の意を迎えるための御策から出た事である。さきに内大臣よりの飛び上りも、同様法皇の御策であった。かくの如く法皇は明敏にましまし、策略に富んで在らせられたが、寺院の事についても、またその縦横の策を振い給いし御様子を窺うことができる。（法皇の御事については、玉葉の寿永三年〔西暦一一八四〕三月十六日・元暦元年〔西暦一一八四〕六月十七日・同七月九日・同十二月二十日・文治二年〔西暦一一八六〕四月二十八日の条に記載があるけれども省略す。）

　嘉応元年〔西暦一一六九〕（一八二九）六月に上皇薙髪し給い、園城寺において受戒せられた。戒師は覚忠であった。御年四十三。鳥羽院の例によるという。御法諱を行真と申した。これについて逆修五十日の善根を修せられた。（その行事は兵範記に詳かである。）この御出家の動機は、清盛の専横を憤らせ給うに由るという説がある。この御受戒が三井で行われたことが一つの理由にもなったのであろうか、十二月二十三日、叡山の大衆蜂起し神輿を奉じ鼓譟して宮城に入り、左衛門陣の外に至り神輿を建礼門の壇上に安んじ、権中納言成親を訴えた。大衆雲霞の如く、その数幾何なるを知らず、各声を放ち、鼓を叩き、狼藉数うるに勝《た》えず。その仔細は成親の知行せる尾張国の目代藤政友というもの、山門の所領美濃比良野の神人（庄民）と争い、神人三人が禁獄せられた。衆徒は座主明雲を以てこの事を訴え、釈放せられたが、衆徒の憤やまず、終に嗷訴に及んだ。朝議、衆徒をして院参して訴え申さしめ、内裏に参ることあるべからずと諭したが、衆徒聴かず。依って重盛等をして兵を率いてこれを逐い払わしめようとしたが、夜に及んだのでこれを止めた。衆徒は出兵の事を聞いてことごとく逃れ去った。翌二十四日になって、山徒の請を容れて、成親を備中に流し、目代政友を禁獄した。この時の裁断には、初めは一切裁許あるべからずとてすこぶる強硬であったが、衆徒入洛に依りてたちまちこれを許された。兼実は玉葉中にこれを評して、朝政に似ざる歟といっている。二十七日に至り、座主明雲の護持僧を停め、自今二ノ間の夜居に候すべからずと命ぜられた。これはこの騒ぎに、明雲が衆徒を制止せざるのみならず、かつこれに与力すという風聞があったので、これを咎められたのである。この時明雲が衆徒を使嗾した事は、この後治承元年〔西暦一一七七〕（一八三七）五月十一日、明雲流罪の時の宣旨にその明文がある。その翌日二十八日に、又掌を翻す如く、流人成親を召し還し、権中納言平時忠・蔵人頭平信範を罰して、時忠を出雲に信範を備後に流した。これ大衆の訴訟裁許、成親流罪のことは天意に非ず、この両人が構えた事であると讒するものがあったからである。その事情如何を問わず、その前後の処置甚だ軽卒といわざるを得ず。玉葉にも「朝務如レ夢驚怪不レ少」といっている。成親はやがて官を復せられた。そこで叡山においては黙しては居ない。翌年正月早くから、山徒入洛の噂が立っていたが、十三日いよいよ入洛の報が伝わった。法皇は検非違使に命じて坂本を警固せしめ、もし制止を聴かずば、法に任せて射禦がしめられた。山徒は、成親を配流し時忠・信範を召し還さんことを請うた。二十三日に、法皇は公卿を召してこれを議せしめられた。二十七日にも、また山の僧綱等が院参して、重ねてこの事を訴えた。ついに二月六日になって、再び成親の官を奪い、信範・時忠を召還した。この事は前後の事情から推して、山徒の訴のみならず、清盛が法皇に迫ったためでもあるようである。玉葉に拠って見るに、正月十三日には平頼盛が清盛に召されて福原に赴き、翌日重盛も福原に下向している。十七日には入道浄海が入京している。これはけだしこの事に関係があったことと思われる。二十一日の頃には六波羅の辺武士の群集幾多なるを知らず、およそ近日上下奔波、更に以て安堵せず、怖畏無双の世なりと兼実は恐しがっている。この時に時忠は清盛の妻時子の兄であり、その関係から法皇に訴えたのであろうと思われる。法皇はついに山徒の望みの如くにせられた。

承安二年〔西暦一一七二〕（一八三二）より三年にかけて、多武峯と興福寺との間に争いがあった。多武峯は前に叡山の末寺になったが、この頃山に山王権現を祀らんことを請うて許され、承安二年八月にその宝殿が落成し、九月山王祭を行った。時に興福寺衆徒は多武峯の墓守の神人が権威を募り、興福寺を忽諸にするを怒って、この祭に供奉の輩の住宅を焼いた。その後もしばしば争いがあり、興福寺衆徒が多武峯墓守を打擲したので、多武峯からこれを本寺比叡山に訴えた。承安三年五月二十日、山徒蜂起して、興福寺庄園の北国にあるものを押妨した。六月になって興福寺の衆徒が多武峯を攻めて、坂田・細川・傘峰・椋橋・天満峯・水越峰・小竹峰・宮奥等諸所に戦い、ついに多武峯南院の坊舎及び坂上の在家を焼き、更に大挙して多武峯を襲い、大織冠の御影堂及び開山定恵の塔を焼き、その他の堂塔、講堂・金堂・常行堂・十三重塔・法華堂・聖霊院・宝蔵・鐘楼・惣社・曼荼羅堂・三重塔・先徳堂・食堂・大湯屋・浄土堂・五大堂等ことごとく災に罹った。従来多武峯は永保元年〔西暦一〇八一〕（一七四一）天仁元年〔西暦一一〇八〕（一七六八）等しばしば焼かれたが、只近辺の在家のみで、未だこの度の如く甚しきはあらず。そこで朝廷では、興福寺別当尋範以下を、或いは解官し或いは流罪に処し、僧綱以下の公請を停めた。七月十五日、関白基房は家司光長を奈良に遣して、院宣・長者宣を伝えて僧徒を責めしめた。興福寺の僧綱・已講・五師・得業等四十三人及び六方の大衆、（六方とは大乗院寺社雑事記文明元年〔西暦一四六九〕七月九日の条に拠るに、大和の各地方にある興福寺の末寺で、一、戌亥方、安位寺・高雄寺・置恩寺・当麻寺・仙間寺・伏見寺・高天寺・牟尼谷。二、丑寅方、長岡寺・富貴寺・興善寺・鶴林寺・金勝寺・千光寺・信貴山。三、辰巳方、明王寺・慈明寺。四、菩提院方、宝生寺・極楽寺・永福寺・雪別所・西小田原・東小田原・成身院・岩船・忍辱山・海住山・安養寺・観音寺・鹿山・灌頂寺。五、竜花院方、菩提山・竜福寺・円楽寺・平等寺・長谷寺・南法貴寺・法興寺・渋谷・霊山寺・金峯山。六、未申方、寺名見えず。）東西金堂の堂衆、金堂の前に集まる。その数四五千ばかり、皆甲冑を着けている。光長は院宣・長者宣の趣を伝えた。院宣に曰く、多武峯を焼失すべからざるの由、仰せを蒙って下向の後、遂にこれを焼いた、その罪科軽からずと。衆徒答えて曰く、この条遁れ申す方なし、但多武峯と興福寺とはその所はすなわち一国の中にあり、本願をいえば忝《かたじけな》くも父子の間なり（不比等・定恵）。御寺いかでか彼の寺を忽諸にせんや、彼寺御寺を蔑爾せんや。これに因って中古以来、多武峯に訴えある時は興福寺の政所に触れて裁断を待つ。末寺に非ずといえども、大略一所の如し。しかるに延暦寺の実性僧都この所に庵を結び念仏を事としてより以来、坊舎堂塔ようやくその数を増し、自然に無動寺より執行せり。しかれども末寺たるべしとの宣下は無し。さてこの度の事の濫觴は、興福寺の荘民が多武峯の墓守を打ちしより起る。その事すでに小事なり、たとえ鬱憤ありとも長者殿に申してその裁報を待つべきである。しかるに多武峯はこれを長者に申すこともなく、検校にも触れずして、本寺にも非ざる比叡山に登って大衆に訴えた。これ多武峯の罪である。山徒もまた朝廷に訴えることをせず、奈良の七大寺寺々の庄園を掠領した。これ延暦寺の罪であると。すでにして朝廷は命じて張本を出さしめられた。興福寺においては朝憲を恐るるによって、その身を搦め進じた。しかるに延暦寺・多武峯はこれを進むる事をせず。ここに多武峯の悪徒等、夜に入りて奈良に打入るべき由の風聞あるに由り、関を守り道を固めた所を、多武峯の悪徒等が、守護の兵士を殺し、寄宿の仮屋を焼いた。かくの如き濫行三ヶ度に及んだ。これに因って興福寺から発向して、多武峯附近の四郷を焼き払った。但坊舎堂宇には及ばなかった。山上の聖霊院・十三重塔その他の堂塔は彼の寺自ら火を放ったのである。この事は彼の寺の悪徒自らこれを称して居る。そもそも天仁・永保に多武峯に災あったが、白河法皇更に御沙汰がなかった。又延暦寺が三井を焼くこと両度に及ぶ、しかも刑法なし。今当寺に限って重科に処せられる謂なしと。又張本を進めざることについては、在家を焼いた者は三千の衆徒すなわち張本なり。もし張本を進めよとならば仰せに随って参洛すべしと。興福寺はかくて朝廷に向って威嚇的態度に出た。八月八日興福寺の所司は朝廷に裁可の偏頗を訴えた。多武峯焼失に由って、貫首を停任し学徒の公請を停めらるる事は、先例に超えて居る。しかるに延暦寺が七大寺の領を掠めた事については、一切御沙汰が無いのは不公平だというのである。十月二十九日、大衆蜂起して、先に流罪に処せられた法橋覚興の罪を宥し、七大寺寺領の還付を求め、延暦寺座主明雲を流罪に処し、三塔の悪僧がほしいままに下文を発して、七大寺の寺領の近江にあるものを停止した張本人を禁獄せられんことを請うた。又藤原氏の公卿に牒文を送り、速かにこの訴願を達せんことに努めしめ、もしくは遁避する者あらば、氏神の宝前において氏を放つべしと威嚇した。又石清水八幡宮にも牒文を送り、神木入洛に供奉せんことを求め、平等院にも牒して、宇治橋を修復して大衆入洛に備えしめ、一方においては比叡山にも牒文を送って、戦を挑み雌雄を決せんことを求めた。かくして十一月三日神木を奉じて木津に到る。朝廷は平重盛に勅して宇治橋を断ってこれを防がしめ、又右大弁俊経を木津に遣して慰諭せしめたが、僧徒は会わず、俊経空しく京に帰った。官共は宇治橋の橋板三間ばかりを引き楯をついて防いだ。深更に及び衆徒の陣から、一両輩水を渡って、ひそかに橋上の楯三枚を奪い取った。官兵睡臥の間、これを知らず、朝に至って驚き恠《あやし》んだという。興福寺別当次第にこれを記して「尾籠之甚也」といっているのは尤もの次第である。五日衆徒宇治に入って、天台の衆徒と雌雄を決せんと称す。長者関白基房更に俊経を遣して制したけれども、衆徒聴かず。六日吉野の大衆が、興福寺に応じて、戦を延暦寺に挑み、将に入京せんとした。山徒又宇治に赴き戦わんとした。法皇又俊経を遣して両者を制止せられた。この間に法皇は御熊野詣の精進を始められた。九日に関白基房は左少弁兼光を宇治に遣して、僧徒を諭し、早く神木を帰座し奉るべし、明雲は何等犯せる罪なし、依って遠流に処すべからずと告げしめた。時に兼光がひそかに衆徒に向って、山門の悪僧の張本は沙汰あるべしと聞いていると告げた。衆徒は恐らくやや和らいだ気持になったのであろう。時に法皇は逆鱗甚しく、十日興福寺権別当覚珍等を召して、衆徒を諭さしめられた。院宣に曰く、山の僧徒西坂より下らんとすとの風聞あるに由りて官兵をしてこれを防がしめた。東坂より向うべしとの説は事実ではない。次に理非を論ぜず、衆徒が春日祭を止め、又わが御熊野詣を妨ぐるは謀叛の事なり。明十一日将に御熊野詣に出発せんとす、もしなお障碍を行わば、いかでか違勅の罪に問わざらんや。早く大明神を返し奉るべしと。十一日に神木遂に帰座した。ここにおいて法皇は宣旨を下して、奈良十五大寺（東大・興福・元興・薬師・法隆・大安・西大・新薬師・大后・不退・法華・超証・招提・宗鏡・弘福）の荘園を没収せしめ、仏餉灯油料は国司よりこれを進済することにせられた。庄園寺領の没官かくの如きは実に未曾有の事であった。十二月三日、南都僧綱等申文を上り、十五大寺領の没官を免ぜられんことを請うたけれども、聴《ゆる》されなかった。翌四年正月十八日に至り、寺領は復旧せられた。

この頃高雄の文覚の流罪の一件が起った。承安三年（西暦一一七三）四月二十九日、文覚が法住寺殿に詣り、神護寺を興隆せんことを奏請し、勅許なきを怒って、朝廷を誹謗して止まず。御所を罷り下るべきの由度々仰せ下されたけれども、御裁許を蒙らざる外は、たとえ一生を尽すとも退去すべからずと申し上ぐ。その故は今訴え申す興隆仏法の大願は、これ自身の希望に非ず、又名聞利養のためにも非ず、近くは王法を助け支えて、万民の愁歎を慰め、遠くは一切衆生を利益して、生死の苦海を度せしめんがためなり。これすなわち菩提の大願なり。尽未来際といえども退出すべからずと申す。すなわち北面をしてこれを捕えしめ、検非違使に下し、七日を経て源頼政に預けられ、伊豆国に配流せられた。文覚、俗名は遠藤盛遠。院の武者所となり、年十八の時袈裟御前を誤り殺してより、発心して出家し、神護寺の側に住んでいたと伝う。その頃神護寺の堂宇廃頽甚しきを以て、文覚は仁安三年〔西暦一一六八〕（一八二八）にこれを再建し、因って寺領を賜わらんことを請うて、この狼藉に及んだのである。文覚は頼政が預り、その郎等源省がこれを伴れて伊豆に流したが、その伊豆には頼朝が流されていた。文覚配流の後奈古屋寺という所に籠居していた。この所の本尊観音大士は霊験無双であるというので、貴賤参詣が絶えなかった。文覚の庵と頼朝の館とは距離が近かったので、遂に二人の会見となり、文覚が平家討伐のことを勧めた。文覚密かに上京して、院の近習光能について院宣を請い、携えて伊豆に帰ったという。治承二年〔西暦一一七八〕（一八三八）赦されて本寺に還った。この後頼朝と文覚との関係はいよいよ深くなり、寿永元年〔西暦一一八二〕（一八四二）四月文覚は鎌倉に到り、五日より江島に参籠し、三七箇日の間断食して、懇誠を凝し肝胆を砕いて、頼朝のために祈り、二十六日頼朝に謁した。同年九月には、頼朝は文覚をして、義仲等が平家追討の懈怠及び京中狼藉の事を院に勘発せしめた。元暦元年〔西暦一一八四〕（一八四四）八月には、頼朝は文覚をして故義朝の首を請わしめたことがある。後白河法皇の御帰依もまた篤く、寿永元年〔西暦一一八二〕十一月二十一日、法皇の蓮華王院御幸の時参詣し、先年流罪の時申し上げた如く、当寺興隆のため庄園を寄進せらるべき旨訴え、御裁許を蒙り、翌年十月十八日、紀伊国挊田庄を寄進せられ、元暦元年五月十九日丹波国吉富庄を寄進せられ、又備中国足守荘をも寄進せられた。同年八月二十八日には、法皇は弘法大師自筆金泥両界曼荼羅を寄せられた。これは弘法大師在世の時神護寺に安置する所の根本曼荼羅であったが、当寺衰微の時仁和寺に移り、転々して高野山に蔵せられていたのを、今取り返されたのである。文覚は文治元年〔西暦一一八五〕（一八四五）正月に、これ等の趣ならびに当寺興隆の由縁を記し、次に四十五箇条の寺規を定めて、起請を立て、後住の僧を誡め、中山忠親に託してこれを浄書せしめ、その奥に法皇の宸筆奥書を請い奉り、御手印を申し下した。現に神護寺に蔵せられてある。文覚はこの後正治元年〔西暦一一九九〕（一八五九）正月に頼朝が薨去の後、三月乱を作さんとすとの説あり、検非違使庁に下されて、佐渡に流され、元久二年〔西暦一二〇五〕（一八六五）土佐より対馬に移されて、鎮西において寂した。

治承元年〔西暦一一七七〕（一八三七）加賀守藤師高の目代に師経という者があり、白山の中宮の末寺湧泉寺の湯屋で師経の舎人が馬を洗ったのを、寺の信徒等が制止したが、国は国司の御進止なり、誰人か御目代に背き奉るべきとて、散々に悪口に及び、更に聴き入れないというので、争いとなった。寺の衆徒等は、馬の尾を切り脚を折り、舎人を逐い出した。目代師経これを聞いて大いに怒り、数百人の勢を率いて、寺に押し寄せ、坊舎を焼き払った。この湧泉寺は白山中宮にある八箇の院の一である。そこで八院の衆徒が会合してこれを中宮に告げ、別宮・伽羅・中宮三社の衆徒急ぎ下り、七月一日数百の大衆、師経を誅すべしとて、国司の庁に押し寄せたので、師経はひそかに逃れて京に上った。寺からこれを叡山に訴えた。山門においては本社白山のことならばともかくも、末寺のことであるからといって省みなかったので、使が空しく国に下ったのを、白山の衆徒又これを追い上せた。寺の使が山上で越年して、谷々坊々に訴えたが、事行われず。ここにおいて白山の大衆が遂に神輿を奉じて京に上った。治承元年正月晦日に御輿に御供の大衆一千人、皆甲冑を帯してこれに従う。天台座主明雲が院宣によってこれを途中に留め、寺官は敦賀に下った。大衆はしばらくこの所に留って裁許を待ったけれども、訴が容れられないので、遂に敦賀を発して、三月十四日坂本の日吉の社に着いた。山門の大衆は、末社の訴訟疎かにすべからず、本山いかでか末寺を棄てん、本末力を一にして訴うべしと遂に嗷訴に及んだ。三月十一日延暦寺の衆徒相率いて朝に詣り、師高を訴えこれを配流せんことを請うた。二十九日目代師経を備後に流したが、山徒はこれに満足せず。四月十三日更に日吉と白山の神輿を奉じて闕を犯し、加賀守師高ならびにその父西光法師を流さんことを請うた。西光は名を師光といい、少時より少納言入道信西に仕え、信西が平治の乱に討たれた時に、剃髪して西光と称し、のち後白河上皇に寵せられ、その威権内外を傾けた。そこで山徒が父子を併せて流さんことを請うたのである。朝廷は平重盛・源頼政に命じてこれを防がしめた。山徒初めは四五百人、後には二千余人に増した。大衆北の陣より入らんとするを、頼政弁説を以てこれを却け、衆徒は重盛の固めた陽明門に至り、神輿闖入し、瓦礫を以て軍兵を打ち、或いは逆茂木を以てこれを突き、兵士との間に戦闘が起って、大衆神人等死傷があった。衆徒は遂に兵士に射散らされ、神輿を二条の路次に棄てて去った。この騒ぎに矢が神輿に中った。古来衆徒の騒はしばしばあったが、矢が神輿に中ったことは未だかつてなかった。翌日になって衆徒が又来たり襲うという風聞あり、天皇これを法住寺殿に避け給い、禁中周章、上下の男女奔波、偏に内裏炎上の如くであった。官兵等はただ御所の近辺にあって雲集星列するのみで、道を分って衆徒を迎えるが如く、その参洛を防ぐことをしない。前に承安年間に奈良大衆上洛の時、宇治橋で楯を盗まれたことといい、今度のことといい、軍兵もようやく公達となり軍紀の弛んだ様子が見られる。この日院宣を下して座主の許に遣された。それは大衆の濫行は上古に越ゆ。しかしながら思いかけず、神輿に矢が中ったのは恐れ多いことであるから、下手人を罪科に行わるべしということであった。その翌日車駕禁裡に還御になり、更に院宣を下して、座主に諭し、賀茂の祭の後において師高以下を罪科に処すべき由を以てし、山徒の怒りを解かしめた。院宣の趣は、さきに白山の僧侶がその末寺のことを訴え、加賀の目代がその末寺を焼いたことを陳じた。これに依って国司にその仔細を尋ねた所、この所は代々国領にして、寺領に非ず。それについては対決せられたいと陳ずるによって、その処分を考えた処、寺領に非ずといえども、これを焼き払うことは穏便でない。依ってその国司目代を改め補した。しかるに大衆はなおこの事を執し申すによって、目代を配流に処したのは、実は過分の裁許というべし。しかるに悪僧を催して騒動に及び、制止を加うといえども、院宣を用いず、所司住房を切り払うは、尤も猛悪というべし。初め白山訴人と対決せしめんとせしに、神人を進めず、ほしいままに神輿を動かして猥りに参洛を企つ。この事すでに叛逆なり。先例に任せて坂本辺に防ぐべきであるが、子細を聞し召さんために、参陣を許された。しかるに従来の例によれば、僧綱所司のみ参って言上すべきのを、さなくて大衆が官兵を退け、内裏に闖入して、又官兵を刀傷せしめた。これすでに訴訟に非ず、謀叛に同じ。よって官兵防禦の間、神輿破損に及ぶ。実にこれ朝家の大事、叡慮痛み思し召す。叡慮の帰する所は、偏に円宗の教法にあり、すでに衆徒の凶悪を忘れ、只一山の安穏を思し召すによって、国司を流罪に処し、下手人の兵士は罪に処せられようというのであった。かようにして二十日になって、加賀守師高を尾張に流し、神輿を射た兵士二人を獄に下した。かくてこの争いは一段落と見えたが、朝廷では山の衆徒等を処分しようということになり、五日に検非違使を遣して、明雲等を檻禁し、山の悪僧及び白山の張本人を召さしめた。前には寛にして僧徒を宥め、ここに翻って厳にこれを糺そうとする、一度は山徒の気を緩め、虚に乗じてこれを罰せんとする策である。五月五日明雲の座主法務の職を解いた。明雲のこの処分の起った元は、西光父子の讒奏に由るという。それは加賀の国に座主の所領があったが、それを師高が国司在任中停廃した。その宿意に依って、この訴を起し、大衆を語らい朝家の大事に及んだのであると、西光父子から申し上げたので、法皇逆鱗ましまして重科に行われようということになったのである。ついで明雲の罪名を勘《かんが》えしめ、所領四十余箇所を没官した。この時に明雲の犯す所の罪状として挙げられたのは、一、故快修が座主であった時、悪僧を語らいこれを逐い出した。二、嘉応元年〔西暦一一六九〕、山門の所領美濃比良野庄民の訴訟を起した時、悪僧を発して宮城に乱入せしめた。三、この度の大衆蜂起の事は、前々の狼藉に遥かに超過している。一旦の意趣を以て、三塔の凶徒を催し、外には制止の詞を構えて、内には騒動の企を成す。朝章を蔑爾し、仏法を滅ぼさんと欲す、或いは凶徒を以て陣中に乱入し、数箇所に放火し、或いは警固の輩に対して合戦し、或いは兵具を帯びて下洛すべきの由執奏せしむ。誠にこれ朝家の怨敵、偏に叡山の悪魔たるもの歟と。明法博士に下知して罪名を勘申せしむと。明雲はひどく拷問せられたらしく、両三日飲食通ぜず、譴責の体切り焼くが如く、十五日の夜は絶え入り、その譴責の密なるによって飲食する能わずという。山においては大衆蜂起して、神輿を講堂に舁《かつ》ぎ上げ、武士は宮城を戒厳した。山徒が明雲を奪い取るという風聞あり、守護のために検非違使を加えた。十六日には山の僧綱等が法住寺殿に詣り、明雲の優免を請うた。曰く天台座主配流の例、古来未だ聞かざる所である、いわんや又顕宗の棟梁たるをや、又堂塔を修造し、又公家の御経師たり、法皇受戒の和尚なり、優免せらるべしと、清盛を経て奏状を上ったが、許されなかった。二十日杖議を以て、明雲の罪名を議した。多数の者は、明雲の罪露顕の上は刑罰遁るべからず、但法皇受戒の師でもあり、たちまちこれを還俗せしめて流罪に処するは如何であろうかという説が多かった。しかれども上皇御憤り深く、遂に流罪に定まった。清盛がこれを諫止せんとして参ったけれども、御風の気とて御前にも召されず。二十一日遂に還俗せしめて、藤原松枝と名づけて伊豆に流すことにした。兼実はこの事を記して、この儀ならば素より杖議にも及ばるべからざるに、政道の体、後鑑恥づるありと叙べて居る。その夜直に都を逐い出すべしとし、検非違使これを引きたて、白河の房より粟田口へむかった。山の大衆この事を聞いて、西光父子を呪詛し、又大講堂の庭に三塔会合して僉議《せんぎ》を凝らした。二十三日に明雲粟津を通る頃、山徒これを途に要し、奪って山に還った。愚昧記の記者三兼実房はこれを慨して、およそ朝家の疵《きず》、何事かこれに如かんと記して居る。頼政が伊豆を知行しているので、護衛を命ぜられたが、山徒の濫行に対して特に守護すべしという仰せがなかったので、特にその用意なく、郎等一両人をつけておいただけであったので、かような始末になったという。頼政は召されて勘責せられた。或いはいう大衆明雲を奪い取るべしとの風聞があったので、検非違使平条隆、院宣を奉じてこれを守護したが、仰せにはもし大衆奪い取らんとする時、力叶わずば、明雲の頸を切るべしと命ぜられたともいう。法皇逆鱗ましまし、武士を遣して追わしめられたが、遂に及ばなかった。更に東西坂本を堅めて、叡山を攻めるべしという噂もあった。又叡山攻撃の御思し召しもあったが、清盛が応じなかったので、院の近習の人々を催して、山門を攻めようという議もあった。遂に使を延暦寺に遣して、その仔細を糾問し、明雲を進ぜんことを命ぜられたけれども、大衆命を奉ぜず、申して曰く、更に謀叛に非ず、顕密の棟梁惜しみても余あり、今一度謁見をなさんがためであると。かくて諸国に命じて、叡山の末寺庄園を注進せしめた。これは停廃のためであろう。また近江・美濃・越前に命じて、国内の武士を注進せしめた。これは叡山攻めの準備ででもあったのであろうか。この後この事件は、遂にそのまま有耶無耶に終った。

この時に当り、法皇は清盛に対して密かに計を廻らされ、藤原成経・成親等が西光・俊寛等と密かに鹿ヶ谷に集って清盛を除かん事を計った。源行綱が心変りして清盛に告げ、成親以下捕えられ、ついでそれぞれ流罪に処せられ、西光は殺された。その処分のあったのが六月一日から三日に亙ってのことであるが、その月五日に日吉神輿は帰座し、六日に至り、さきに流人と宣せられた座主明雲が召し還された。これは清盛の策に出たことである。九日になって、前に備前に流された師高等も殺された。

治承二年〔西暦一一七八〕（一八三八）正月二十日、山徒蜂起し、法皇が来月一日に三井寺に幸して、秘密灌頂を僧正公顕より受けられんとすということを聞いて、これを訴えて出た。そこで、三井寺の沙弥が叡山に登って天台戒を受くべき由を命じ、三井寺がこれを承服して請文を捧げ、これに依って山門寺門和合して、この度の御灌頂を滞りなく遂ぐべき由を仰せ下されたけれども、叡山はなお承伏せず、必ず延暦寺において御灌頂を受けらるべし、もし強いて三井寺においてこの事を遂げらるるならば、三井寺はその賞を以て昔からの宿望なる戒壇を建てられるであろう、これはそもそも三井寺というものがあるからである。速かに三井寺を焼き払うべしという。法皇は僧綱を遣して諭さしめ給い、もしなお制法に拘わらずば、延暦寺の僧徒については、顕といい密といい永く棄て置かるべし、智証の門徒を以て事足ると仰せられた。更に清盛をして山徒を抑えしめようとして清盛を召されたけれども、清盛は敢えて以て動かず。これに因りて山僧いよいよその勢を得た。これは清盛が明雲と結託する所があったからで、その由は後に起った事より推測できるのである。かくて三井御幸は停められた。五月になって、今年の最勝講に延暦寺の僧を召されなかった。山門から奏状を捧げてこれを訴えた。法皇は、この春、三井寺において灌頂を受けんことを仰せ下されたが、山門の妨げによって果されなかった罪科に依ると勅答あらせられた。同月二十二日、三井寺の沙弥天台戒を受くべき由、去る春に請文を捧げたに拘わらず、その後実行しないのでこれを尋ねられたが、三井寺の曰く、両門不和の上は受戒すべからず、しかしながら院宣の如く灌頂御願を遂げ給い、両寺和合せば何ぞ受戒せざらんや、しかるにその後和与なく、遂に御願を妨げ了ったのであるから、いかでか受戒すべけんやと申した。同月三十日内裏において作文があった。その題を「詩境多脩竹」という。法皇御製落句に「豈忘一字勝レ金徳、可レ愍白頭把レ巻師」と、時に侍していた侍読永範と俊経等が威涙に堪えず、南庭に下って拝舞した。侍座するもの目を驚かしたという。一字勝金徳とは経文の徳を称し、可愍白頭云々は法皇御自ら仰せられたことであって、経文を持して巻をとるといえども、灌頂さえ自由に受けることができなかったのを歎かれたのであろう。

治承二年〔西暦一一七八〕から三年に亙って、延暦寺に学徒と堂衆の争いがあった。学徒は山に籠って修行する者で、学匠ともいう。堂衆とは学徒に召し使われていた童部が剃髪して法師になった者か、もしくは中間法師であって、東西横川の三塔に結番して、夏衆と称して、仏に花を奉るというような雑用に仕えて居た者である。それがようやく勢を得て、行人などとも称し、出挙だの借上などして、増長して過分の振舞あり、師主の命にも背き、遂に学徒と対抗し、度々合戦闘乱を事とするようになった。この時の争いは二年八月六日に始まる。事の起りは、釈迦堂の堂衆に来乗房義慶という者あり、その所領が越中にあったが、その所へ学徒の叡俊という者が下向して、その所領を横領した。義慶が憤って国に下り、叡俊を懲した。叡俊は山に逃げ帰って学徒に訴えた。義慶も仲間の堂衆を語らって、争いが始まり、この日学徒は堂衆を襲い、坊舎十三宇を破り、資財を奪い、西塔東谷に城を構えた。ついで堂衆は数百人の勢を率いて登山し、学徒と戦い、叡俊は戦死した。かくて堂衆は日吉社に立て籠り、近江三ヶ庄に亙って、群盗を聚め、九月二十日数千の勢を具して学徒を政めた。学徒はしばしば敗れ、遂に奏状を上って堂衆を討たんことを願った。十月四日、法皇は清盛に命じて、学徒を助けて堂衆を討たしめられたが、戦利あらず。翌年六月五日、両派又戦った。堂衆は横川と無動寺とに城を構え、学徒は東塔ならびに坂本を城となし、各所領の庄園より兵を集め、度々の合戦に死者その数を知らず。七月に、勅して兵を遣わして、堂衆の横川・無動寺の山谷に籠る者を討たしめ、逃れて京に入った者は検非違使をしてこれを捜索せしめ、諸国に奔った者は国司をしてこれを捕えしめた。この後もしばしば勅して、兵を遣わしてこれを討たしめられたけれども、平家の軍兵も、もはや弱くなり、勅を下されて後も、数ヶ月に及んで兵を発せず、ために堂衆いよいよ力を得た。かようにして十一月に及んだ。兵士がしばしば山に攻め上ろうとして、坂本に向うといえども、山上を攻めること能わず、徒に坂本運上の人と物とを抑留するのみである。しかるに十一月十六日に至り、前僧正明雲を還任し、天台座主に補し、所領皆旧の如く知行せしめた。十七日になって、学徒と堂衆との和平が成立し、それぞれもとの如く山に帰った。明雲の還補は清盛の策によることであろう。明雲は叡山衆徒の間に重望を負うていた。二年に亙ったこの騒ぎも、明雲が任に還ると、たちまち鎮まった。清盛は早くから明雲と結託し、明雲を用いて山徒を抑えしめたのであろうと思う。その結託して居た結果は、この後治承四年〔西暦一一八〇〕に、以仁王の挙兵の時に至って現れてくるのである。清盛の山徒を操縦した手腕は実に巧なりというべきである。叡山の衆徒は、この後にあっては、足利義教と織田信長とが力を以てこれを圧迫した。義教は一度叡山を焼撃したが、叡山はまもなくその勢力を回復した。織田信長はこれを根滅し、永く回復すること能わざらしめた。秀吉の時に至ってこれを再興したが、また旧の力はなく、山徒は懐柔せられてしまった。これ等に比ぶれば、清盛は力を用いずして能くこれを籠絡駕御して行った。その手際は注目に値するものである。

この時に当って、法皇と清盛との間がいよいよ穏やかならぬ折柄、所領の問題に因って事件が益々むつかしくなった。これより先、清盛の女婿関白藤原基実が死んで、その子基通が幼少であったので、法皇は基実の弟基房を摂政に任ぜられ、氏長者とせられた。そこで長者の所領が基房の手に渡ろうとした。清盛はこれを抑えて、この所領を基実の後家（すなわち自分の女なる白河殿）と基房に分け与えた。この事から、基房と白河殿との関係が悪くなって居たので、法皇はこれを調停し給わんとして、後家の白河殿を基房に再婚させようとせられたが、白河殿が肯かなかった。その中に治承三年になり、白河殿が死んだ。その領地は基通へ行くべき筈であるが、法皇はこれを没収して基房に渡された。この事が一つ。その後間もなく、重盛が死んで、その所領が越前にあったのを法皇はこれも没収せられた。この事が二つ。間もなく基房の息師家が年わずかに八歳を以て、正三位中納言に任ぜられた。かくの如きは古今例なしといわれた程であった。これがために清盛の外孫基通よりも、師家の官が上になった。この事が三つ。これ等が重なったので、清盛は怒って有名な暴挙に出たのである。治承三年〔西暦一一七九〕十一月十四日、数千の兵を率いて遽かに福原より上洛し、基房の摂政を罷め、師家の官を解き、基房側の公卿四十二人の官位を停め、基房を太宰権帥として配流し、以下それぞれ流に処し、基通を関白氏長者とし、又宗盛をして大兵を率いて法皇の七条殿を囲み、遂に法皇を鳥羽殿に幽し奉った。高倉天皇はこの事件についていたく御心配遊ばされ、供御も召さず、十分に御寝もならず、遂に治承四年〔西暦一一八〇〕二月譲位を仰せ出され、安徳天皇が即位あらせられた。やがて高倉上皇は清盛の心の和ぐように、清盛の信仰して居る厳島の社へ御参詣なされ祈禱せられようとした。しかるに山門・三井等がこれを妨げて申すには、帝位を退かせらるれば、まず八幡・賀茂両社に御幸されるのが先例である、今厳島に御幸なるは先例に違う、停止せらるべしとて蜂起すとの噂があったので、数日延引せられ、やがて御幸あらせられた。

治承四年以仁王挙兵の事あり、四月九日、頼政が密かに王に勧めて、平氏追討の令旨を請い、源行家をして諸国の源氏に徇《したが》えしめた。熊野新宮の大衆これに応じて立って出た。しかるに熊野本宮の大江法眼といえる者が平家の祈禱師であったので、これに反対し、新宮を攻めた。新宮・那智の大衆逆《むか》え撃ってこれを破った。大江法眼の甥佐野法橋、事の状を福原に報じ、これより以仁王の密計が露われた。五月十五日、王に源姓を賜い、名を以光と改め土佐国に流し、検非違使を遣して王の高倉第を囲ましめた。これより先、王は三井寺に奔り給い、三井の衆徒これを援けた。三井が平家に反対したのは従来の行きがかりがあり、後白河法皇との関係が篤かったからである。関白基通は興福寺僧徒に諭し、三井寺を援けざらしめ、又延暦寺座主明雲を召してこれを諭した。三井では奈良の興福寺始め十五大寺に牒文を送って、援を請い、山門にも援を求めた。山門ではかねてより明雲と清盛との関係あり、又この度も清盛より手をまわした。長門本平家物語に「山へは太政入道座主めいうん僧正をかたらい奉りて、近江米一万石往来に寄せたる、うちしきにはみのぎぬ三千疋相添えてのぼせて、谷々坊々に四、五疋十疋ずつなげ入られけり」とある。かような具体的の数字はともかくも、平家が山徒を語ろうたことは明白な事実である。山門はかくて三井の要求を拒絶した。その理由は、牒文の中に、延暦園城の両寺は鳥の左右の翅の如く車の二つの輪に似たりとあった。これは奇怪である、山門は本山、三井は末寺である、本末混同の牒状あに同心せんやというのであったが、これは単に口実に過ぎなかった。五月二十一日平宗盛・頼盛・教盛・知盛・維盛・資盛・清経・重衡及び源頼政に勅して三井寺を攻めしめた。この日まで、頼政がこの一件の主謀であることは知れなかったのである。翌日頼政は自らその家に火し、男仲綱等を率いて三井寺に拠った。やがて興福寺は三井寺に応じた。二十五日摂政基通は又使を奈良に遣し衆徒を諭したが、大衆は使の衣裳を剥ぎ取ってこれを逐い出し、院の雑色二人の髻《もとどり》を切った。この日に頼政は夜に乗じて六波羅を攻めんとし、時遅れて鶏鳴に達したので果さなかった。翌二十六日、以仁王と頼政は三井の無勢なるを以て、興福寺を恃んで奈良に向って奔った。重衡・維盛等これを追撃して、宇治に戦い、頼政は敗死し、王もまた流矢に中って薨ぜられた。奈良衆徒は途中まで御迎えに参ったが、先陣が木津に着いた時に、以仁王・頼政はすでに敗死していた。これより興福寺・三井の処分が行われる。三井の庄園は没収せられ、円恵法親王が三井の長吏として天王寺の検校を兼ねて居られたのを罷め、代りに天台の座主明雲を以て天王寺別当に補し、三井の僧綱十三人を検非違使に下し、興福寺の僧綱覚憲以下の見任を解却し、所領を没官した。

この間において清盛は都を福原に遷した。遷都の原因は南都北嶺の勢力を避けることが、その一であったといわれる。しかるに間もなく山門から還都を迫り、三度奏状を上り、遂に再び旧都に還った。都を遷したのは六月二日で、旧都へ還ったのは十一月二十六日であった。これは山徒利用のためその意を迎えると共に、又公卿衆の意を和げるためでもあった。

この年八月、福原にいる間に、頼朝が伊豆に兵を挙げた。十七日に挙兵し、二十三日に石橋山に敗れ、ついで十月二日再び挙兵して武蔵に入り、六日に鎌倉に入った。その二十日に富士川の対陣あり、十一月中頃には、美濃・尾張・近江諸国の源氏が蜂起した。延暦寺にも三井寺にもこれに応ずる者あり。十二月十一日、平清房は三井を攻め、三井はわずかの房舎を残して、ほとんど皆焼き払われた。同月二十八日に重衡は南都を攻め、官兵木津を焼き、奈良坂で合戦す。良久しうして落ちず、大衆遂に敗れて興福寺に籠って合戦すれども、なお禦ぐを得ず、衆徒退散し、官兵火を諸所に放つ。その間に東大寺・興福寺を焼いた。東大寺では、大仏殿・講堂・食堂・戒壇院・手向山八幡、その他僧房数を知らず。興福寺においては金堂・講堂・南円堂・食堂を始め、堂舎三十四宇、宝塔三基・神社四所・宝蔵十宇・大湯屋・僧房・廻廊・大小門、諸院その数を知らず。九条兼実はこれを記して、七大寺已下ことごとく灰燼と変ず、仏法も王法も滅尽し畢《おわ》るか、およそ言語の及ぶ所に非ず、筆端の記すべきに非ず、余この事を聞いて心神屠るが如し、当時の悲哀父母を喪うよりも甚し、愁《なまじ》に生まれてこの時に逢う、宿業の程、来世又憑なき歟といっている。

清盛にとっては、かくの如きは一向平気であったに相違ない。幾百年の間上下懼れをなし、その無理難題に屈服していたのであるが、清盛は当時の人の迷信を破って、これに大打撃を加え、悪僧達の胆を拉《ひし》いだ。この点清盛の人物非凡なるを見るのである。清盛は元来その時代の思想を超越していたのであった。承安四年〔西暦一一七四〕（一八三四）旱魃に因り、最勝講の御祈あり、その最後の日に、山門から澄憲という者が出て勤めたが験あり、雨が降って三日三夜続いたので、澄憲は非常な誉れで、上下これに感歎した。清盛はこの事を聞いて嘲って曰く、人が病になり、その癒ゆる時分になって、良医に見てもらい、その病癒ゆればその医者は誉れを得るが如く、春の頃から旱して五月雨の降る時分に祈って効験があったとて高名の僧になるといって笑ったという。この事は、この時代の祈雨の迷信から飛び離れて進んだ思想である。又日宋交通を盛んならしむるために、兵庫の港を築いた。兵庫はもとは大和田の泊といい、行基が五つの泊を瀬戸内海に造ったその一つである。この港は西は和田岬があって西風に安全であったが、東南風には難渋した。清盛はこれに修築を加え、応保元年〔西暦一一六一〕（一八二一）から工事を始めたが、難工事で、途中大風あり崩れてしまった。更に応保三年から再び工事を起したが、中々容易でなかったので、人柱を立てようという議もあったが、清盛これを却け、経石を用いて土台を固めた。すなわち信心を以て石に経を書くことを勧進し、その石を捨石として、築港の基礎にしたのである。これは清盛が当時の信仰を利用したもので、その時代の思想より一段進歩していたことを示すものである。

養和元年〔西暦一一八一〕（一八四一）閏二月四日、清盛は遂に薨じた。その病は身熱火の如く、世以て東大・興福を焼くの現報となすという。清盛の歿後、興福寺・東大寺の庄園及び僧綱の官を復せられた。間もなく義仲が木曽より起り、寿永二年〔西暦一一八三〕（一八四三）六月には、越中に入り、延暦寺に牒を発してこれを誘い、道を開かしめた。山徒はこれに応じ、返牒を義仲に送った。叡山は、平家に勧めて、源氏との和平を促した。この事もし容れられずんば、一山源氏に同ずべしと申した。宗盛はこれを辞し、たとえ勅命たりといえども請け難しと答え、更に起請文を延暦寺に送って、援を請い、日吉の社を氏社とし延暦寺を氏寺として帰依し奉るべしといったが、衆徒は聴かなかった。やがて義仲は近江に入り、資盛・知盛・重衡等がこれを逆《むか》えて瀬田に戦い、敗れて退いた。七月二十五日、宗盛自ら邸宅に火をつけ、剣璽を収め、天皇及び建礼門院を奉じて、挙族西に奔り、やがて平家の没落となるのである。

辻 善之助（つじ・ぜんのすけ）

1877年生、1955年歿。歴史学者。実証的な日本仏教史を確立。1899年東京帝国大学文科大学国史科卒業、同年同大学院進学。1902年東京帝国大学文科大学史料編纂掛入所（1929年史料編纂所初代所長）。1911年東京帝国大学助教授、1923年教授、1938年停年退官。1932年帝国学士院会員。1952年文化勲章受章。

日本仏教史研究において、政治・社会・文化の総合的観点と堅固な実証主義的方法により、それまでの教団史的水準を克服した画期的業績を遺す。研究の集大成である『日本仏教史』（全10巻）のほか『日本仏教史之研究』（正続）、『日本文化史』（全7巻）等多数の著書がある。

上世日本の仏教文化と政治　導入・展開・形式化

刊　行　2018年5月
著　者　辻 善之助
刊行者　清 藤　洋
刊行所　書 肆 心 水

135-0016 東京都江東区東陽 6-2-27-1308
www.shoshi-shinsui.com
電話 03-6677-0101

ISBN978-4-906917-79-2 C0015

他力の自由　浄土門仏教論集成　柳宗悦著　A5上製　三五二頁　本体六九〇〇円＋税

仏教美学の提唱　柳宗悦セレクション　A5上製　三二〇頁　本体五二〇〇円＋税

柳宗悦宗教思想集成　「一」の探究　柳宗悦著　A5上製　四三二頁　本体七二〇〇円＋税

現代意訳　華厳経　新装版　原田霊道訳著　A5上製　三〇四頁　本体六四〇〇円＋税

現代意訳　大般涅槃経　原田霊道訳著　A5上製　三〇四頁　本体六四〇〇円＋税

維摩経入門釈義　加藤咄堂著　A5上製　三五二頁　本体六九〇〇円＋税

仏教哲学の根本問題　大活字11ポイント版　宇井伯寿著　A5上製　二八八頁　本体五四〇〇円＋税

仏教経典史　大活字11ポイント版　宇井伯寿著　A5上製　二八八頁　本体六三〇〇円＋税

東洋の論理　空と因明　宇井伯寿著（竜樹・陳那・商羯羅塞縛弥著）　A5上製　三二〇頁　本体五九〇〇円＋税

仏教思潮論　仏法僧三宝の構造による仏教思想史　宇井伯寿著　A5上製　三五二頁　本体六三〇〇円＋税

禅者列伝　僧侶と武士、栄西から西郷隆盛まで　宇井伯寿著　A5上製　二八八頁　本体六三〇〇円＋税

インド哲学史　宇井伯寿著　A5上製　二八八頁　本体六七〇〇円＋税

インド思想から仏教へ　仏教の根本問題とその真髄　高楠順次郎著　A5上製　三五二頁　本体六九〇〇円＋税

清沢満之入門　絶対他力とは何か　暁烏敏・清沢満之著　A5上製　三八四頁　本体六九〇〇円＋税

華厳哲学小論攷　仏教の根本難問への哲学的アプローチ　土田杏村著　A5上製　一六〇頁　本体二七〇〇円＋税

仏　陀　その生涯、教理、教団　H・オルデンベルク著　木村泰賢・景山哲雄訳　A5上製　三八四頁　本体六五〇〇円＋税

仏教統一論　第一編大綱論全文　第二編原理論序論　第三編仏陀論序論　村上専精著　A5上製　三五二頁　本体五七〇〇円＋税

綜合日本仏教史　橋川正著　A5上製　三八四頁　本体六八〇〇円＋税

日本仏教文化史入門　辻善之助著　A5上製　二八八頁　本体六四〇〇円＋税

明治仏教史概説　廃仏毀釈とその後の再生　土屋詮教・辻善之助著　A5上製　二五六頁　本体六三〇〇円＋税

和辻哲郎仏教哲学読本１・２　1　A5上製　三八四頁　本体四七〇〇円＋税　2　A5上製　三八四頁　本体五七〇〇円＋税

語る大拙１・２　鈴木大拙講演集　1禅者の他力論　2大智と大悲　各　A5上製　三二〇頁　本体六四〇〇円＋税